2º ESO

PROYECTO INVENTA Plus

Tecnología, Programación y Robótica

Arturo Gómez Gilaberte
Eva Parramón Ponz
Carmen Sánchez-Seco Peña

EDITORIAL DONOSTIARRA

Pokopandegi, nº 4 - Pabellón Igaralde - Barrio Igara
Apartado 671 - Teléfonos 943 215 737 - 943 213 011 - Fax 943 219 521
20018 - SAN SEBASTIÁN
info@editorialdonostiarra.com - www.editorialdonostiarra.com

Arturo Gómez Gilaberte
Eva Parramón Ponz
Carmen Sánchez-Seco Peña

Diseño y maquetación: Diana López Albacete

Ilustración: Israel Luengo y Dani Cirac

Corrección: David Aguilar España

Edita: Editorial Donostiarra
Pokopandegi, 4, 20018 - San Sebastián (España)

Imprime: Gráficas CEMS, S.L.
Polígono Industrial San Miguel
31132 Villatuerta (Navarra)

ISBN: 978-84-7063-621-9

Depósito legal: DL SS 00220-2021

Impreso en España - Printed in Spain

Presentación

El objetivo principal de este libro es que, en todas las unidades, el profesor tenga a su disposición todo tipo de recursos para elegir en cada momento lo que más se adecue a sus necesidades:

- **Contenidos teóricos**, explicados de una forma clara y que incluyen muchos ejemplos, resúmenes y actividades.
- Gran cantidad de **actividades de refuerzo**, divididas según los bloques de contenido de la unidad, para comprender mejor la teoría y practicar lo aprendido. Además, se incluye al final una página de **autoevaluación** para el alumno.
- Sección **"Zona web"**, con actividades de refuerzo interactivas, más atractivas para los alumnos, así como actividades que facilitan la calificación inmediata (test de la unidad, esquema de contenidos y vocabulario), marcadas con el símbolo "tu nota en un clic". En la página web de recursos digitales se incluyen también una plantilla que sirve como guión para elaborar la memoria de los proyectos técnicos y distintas plantillas de dibujo técnico.

Todo ello, con el hilo conductor del **taller** y las **TIC** como herramienta para el aprendizaje de todos los tipos de conocimientos de la asignatura:

- **Prácticas guiadas** de **taller** y **proyectos** propuestos (**"Aprende en el taller"**).
- **Prácticas guiadas** con el **ordenador** (**"Aprende con el ordenador"**).

Secciones de cada unidad

Portada y “Descubre”

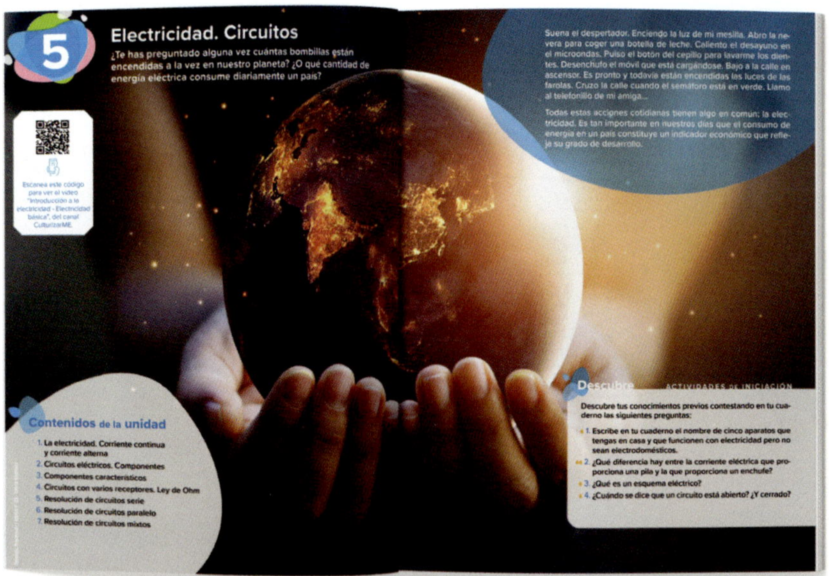

Portada. Incluye una foto representativa de la unidad, una pregunta motivadora y el índice general de los contenidos que se van a tratar en la unidad. También ofrece un QR para ver un vídeo introductorio.

“Descubre”. La segunda página de cada unidad contiene un breve texto introductorio y unas actividades de iniciación para que el alumno descubra sus conocimientos previos sobre cada tema.

Contenidos teóricos

En esta sección, marcada con el color azul, se recogen los distintos aspectos teóricos del tema, siempre de una manera clara y concisa.

Los conceptos y definiciones más importantes se muestran marcados con color amarillo para que sean fácilmente identificables por el alumno.

Al final de cada página o doble página se incluye un recuadro de **actividades** sobre los conocimientos ofrecidos. Dichas actividades están clasificadas, según el grado de dificultad, con una, dos o tres marcas.

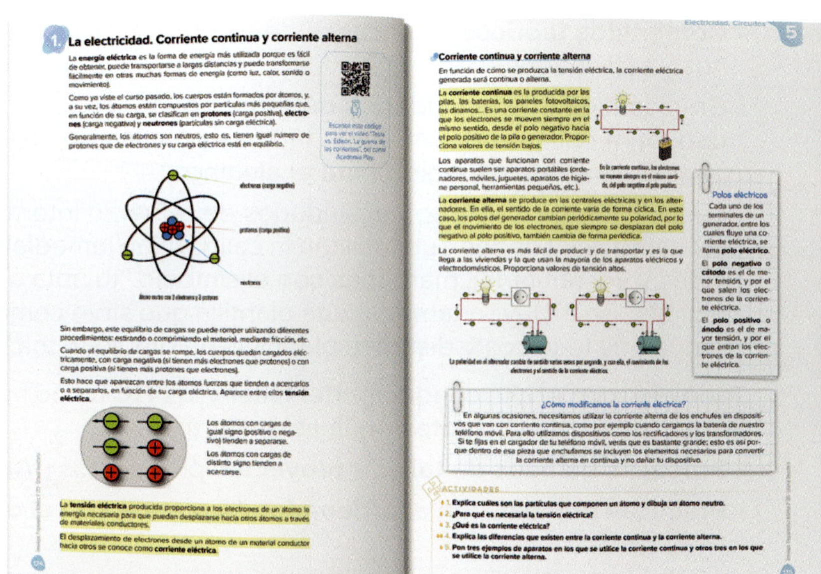

Se incluyen también:

- **Ejemplos** resaltados para favorecer su identificación
- **Clips** para destacar contenidos relacionados o que tienen especial relevancia
- **Códigos QR** de enlace a vídeos explicativos relacionados con los contenidos

“Actividades de refuerzo”

Las actividades del libro han sido diseñadas para facilitar al alumno el razonamiento y la adquisición de los conceptos principales. Las de esta sección, marcada con el color marrón, están organizadas siguiendo los apartados de la unidad, para que el profesor identifique fácilmente su contenido, y, como todas las demás, clasificadas según el grado de dificultad con una, dos o tres marcas.

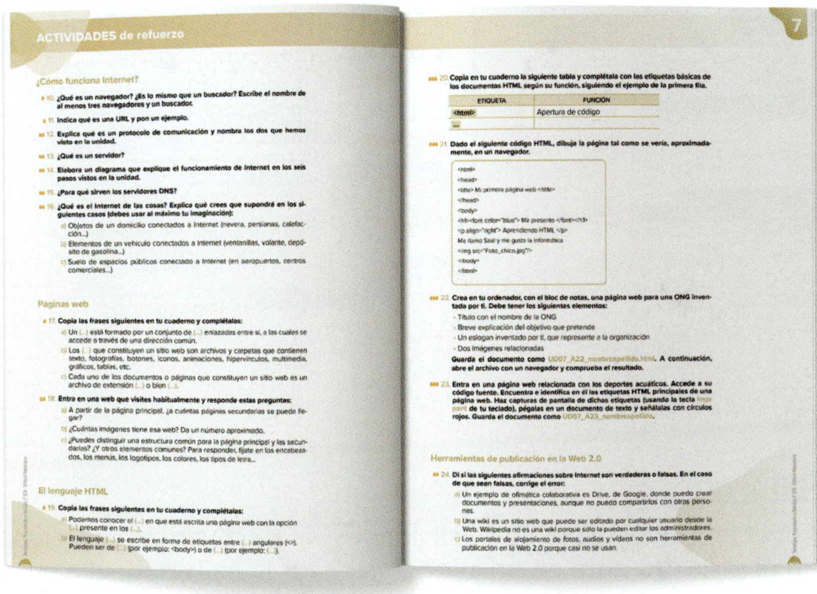

“Aprende en el taller”

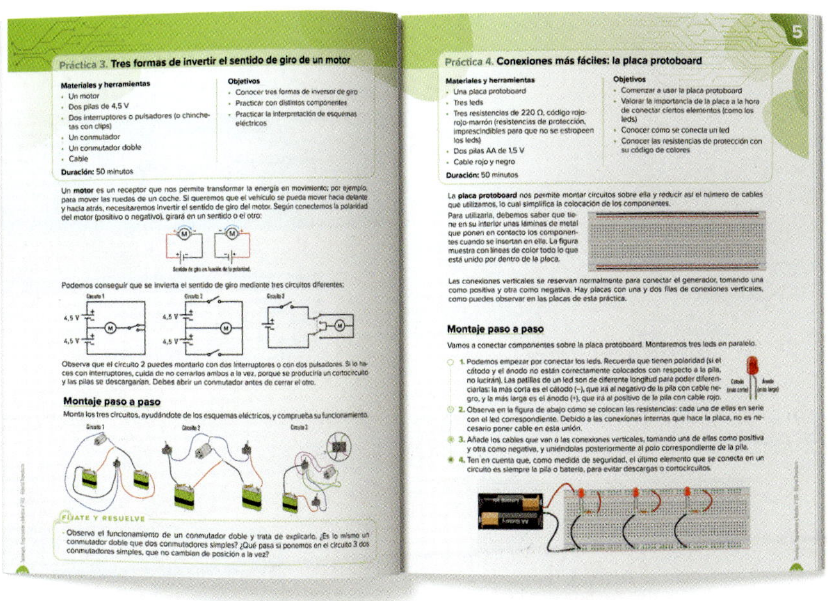

Partiendo de la opinión de que sólo se aprende aquello que se practica, se proponen en esta sección, marcada con el color verde, diversas ideas para realizar prácticas en el taller y pequeños proyectos.

Las actividades de taller van explicadas paso a paso e incluyen:

- **Materiales y herramientas**
- **Objetivos**
- **Duración estimada**, cuando es pertinente
- **Desafíos**, para los alumnos que van más rápido
- **Preguntas** para reforzar el aprendizaje

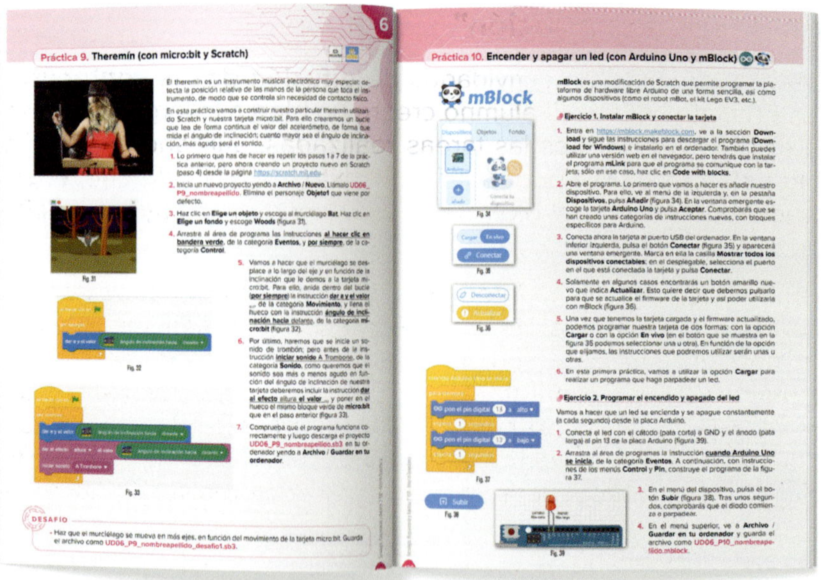

“Aprende con el ordenador”

En esta sección, identificada con el color rosa, se ofrecen **prácticas** que ayudarán al alumno a asimilar conocimientos al tiempo que se familiariza con las **herramientas informáticas**. Facilitan la labor del profesor, ya que se trata de prácticas guiadas que los alumnos pueden hacer de forma autónoma. Suelen incluir también **desafíos**.

“Zona web”

El proyecto se completa con actividades interactivas de refuerzo. En cada unidad, al menos tres de ellas llevan el sello **“tu nota en un clic”**: tras hacer la actividad, el alumno puede generar un PDF con su nombre y apellido y la calificación obtenida, para hacérselo llegar al profesor.

Además, los alumnos pueden acceder a la **zona web** de Editorial Donostiarra, que contiene todos los archivos necesarios para realizar las prácticas del libro.

Para **registrar el libro** y **acceder al espacio web**, entra en www.editorialdonostiarra.com y haz clic en **Acceda a los libros registrados**:

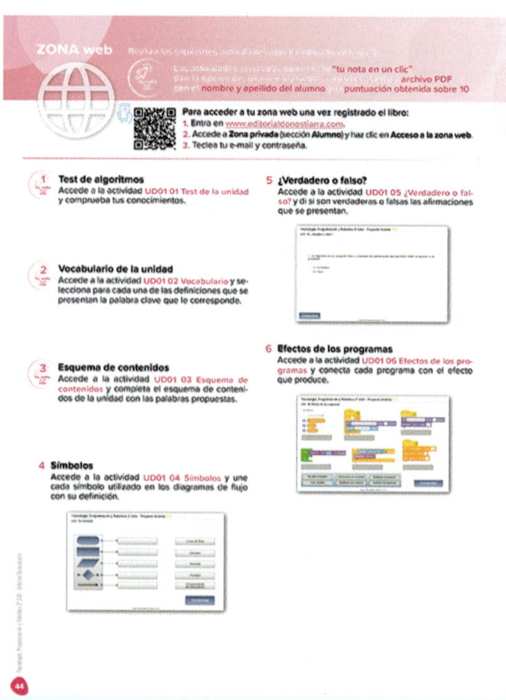

Necesitarás el **código individual** que figura en la parte interior de la **contraportada**.

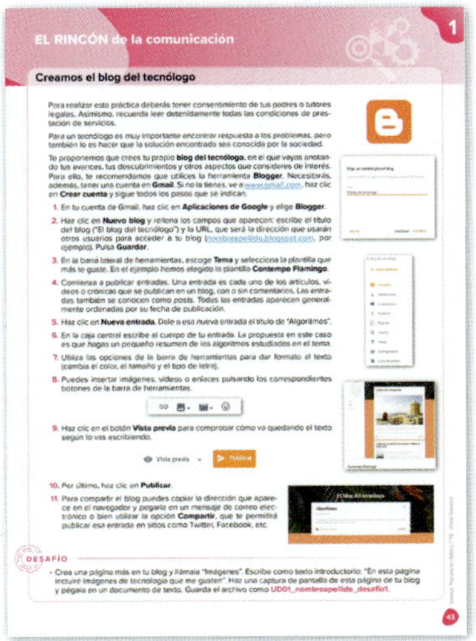
EL RINCÓN de la comunicación

Creamos el blog del tecnólogo

"El rincón de la comunicación"

En esta sección se incluyen actividades de **difusión de los contenidos** estudiados en cada unidad. El alumno creará un blog a lo largo del curso en el que documentará todas las tareas realizadas, utilizando para ello herramientas de creación y publicación de textos, vídeos y/o imágenes. La observación trimestral del blog de cada alumno constituye un diario individualizado de su propio aprendizaje.

Nota: En este libro se suben a Internet contenidos relacionados con las actividades tratadas en cada unidad. Las imágenes, los textos y los vídeos que se suben son realizados en el aula bajo la supervisión de un profesor. Sin embargo, es importante recordar a los alumnos y a sus familias que cualquier imagen o contenido compartido en la Red puede ser utilizado por determinadas páginas web en función de su política de gestión de contenidos. Por ello, se aconseja no subir o divulgar contenidos no autorizados en el aula.

"Resumen de la unidad" y "Autoevaluación"

En este apartado se presentan los conceptos fundamentales de la unidad, organizados siguiendo los mismos apartados que en la parte de teoría.

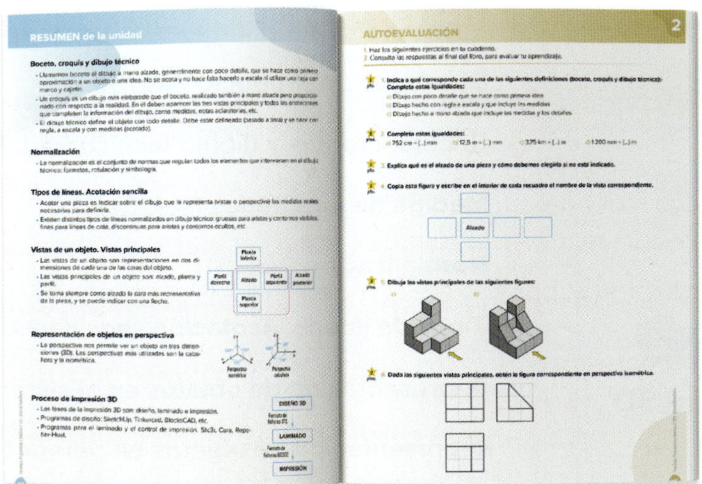
RESUMEN de la unidad

AUTOEVALUACIÓN

Aquí se plantean ejercicios representativos de la unidad, para que el alumno compruebe sus conocimientos. Se pretende fomentar la responsabilidad del alumno, de forma que puede consultar las respuestas al final del libro y valorar numéricamente su nivel de aprendizaje.

Anexos

Se presentan al final tres anexos:

- Propuestas de **proyectos** completos, con indicaciones paso a paso
- Un espacio de **comprensión lectora**, con textos sobre tecnología y preguntas
- **Soluciones** de las actividades de autoevaluación

Proyecto 8

Robot gusano

Lectura 8

La ética en los robots

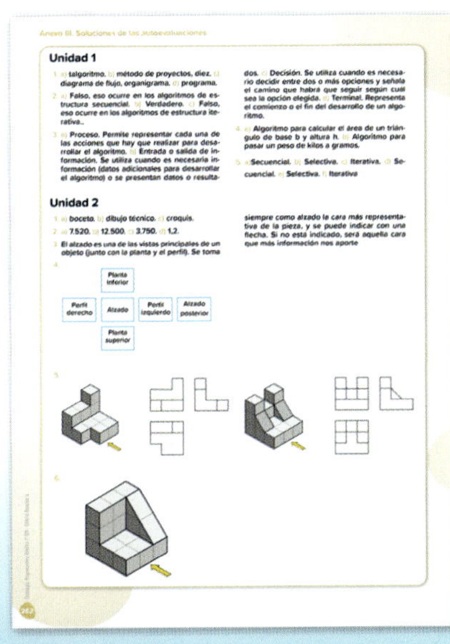
Unidad 1

Unidad 2

Índice

1 Análisis y resolución de problemas mediante algoritmos

2 Diseño e impresión 3D

- Fases del método de proyectos

- Algoritmos de estructura secuencial
- Algoritmos de estructura selectiva
- Algoritmos de estructura iterativa

- **Práctica 1.** Me presento
- **Práctica 2.** Acné. ¡Menudo problema!
- **Práctica 3.** Gestión económica

- Creamos el blog del tecnólogo

- Perspectiva isométrica
- Perspectiva caballera

- Programas para el diseño de piezas
- Programas para el laminado y el control de impresión

- Configuración de los parámetros de impresión
- Configuración de la impresora y obtención del archivo GCODE

- **Práctica 1.** Dibujar figuras en 3D con SketchUp
- **Práctica 2.** SketchUp: guardar en STL y reparar archivos con Netfabb antes de imprimir
- **Práctica 3.** Dibujar una maqueta con SketchUp
- **Práctica 4.** Diseñar un llavero con Tinkercad
- **Práctica 5.** Diseñar y fabricar un botón personalizado con Tinkercad
- **Práctica 6.** Diseñar una capucha Minecraft para lápices con BlocksCAD
- **Práctica 7.** Diseñar una taza con BlocksCAD

- Funciones que cumplen las estructuras

- Aumentar la resistencia: los elementos estructurales y los materiales
- Aumentar la estabilidad: el centro de gravedad
- Aumentar la rigidez: la triangulación

- **Práctica 1.** Una estructura en 50 minutos
- **Práctica 2.** Estructura triangulada resistente de papel

- **Práctica 1.** Procesador de texto: estudio de una estructura
- **Práctica 2.** Presentación: tipos de estructuras

- Palancas
- Poleas
- Ruedas de fricción
- Sistema de poleas y correa
- Engranaje
- Sistema de piñones y cadena
- Sistema de tornillo sin fin y corona

- Tornillo-tuerca
- Piñón-cremallera
- Biela-manivela
- Leva

- Bicicleta
- Sacacorchos
- Reloj mecánico

- **Práctica 1.** Lapbook de mecanismos
- **Práctica 2.** Reductores de velocidad

- **Práctica 1.** Simulación de mecanismos con Yenka: piñones y cadena
- **Práctica 2.** Simulación de mecanismos con Yenka: tornillo sin fin y corona
- **Práctica 3.** Simulación de mecanismos con Crocodile Clips

Resumen de la unidad **PÁG. 130**

- Corriente continua y corriente alterna
- Elementos de un circuito eléctrico
- Tabla de componentes y simbología
- Resistencia
- Potenciómetro
- Led
- Zumbador
- Conmutador
- Tipos de circuitos
- Resolución de circuitos

- **Práctica 1.** El potenciómetro
- **Práctica 2.** Conmutador y final de carrera
- **Práctica 3.** Tres formas de invertir el sentido de giro de un motor
- **Práctica 4.** Conexiones más fáciles: la placa protoboard

- **Práctica 1.** Simulación de circuitos con Tinkercad Circuits
- **Práctica 2.** Simulación de circuitos con Crocodile Clips

- Publicar nuestros circuitos eléctricos

- Tarjetas controladoras con que trabajaremos en esta unidad

- Ventana de MakeCode

- Procedimiento para instalar la placa en Windows (sólo la primera vez)
- Cargar un programa en la placa Arduino: Blink
- Conectar la placa en veces sucesivas

- **Práctica 1.** Primeros pasos con la tarjeta micro:bit y MakeCode
- **Práctica 2.** Dado digital (con micro:bit y MakeCode)
- **Práctica 3.** Podómetro (con micro:bit y MakeCode)
- **Práctica 4.** Termómetro (con micro:bit y MakeCode)
- **Práctica 5.** Linterna detectora de luz (con micro:bit y MakeCode)
- **Práctica 6.** Caja de música (con micro:bit y MakeCode)
- **Práctica 7.** Enviar mensajes entre tarjetas micro:bit
- **Práctica 8.** Comunicar Scratch con micro:bit y probar el juego Flying Bicycle
- **Práctica 9.** Theremín (con micro:bit y Scratch)
- **Práctica 10.** Encender y apagar un led (con Arduino Uno y mBlock)
- **Práctica 11.** Barrera de garaje controlada con un servomotor (con Arduino Uno y mBlock)
- **Práctica 12.** Encender y apagar un led (con Arduino Uno y ArduinoBlocks)
- **Práctica 13.** Juego pilladedos (con Arduino Uno y ArduinoBlocks)
- **Práctica 14.** Programar el kit Zum con Bitbloq
- **Práctica 15.** Otros actuadores del kit Zum de BQ

- Publicar sobre nuestros robots

- Conceptos básicos sobre Internet
- Funcionamiento de Internet

- Gestores de contenidos
- Ofimática online y ofimática colaborativa
- Wikis
- Redes sociales
- Portales de alojamiento de fotos, audios y vídeos

Autorización de creación de cuentas de usuario para menores

MODELO PARA FOTOCOPIAR, RELLENAR Y ENTREGAR AL PROFESOR

NOMBRE DEL ALUMNO/A: ______________________________ CURSO: ________

CENTRO EDUCATIVO: ______________________________

Los padres o tutores:

☐ **AUTORIZAN** al alumno/a a **crear las cuentas de usuario** necesarias para que pueda realizar las prácticas de la asignatura **Tecnología, Programación y Robótica 2º ESO**, recogidas en el libro, **bajo la supervisión del profesor y CONOCEN** que son responsabilidad del alumno/a la utilización de las distintas cuentas con fines educativos y la custodia de las contraseñas.

☐ **NO AUTORIZAN** al alumno/a a crear las cuentas de usuario.

Puede consultarse el libro de texto para conocer los sitios web donde se van a crear cuentas, con el fin de acceder a las aplicaciones educativas y conocer la política de privacidad relativa a la protección de datos de carácter personal de dichas aplicaciones.

El alumno/a puede consultar sus derechos en el Reglamento (UE) 2016/679 del Parlamento Europeo y del Consejo, relativo a la protección de datos, y en la Ley Orgánica 3/2018, de 5 de diciembre, de protección de datos personales y garantía de los derechos digitales.

En ______________________, a ____ de ____________ del 20____

Dña. ______________________

Firmado: la madre o tutora

D. ______________________

Firmado: el padre o tutor

Nota para el profesor: Esta autorización tiene carácter orientativo y puede modificarse para adaptarse a las características del centro educativo.

1 Análisis y resolución de problemas mediante algoritmos

¿Sabes qué es un algoritmo? ¿Lo has utilizado alguna vez?

Escanea este código para ver el vídeo "¿Qué es un algoritmo?", del canal BBC Learning.

Contenidos de la unidad

1. El método de proyectos: algoritmo tecnológico
2. Algoritmos. Representación gráfica
3. Tipos de algoritmos

Un algoritmo es un conjunto ordenado y finito de operaciones que permite hallar la solución de un problema.

El método de proyectos que seguimos los tecnólogos, y que ya conoces desde el curso pasado, consiste en una serie de diez pasos ordenados que, una vez desarrollados, nos permiten dar respuesta a una necesidad de la sociedad. Es, por tanto, un algoritmo.

Los algoritmos pueden representarse gráficamente mediante esquemas o diagramas y pueden programarse con lenguajes de programación para facilitar su realización mediante herramientas informáticas.

En esta unidad aprenderás a representar y programar en Scratch pequeños algoritmos que den respuesta a problemas que puedan plantearse en tu día a día.

Descubre — ACTIVIDADES DE INICIACIÓN

Descubre tus conocimientos previos contestando en tu cuaderno las siguientes preguntas:

1. Piensa en las diferentes actividades que realizas para preparar un examen. Anótalas en tu cuaderno de forma ordenada y explica qué puede ocurrir si te saltas alguna de ellas.
2. Si estás enfermo y acudes al médico, ¿qué pasos sigue él para curarte? Describe en tu cuaderno qué ocurrió la última vez que fuiste al médico y cómo actuó.
3. Indica tres actividades que repitas diariamente en el aula.
4. ¿Qué actividades habituales de las que realizas diariamente en el aula no haces los días que sales de excursión?

1. El método de proyectos: algoritmo tecnológico

A lo largo de la historia, la humanidad se ha encontrado con problemas a los que ha tenido que dar una respuesta para continuar con su evolución.

En la antigüedad, los primeros matemáticos y filósofos utilizaron distintos algoritmos para hallar la solución a los problemas planteados (algoritmos de sumas y restas, cálculos de distancias astronómicas, cálculos de magnitudes físicas, etc.).

Un **algoritmo** es una secuencia ordenada de pasos que resuelven un problema en un tiempo finito.

Los algoritmos tienen las siguientes características:

1. **Contienen instrucciones concretas**, sin ninguna ambigüedad.
2. Deben terminar, es decir, **son finitos**.
3. Todos sus pasos son simples y **están ordenados**.

Desde el punto de vista de la tecnología, la búsqueda de soluciones a los problemas planteados se desarrolla siguiendo un método de trabajo que ya conoces desde el curso anterior: el método de proyectos.

El **método de proyectos** es una forma ordenada de abordar y resolver problemas prácticos que se presentan en cualquier sociedad. Comprende diez fases y podemos estudiarlo como un algoritmo.

Actualmente, todos los algoritmos desarrollados pueden resolverse con la ayuda de los ordenadores y los lenguajes de programación.

Un **programa** es la traducción de un algoritmo a un lenguaje de programación capaz de ser entendido por un ordenador y procesado por él.

algoritmo

lenguaje de programación

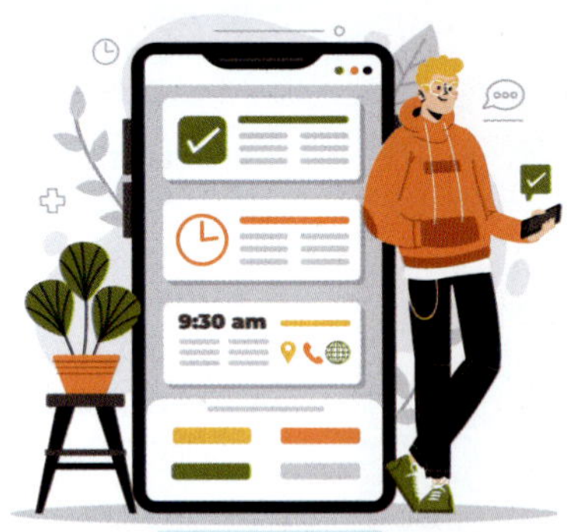

programa

Escanea este código para ver el vídeo "¿Cómo funcionan los algoritmos en Internet?", del canal GCFAprendeLibre.

En el curso pasado aprendiste a encontrar solución a los problemas planteados siguiendo las fases del método de proyectos. En este curso aprenderás a plantear algoritmos para resolver problemas de tu día a día.

Además, utilizando Scratch como lenguaje de programación, podrás codificar los algoritmos en pequeños programas que den solución a los problemas.

Fases del método de proyectos

1. **Detección de un problema o una necesidad.** ¿Con qué problema nos encontramos o qué propuesta de trabajo nos han hecho? ¿Con qué condiciones? Si sabemos realmente qué queremos solucionar y todos sus detalles, el resto del proceso nos resultará más sencillo.
2. **Búsqueda de información e investigación.** Se recopila, analiza y selecciona la información relacionada con las distintas posibilidades de resolver el problema. Además, se analizan productos que satisfagan necesidades semejantes.
3. **Búsqueda de soluciones posibles.** Se piensan distintas alternativas, es decir, diversos objetos o productos que puedan resolver el problema. Y se analizan y evalúan para saber si son viables.
4. **Elección de una de las soluciones.** Se elige la solución que se crea más adecuada, de acuerdo con los criterios que se consideren prioritarios (tipo de material, tamaño, forma, costes...) y después de haber analizado las ventajas y los inconvenientes de cada solución.
5. **Diseño.** Se realizan dibujos (bocetos, croquis), esquemas o planos de la solución elegida, primero a mano alzada y luego con más detalle, procurando además que el producto sea estéticamente agradable.
6. **Preparación y planificación del trabajo.** Se eligen los materiales, las técnicas y las herramientas que habrá que utilizar, se divide el trabajo en tareas menores, se planifica el tiempo destinado a cada operación, se reparte el trabajo y se ordenan las secuencias que dicho trabajo tendrá.
7. **Construcción del producto.** Incluye la fabricación, el montaje y los acabados de las piezas y del conjunto. Se trabaja con las herramientas y los materiales seleccionados previamente. Además, se debe procurar economizar materiales.
8. **Comprobación del resultado.** Permite saber si el producto realizado funciona y si responde a su finalidad. Se evalúa la estética del producto y, si es necesario, se proponen modificaciones y mejoras.
9. **Presentación y evaluación.** Se expone el trabajo y se somete a la valoración de personas externas al grupo.
10. **Elaboración de la memoria** del proyecto realizado.

Todas las fases del método de proyectos están conectadas, y en muchas ocasiones es necesario volver a una etapa anterior para reconsiderar cosas: repensar las hipótesis de partida, incluir nuevas ideas, rediseñar algo, etc.

ACTIVIDADES

1. **Describe cómo seguirías las fases del método de proyectos a la hora de construir una linterna.**
2. **Detalla qué pasos seguirías para construir una casita de madera para pájaros. Anota la secuencia ordenada.**
3. **Supón que necesitas cortar las piezas de la casita del ejercicio anterior y no sabes si tendrás suficiente madera. ¿Qué pasos sigues para resolver este problema?**

2. Algoritmos. Representación gráfica

Los esquemas y los gráficos nos permiten obtener una idea general de lo que estamos tratando. Así, hacemos esquemas de las ideas principales de un tema o utilizamos señales gráficas, como las señales de tráfico, porque nos muestran de forma clara indicaciones sin necesidad de leer grandes textos.

Los algoritmos seguidos para resolver problemas también pueden representarse gráficamente. Así nos proporcionan una visión general de los pasos que hay que seguir.

El gráfico utilizado para representar un algoritmo se denomina **diagrama de flujo** u **organigrama**, y muestra mediante símbolos unidos por flechas la secuencia de las acciones que se han de realizar.

Los **símbolos utilizados en los diagramas de flujo** son los siguientes:

Escanea este código para ver el vídeo "Representación de algoritmos", del canal Open Education Edinburgh.

Terminal

Representa el comienzo o el fin del desarrollo de un algoritmo.

Proceso

Permite representar cada una de las acciones que hay que realizar para desarrollar el algoritmo.

Entrada o salida de información

Se utiliza cuando es necesaria información (datos adicionales para desarrollar el algoritmo) o se presentan datos o resultados.

Decisión

Se utiliza cuando es necesario decidir entre dos o más opciones y señala el camino que habrá que seguir según cuál sea la opción elegida.

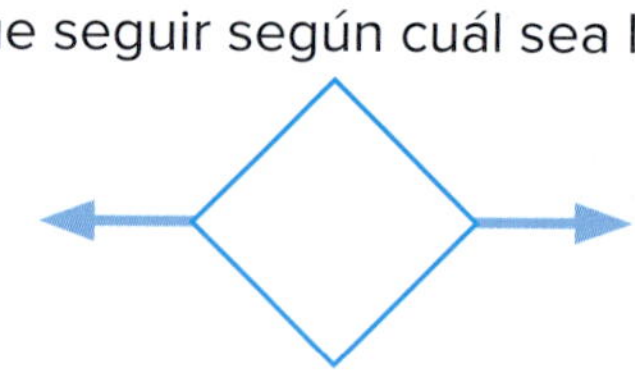

Línea de flujo

Señala el orden en que se desarrollan las acciones en el algoritmo.

EJEMPLO RESUELTO DE DIAGRAMA DE FLUJO

Dibuja el diagrama de flujo del algoritmo seguido para multiplicar dos números *a* y *b*, siempre que ambos sean mayores que 0.

1. Se inicia el algoritmo. Usamos un símbolo de terminal.
2. Introducimos el valor de *a* y *b*. Como son datos que el programa necesita, utilizamos un símbolo de entrada de información.
3. Comprobamos *a* y *b*. Como es una operación, utilizamos un símbolo de proceso.
4. En función del resultado obtenido al comparar *a* y *b* en el punto 3, el algoritmo sigue por un camino o por otro. Lo representamos con un símbolo de decisión.
5. Si *a* y *b* son mayores que 0, se multiplica *a* × *b*. Como es una operación, la representamos con un símbolo de proceso.
6. El algoritmo ofrece el resultado de la multiplicación. Utilizamos el símbolo de salida de información.
7. El algoritmo finaliza. Usamos otro símbolo de terminal.

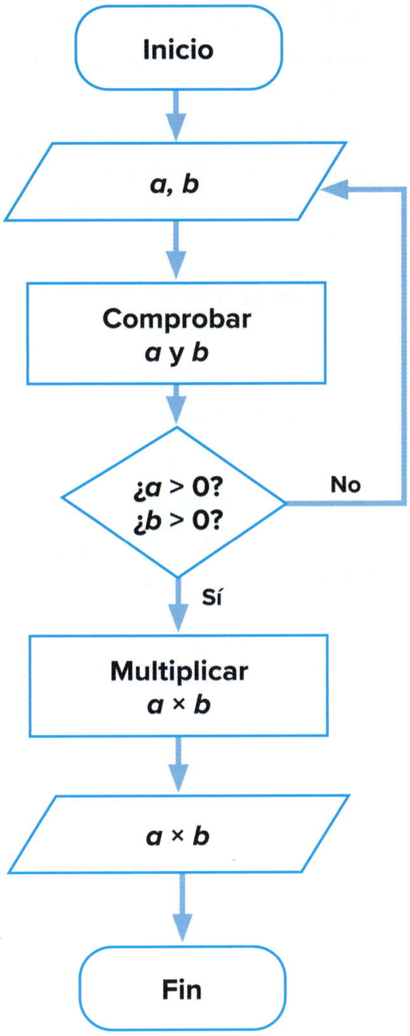

Los algoritmos pueden codificarse en **lenguajes de programación** que permitan su resolución utilizando ordenadores. Los diagramas de flujo se usan para facilitar el desarrollo de la codificación.

ACTIVIDADES

4. Busca en Internet información sobre la congruencia de Zeller y anota en tu cuaderno para qué se utiliza y quién desarrolló ese algoritmo. ¿Por qué se considera un algoritmo?

5. Antes de cruzar una calle, compruebas si el semáforo te permite pasar y si vienen o no vehículos en tu dirección. ¿Corresponden estas acciones a un algoritmo? ¿Por qué?

6. ¿Qué es un diagrama de flujo? Dibuja en tu cuaderno sus símbolos principales e indica para qué se utilizan.

3. Tipos de algoritmos

Algoritmos de estructura secuencial

Una **secuencia** es una serie o sucesión de cosas que guardan entre sí cierta relación. Esta definición se aplica en campos muy distintos, como la biología (por ejemplo, para definir las secuencias de aminoácidos del organismo) o el cine (por ejemplo, para definir el conjunto de escenas que se refieren a una misma parte del argumento).

La estructura básica para resolver un problema es la **estructura secuencial**, en la cual las instrucciones que componen el algoritmo se van cumpliendo una tras otra, siguiendo el orden en que aparecen.

Imagina que estás en clase de Tecnología. ¿Qué pasos debes seguir para aprobar el examen de la asignatura?

Siguiendo un orden lógico, las tareas que deberías realizar son las siguientes:

1. Asistir a clase.
2. Atender a las explicaciones del profesor.
3. Preguntar las dudas y conceptos que no entiendas.
4. Estudiar en casa los conceptos que te han explicado en clase.
5. Hacer el examen que plantee el profesor.

Estas acciones debes seguirlas en el orden indicado. No tendría ningún sentido que intentaras hacer el examen antes de estudiar o que quisieras estudiar la asignatura sin haber escuchado la explicación de tu profesor.

Las instrucciones de los puntos 1 a 5 constituyen un **algoritmo secuencial** que podemos representar por medio del siguiente diagrama de flujo:

El diagrama de flujo facilita la comprobación y depuración de posibles duplicidades y errores en el algoritmo.

Algoritmos de estructura selectiva

Los **algoritmos de estructura selectiva (o condicional)** incluyen una serie de instrucciones que sólo se llevan a cabo en función de si se cumple o no una condición.

Imagina que ya has hecho tu examen de Tecnología y has aprobado. Pero, como ya sabes, para aprobar la asignatura también es necesario aprobar el trabajo del taller.

En este caso, será necesario calcular la nota media entre el examen y el trabajo. Si la nota media es igual o mayor que 5, habrás aprobado la asignatura, pero si es menor, habrás suspendido.

El algoritmo que representa esta situación incluye, como ves, la condición de que la nota media sea igual o mayor que 5, para que se lleve a cabo una instrucción u otra. Es, por tanto, un algoritmo de estructura selectiva.

El diagrama de flujo de este algoritmo es el siguiente:

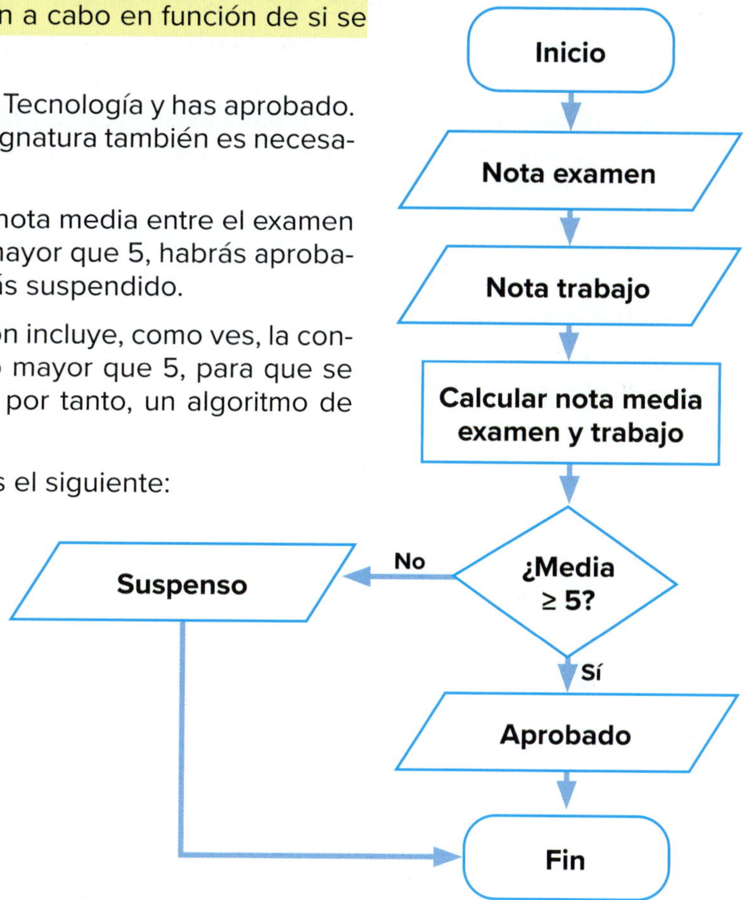

Como puedes ver, primero se examina la condición, en este caso que la nota media sea igual o mayor que 5, para después tomar una decisión en función de si se cumple esa condición o no se cumple.

Instrucciones condicionales en Scratch

Para realizar programas en Scratch que utilicen este tipo de algoritmos, usaremos los bloques **si ... entonces** y **si ... entonces / si no**.

Las instrucciones condicionales permiten anidar varias condiciones. Podríamos haber puesto, como condiciones para aprobar, que la nota del taller sea mayor que 3 y que la nota media entre el examen y el taller sea igual o mayor que 5.

Para codificar este tipo de instrucciones en Scratch utilizamos los operadores.

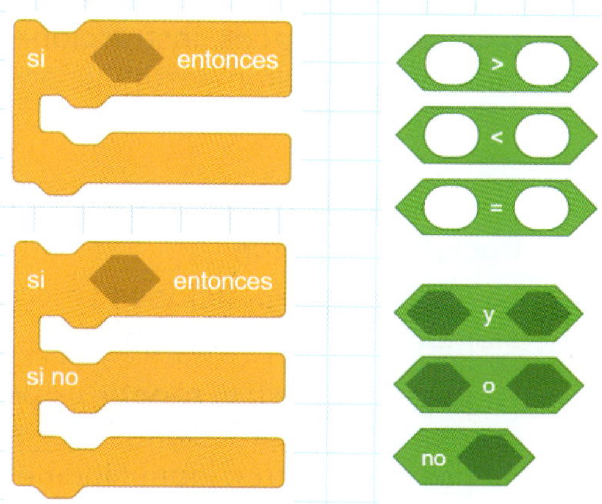

Algoritmos de estructura iterativa

Las tareas que hacemos todos los días responden a un algoritmo de estructura iterativa, porque se repiten diariamente: comer, asearnos, acostarnos, etc.

Los **algoritmos de estructura iterativa (o de repetición)** incluyen una serie de instrucciones que se repiten varias veces. Estas instrucciones se colocan en bucles que marcan el inicio y el fin de la repetición.

Imagina que pudieses repetir tantas veces como fuese necesario los exámenes de Tecnología y el trabajo de taller, hasta conseguir una nota media igual o mayor que 5.

En este caso, el diagrama de flujo del algoritmo sería el siguiente:

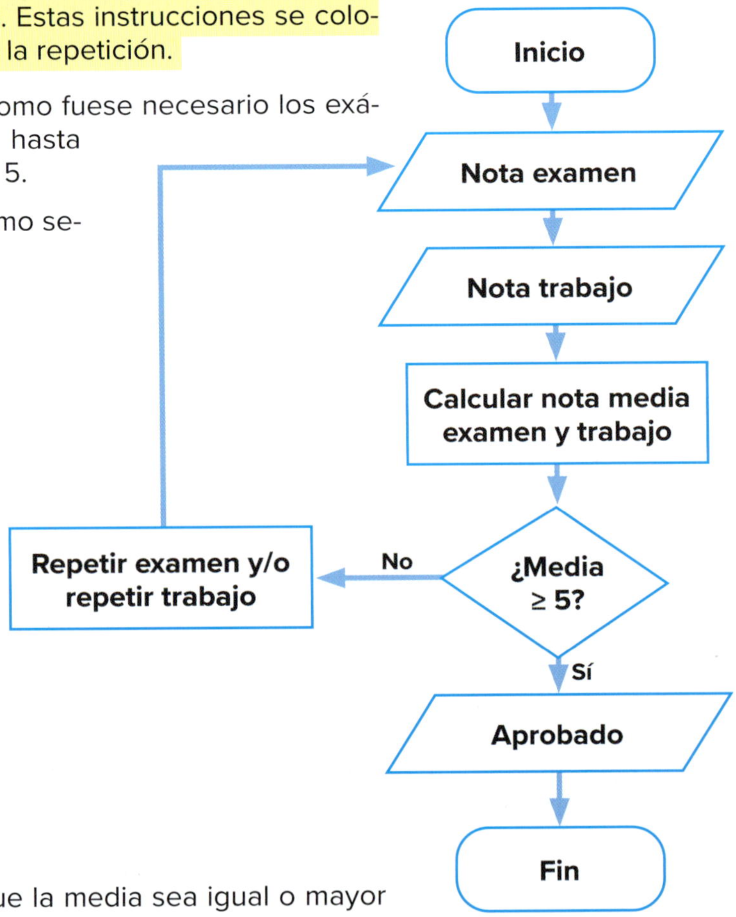

En este caso, se examina la condición de que la media sea igual o mayor que 5. Mientras esta condición no se cumpla, el diagrama indica que se deberán repetir el examen y/o el trabajo de taller.

Los algoritmos de repetición pueden incluir instrucciones que se repitan un número limitado de veces, instrucciones que se repitan por siempre o instrucciones que se repitan hasta que se cumplan una o varias condiciones.

Bucles en Scratch

Los **bucles** o **repeticiones** se codifican en Scratch con las instrucciones **repetir ...**, **por siempre** y **repetir hasta que ...**.

La primera de ellas, **repetir ...**, permite elegir el número de veces que se van a realizar una serie de instrucciones; **por siempre** implica que el bucle no tenga fin y las instrucciones se repetirán indefinidamente; y **repetir hasta que ...** permite incluir una condición que detendrá el bucle cuando se alcance.

EJERCICIO RESUELTO 1

Elabora el diagrama de flujo del algoritmo seguido para calcular el área de un rectángulo en función del valor de sus lados (*a* y *b*). Indica de qué tipo de algoritmo se trata.

Datos:

Lados del rectángulo: *a* y *b*

Solución:

El diagrama se forma con:

- Dos símbolos de terminal para indicar el inicio y el fin del algoritmo
- Un símbolo de entrada de datos para recibir los datos del rectángulo: *a*, *b*
- Un símbolo de proceso para indicar la operación de cálculo del área
- Un símbolo de salida de datos para mostrar el área calculada

A la vista del diagrama de flujo, concluimos que se trata de un **algoritmo secuencial**.

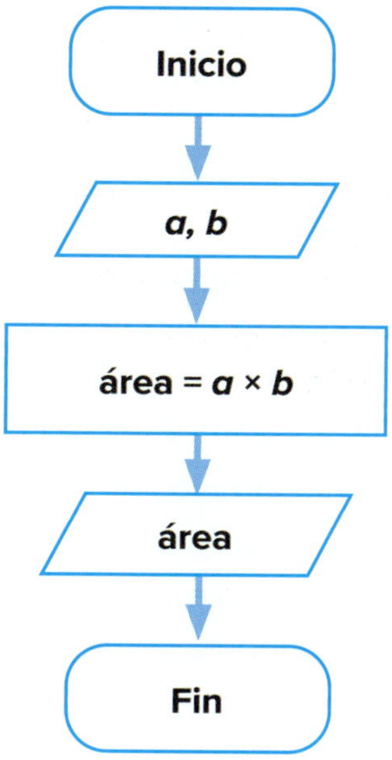

EJERCICIO RESUELTO 2

Elabora el diagrama de flujo del algoritmo seguido para saber si un número *a* es par o impar. Indica de qué tipo de algoritmo se trata.

Datos:

Número: *a*

Solución:

Para saber si un número es par, en el algoritmo seguido debemos dividir entre 2 el número *a*. Si el resto de la división es 0, el número es par; si no, impar.

El diagrama se forma con:

- Dos símbolos de terminal (de inicio y de fin)
- Un símbolo de entrada de datos para el número *a*
- Un símbolo de proceso para ver si el número es par o no
- Un símbolo de decisión para valorar el número *a* en función de su resto
- Dos símbolos de salida de datos para indicar si el número es par o impar

A la vista del diagrama de flujo, concluimos que se trata de un **algoritmo de estructura selectiva**.

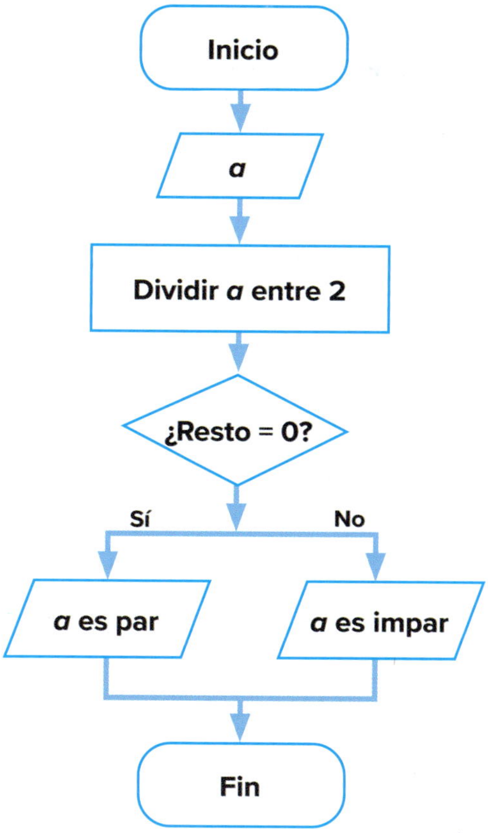

EJERCICIO RESUELTO 3

Elabora el diagrama de flujo del algoritmo seguido para elegir, entre dos valores *a* y *b*, cuál es el menor de ellos, teniendo en cuenta que los valores indicados por el usuario no pueden ser iguales (en tal caso, se pedirían dos valores nuevos). Indica de qué tipo de algoritmo se trata.

Datos:

Números: *a* y *b*

Condición: *a* distinto de *b*

Solución:

En el algoritmo se comparan dos valores numéricos (*a* y *b*) para comprobar que sean distintos. En el caso de que sean iguales, se solicitarán números nuevos. Si son distintos, se comparan entre ellos y se selecciona e indica el número menor.

El diagrama se forma con:

- Dos símbolos de terminal (de inicio y de fin)
- Un símbolo de entrada de datos para los números *a* y *b*
- Un símbolo de proceso para comparar los dos números
- Un símbolo de decisión para valorar si *a* y *b* son iguales
- Un símbolo de decisión para saber cuál es el número mayor
- Dos símbolos de salida de datos para indicar cuál es el número menor

A la vista del diagrama de flujo, concluimos que se trata de un algoritmo que contiene **estructuras iterativas y selectivas**.

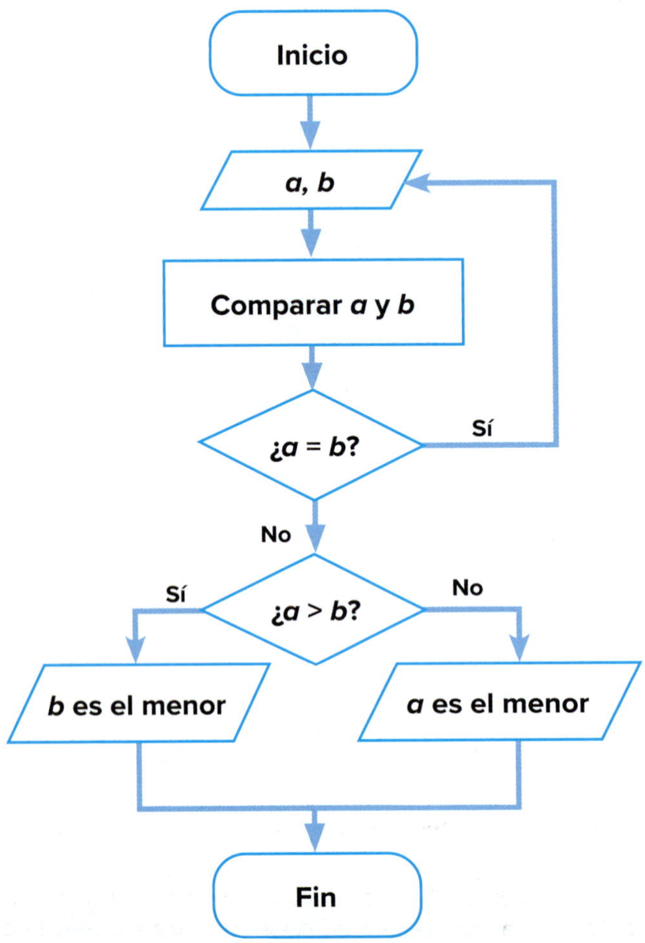

EJERCICIO RESUELTO 4

El siguiente diagrama muestra el flujo de información de un programa en el que se nos dice si somos altos o bajos en función de nuestra altura. Si medimos menos de 140 cm, dirá que somos bajos; si medimos entre 140 y 170 cm, dirá que nuestra altura es media; y si medimos más de 170 cm dirá que somos altos.

Realiza su codificación en el lenguaje de programación Scratch.

Datos:

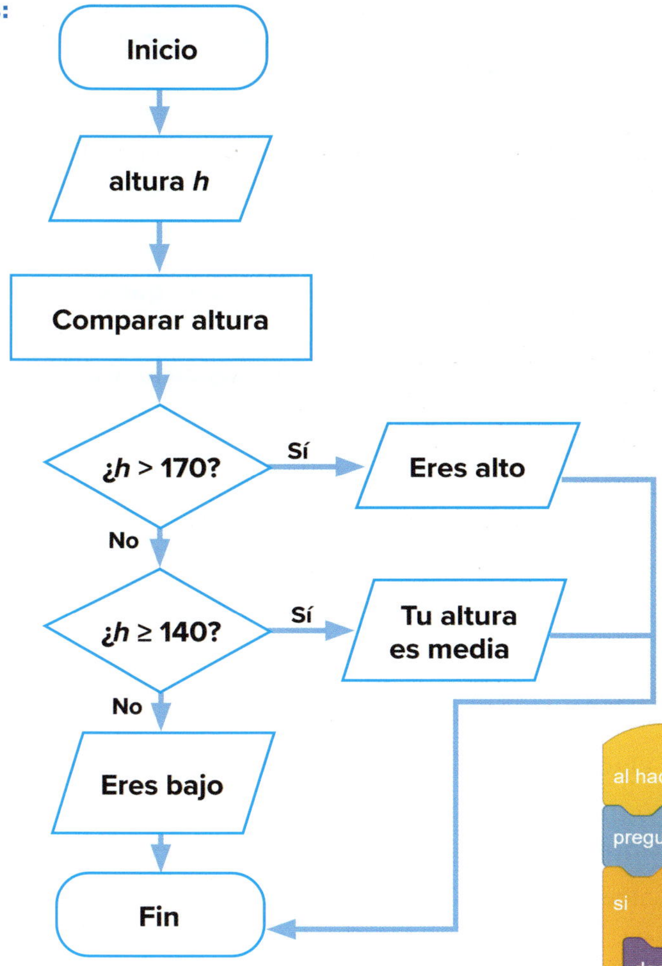

Solución:

Antes de codificar en Scratch, observa la estructura del diagrama de flujo. Tiene una estructura selectiva en la que hay que decidir entre tres valores.

Para dar respuesta a las tres posibilidades, en Scratch, hemos utilizado dos instrucciones del tipo <u>**si ... entonces / si no**</u>, de la categoría **Control**, anidando una dentro de la otra. El algoritmo codificado quedaría como se muestra a la derecha.

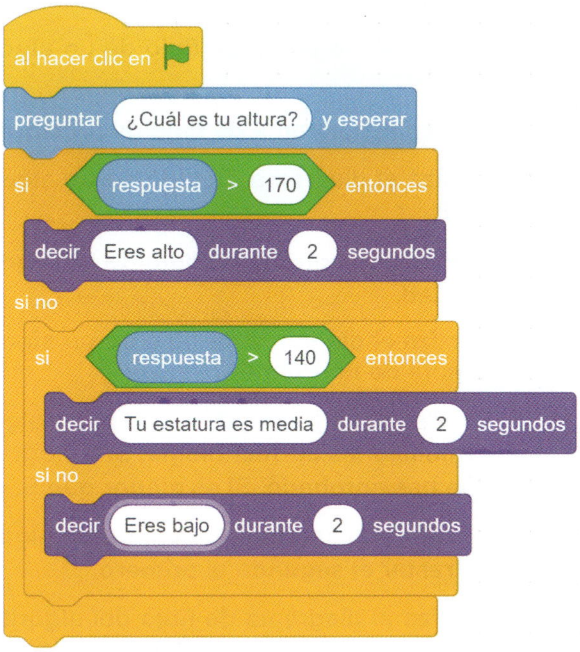

ACTIVIDADES

7. **Realiza el diagrama de flujo de las tareas que llevas a cabo al asearte por las mañanas. Usa una estructura secuencial.**
8. **Realiza el diagrama de flujo del proceso seguido para calentarte el desayuno en el microondas. Usa una estructura selectiva para indicar si el desayuno está caliente o no.**
9. **Realiza el diagrama de flujo del proceso seguido para determinar si te sabes bien un tema que estás estudiando. Usa una estructura iterativa.**

El método de proyectos: algoritmo tecnológico

10. **Describe las fases del método de proyectos.**

11. **¿Qué es un algoritmo?**

12. **Uno de los algoritmos más famosos es el del cubo de Rubik. Busca en Internet información sobre este fascinante rompecabezas y contesta las siguientes preguntas:**

    a) ¿Quién inventó el cubo de Rubik?

    b) ¿Qué son la venganza de Rubik y el cubo del profesor?

    c) ¿Qué es el método Fridrich?

    d) ¿Cuál es el récord de resolución del cubo de Rubik?

13. **Busca en Internet información sobre los siguientes algoritmos e indica para qué sirven: MP3, Page-Rank, Auto-Tune y CRUSH de IBM.**

14. **Busca en Internet información sobre dos de los algoritmos más famosos de la historia de las matemáticas: el algoritmo de Euclides y la criba de Eratóstenes. Contesta estas preguntas:**

    a) ¿Para qué se utilizan estos algoritmos?

    b) ¿A qué personajes históricos deben su nombre? ¿En qué época vivieron?

Algoritmos. Representación gráfica

15. **Realiza el diagrama de flujo de un algoritmo que te permita calcular el área de un triángulo de base *b* y altura *h*.**

16. **Realiza el diagrama de flujo de un algoritmo que te permita pasar una masa *m* de kilogramos a gramos.**

17. **Realiza el diagrama de flujo de un algoritmo que te permita sumar tres números *a*, *b* y *c*.**

18. **Realiza el diagrama de flujo de un algoritmo que te permita calcular el área de un círculo de radio *r*.**

19. **Realiza el diagrama de flujo de un algoritmo que te indique si puedes votar o no, en función de tu edad.**

20. **Realiza el diagrama de flujo de un algoritmo que te indique si has aprobado o no, en función de la nota de un examen.**

21. **Realiza el diagrama de flujo de un algoritmo que te ayude a calcular la nota media de las tres evaluaciones de Tecnología. Si la nota media es igual o mayor que 5, el programa debe indicarte que has aprobado. Si es menor que 5, debe indicarte que has suspendido.**

22. **Realiza el diagrama de flujo de un algoritmo que te pida dos números y te muestre el resultado de restar el segundo al primero.**

23. **Realiza el diagrama de flujo del algoritmo seguido para calentar tu desayuno en el microondas utilizando estructuras selectivas e iterativas.**

Tipos de algoritmos

24. **¿Qué es un algoritmo de estructura secuencial? Pon dos ejemplos de situaciones que puedan desarrollarse de forma secuencial.**

25. **¿Qué es un algoritmo de estructura iterativa? Pon dos ejemplos de situaciones que puedan desarrollarse de forma iterativa.**

- 26. **¿Qué es un algoritmo de estructura condicional? Pon dos ejemplos de situaciones que puedan desarrollarse de forma condicional.**
- 27. **Indica qué estructuras reconoces en los diagramas de flujo elaborados en las actividades 15, 16 y 17.**
- 28. **Indica qué estructuras reconoces en los diagramas de flujo elaborados en las actividades 19 y 20.**
- 29. **Realiza los diagramas de flujo correspondientes a los siguientes programas codificados en Scratch:**

a)

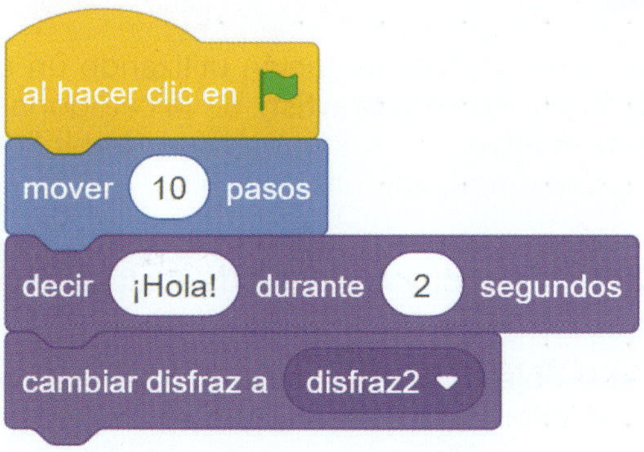

b)

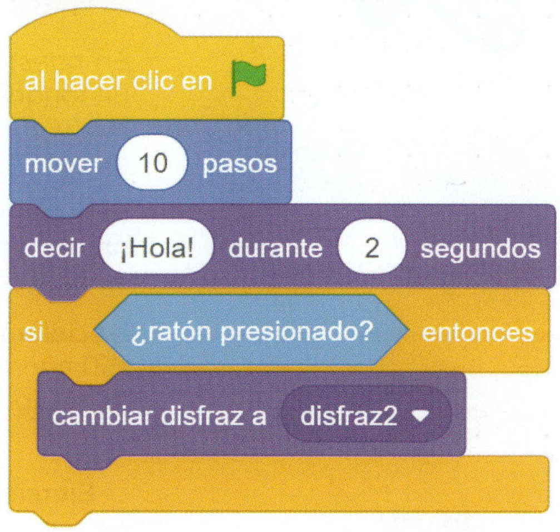

c)

d)

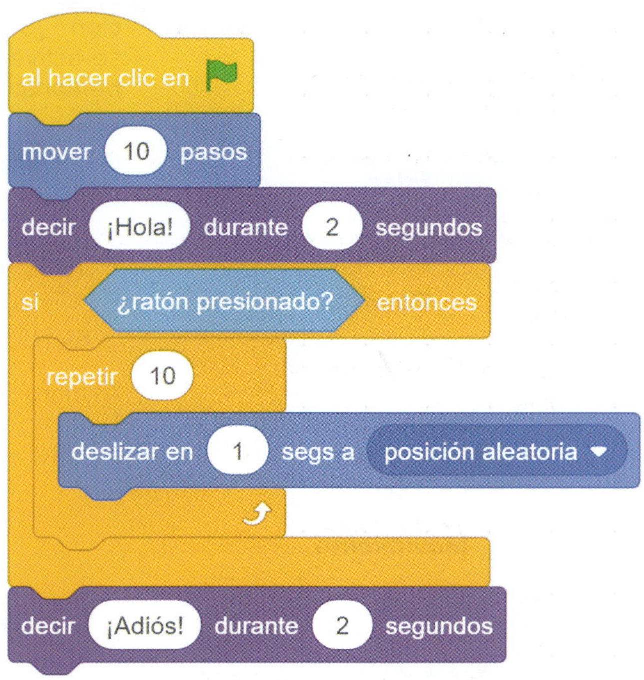

- 30. **Blockly es un lenguaje de programación visual desarrollado por Google en el que las instrucciones se anidan formando bloques, de forma similar a como se hace en Scratch.**
  1. Entra en http://blockly.games/maze y descubre el laberinto de Blockly.
  2. Selecciona el idioma español en la barra superior y comienza a anidar las instrucciones necesarias para que el personaje llegue a la meta. Hay diez niveles diferentes, en los que se van complicando las instrucciones que es necesario anidar.
  3. Si tu profesor lo ve necesario, puedes enviarle una captura de pantalla del último nivel al que hayas llegado. Pega la captura en un documento de texto y guarda el archivo como **UD01_A30_nombre-apellido**.

Práctica 1. Me presento

NOMBRE	Balubita
EDAD	150
COLOR FAVORITO	Azul
MÚSICA PREFERIDA	Hip-hop

En esta práctica vamos a resolver un problema que se da con cada comienzo de curso: presentarte a tus compañeros y profesores. Si quieres hacerlo de forma original, puedes usar el ordenador y uno o varios de los algoritmos estudiados.

Ejercicio 1. Análisis

En nuestro caso, haremos una presentación utilizando un objeto y un fondo de Scratch. El objeto será **Starfish**, de la categoría **Animales**; y el fondo, **beach malibu**. Los encontrarás en la biblioteca de objetos y la de fondos, respectivamente.

En primer lugar, pensamos cuatro aspectos que definan a nuestro objeto: su nombre y edad, su color favorito, sus gustos y aficiones o su música preferida.

Decidimos que nuestro objeto Starfish se llama Balubita, que tiene 150 años, que su color favorito es el azul y que su música preferida es el hip-hop.

Ejercicio 2. Diseño

Ahora toca diseñar cómo llevar a cabo la presentación. ¿El proyecto se desarrollará secuencialmente? ¿Se deberá repetir alguna instrucción? ¿Será necesario que se cumpla alguna condición para que se activen movimiento, música o efectos sonoros? ¿Se moverá el personaje?

Balubita, para presentarse, quiere decir su nombre, edad y color favorito de forma secuencial. Además, quiere que, al decir su color, ella misma cambie de color y se vuelva azul. Y quiere moverse por la playa. Asimismo, a continuación, Balubita pedirá que hagamos clic en ella para que suene su música preferida.

Ejercicio 3. Diagrama de flujo

Al margen puedes ver el diagrama de flujo que indica el orden de las instrucciones. Corresponde a un algoritmo que combina la estructura secuencial y la iterativa.

Ejercicio 4. Programar en Scratch

Codifica ahora la presentación en el lenguaje de programación Scratch, siguiendo el diagrama de flujo.

1. Entra en http://scratch.mit.edu y haz clic en **Crear**. Inicia un nuevo proyecto yendo a **Archivo** / **Nuevo**. Llámalo **UD01_P1_nombre-apellido**.
2. Selecciona el personaje y el fondo indicados.
3. Comienza la codificación con la instrucción **al hacer clic en bandera verde** y ve incluyendo cada una de las instrucciones necesarias.
4. Utiliza la instrucción **decir ... durante ... segundos**, de la categoría **Apariencia**, para incluir cada uno de los mensajes. Elige una duración de **2** segundos en cada mensaje.
5. Para cambiar el color, añade la instrucción **dar al efecto** color **el valor ...** y escribe **150** para que el personaje quede de color azul.
6. Anida después la instrucción **deslizar en** 1 **segs a x:** 150 **y:** -50, de la categoría **Movimiento**.

7. Incluye en otro programa, por separado, la instrucción **al hacer clic en este objeto**, de la categoría **Eventos**.
8. Anida en esta instrucción la orden **iniciar sonido ...**, de la categoría **Sonido**, y selecciona **Hip Hop** (este sonido se incluye en la biblioteca de sonidos de Scratch).

Ejercicio 5. Mejorar la presentación

Puedes mejorar el programa anterior si te fijas en el diagrama de flujo. Como puedes observar, la parte final incluye la condición de que el sonido suene sólo si hacemos clic en el personaje.

1. Elimina el programa que se ejecuta al hacer clic en el objeto.
2. En el programa que no has borrado, anida la orden **esperar hasta que ...**, de la categoría **Control**, e incluye en ella la instrucción **¿tocando** puntero del ratón**?**, de la categoría **Sensores**. Así indicamos al personaje que debe esperar hasta que lo toquemos haciendo clic con el puntero del ratón.
3. Anida ahora la instrucción **si ... entonces**, de la categoría **Control**, e incluye en ella la instrucción **¿tocando** puntero del ratón**?**, de la categoría **Sensores**.
4. Por último, anida en el bucle **si ... entonces** la instrucción **iniciar sonido** Hip Hop, de la categoría **Sonido**.
5. Comprueba el resultado haciendo clic en la bandera verde.

6. Observa que el personaje se queda en la posición $x = 150$, $y = -50$ y de color azul. Para evitar esto y hacer que el programa comience con el personaje en su posición y condiciones iniciales, se incluyen habitualmente al comienzo del programa las condiciones de partida. Para ello, añade debajo de la instrucción **al hacer clic en bandera verde** las instrucciones **quitar efectos gráficos**, de la categoría **Apariencia**, e **ir a x:** -200 **y:** -50, de la categoría **Movimiento**. Así, el personaje se situará en esas coordenadas y se mostrará de su color original cada vez que reiniciemos el programa.

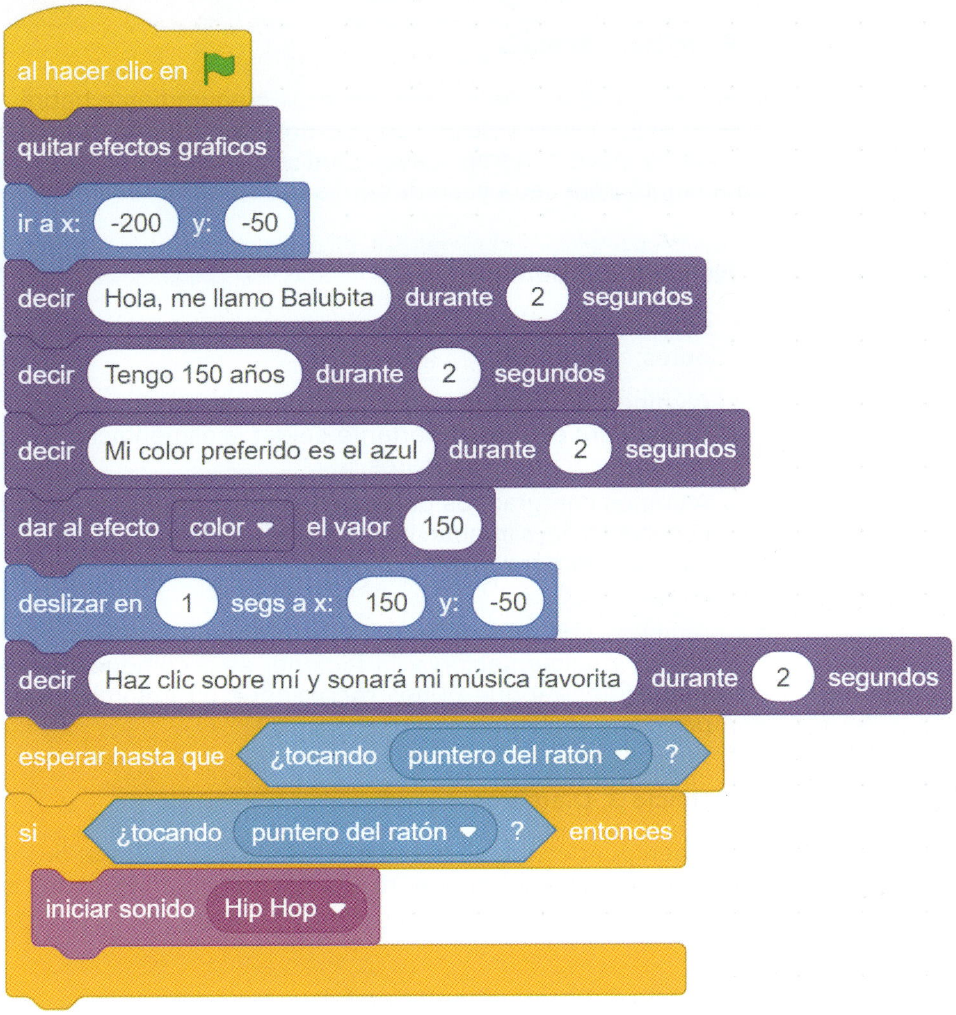

7. Prueba el programa. Descarga el proyecto **UD01_P1_nombreapellido.sb3** en tu ordenador yendo a **Archivo** / **Guardar en tu ordenador** y seleccionando la carpeta en que guardas tus trabajos.

DESAFÍOS

1. Modifica el programa para que la presentación se ajuste a ti mismo. Puedes incluir tu propia foto como personaje, y como fondo, un lugar en el que te guste estar. Guarda el proyecto como **UD01_P1_nombreapellido_desafio1.sb3**.
2. Elige uno de los algoritmos propuestos en las actividades 15 a 22 de esta unidad y codifícalo en Scratch. Guarda el proyecto como **UD01_P1_nombreapellido_desafio2.sb3**.

Práctica 2. Acné. ¡Menudo problema!

A tu edad, es fácil que ya conozcas al temido acné, esos granitos que empiezan a aparecer por tu cara y que resultan tan difíciles de quitar. También habrás oído decir que cuando crezcas irán desapareciendo, pero mientras ese momento llega, ¿qué hacer? La respuesta es fácil: cuidar tu alimentación, extremar la higiene en tu piel y acudir al médico si el problema es severo.

En esta práctica vamos a analizar el problema del acné y a darle la respuesta adecuada siguiendo algoritmos. Además, codificaremos en Scratch los algoritmos utilizados.

Ejercicio 1. Análisis

Observa tu piel y la de tus compañeros. Seguramente habrá algunos que no tengan acné y otros que sí; entre éstos, alguno tendrá granitos aislados y otros tendrán mayor cantidad. Ante estas diferencias, el tratamiento para cada caso deberá ser distinto.

Ejercicio 2. Diseño

Las situaciones que se pueden producir y su tratamiento serán las siguientes:

- Alumnos sin acné. En este caso será necesario prevenir su aparición. Para ello, es importante cuidar la alimentación evitando el abuso de grasas y azúcares.
- Alumnos con granitos puntuales en la piel. En este caso, bastará con cuidar la alimentación y extremar la higiene en las manos y en la piel para evitar que los granitos se diseminen por otras zonas.
- Alumnos con acné intenso o severo. En este caso, además de cuidar la alimentación y la higiene, es recomendable acudir al dermatólogo y que él nos recomiende un tratamiento corrector para este problema.

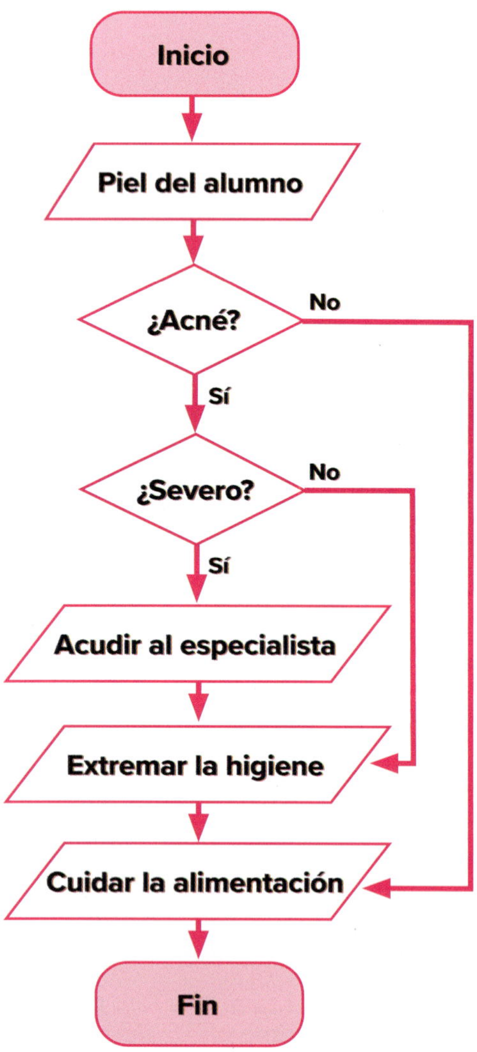

Ejercicio 3. Diagrama de flujo

Al margen puedes ver el diagrama de flujo que indica el orden de las instrucciones. El algoritmo se repetirá para cada uno de los alumnos de la clase.

Ejercicio 4. Programar en Scratch

Codifica ahora el problema del acné en el lenguaje de programación Scratch, siguiendo el diagrama de flujo.

1. Inicia un nuevo proyecto yendo a **Archivo** / **Nuevo**. Llámalo **UD01_P2_nombreapellido**.
2. Selecciona como personaje a **Avery** y selecciona como fondo **chalkboard**.
3. Comienza la codificación con la instrucción **al hacer clic en bandera verde** y ve incluyendo cada una de las instrucciones necesarias.
4. El programa va a analizar a cada uno de los alumnos de tu clase. Incluye la instrucción **repetir ...** e indica el número de alumnos que sois en clase. En el ejemplo hemos puesto **20**.

5. Anida la instrucción **decir** Hola. Voy a resolver tu problema **durante** 2 **segundos**, de la categoría **Apariencia**.

6. El personaje te pregunta a continuación tu nombre. Incluye para ello la instrucción **preguntar** ¿Cómo te llamas? **y esperar**, de la categoría **Sensores**.

7. Anida las instrucciones **decir** Hola **durante** 1 **segundos** y **decir respuesta durante** 1 **segundos**, de la categoría **Apariencia**. Fíjate: **respuesta** aparece dentro de la categoría **Sensores**, y, en ella, el programa almacena el nombre que escribas cuando te pregunte tu nombre.

8. Siguiendo el diagrama de flujo, la siguiente pregunta es si tienes o no acné. Por tanto, anida a continuación la instrucción **preguntar** ¿Tienes acné? **y esperar**, de la categoría **Sensores**. Hasta aquí, el programa debe quedar como en la figura 1.

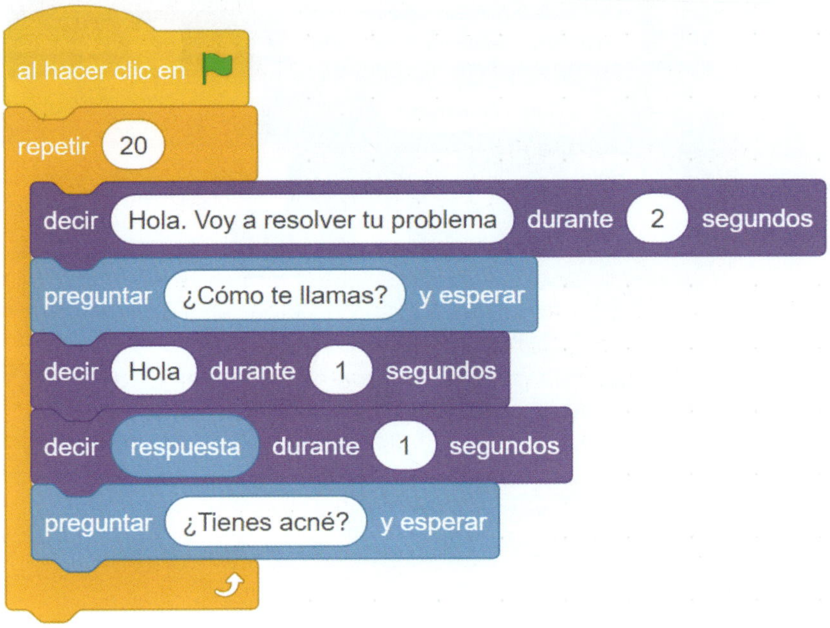

Fig. 1

9. Ahora, siguiendo la estructura del diagrama de flujo, tienes que utilizar una estructura condicional que analice las respuestas. Anida el bucle **si ... entonces / si no**, de la categoría **Control**.

10. En la condición de la instrucción anterior, tienes que ver si se cumple que la respuesta sea "Sí", porque en ese caso habrá que ver si el acné es severo o no. Para ello, anida la condición utilizando el **comparador de igualdad** de la categoría **Operadores**, como puedes ver en la figura 2.

Fig. 2

¡Cuidado con la ortografía!

En el bucle condicional, sólo se cumplirá la condición si la respuesta es "Sí". No puedes olvidar la tilde, porque en ese caso el programa entenderá que la condición no se cumple.

11. Anida dentro del bucle **si ... entonces** la instrucción **preguntar** ¿Es severo? **y esperar**, de la categoría **Operadores**.

12. En función de la respuesta a esta pregunta, las indicaciones para corregir el acné serán unas u otras. Por tanto, es necesario anidar otro bucle condicional que analice si la respuesta es "Sí" o "No" a esta nueva pregunta. Incluye el bucle **si ... entonces / si no** y codifica la condición igual que en el punto 10 (observa la figura 3).

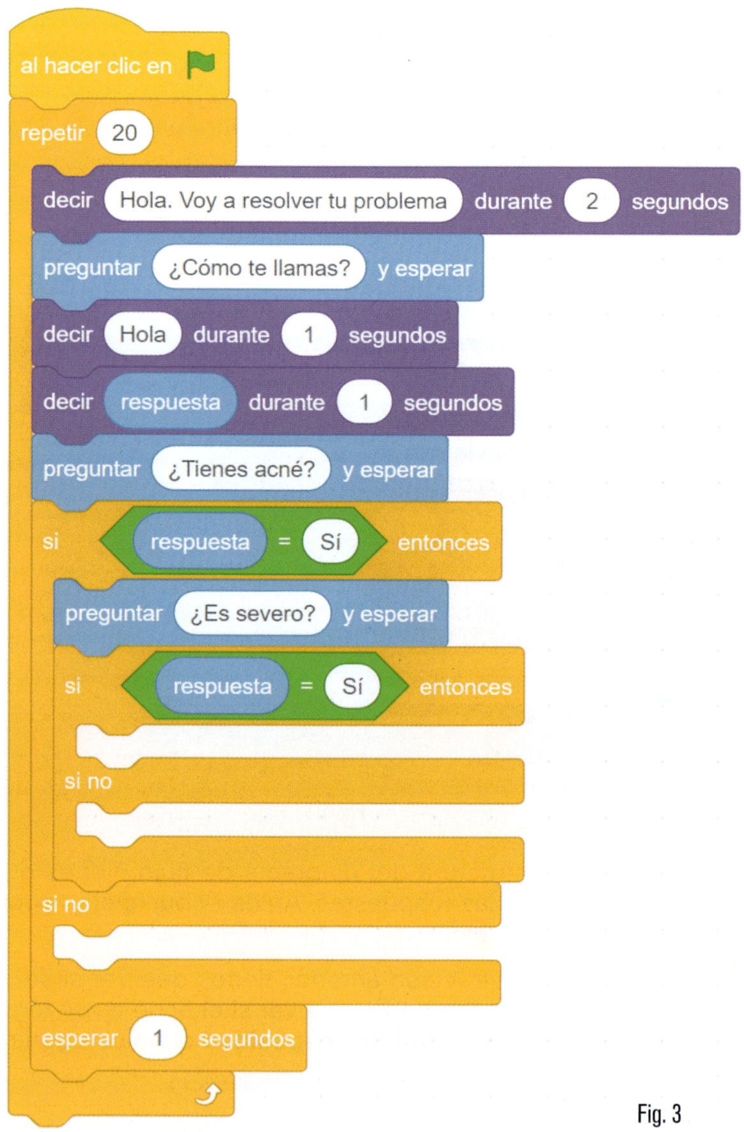

Fig. 3

13. Anida a continuación las instrucciones de las recomendaciones a seguir en el caso de que el acné sea severo (figura 4). Utiliza para ello la instrucción **decir**, de la categoría **Apariencia**.

14. Debajo de cada **si no**, anida las instrucciones correspondientes (para el caso de que se tenga acné pero no sea severo y para el de que no se tenga acné). Utiliza nuevamente la instrucción **decir**, de la categoría **Apariencia**.

15. Prueba el programa. Descarga el proyecto **UD01_P2_nombre-apellido.sb3** en tu ordenador yendo a **Archivo / Guardar en tu ordenador** y seleccionando la carpeta en que guardas tus trabajos.

Fig. 4

Cómo retardar el desarrollo de instrucciones iterativas

La última instrucción del programa es **esperar 1 segundos**, de la categoría **Control**. Esta instrucción permite que las repeticiones no sean inmediatas, sino que transcurre un segundo entre la valoración de cada uno de los alumnos.

DESAFÍOS

1. Modifica el programa anterior para que, cuando le digas que no tienes acné, te responda "¡Enhorabuena!". Guarda el proyecto como **UD01_P2_nombreapellido_desafio1.sb3**.
2. Basándote en la práctica 2 de esta unidad, codifica en Scratch un programa de diagnóstico que te diga si te estás alimentando correctamente. Si tomas refrescos azucarados diariamente, debe decirte que superas la cantidad de azúcar recomendada. Si no comes frutas y verduras diariamente, debe decirte que tienes que aumentar la cantidad de frutas y verduras en tu dieta. Si no tomas refrescos azucarados habitualmente y comes frutas y verduras diariamente, el programa debe felicitarte. Guarda el proyecto como **UD01_P2_nombreapellido_desafio2.sb3**.

Práctica 3. Gestión económica

Otro de los problemas que a tu edad suelen aparecer es el de las finanzas. Sería muy útil contar con una pequeña calculadora mensual que te indique cuánto dinero te va quedando de tus ahorros, en función de tus ingresos y gastos.

En esta práctica, vas a aprender a desarrollar los algoritmos necesarios para poder codificar en Scratch tu calculadora mensual.

Ejercicio 1. Análisis

El problema consiste en crear una calculadora que vaya restando los gastos que diariamente vayas introduciendo y sumando los ingresos que se produzcan. Además, para evitar que te quedes sin dinero, te avisará cuando en la hucha haya 50 euros o menos. Cuando haya más de 50 euros, la calculadora te dará un mensaje de ánimo para que continúes ahorrando.

Ejercicio 2. Diseño

Para poder realizar la calculadora, necesitas trabajar con variables. En este caso son necesarias tres variables: ingresos, gastos y contenido de la hucha.

Utilizarás algoritmos de estructura secuencial, selectiva e iterativa.

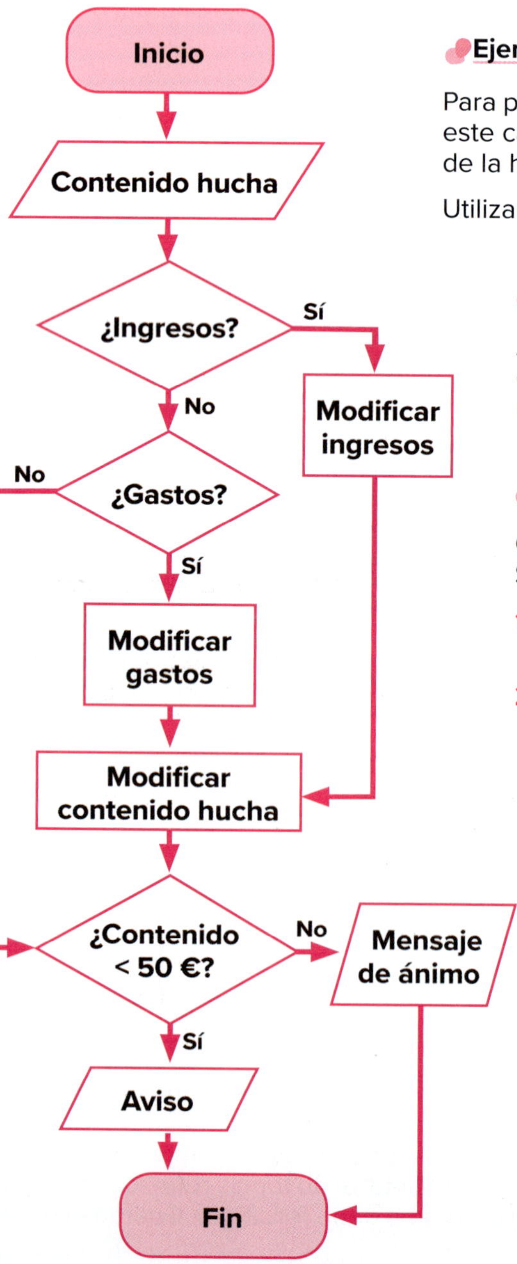

Ejercicio 3. Diagrama de flujo

Al margen puedes ver el diagrama de flujo que indica el orden de las instrucciones. Los algoritmos se repetirán 30 veces, una por cada día del mes (considerando meses de 30 días).

Ejercicio 4. Programar en Scratch

Codifica ahora la calculadora en el lenguaje de programación Scratch, siguiendo el diagrama de flujo.

1. Inicia un nuevo proyecto yendo a **Archivo** / **Nuevo**. Llámalo **UD01_P3_nombreapellido**.
2. En primer lugar, debes definir las variables que vas a utilizar. Accede a la categoría **Variables** y haz clic en **Crear una variable**. Crea las variables **contenido hucha**, **gastos** e **ingresos**.

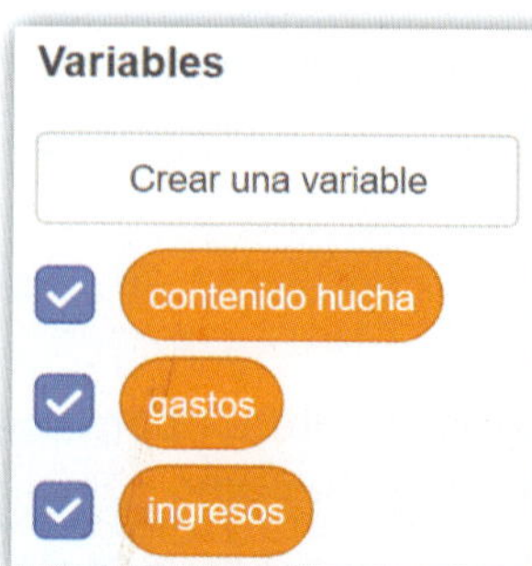

3. Inicia ahora el programa con la instrucción **al hacer clic en bandera verde**.

4. Fija el valor inicial de las variables. En este caso, supón que partes de un contenido en la hucha de 150 euros. Selecciona las instrucciones **dar a** contenido hucha **el valor** 150, **dar a** gastos **el valor** 0 y **dar a** ingresos **el valor** 0, de la categoría **Variables**.

5. A partir de aquí, todas las instrucciones se repetirán durante los 30 días de cálculo. Para ello, utiliza una instrucción iterativa. Selecciona el bloque **repetir** 30, de la categoría **Control**.

6. Anida a continuación la instrucción **preguntar** ¿Has tenido ingresos? **y esperar**, de la categoría **Sensores**.

7. Ante la pregunta planteada, es necesario incluir ahora un bloque de estructura selectiva. Anida un bucle **si ... entonces / si no**, de la categoría **Control**.

8. La condición que hay que verificar es si la respuesta a la pregunta anterior es "Sí" o no lo es. Para ello utiliza un **comparador de igualdad** de la categoría **Operadores**, como puedes ver en la figura 5.

Fig. 5

9. Si la respuesta es "Sí", necesitas saber qué ingresos has tenido. Incluye a continuación la instrucción **preguntar** ¿Cuánto? **y esperar**, de la categoría **Sensores**.

10. Anida a continuación la instrucción **sumar a** ingresos **respuesta**, de la categoría **Variables**. De esta manera, el valor de la variable **ingresos** aumentará en el valor que se introduzca como ingreso cada vez.

11. Anida también la instrucción **dar a** contenido hucha **el valor contenido hucha + respuesta**, de la categoría **Variables**. Para codificar esta instrucción necesitas un **operador de suma** de la categoría **Operadores** y el valor de **respuesta** de la categoría **Sensores**. Observa la figura 6.

Fig. 6

12. Si la respuesta a la pregunta de si has tenido ingresos (punto 6) es "No", entonces es necesario saber si ha habido gastos. Para ello, en el bloque **si ... entonces / si no**, anida bajo la rama **si no** la instrucción **preguntar** ¿Has tenido gastos? **y esperar**, de la categoría **Sensores**.

13. Anida a continuación un bloque **si ... entonces** para verificar la respuesta, como has hecho en el punto 7, e incluye la instrucción **preguntar** ¿Cuánto? **y esperar**, de la categoría **Sensores**. Anida las instrucciones para modificar los valores de las variables **gastos** y **contenido hucha**. Los pasos son similares a los detallados en las instrucciones de los puntos 9 y 10. Fíjate en la figura 7.

Fig. 7

14. A continuación, fuera del bloque **si ... entonces / si no**, incluye una instrucción para que el personaje te diga el contenido de la hucha. Usa para ello la instrucción **decir**, de la categoría **Apariencia**, junto con la instrucción **unir**, de la categoría **Operadores**. La instrucción debe quedar así (figura 8):

Fig. 8

15. Finalmente, sólo queda valorar si el contenido de la hucha es mayor que 50 euros o no. Utiliza para ello un nuevo bloque **si ... entonces / si no** y las instrucciones **decir** Vas bien **durante** 2 **segundos** y **decir** Hay que ahorrar **durante** 2 **segundos**, de la categoría **Apariencia**; la calculadora dirá una cosa u otra en función del contenido de la hucha.

16. El programa debe quedar como en la figura 9.

17. Prueba el programa. Descarga el proyecto **UD01_P3_nombreapellido.sb3** en tu ordenador yendo a **Archivo** / **Guardar en tu ordenador** y seleccionando la carpeta en que guardas tus trabajos.

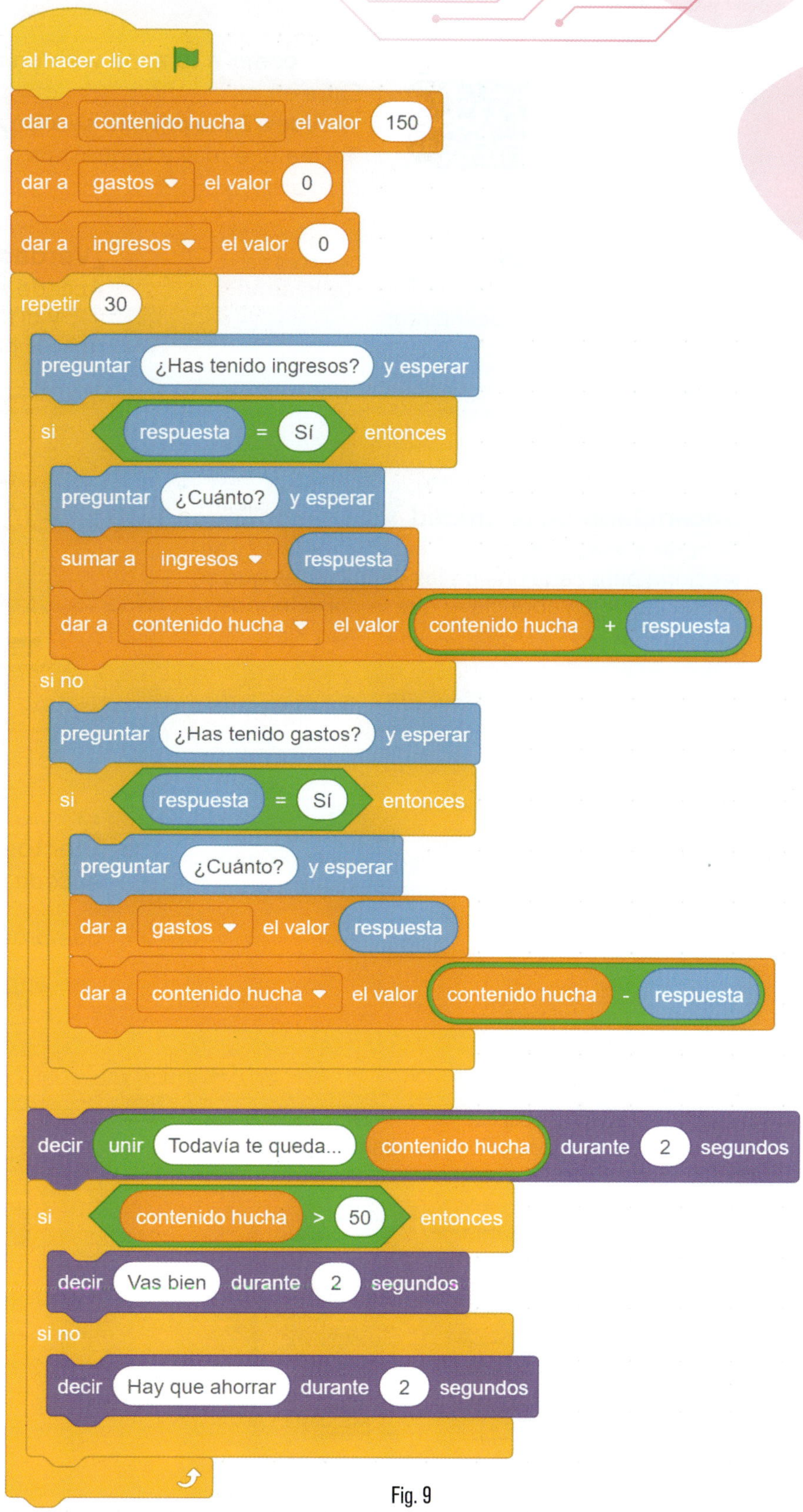

Fig. 9

DESAFÍO

- Modifica el programa anterior para añadir como condición nueva que, cuando el contenido de la hucha sea menor de 20, el programa muestre el mensaje "¡No despilfarres tanto!". Guarda el proyecto como **UD01_P3_nombreapellido_desafio1.sb3**.

ZONA web

Realiza las siguientes actividades accediendo a tu zona web.

Las actividades señaladas con el sello **"tu nota en un clic"** dan la opción de, una vez realizadas, imprimirlas en un **archivo PDF** con el **nombre y apellido del alumno** y la **puntuación obtenida sobre 10**.

Para acceder a tu zona web una vez registrado el libro:

1. Entra en www.editorialdonostiarra.com.
2. Accede a **Zona privada** (sección **Alumno**) y haz clic en **Acceso a la zona web**.
3. Teclea tu e-mail y contraseña.

1 Test de algoritmos

tu nota en un clic

Accede a la actividad **UD01 01 Test de la unidad** y comprueba tus conocimientos.

2 Vocabulario de la unidad

tu nota en un clic

Accede a la actividad **UD01 02 Vocabulario** y selecciona para cada una de las definiciones que se presentan la palabra clave que le corresponde.

3 Esquema de contenidos

tu nota en un clic

Accede a la actividad **UD01 03 Esquema de contenidos** y completa el esquema de contenidos de la unidad con las palabras propuestas.

4 Símbolos

Accede a la actividad **UD01 04 Símbolos** y une cada símbolo utilizado en los diagramas de flujo con su definición.

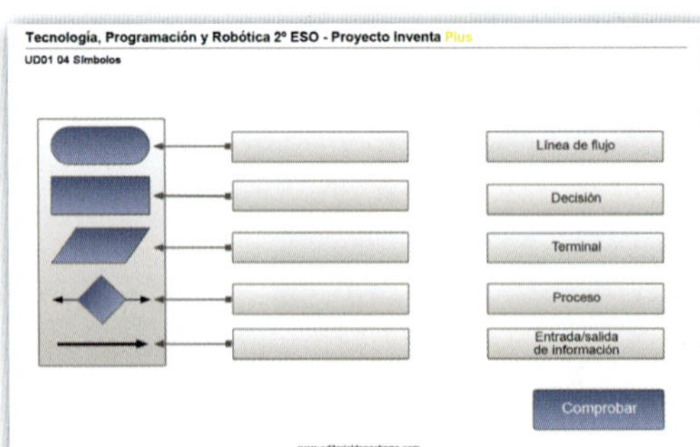

5 ¿Verdadero o falso?

Accede a la actividad **UD01 05 ¿Verdadero o falso?** y di si son verdaderas o falsas las afirmaciones que se presentan.

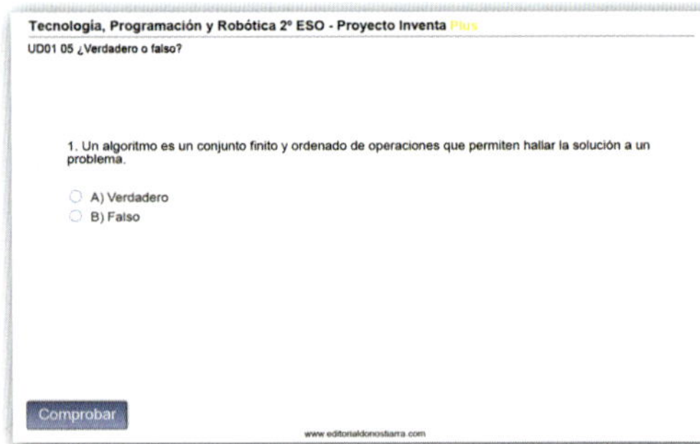

6 Efectos de los programas

Accede a la actividad **UD01 06 Efectos de los programas** y conecta cada programa con el efecto que produce.

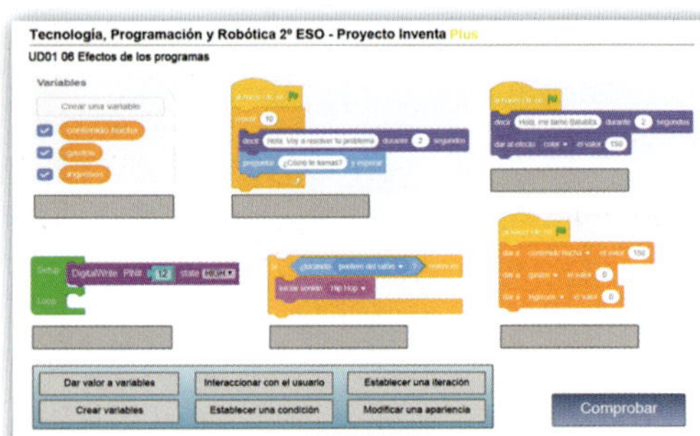

Creamos el blog del tecnólogo

Para hacer esta práctica deberás tener el consentimiento de tus padres o tutores legales. Asimismo, recuerda leer detenidamente todas las condiciones de prestación de servicios.

Para un tecnólogo es muy importante encontrar respuesta a los problemas, pero también lo es hacer que la solución encontrada sea conocida por la sociedad.

Te proponemos que crees tu propio **blog del tecnólogo**, en el que vayas anotando tus avances, tus descubrimientos y otros aspectos que consideres de interés. Para ello, te recomendamos que utilices la herramienta **Blogger**. Necesitarás, además, tener una cuenta en **Gmail**. Si no la tienes, ve a www.gmail.com, haz clic en **Crear cuenta** y sigue todos los pasos que se indican.

1. En tu cuenta de Gmail, haz clic en **Aplicaciones de Google** y elige **Blogger**.
2. Haz clic en **Nuevo blog** y rellena los campos que aparecen: escribe el título del blog ("El blog del tecnólogo") y la URL, que será la dirección que usarán otros usuarios para acceder a tu blog (nombreapellido.blogspot.com, por ejemplo). Pulsa **Guardar**.
3. En la barra lateral de herramientas, escoge **Tema** y selecciona la plantilla que más te guste. En el ejemplo hemos elegido la plantilla **Contempo Flamingo**.

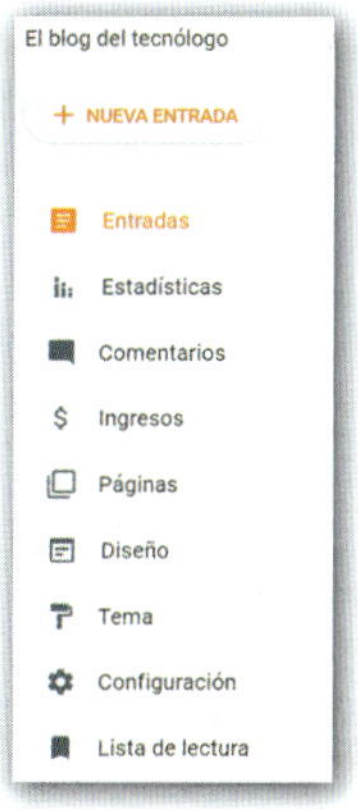

4. Comienza a publicar entradas. Una entrada es cada uno de los artículos, vídeos o crónicas que se publican en un blog, con o sin comentarios. Las entradas también se conocen como *posts*. Todas las entradas aparecen generalmente ordenadas por su fecha de publicación.
5. Haz clic en **Nueva entrada**. Dale a esa nueva entrada el título de "Algoritmos".
6. En la caja central escribe el cuerpo de tu entrada. La propuesta en este caso es que hagas un pequeño resumen de los algoritmos estudiados en el tema.
7. Utiliza las opciones de la barra de herramientas para dar formato al texto (cambia el color, el tamaño y el tipo de letra).
8. Puedes insertar imágenes, vídeos o enlaces pulsando los correspondientes botones de la barra de herramientas.

Contempo Flamingo

9. Haz clic en el botón **Vista previa** para comprobar cómo va quedando el texto según lo vas escribiendo.

10. Por último, haz clic en **Publicar**.
11. Para compartir el blog puedes copiar la dirección que aparece en el navegador y pegarla en un mensaje de correo electrónico o bien utilizar la opción **Compartir**, que te permitirá publicar esa entrada en sitios como Twitter, Facebook, etc.

DESAFÍO

- Crea una página más en tu blog y llámala "Imágenes". Escribe como texto introductorio: "En esta página incluiré imágenes de tecnología que me gusten". Haz una captura de pantalla de esta página de tu blog y pégala en un documento de texto. Guarda el archivo como **UD01_nombreapellido_desafio1**.

1. El método de proyectos: algoritmo tecnológico

- Un **algoritmo** es una secuencia ordenada de pasos que resuelven un problema en un tiempo finito.
- El **método de proyectos** es una forma ordenada de abordar y resolver problemas prácticos que se presentan en cualquier sociedad. Comprende diez fases y podemos estudiarlo como un algoritmo.

- Un **programa** es la traducción de un algoritmo a un lenguaje de programación capaz de ser entendido por un ordenador y procesado por él.

2. Algoritmos. Representación gráfica

- El gráfico utilizado para representar un algoritmo se denomina **diagrama de flujo** u **organigrama**, y muestra mediante símbolos unidos por flechas la secuencia de las acciones que se han de realizar.
- Los principales **símbolos** de un diagrama de flujo son:

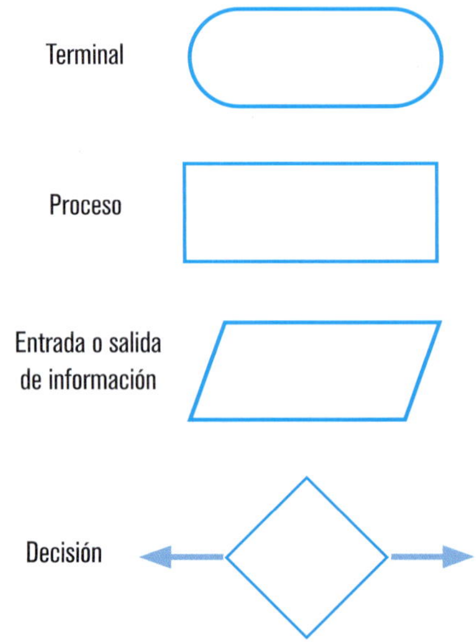

3. Tipos de algoritmos

- Los **algoritmos** pueden ser de tres tipos:
  - **Algoritmos de estructura secuencial.** Las instrucciones que componen el algoritmo se van cumpliendo una tras otra, siguiendo el orden en que aparecen.
  - **Algoritmos de estructura selectiva (o condicional).** Incluyen una serie de instrucciones que sólo se llevan a cabo en función de si se cumple o no una condición.
  - **Algoritmos de estructura iterativa (o de repetición).** Incluyen una serie de instrucciones que se repiten varias veces. Estas instrucciones se incluyen en bucles que marcan el inicio y el fin de la repetición.
- Los algoritmos permiten una codificación eficaz mediante **lenguajes de programación**. En la unidad hemos utilizado Scratch para codificar algoritmos de situaciones comunes.
- **Scratch** es un entorno de programación gráfico y gratuito que permite expresar ideas de forma creativa y desarrollar habilidades de pensamiento lógico.

AUTOEVALUACIÓN

1. Haz los siguientes ejercicios en tu cuaderno.
2. Consulta las respuestas al final del libro, para evaluar tu aprendizaje.

---

2 ptos.

1. **Completa las frases:**

a) Un (...) es una secuencia ordenada de pasos que resuelven un problema en un tiempo finito.

b) El (...) es una forma ordenada de abordar y resolver problemas prácticos que se presentan en cualquier sociedad. Comprende (...) fases y podemos estudiarlo como un algoritmo.

c) El gráfico utilizado para representar un algoritmo se denomina (...) u (...), y muestra mediante símbolos unidos por flechas la secuencia de las acciones que se han de realizar.

d) Un (...) es la traducción de un algoritmo a un lenguaje de programación capaz de ser entendido por un ordenador y procesado por él.

2 ptos.

2. **Contesta si son verdaderas o falsas las afirmaciones siguientes. Si son falsas, corrige las palabras equivocadas:**

a) En los algoritmos de estructura iterativa, las instrucciones que componen el algoritmo se van cumpliendo una tras otra, siguiendo el orden en que aparecen.

b) Los algoritmos de estructura selectiva (o condicional) incluyen una serie de instrucciones que sólo se llevan a cabo en función de si se cumple o no una condición.

c) Los algoritmos de estructura secuencial (o de repetición) incluyen una serie de instrucciones que se repiten varias veces. Estas instrucciones se incluyen en bucles que marcan el inicio y el fin de la repetición.

2 ptos.

3. **Indica el nombre de cada uno de los símbolos utilizados en los diagramas de flujo y una explicación de su utilidad:**

a)

b)

c)
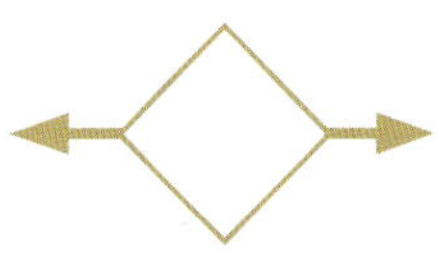

d)

2 ptos.

4. **Indica qué algoritmos representan los siguientes organigramas:**

a)
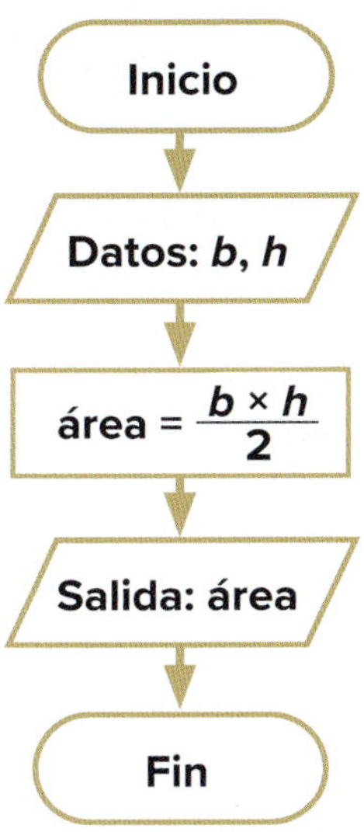

b)

2 ptos.

5. **Indica qué tipo de estructura (secuencial, selectiva o iterativa) presentan las siguientes situaciones de la vida diaria que podemos desarrollar con algoritmos:**

a) Salir a comprar el pan

b) Decidir si compramos dulces o no con lo que nos ha sobrado al comprar el pan

c) Aprender a montar en bicicleta

d) Salir a dar una vuelta con los amigos

e) Decidir cómo gastar la paga semanal

f) Aprender los verbos irregulares de inglés

2

Diseño e impresión 3D

¿Te gustaría diseñar e imprimir tus propias figuras?

Escanea este código para ver el vídeo "La impresión 3D: una revolución", del canal DW Documental.

Contenidos de la unidad

1. Diseño de un producto
2. Boceto, croquis y dibujo técnico
3. Medida de longitudes
4. Normalización
5. Tipos de líneas. Acotación sencilla
6. Representación de objetos en el sistema diédrico. Vistas
7. Representación de objetos en perspectiva
8. Dibujar una figura en perspectiva a partir de las vistas
9. Impresoras 3D
10. Proceso de impresión 3D
11. Programas de diseño e impresión
12. Preparación de la impresora e impresión con Repetier-Host

La llegada de la impresión 3D al ámbito doméstico ha puesto la fabricación de piezas y utensilios de plástico y otros materiales al alcance de todas las personas, con un menor coste y una mayor versatilidad en el diseño al poder adaptarlo a nuestras propias necesidades.

Los usos son tan variados que abarcan el ámbito educativo, las aplicaciones médicas (prótesis, órganos...), la ingeniería (fabricación de piezas complejas que antes solamente se podían producir en grandes cantidades), el calzado y la vestimenta personalizados, las réplicas en relieve para personas que tienen una minusvalía visual (maquetas de monumentos, planos, cuadros...), etc.

Pero para poder crear nuestros propios diseños por ordenador, antes debemos saber dibujar los bocetos o planos normalizados en perspectiva y acotarlos correctamente utilizando las normas del dibujo técnico. Empezaremos el presente tema por esta parte y a continuación analizaremos las distintas herramientas informáticas de diseño e impresión.

Descubre — ACTIVIDADES DE INICIACIÓN

Descubre tus conocimientos previos contestando en tu cuaderno las siguientes preguntas:

1. Haz un dibujo de tu mesa en tres dimensiones.
2. Mide las dimensiones y anótalas en tu dibujo. Acota el dibujo lo mejor que puedas.
3. Dibuja las tres vistas principales de la mesa que has dibujado.
4. Enumera diversos campos en los que creas que puede aplicarse la impresión de piezas en 3D y señala qué tipos de piezas crees que se podrían imprimir.
5. ¿Qué datos consideras que necesita saber la impresora para poder imprimir una pieza?

1. Diseño de un producto

A la hora de construir o imprimir un objeto, podemos partir de un diseño ya realizado por otra persona y mejorarlo o adaptarlo, o bien crear nuestro propio diseño. En cualquier caso, necesitamos conocer los conceptos básicos de dibujo técnico y las herramientas de diseño que debemos emplear.

Cuando diseñamos, partimos de un boceto al que vamos dando forma y añadiendo las medidas.

Le daremos volumen dibujándolo en perspectiva y acotándolo.

Por último, haremos ese dibujo por ordenador con alguna de las herramientas que nos permitirán imprimirlo en tres dimensiones.

Vamos a hacer un repaso de las nociones básicas de dibujo que necesitamos saber.

Escanea este código para ver el vídeo "Visión espacial: vistas principales de una mesa", del canal del Gabinete de Tele-Educación de la Universidad Politécnica de Madrid.

2. Boceto, croquis y dibujo técnico

Un **boceto** es un dibujo que sirve como primera aproximación a un objeto o una idea. Se hace a mano alzada, generalmente con poco detalle, no se acota (no se ponen las medidas) y no hace falta hacerlo a escala (únicamente debe ser proporcionado) ni utilizar una hoja con marco y cajetín.

El boceto sirve para plasmar de manera rápida las primeras ideas del diseño de un objeto, para comunicarlas.

Un **croquis** es un dibujo más elaborado que el boceto, realizado también a mano alzada pero con mayor detalle, usando las vistas del objeto (aunque también se puede representar en perspectiva con el fin de hacerlo más claro). Debe estar proporcionado con respecto a la realidad y en él se han de incorporar todo tipo de anotaciones que completen la información del dibujo: medidas, notas aclaratorias, etc.

El croquis sirve para acercarnos más a la realidad, dar más detalles.

El dibujo final se llama **dibujo técnico** y está hecho con regla, a escala y con medidas (acotado). El dibujo técnico define el objeto con todo detalle. Debe estar delineado (pasado a tinta).

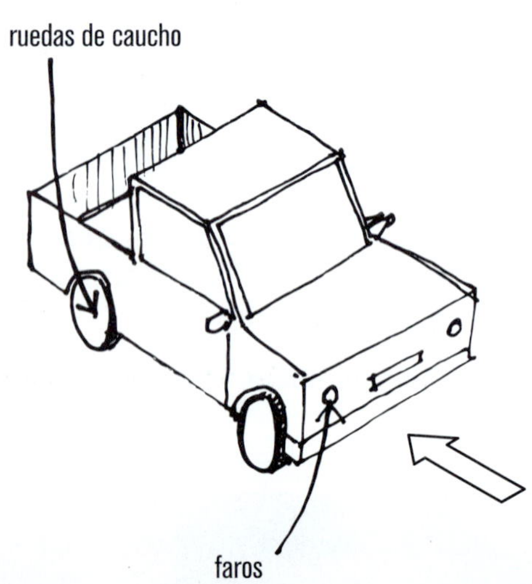

Boceto

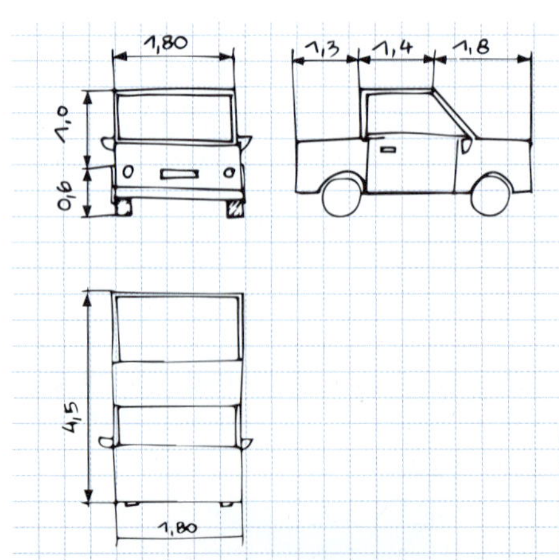

Croquis

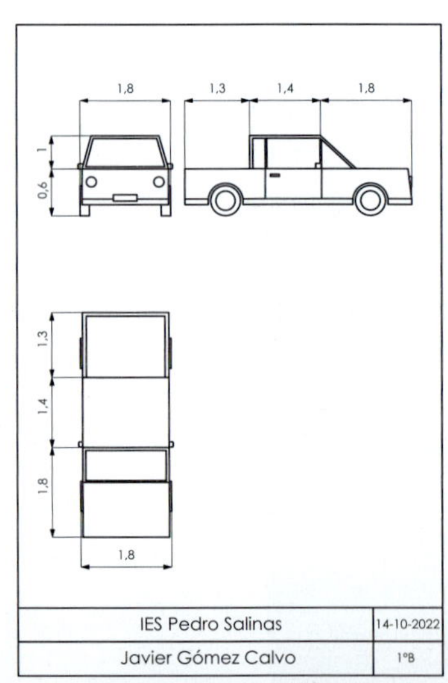

Dibujo técnico

3. Medida de longitudes

Cuando hacemos un dibujo, siempre debemos anotar las medidas reales del objeto representado. Por eso es importante que tengamos claro cómo pasar de la unidad patrón (el metro, en el Sistema Internacional) a sus distintos múltiplos y submúltiplos, y viceversa.

La siguiente tabla muestra una escala en que están ordenadas las principales unidades de medida:

MÚLTIPLOS				SUBMÚLTIPLOS		
kilómetro	**hectómetro**	**decámetro**	**metro**	**decímetro**	**centímetro**	**milímetro**
km	hm	dam	m	dm	cm	mm
1.000 m	100 m	10 m	1 m	0,1 m	0,01 m	0,001 m

×10 →

← ÷10

EJEMPLOS DE CAMBIO DE UNIDADES

- Para pasar 1 hectómetro a metros:
  1 hm × 10 × 10 = **100 m**
- Para pasar 1 milímetro a metros:
  1 mm ÷ 10 ÷ 10 ÷ 10 = **0,001 m**

4. Normalización

La normalización tiene como objetivo elaborar una serie de especificaciones técnicas (normas) que son utilizadas por las empresas, de manera voluntaria, como referencia para probar la calidad y seguridad de sus actividades y productos.

En el caso del dibujo técnico nos ayuda a interpretar los planos que dibujan otras personas, al utilizar las mismas normas y símbolos.

Podemos definir la **normalización** como el conjunto de normas que regulan todos los elementos que intervienen en el dibujo técnico: formatos, rotulación y simbología.

Estas normas han sido acordadas por organismos competentes; en España, dicho organismo es, desde el 2017, la Asociación Española de Normalización (UNE), y las normas que crea se llaman UNE ("una norma española"), que coinciden en gran parte con las internacionales ISO.

UNE
NormalizaciónEspañola

ISO International Organization for Standardization

ACTIVIDADES

1. **Dibuja un boceto y un croquis de los siguientes objetos: un sacapuntas, una silla y un teléfono móvil.**

2. **Copia y completa en tu cuaderno:**

a) 1,2 km = (...) m
b) 375 m = (...) mm
c) 28,5 dam = (...) cm
d) 0,750 km = (...) dm
e) 256 mm = (...) cm
f) 320,5 m = (...) km
g) 25.700 mm = (...) m
h) 280 cm = (...) dam

5. Tipos de líneas. Acotación sencilla

Para poder interpretar los dibujos claramente, la forma de indicar las medidas debe estar normalizada.

Acotar una pieza es indicar sobre el dibujo que la representa (vistas o perspectiva) las medidas reales necesarias para definirla.

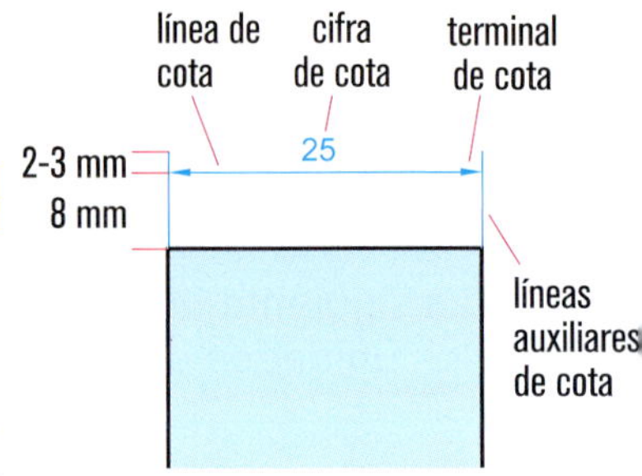

Los elementos que intervienen en la acotación son los siguientes:

- **Líneas de cota.** Son las líneas que se emplean para indicar las medidas de la pieza que se acota. Cada línea de cota se coloca paralela a la arista correspondiente y debe situarse en el exterior, a 8 mm de la figura.
- **Líneas auxiliares de cota.** Sirven para delimitar exactamente las líneas de cota, por lo que son perpendiculares a ellas y deben sobresalir unos 2 mm a ambos lados de dicha línea de cota. Hay que evitar el cruce entre líneas auxiliares.
- **Terminales de cota (flechas, puntos o trazos).** Son las terminaciones de las líneas de cota. Si hay espacio, se colocan en los extremos flechas de 15°; si no, trazos de 45° o puntos.
- **Números.** Indican la dimensión real de la pieza, expresada en milímetros (si es otra unidad, debe indicarse). Se colocan encima de las líneas de cota, centrados.

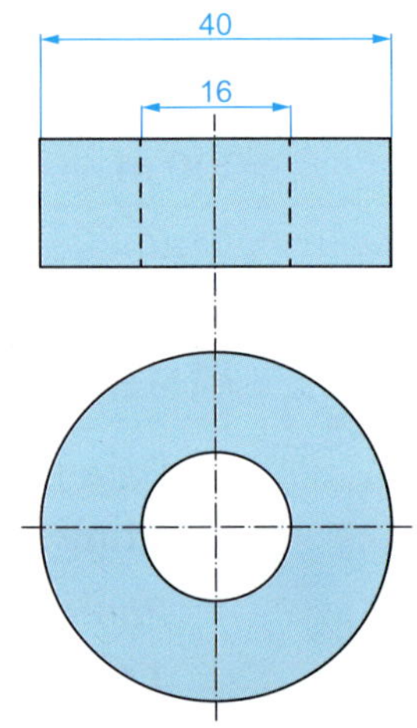

Los tipos de líneas también están normalizados, en dibujo técnico. En un dibujo, cada línea tiene una función diferente y debemos saberlas interpretar. Las líneas más frecuentes se muestran en la tabla siguiente:

LÍNEA	NOMBRE	APLICACIÓN
▬▬▬▬▬▬	Línea gruesa	• Contornos visibles • Aristas visibles
──────	Línea fina	• Líneas de cota y líneas auxiliares de cota • Líneas de ejes • Líneas de rayado
— · — · — · — · —	Línea fina de trazo y punto	• Ejes de revolución
— — — — —	Línea fina de trazos	• Contornos ocultos • Aristas ocultas

Las dos formas de acotación más usuales son: en **serie** y en **paralelo**.

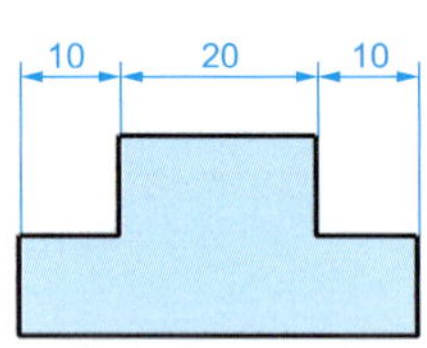

Acotación en serie

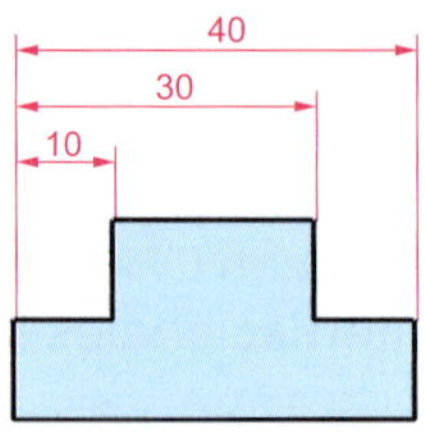

Acotación en paralelo

ACTIVIDADES

3. Dibuja estas figuras en tu cuaderno, sabiendo que cada tramo debe medir 1 cm. Acótalas en serie, con las medidas reales.

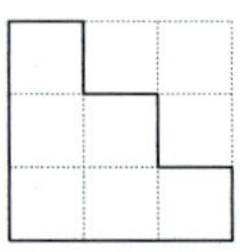

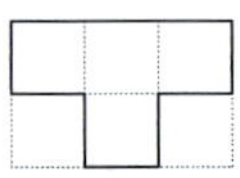

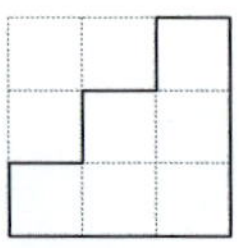

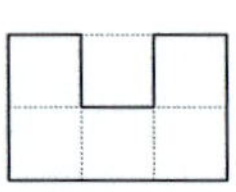

4. Dibuja estas figuras en tu cuaderno, sabiendo que cada tramo debe medir 1 cm. Acótalas en paralelo, con las medidas reales.

6. Representación de objetos en el sistema diédrico. Vistas

El sistema más empleado para representar objetos y piezas es el sistema de **proyecciones diédricas** (o sistema diédrico).

En la representación de proyecciones diédricas, es como si iluminásemos con un foco una figura en tres dimensiones; lo que dibujamos es la sombra de cada una de las caras que iluminamos.

Cada uno de los dibujos que se proyectan se denomina **proyección ortogonal** o **vista**.

Las **vistas principales** de un objeto son el alzado, la planta y el perfil.

- **Alzado.** Es la vista principal; siempre es la cara más representativa de la pieza, la que más información nos aporta, y se puede indicar con una flecha.
- **Planta.** Es la vista que obtenemos si miramos el objeto desde arriba.
- **Perfil.** Es la vista que obtenemos si miramos el objeto desde un lado.

La colocación de las vistas es la que se muestra en la figura.

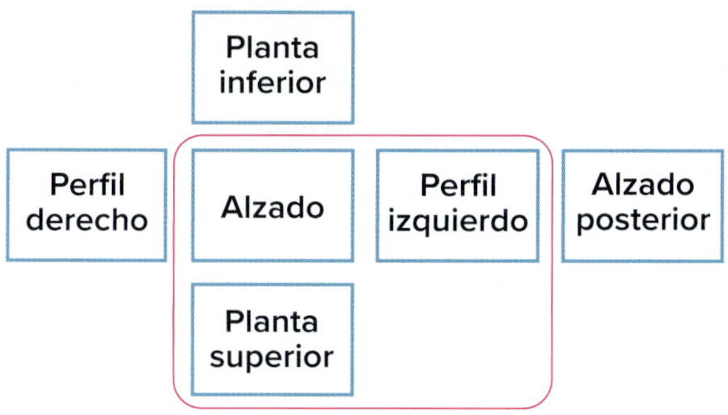

Ten en cuenta que lo que vemos desde arriba lo dibujamos debajo del alzado y lo que vemos a la izquierda lo dibujamos a la derecha. Es decir, se coloca al revés de como lo vemos.

Para representar un objeto, habitualmente se utilizan sólo las **tres vistas principales**: alzado, planta y uno de los dos perfiles (el que más información aporte).

Escanea este código para ver el vídeo "Vistas principales de un objeto", del canal de la Universidad de Alicante.

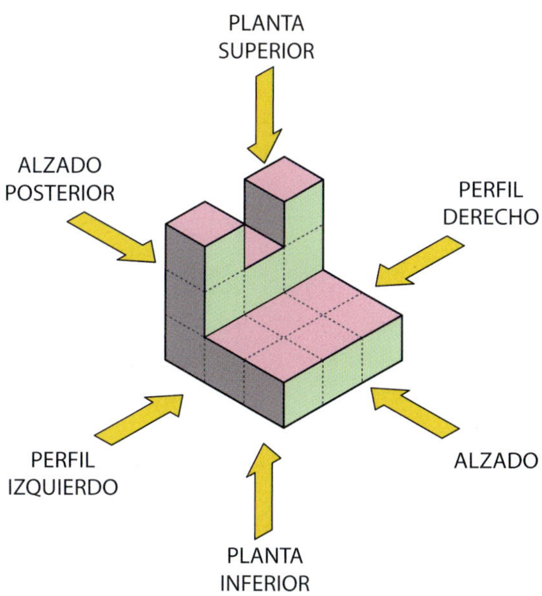

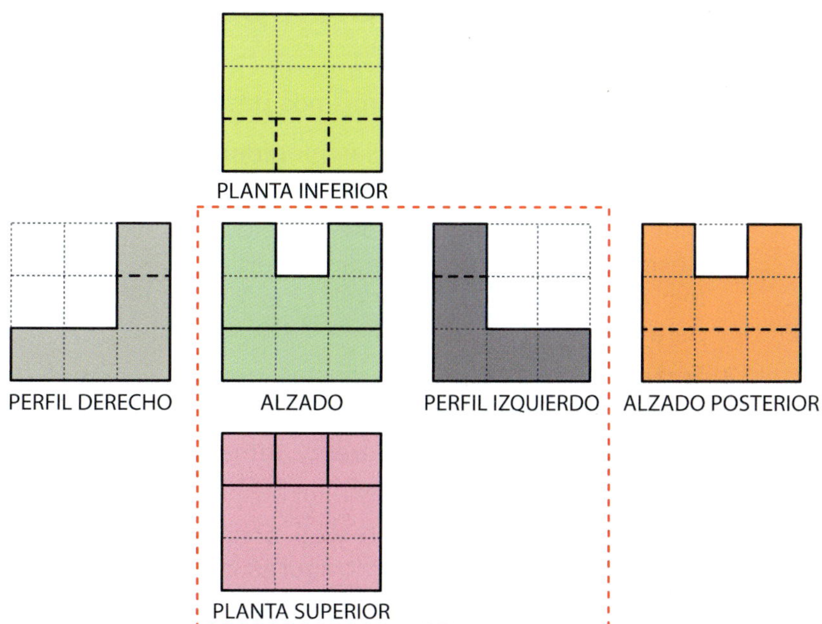

7. Representación de objetos en perspectiva

La **perspectiva** nos permite ver un objeto en tres dimensiones (3D). Las perspectivas más utilizadas son la isométrica y la caballera.

Perspectiva isométrica

Como su nombre indica (*isométrico* significa "de igual medida"), dibujamos los tres ejes con el mismo ángulo de separación: 120°.

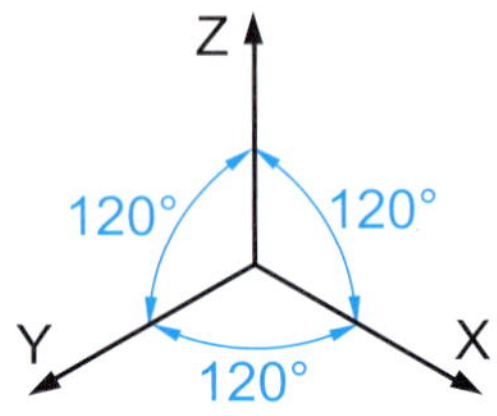

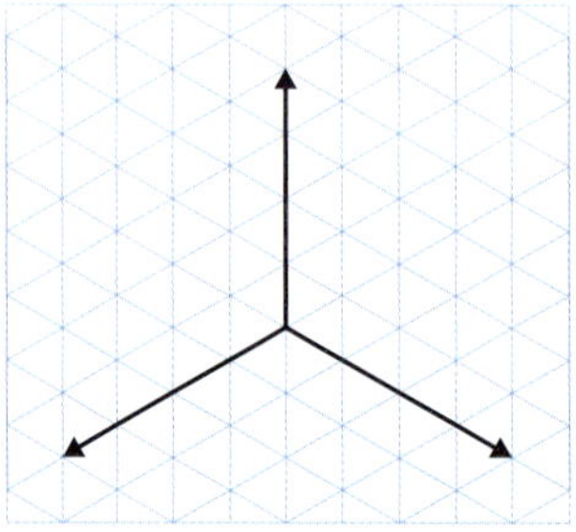

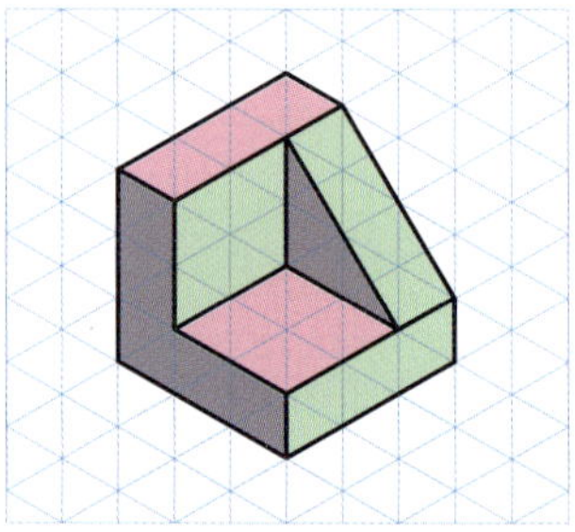

Perspectiva caballera

Dibujamos los ejes X y Z con un ángulo de separación de 90°. El eje Y se dibuja con un ángulo de 135° respecto de los otros dos.

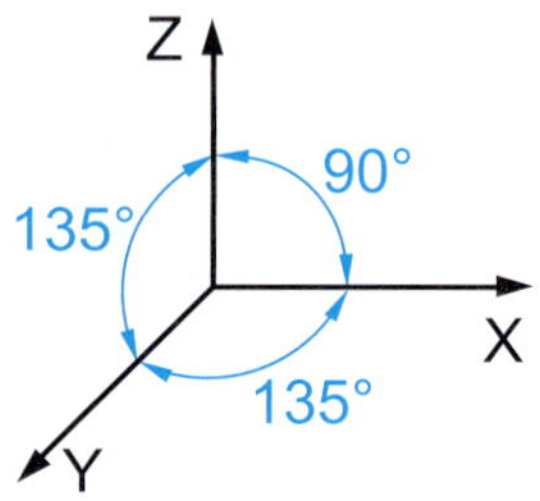

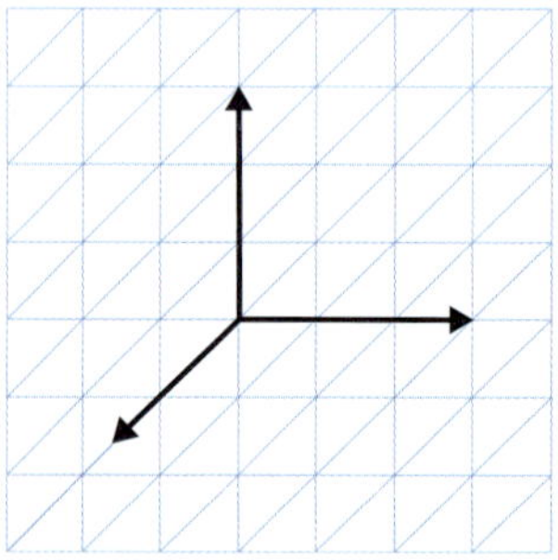

Para corregir la deformación que se produce al dibujar en perspectiva caballera, dibujamos las medidas en el eje Y más pequeñas (normalmente, a la mitad de su tamaño).

8. Dibujar una figura en perspectiva a partir de las vistas

Para dibujar cualquier figura a partir de las vistas, siempre se siguen los mismos pasos:

1. Marcamos sobre los ejes las medidas de cada cara. Trazamos paralelas.
2. Dibujamos cada plano sobre los ejes correspondientes, con las medidas pertinentes: ejes X y Z para el perfil, ejes X e Y para la planta, etc.
3. Trazamos paralelas a las aristas correspondientes de la figura.
4. Borramos las líneas auxiliares y remarcamos las aristas visibles.

En la unidad 2 de tu espacio web tienes unas plantillas que puedes descargar para dibujar figuras en isométrica y en caballera.

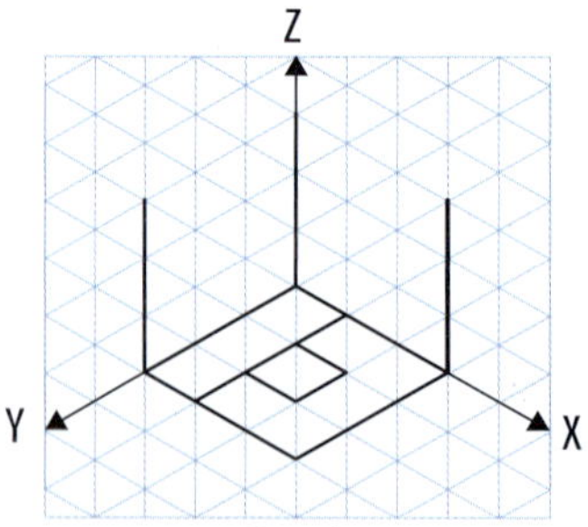

Paso 1

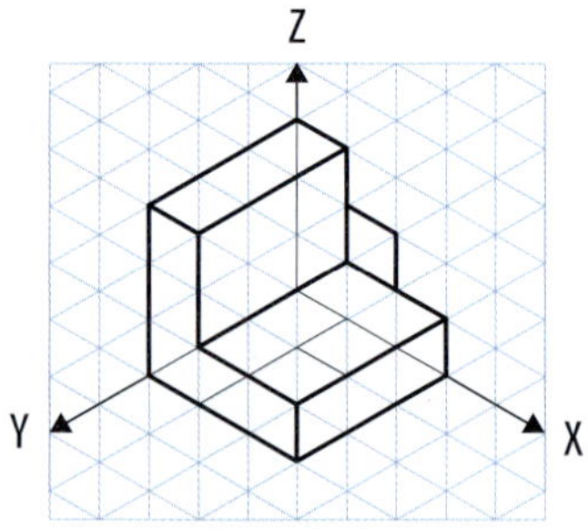

Pasos 2 y 3

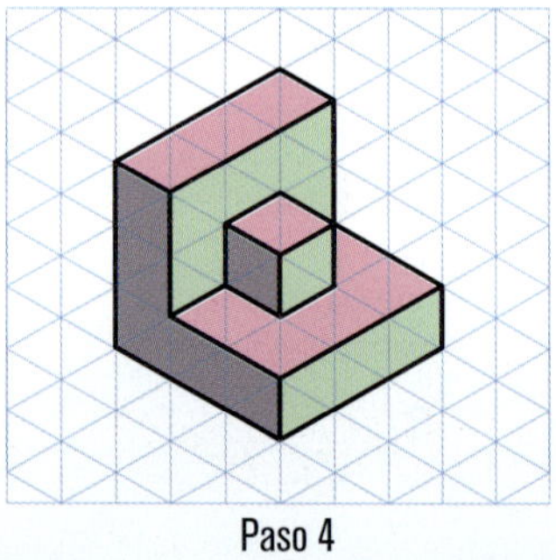
Paso 4

EJEMPLOS RESUELTOS DE OBTENCIÓN DE VISTAS

Para representar las vistas de una figura, te puede ser de ayuda imaginar que proyectamos una luz sobre ella. La sombra que se proyecte desde cada uno de los tres lados (de frente, desde arriba y desde un lado) será una vista.

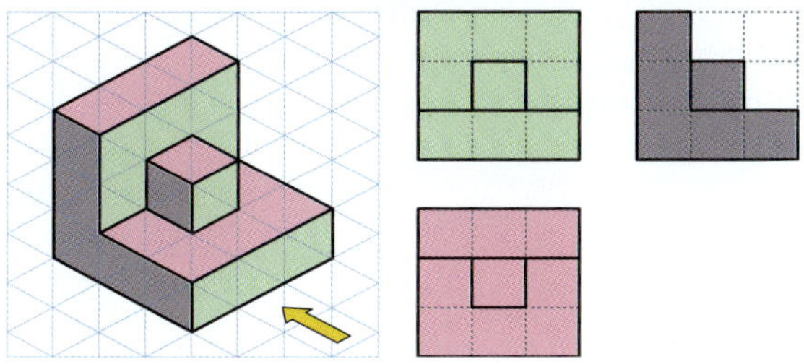

Ejemplo 1

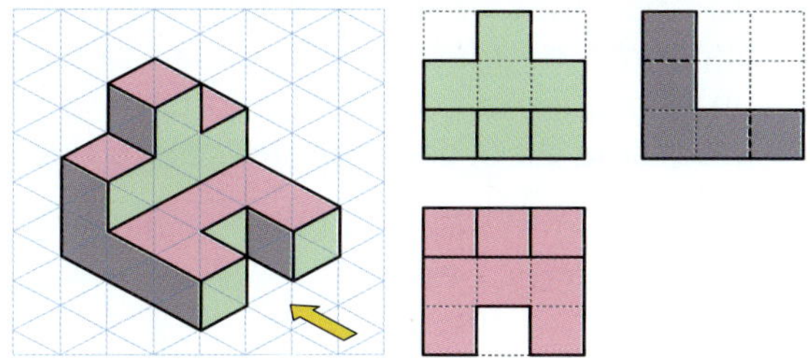

Ejemplo 2

EJEMPLOS RESUELTOS DE OBTENCIÓN DE PERSPECTIVA

Marcamos sobre los ejes las medidas, dibujamos en cada plano las caras, empezando por la planta, y vamos levantando la figura.

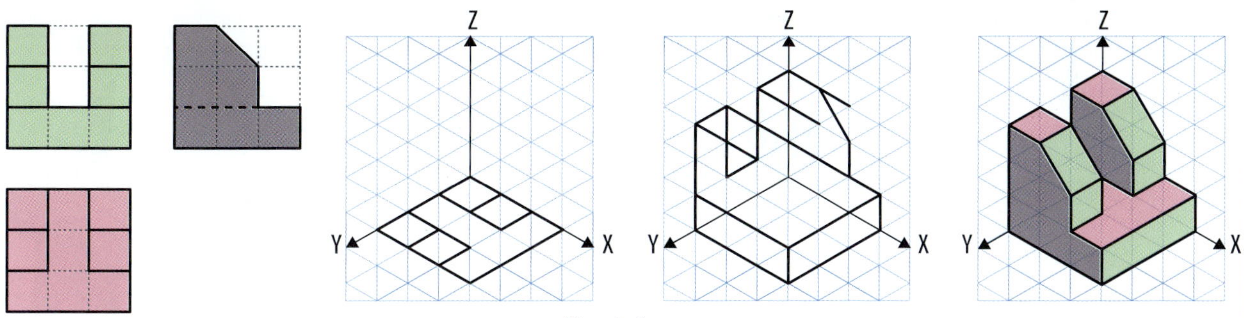

Ejemplo 1

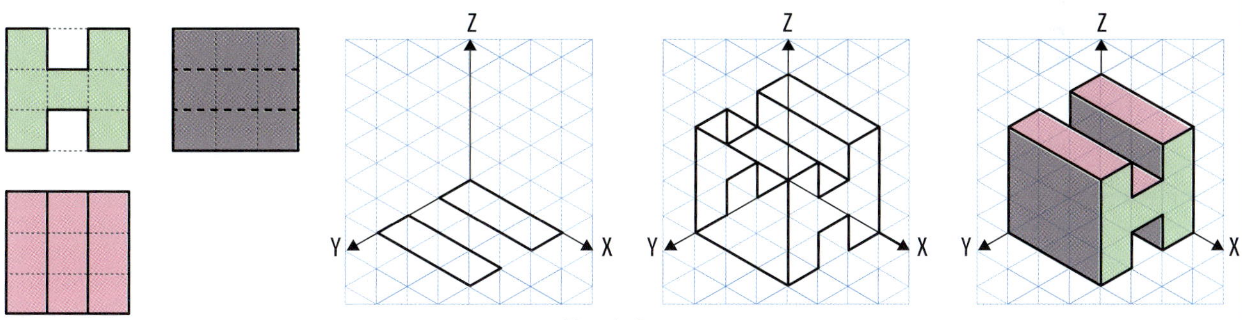

Ejemplo 2

ACTIVIDADES

5. Dibuja en tu cuaderno o en una plantilla cada una de las siguientes figuras (en perspectiva caballera) y luego las tres vistas principales de cada figura. Recuerda que debes colocar cada vista (alzado, planta y perfil) en su lugar correcto.

a)

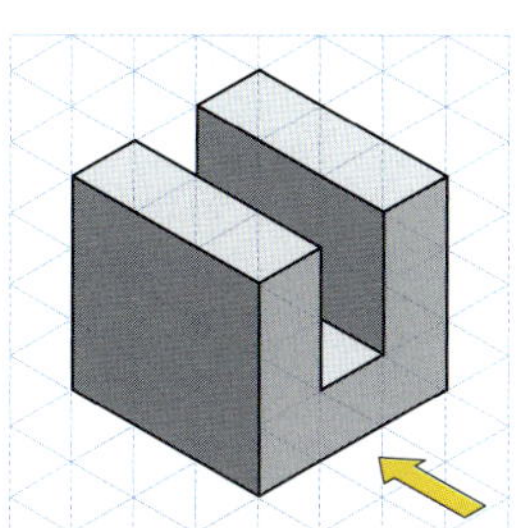

b)

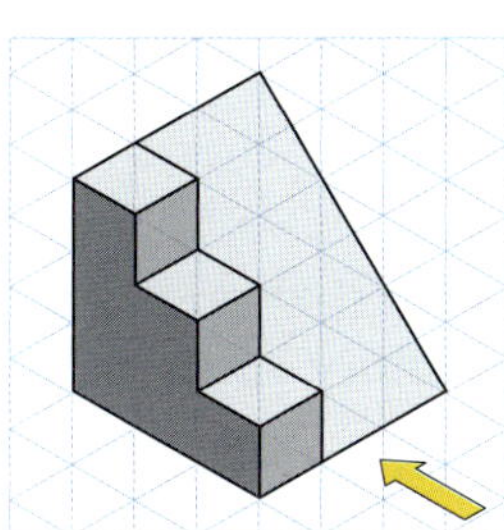

c)

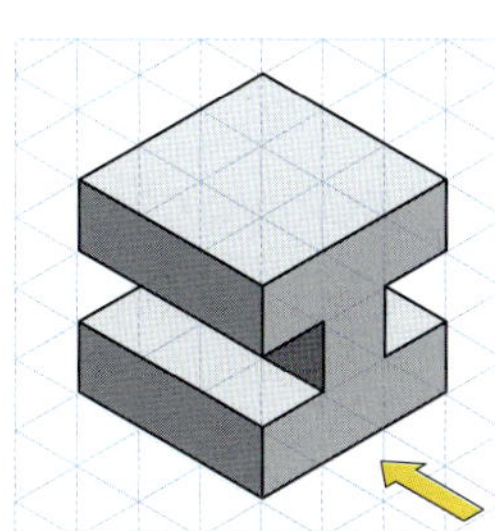

9. Impresoras 3D

Una **impresora 3D** es una máquina capaz de imprimir figuras con volumen a partir de un diseño hecho por ordenador.

La tecnología empleada por las impresoras 3D domésticas es la de **fabricación por filamento fundido (FFF)**, en la que el material se va añadiendo por capas hasta crear la forma deseada. Estas impresoras calientan el filamento de plástico y lo pasan por una pequeña boquilla para expulsar un hilo que va componiendo capa a capa un dibujo "loncheado" con un programa de ordenador del objeto que se quiere reproducir.

Escanea este código para ver el vídeo "What Is 3D Printing and How Does It Work?", del canal Mashable.

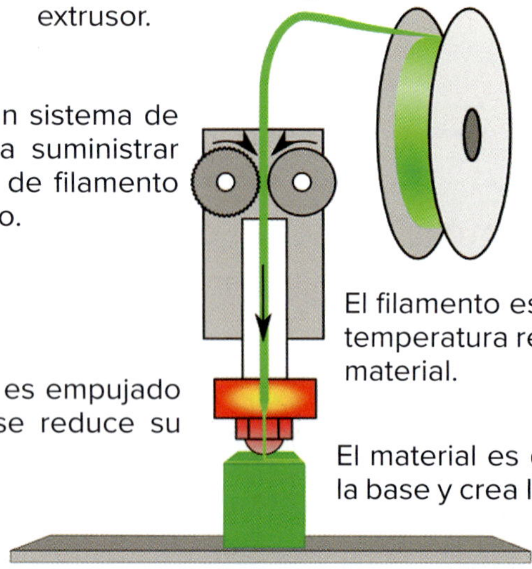

todo3d.cl

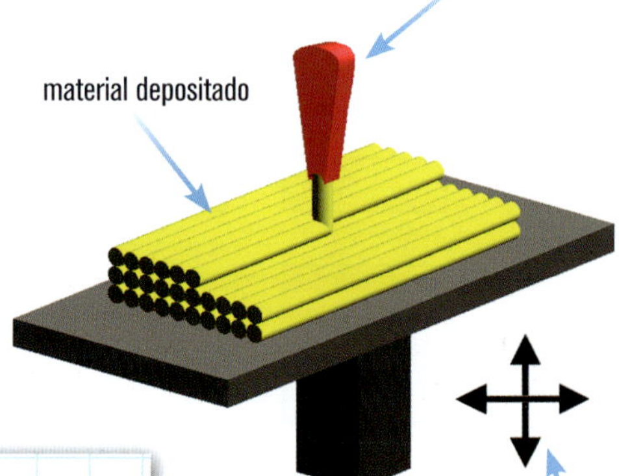

Zureks, CC-BY-SA-4.0

Plásticos utilizados en la impresión 3D

El material más utilizado en las impresoras domésticas es el **PLA** (poliácido láctico), ya que es un plástico biodegradable y con un bajo punto de fusión. Otro de los más empleados es el **ABS** (acrilonitrilo butadieno estireno).

10. Proceso de impresión 3D

El proceso de impresión en tres dimensiones consta de tres etapas:

DISEÑO 3D

Formato de ficheros STL

LAMINADO

Formato de ficheros GCODE

IMPRESIÓN

Diseño

El primer paso es diseñar la pieza que quieres imprimir. Para ello puedes utilizar cualquier programa de diseño gráfico, como por ejemplo SketchUp, Tinkercad, BlocksCAD, OpenSCAD, Blender, FreeCAD, AutoCAD, etc.

Debes guardar el archivo con formato STL.

También puedes encontrar piezas ya diseñadas en repositorios como Thingiverse, YouMagine, MyMiniFactory, EducaMadrid o Pinshape.

Laminado

Los programas de laminado traducen el fichero STL a formato GCODE, que es el que entiende la impresora. Estos programas se ocupan de determinar las capas de plástico necesarias para conformar la pieza diseñada y el orden en que se van a suceder.

Cura y **Slic3r** son dos programas de laminación muy utilizados. Nosotros usaremos **Repetier-Host**, un software de impresión que nos permite visualizar las piezas en STL, modificarlas y controlar todo el proceso de impresión (además, incluye el laminador Slic3r, que realiza el loncheado del modelo y genera el archivo GCODE).

Impresión

El archivo GCODE generado en el proceso de laminado se copia a una tarjeta de memoria y se introduce en la impresora 3D, o bien se conecta el ordenador a la impresora por cable y se envía dicho archivo.

11. Programas de diseño e impresión

Programas para el diseño de piezas

- **SketchUp.** Programa de diseño gráfico y modelado en 3D. Hay una versión personal online gratuita y hay una educativa; puedes utilizar cualquiera de las dos. Nos permite exportar a formato STL.
- **Tinkercad.** Aplicación de software gratuito online. Se basa en el uso de formas predefinidas (cubos, esferas, etc.) que el usuario modifica deformándolas, fusionándolas o creando oquedades en su interior.
- **BlocksCAD.** Aplicación de software gratuito online. Por medio del lenguaje Blocky (similar a Scratch), arrastramos instrucciones para ir modelando nuestras piezas en 3D. Nos permite combinar la programación con el diseño CAD.
- **Otros**: OpenSCAD, Blender, FreeCAD, AutoCAD, etc.

Programas para el laminado y el control de impresión

- **Slic3r.** Es uno de los laminadores gratuitos más utilizados. Nos permite generar el archivo GCODE en el que se incluye la información de las capas que hay que imprimir para obtener la pieza diseñada.
- **Cura.** Es una aplicación similar a Slic3r.
- **Repetier-Host.** Es el programa con el que controlaremos nuestra impresora 3D. Nos permite:
  - Controlar los movimientos y temperaturas de la impresora desde el ordenador.
  - Visionar las piezas STL que vayamos a cargar, e incluso hacer algunos pequeños cambios en ellas, como escalarlas, rotarlas o seccionarlas para imprimir en varias partes.
  - Usar los diversos programas de laminación que lleva incluidos, como Slic3r, que diseña cada capa y define la estrategia de impresión mediante la generación de soportes, la configuración de la altura de capa, rellenos, perímetros, etc.
  - Generar el archivo GCODE (con las coordenadas, las velocidades y la cantidad de plástico a extruir) y ejecutarlo desde el ordenador o guardarlo en la tarjeta SD.

12. Preparación de la impresora e impresión con Repetier-Host

Vamos a ver cómo configurar nuestra impresora en Repetier-Host y cómo generar el archivo GCODE que exportaremos a la tarjeta SD para imprimir.

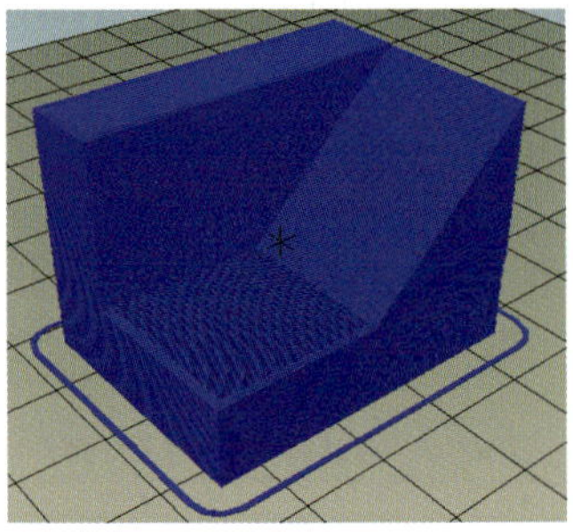

Repetier-Host nos permite controlar el proceso de impresión, así como configurar los parámetros de nuestra impresora (dimensiones, temperatura, tamaño del filamento, tipo de material, etc.) a través de una herramienta que incorpora dentro: el laminador **Slic3r**.

Además del programa Repetier-Host, necesitaremos el archivo **.ini** de configuración del laminador (archivo que nos debe proporcionar el fabricante de la impresora).

Configuración de los parámetros de impresión

1. Primero debemos descargar Repetier-Host (en www.repetier.com, sección **Download**) y seguir los pasos que se nos indican al instalarlo.
2. Después cargamos los parámetros de impresión en Repetier-Host. **Importante:** la **primera vez** que abras Repetier-Host será necesario cargar el archivo **.ini** de configuración del laminador Slic3r proporcionado por el fabricante:

   a) Hacemos clic en la pestaña **Slic3r** y pulsamos el botón **Configuration** (figura 1).

Fig. 1

   b) Vamos a **File** / **Load Config Bundle** (figura 2) y seleccionamos el archivo **.ini** de configuración.

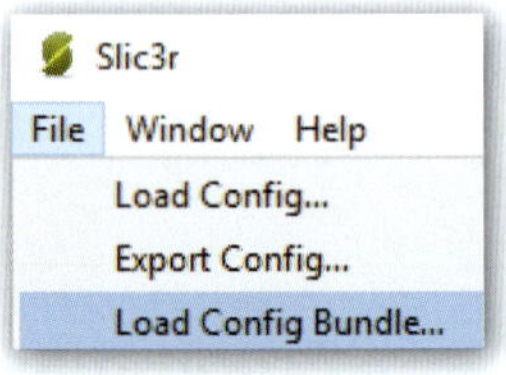

Fig. 2

Configuración de la impresora y obtención del archivo GCODE

Para configurar la impresora, hacemos clic en **Configurar impresora** (en la esquina superior derecha) y, **con los datos que nos haya indicado el fabricante**, completamos los campos de las pestañas **Conexión**, **Impresora**, **Extrusor** y **Dimensiones de impresión**. Aquí ajustaremos parámetros tales como la temperatura de precalentamiento del extrusor y de la plataforma, las dimensiones de impresión, etc. (figura 3). Esto sólo es necesario la primera vez que usamos la impresora.

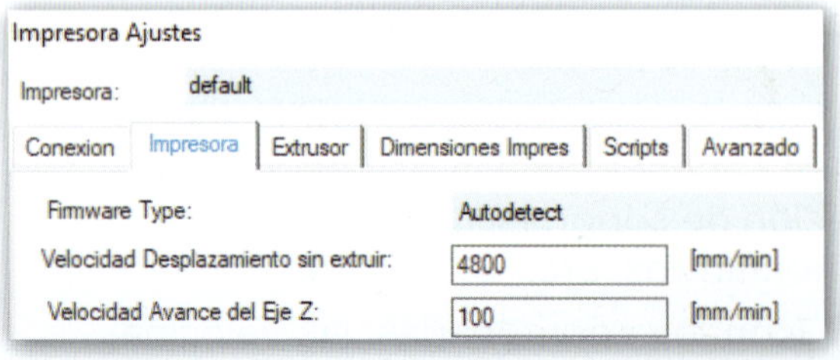

Fig. 3

Ahora veremos los pasos que debemos repetir cada vez que queramos imprimir una pieza. El proceso de obtención del archivo GCODE a partir del STL es el siguiente:

1. Abre Repetier-Host. Haz clic en **Archivo** y selecciona el archivo STL que vayas a imprimir.
2. Haz clic en la pestaña **Slic3r** y pulsa el botón **Configuration** (figura 1). Se te abrirá una nueva ventana con el laminador Slic3r.
3. En el menú superior, ve a **Settings** / **Print Settings** y selecciona el perfil de impresión adecuado, eligiendo el tipo de material y la calidad (por ejemplo, **Calidad excelente**), que afecta a la altura de la capa e influye en el tiempo de impresión, lógicamente (figura 4).

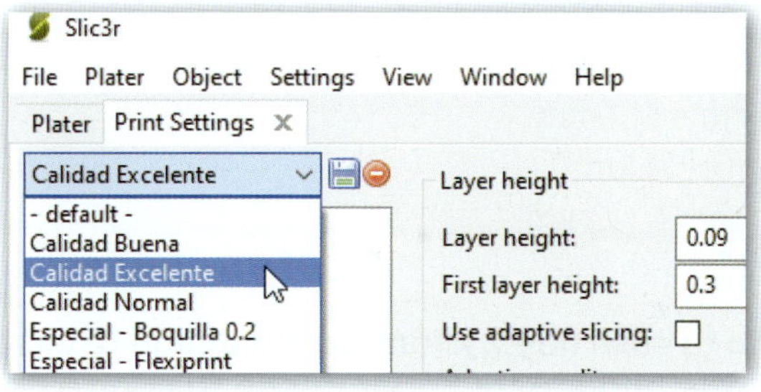

Fig. 4

4. Ve a **Settings** / **Filament Settings** para seleccionar el color del filamento, que afecta a la temperatura del fusor (temperatura a la que se funde el plástico) (figura 5).

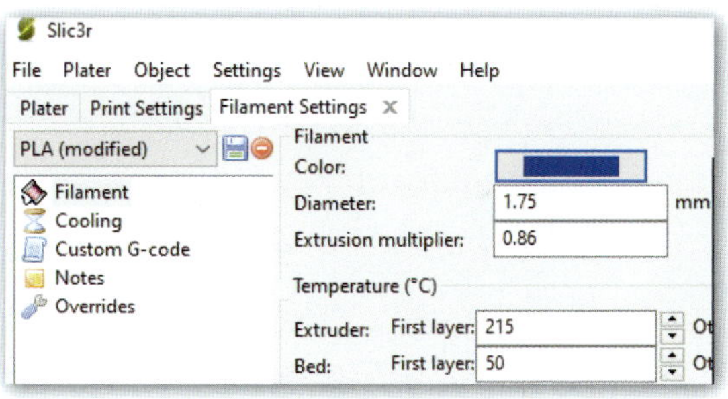

Fig. 5

5. Ve a **Settings** / **Printer Settings** y elige el perfil de tu impresora.
6. Una vez configurados los parámetros de impresión, haz clic en **Slice con Slic3r** (figura 6) para generar el archivo GCODE.
7. Luego haz clic en **Save to file** y guarda el fichero en la tarjeta SD. Ya puedes introducir la tarjeta en la impresora 3D para proceder a la impresión.

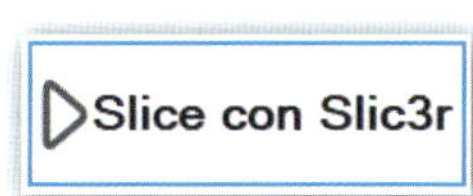

Fig. 6

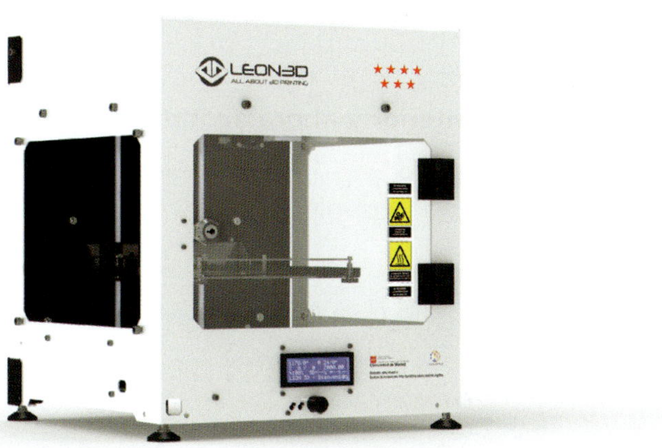

Boceto, croquis y dibujo técnico. Medida de longitudes

6. **Haz un boceto de:**
   a) Un estuche de madera
   b) Un portalápices para tu mesa
   c) Un ordenador portátil

7. **Copia y completa en tu cuaderno:**
   a) 375 m = (...) hm
   b) 2,3 hm = (...) dm
   c) 534 cm = (...) m
   d) 1.456,45 mm = (...) m
   e) 3,75 km = (...) dam
   f) 256 m = (...) hm
   g) 45 dam = (...) dm
   h) 0,67 m = (...) mm
   i) 765,34 mm = (...) dm
   j) 0,25 km = (...) dm
   k) 2.754,50 m = (...) km
   l) 675,40 cm = (...) mm
   m) 0,059 m = (...) km
   n) 475,04 dam = (...) km

8. **Si desde el centro donde estudias hasta tu casa hay 2 kilómetros y desde tu casa hasta el cine hay 750 m, ¿cuántos hectómetros tendrás que andar para llegar desde tu centro de estudios hasta el cine, pasando por tu casa? Expresa esa distancia también en decámetros, metros y decímetros.**

9. **¿Qué organismo es el encargado en España de unificar la normalización y certificación? ¿Cómo se llaman en España las normas que regulan el dibujo técnico? ¿Y las normas internacionales?**

Tipos de líneas. Acotación sencilla

10. **Dibuja estas figuras en tu cuaderno, sabiendo que cada tramo debe medir 1 cm. Acótalas en serie, con las medidas reales.**

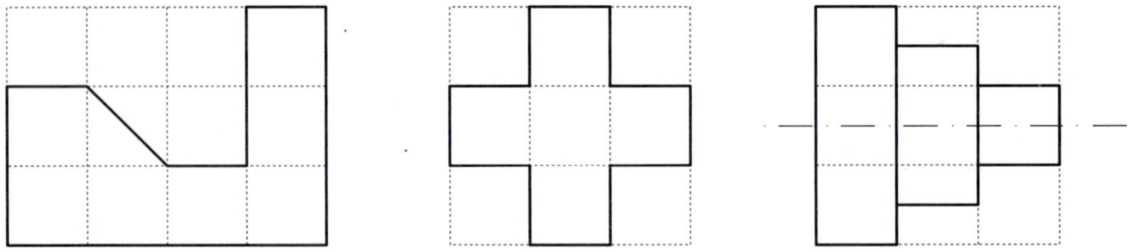

11. **Dibuja de nuevo las figuras del ejercicio anterior y ahora acótalas en paralelo, con las medidas reales.**

12. **Dibuja en tu cuaderno estas figuras y acótalas expresando las medidas en milímetros. Cada cuadrado representa 5 mm.**

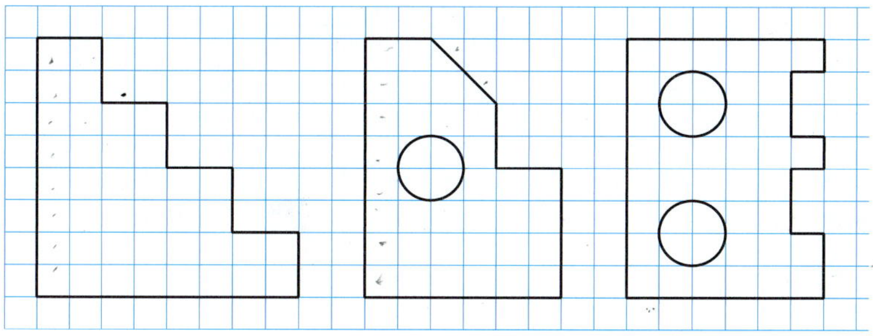

Vistas de un objeto. Vistas principales

13. **Copia en tu cuaderno los recuadros de alzado, planta y perfil para cada una de estas cuatro figuras (A, B, C y D) y complétalos con el número que corresponda a cada una de las vistas (1 a 12). Fíjate en que hay dos vistas repetidas.**

A)

Alzado Nº: ____

Perfil izquierdo Nº: ____

Planta Nº: ____

B)

Alzado Nº: ____

Perfil izquierdo Nº: ____

Planta Nº: ____

C)

Alzado Nº: ____

Perfil izquierdo Nº: ____

Planta Nº: ____

D)

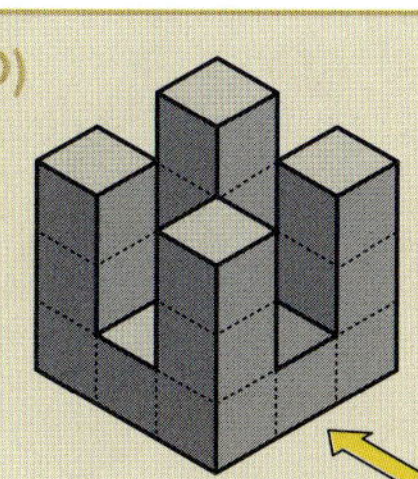

Alzado Nº: ____

Perfil izquierdo Nº: ____

Planta Nº: ____

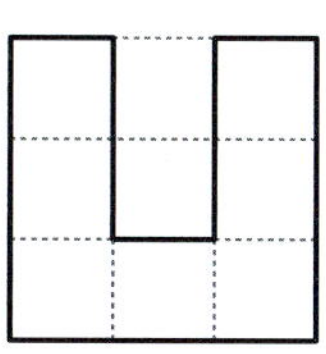
1

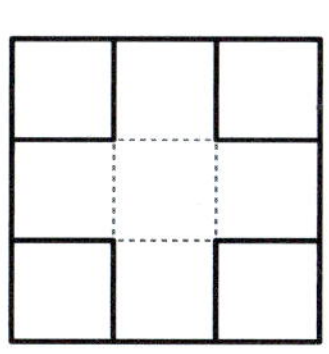
2

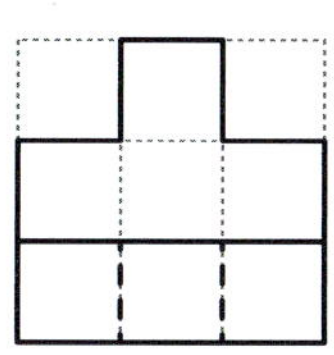
3

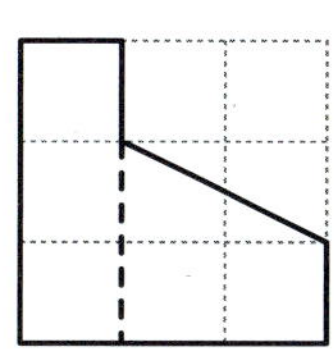
4

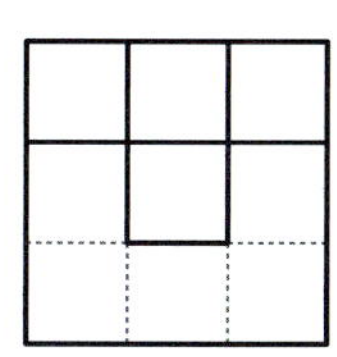
5

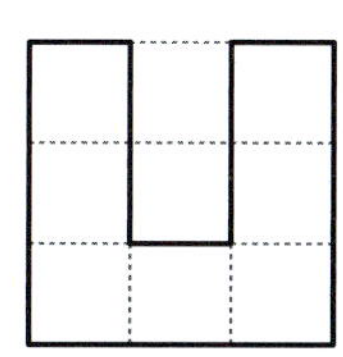
6

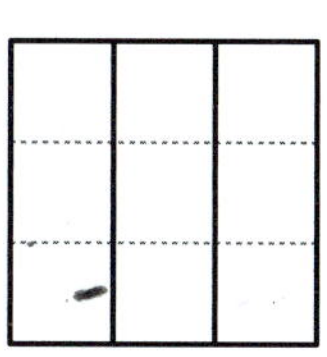
7

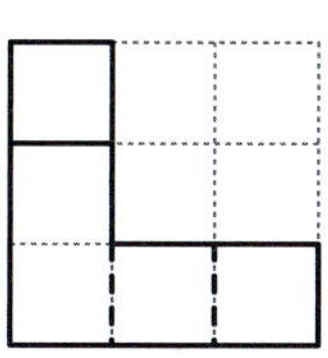
8

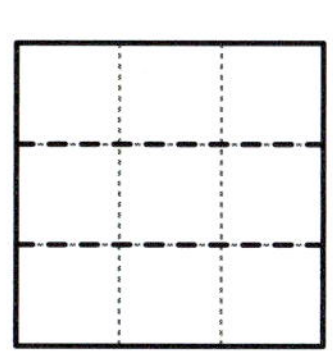
9

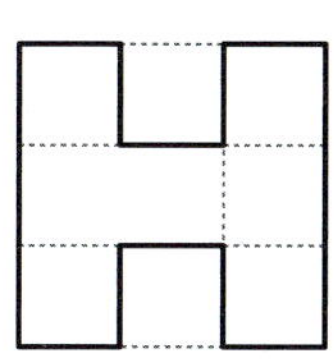
10

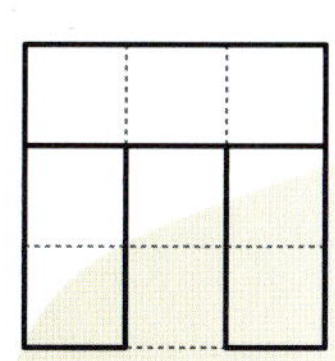
11

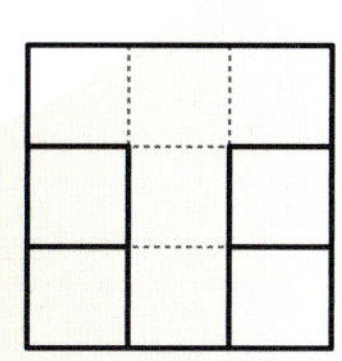
12

14. **Copia en tu cuaderno, o en una de las plantillas que tienes en la unidad 2 de tu espacio web, la perspectiva y las tres vistas de estas figuras. A continuación, coloca en cada círculo el número de la superficie que le corresponde, siguiendo los ejemplos dados.**

a)

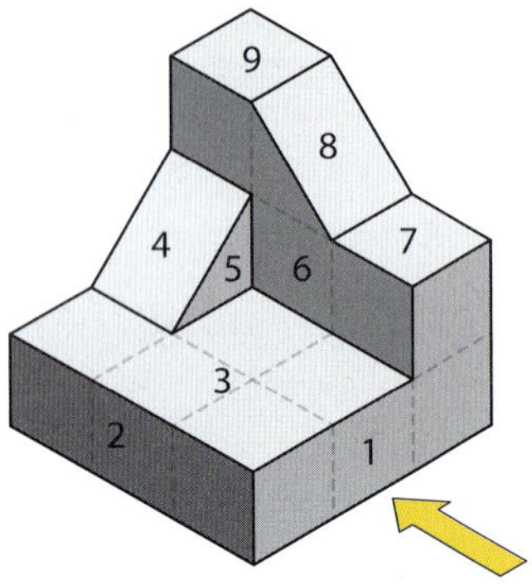

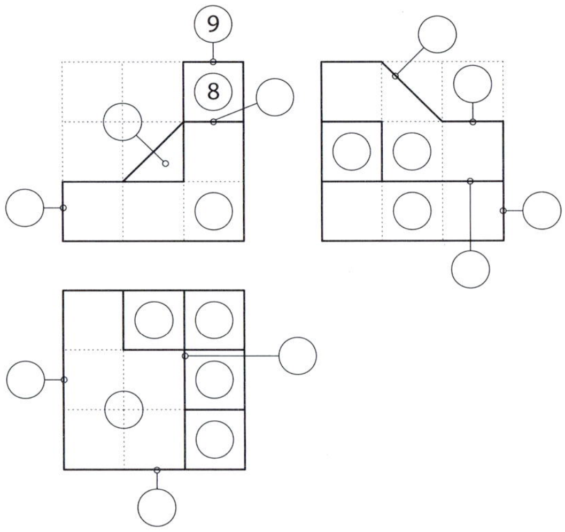

b)

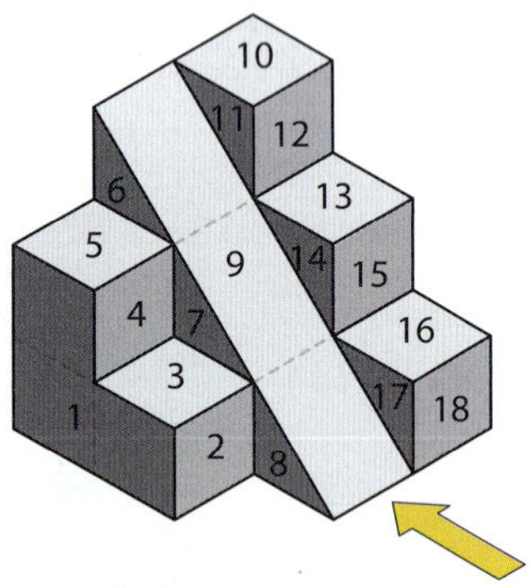

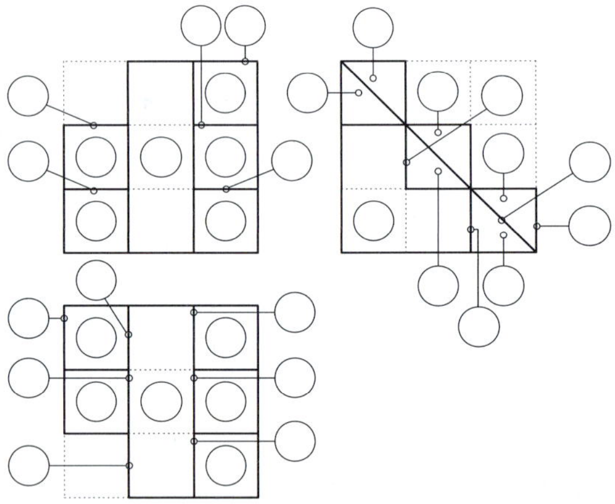

15. **Dibuja el alzado, la planta y el perfil izquierdo de las siguientes figuras en tu cuaderno o en una de las plantillas que puedes descargar en la unidad 2 de tu espacio web. Toma como alzado la vista que está indicada con una flecha.**

a)

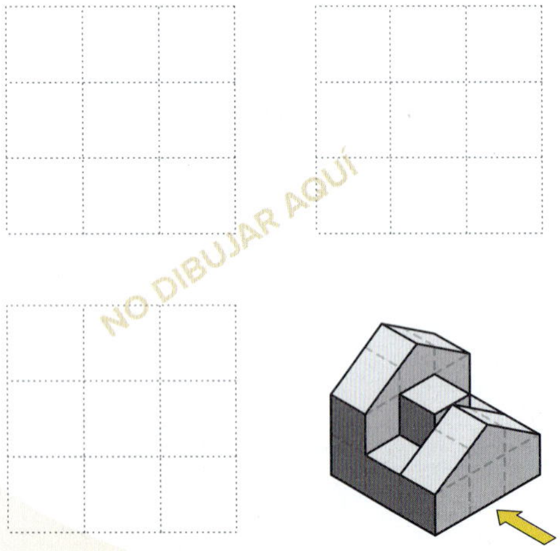

b)

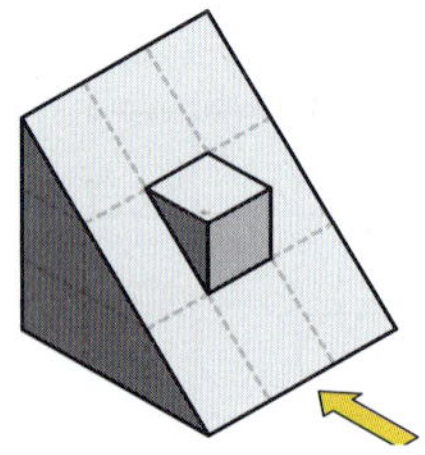

c)

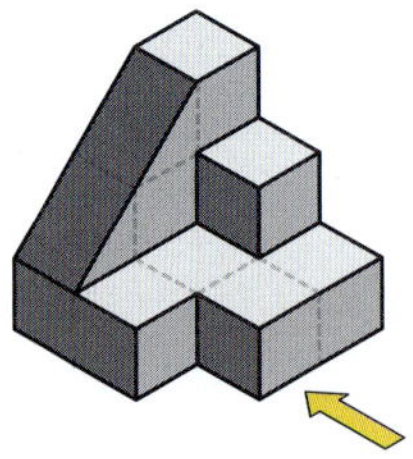

d)

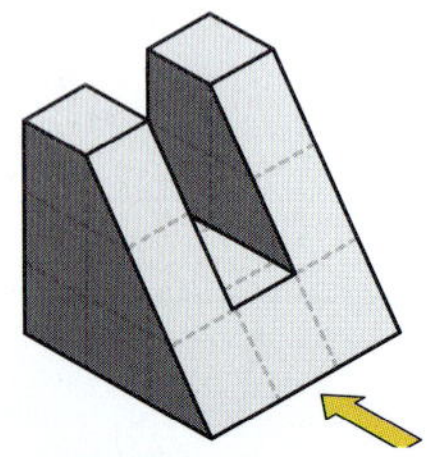

e)

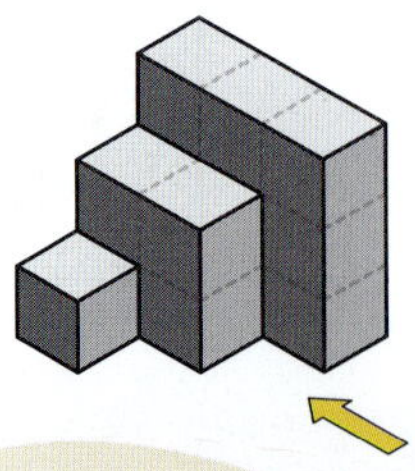

16. Dibuja el alzado, la planta y el perfil izquierdo de las siguientes figuras en tu cuaderno o en una de las plantillas que puedes descargar en la unidad 2 de tu espacio web. Recuerda que las líneas ocultas se dibujan con línea fina de trazos.

Nivel 1

a)

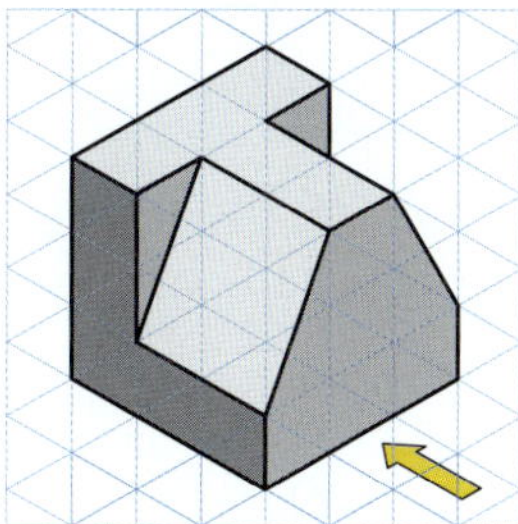

b)

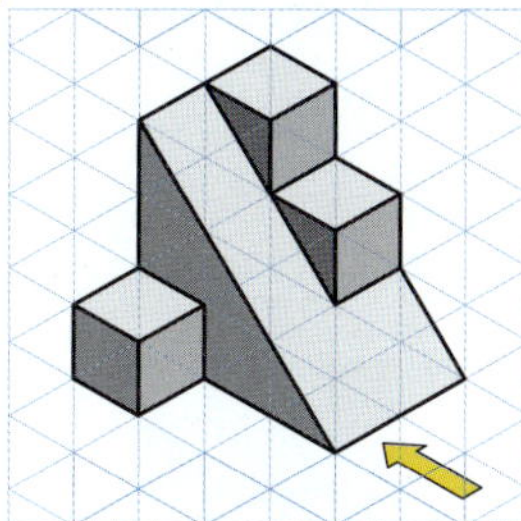

c)

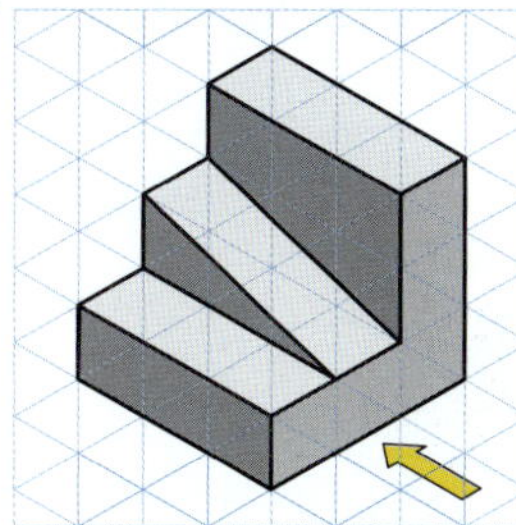

d)

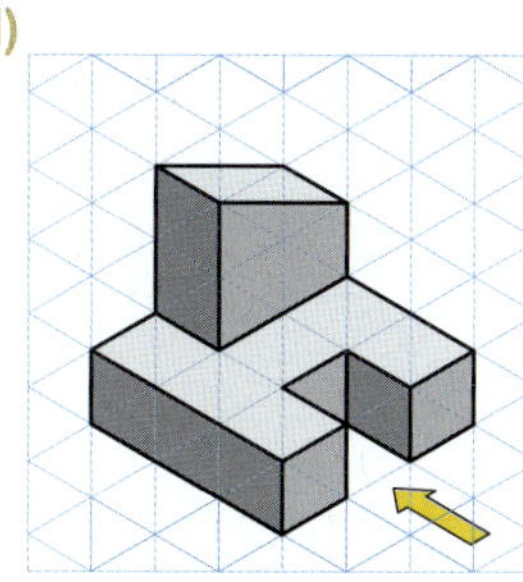

Nivel 2

e)

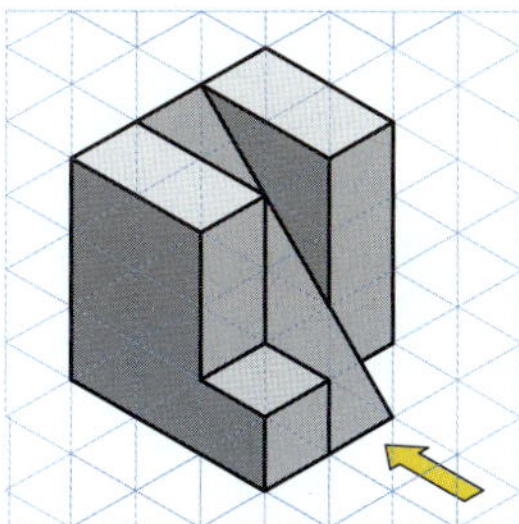

f)

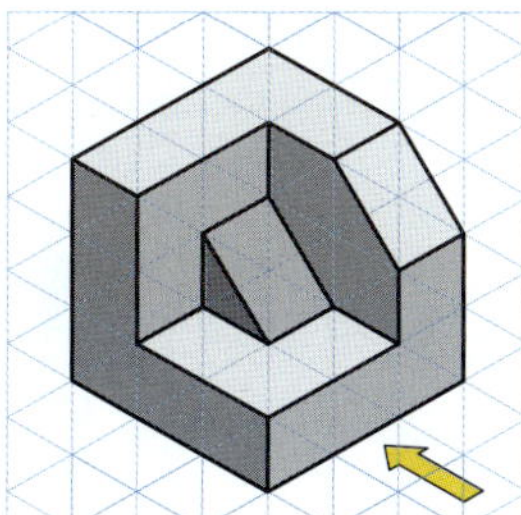

g)

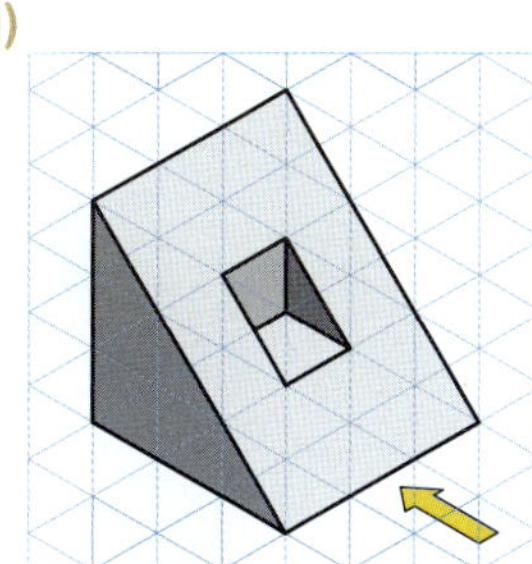

h)

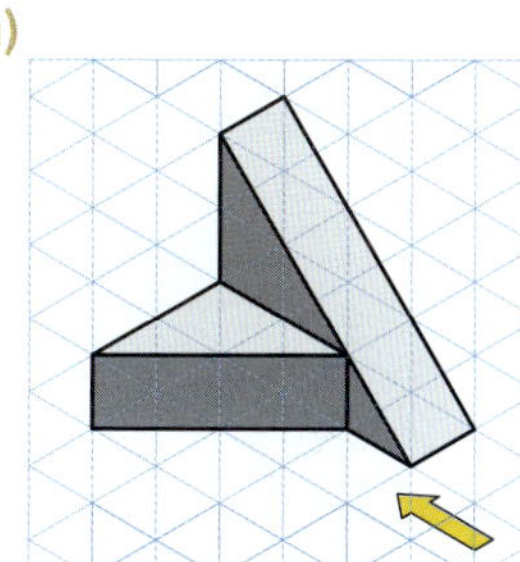

Nivel 3

i)

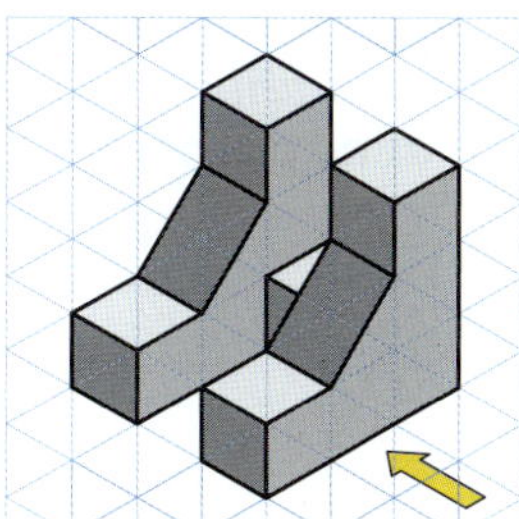

j)

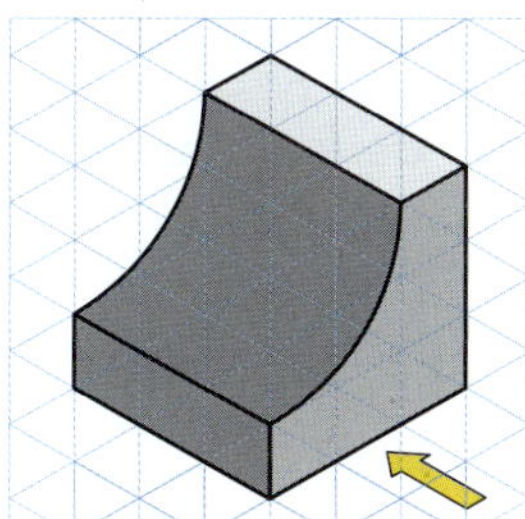

k)

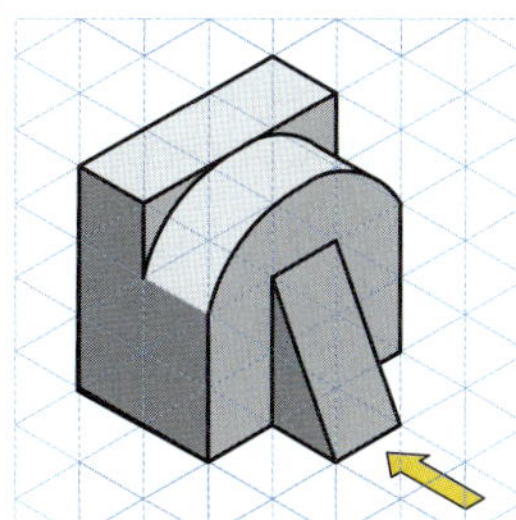

l)

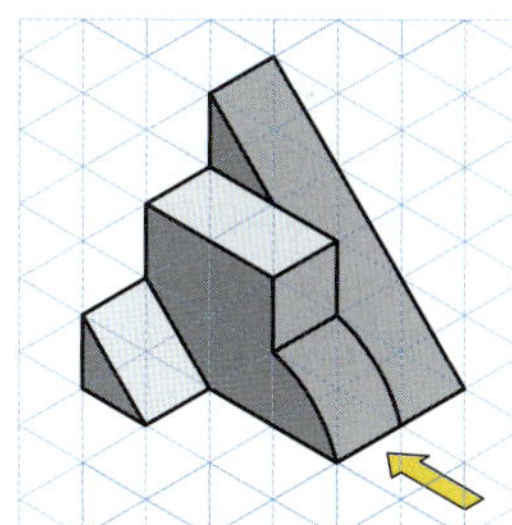

17. Dibuja el alzado, la planta y el perfil izquierdo de las siguientes figuras, considerando que están encerradas en un cubo de 3 cm de lado. Hazlo en tu cuaderno o en una de las plantillas que puedes descargar en la unidad 2 de tu espacio web. Recuerda que las líneas ocultas se dibujan con línea fina de trazos. Acota el alzado correctamente con las medidas reales del dibujo que hagas.

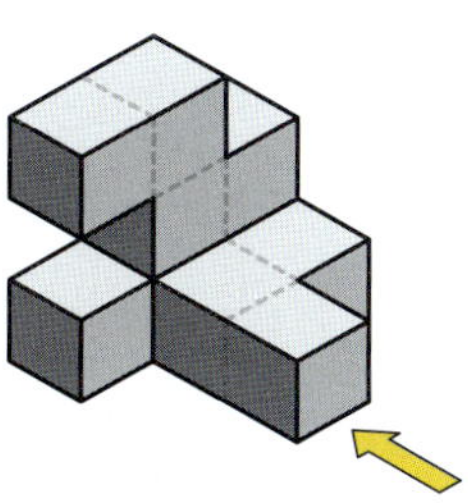

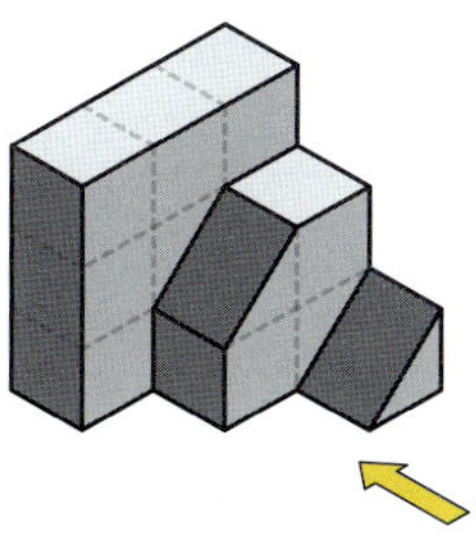

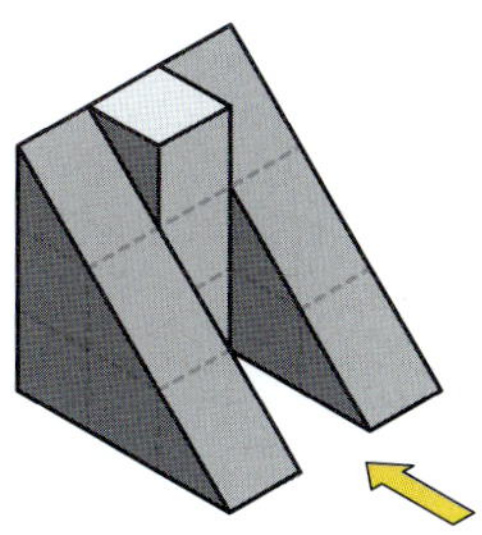

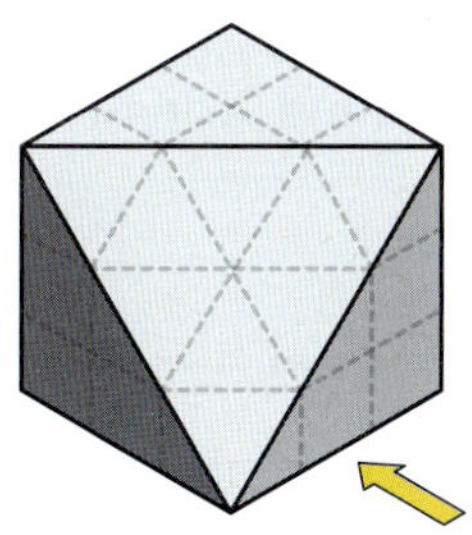

Representación de objetos en perspectiva

18. **Dadas las siguientes figuras en perspectiva isométrica, dibuja estas mismas figuras en perspectiva caballera. Hazlo en tu cuaderno o en una de las plantillas que puedes descargar en la unidad 2 de tu espacio web. Observa el ejemplo para ver mejor cómo hacerlo. (Ayuda: en la perspectiva caballera, puedes tomar la mitad de la medida en el eje Y.)**

Ejemplo

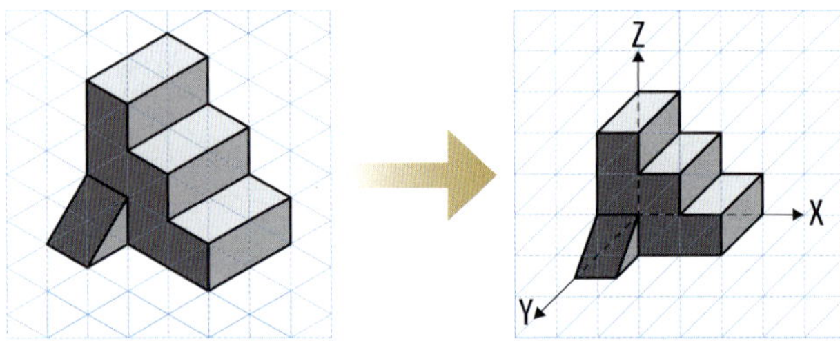

perspectiva isométrica — perspectiva caballera

a)

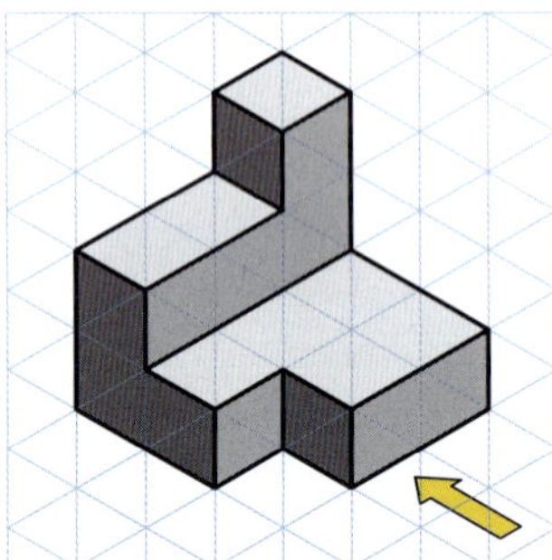

b)

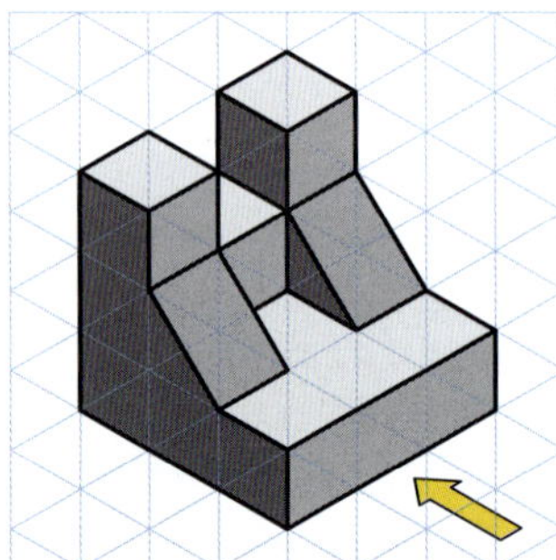

c)

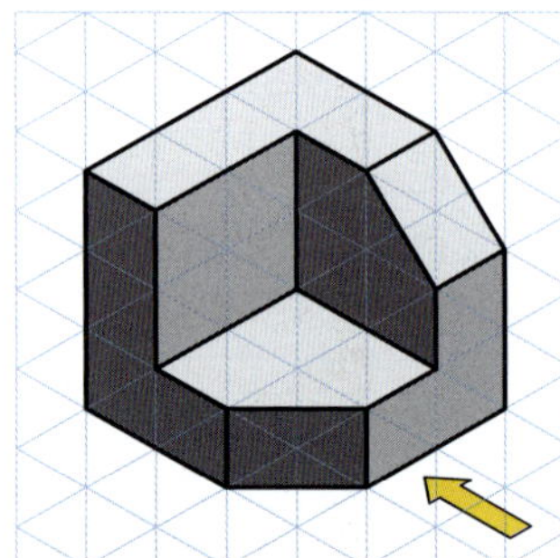

19. **Dadas las siguientes vistas principales, obtén en cada caso la figura correspondiente en perspectiva isométrica. Hazlo en tu cuaderno o en una de las plantillas que puedes descargar en la unidad 2 de tu espacio web.**

a)

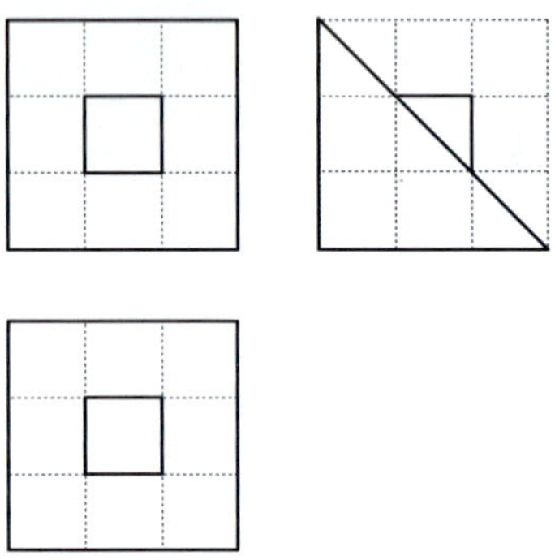

b)

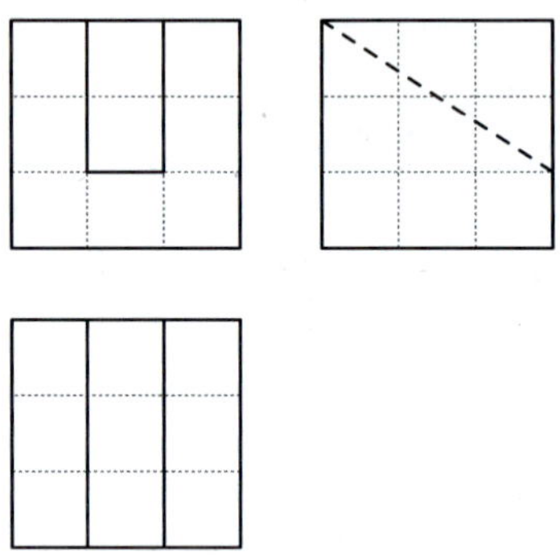

20. **Dadas las siguientes vistas principales, obtén en cada caso la figura correspondiente en perspectiva isométrica. Hazlo en tu cuaderno o en una de las plantillas que puedes descargar en la unidad 2 de tu espacio web.**

a)

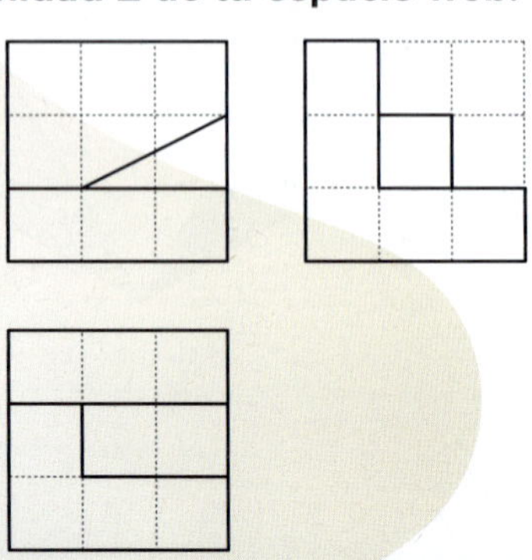

b)

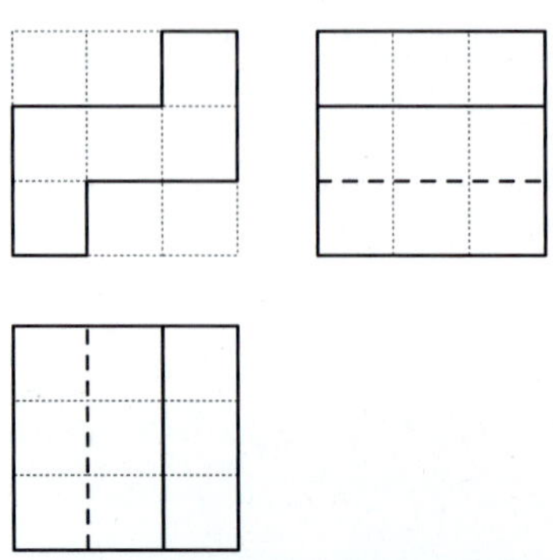

Impresión 3D

21. **Explica el proceso que debes seguir para fabricar con una impresora 3D un anillo que se ajuste exactamente a tu dedo. Indica qué programa utilizarías en cada una de las fases.**

22. **Indica al menos dos programas que puedes utilizar en cada una de estas fases del proceso de impresión: diseño, laminado e impresión.**

23. **Basándote en la práctica 3 de esta unidad, dibuja con SketchUp un edificio representativo de tu ciudad.**

24. **Con ayuda de Google Maps, visualiza la forma de tu instituto y, basándote en la práctica 4 de esta unidad, diséñalo en 3D con Tinkercad. Guarda el archivo en formato STL.**

25. **Basándote en las prácticas 4 y 5, dibuja los siguientes objetos con Tinkercad:**

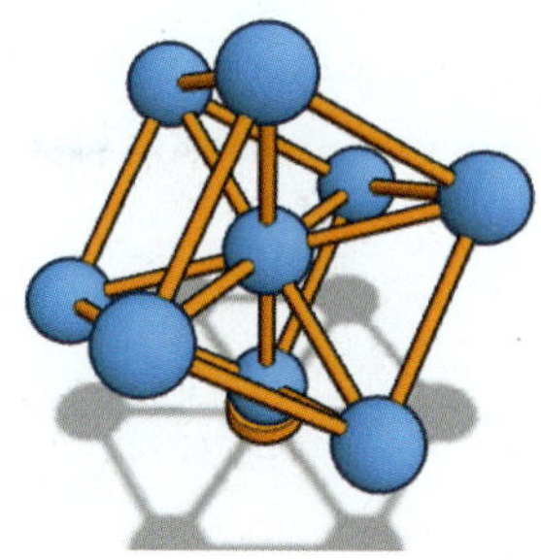

26. **Basándote en las prácticas 6 y 7 de esta unidad, diseña con BlocksCAD los anillos de los Juegos Olímpicos y el gusano. Guarda los archivos en formato STL.**

27. **Entra en https://thingiverse.com y en https://mediateca.educa.madrid.org y descarga dos piezas en formato STL de cada una de esas webs.**

Práctica 1. Dibujar figuras en 3D con SketchUp

Puedes realizar las prácticas de SketchUp si tienes instalada alguna de las versiones gratuitas de **SketchUp Make** (última versión: 2017). También existe una versión para Windows XP que se puede descargar en http://help.sketchup.com/es/article/60107 (Windows XP sólo admite la versión 6.4 de SketchUp).

En la actualidad existe además una versión para navegador gratuita, llamada **SketchUp Free**, a la que puedes acceder en la web oficial desde la sección **Planes y precios**, pestaña **Personal** (www.sketchup.com/es/plans-and-pricing#for-personal).

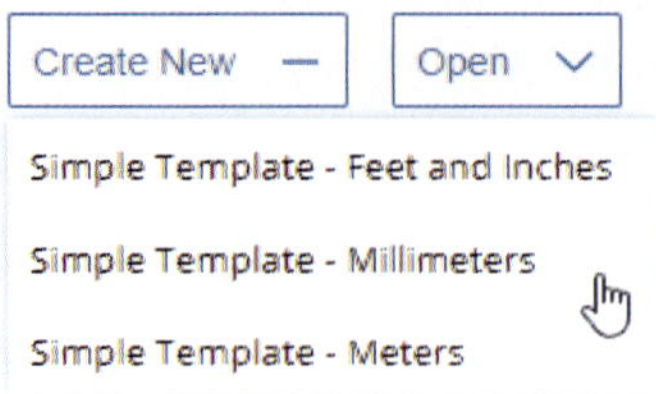

Fig. 7

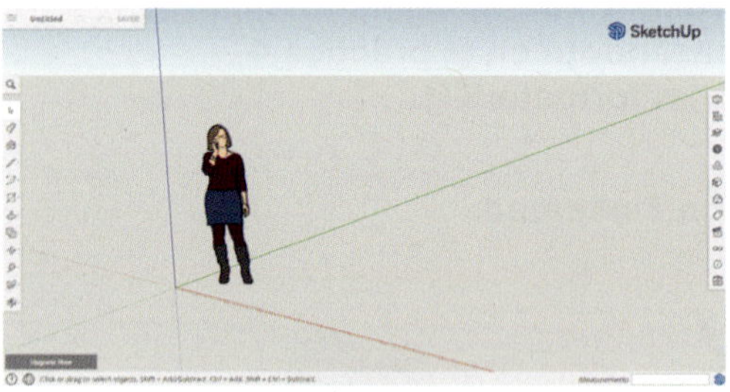

Fig. 8

1. Entra en la versión **SketchUp Free** y regístrate. En la parte superior, pulsa **Create New** y selecciona la plantilla de **Millimeters** (figura 7) (es importante que selecciones correctamente la plantilla para que aparezcan las unidades adecuadas; ¡si entras desde **Start Modeling** te saldrá en pulgadas!). Te aparecerá una ventana de trabajo como la de la figura 8. Como ves, contiene tres ejes para realizar tus dibujos y una figura (una persona) que nos da idea de las dimensiones del objeto que vamos a dibujar. Selecciona la persona y elimínala pulsando la tecla **Supr**.

2. En la parte inferior izquierda tienes varios iconos, entre ellos el de ayuda y el de idioma (figura 9). Cambia el **idioma** (selecciona **Español**) y luego, en la **ayuda**, selecciona la opción **Abrir el tour de bienvenida**. Visualiza el tour para tener una visión general de los diversos menús y opciones.

Fig. 9

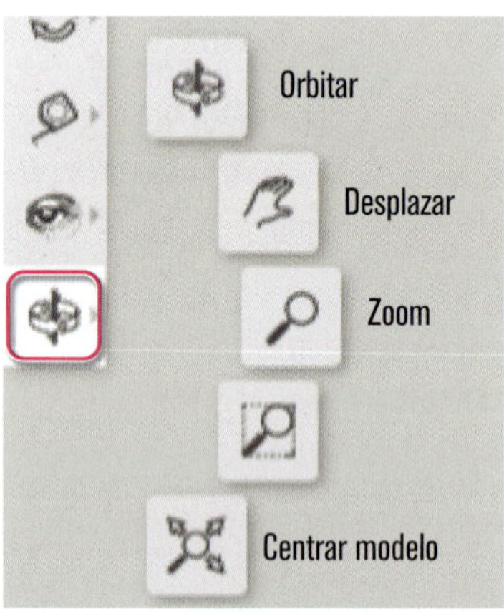

Fig. 10

3. Primero dibujaremos un rectángulo en el plano XY. En la barra de herramientas de la izquierda, selecciona **Rectángulo**. Haz un clic en el origen de coordenadas y arrastra un poco el puntero como si fueses a dibujar el rectángulo. Sin hacer clic de nuevo, escribe **30,40** y se mostrarán estas medidas en el cuadro **Acotaciones** (situado en la parte inferior derecha). Pulsa **Intro** y habrás creado un rectángulo de 30 × 40 mm (figura 10). Como puedes comprobar, es muy pequeño; para hacerlo más grande y centrarlo, prueba las herramientas **Orbitar**, **Desplazar**, **Zoom** y **Centrar modelo** (figura 11).

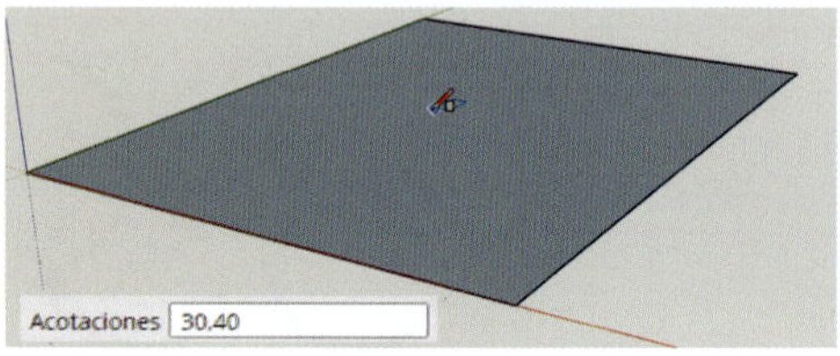

Fig. 11

4. Con la herramienta **Empujar/tirar**, levanta el rectángulo hasta que el cuadro de acotaciones muestre **10 mm** (figura 12).

5. Con la herramienta **Rectángulo**, sitúate en el punto A y dibuja un rectángulo de 40 × 10 hasta el punto B (figura 13).

6. A continuación, con la herramienta **Empujar/tirar**, haz clic sobre el nuevo rectángulo y estíralo hasta que el cuadro de acotaciones muestre **20 mm** (figura 14).

7. Selecciona la herramienta **Línea** y traza una línea desde la esquina superior hasta el punto medio de la cara lateral para formar un triángulo (puntos C y D, figura 15).

8. Con la herramienta **Empujar/tirar**, haz clic sobre el nuevo triángulo y estíralo hasta el borde de la pieza, es decir, unos 20 mm (figura 16).

9. Guarda o descarga el archivo como **UD02_P1_nombreapellido.skp**.

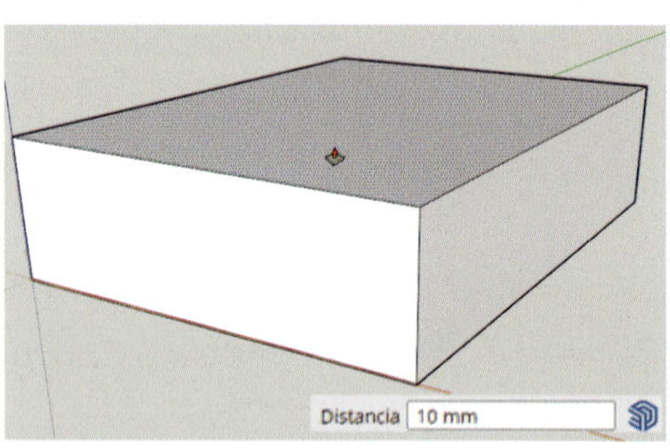

Fig. 12

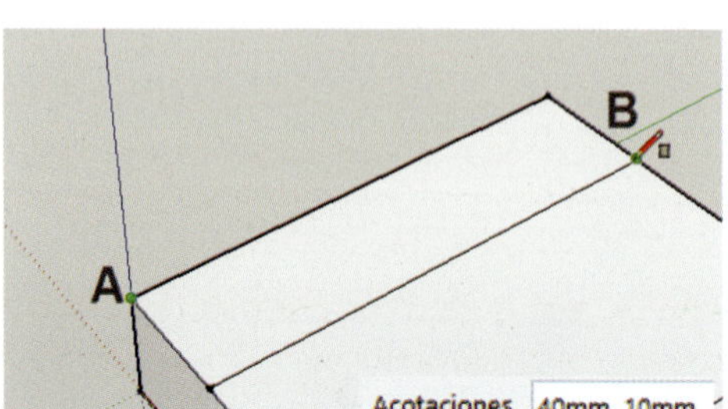

Fig. 13

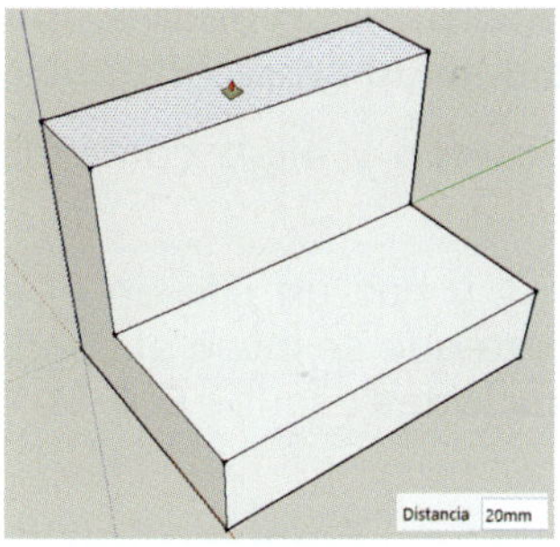

Fig. 14

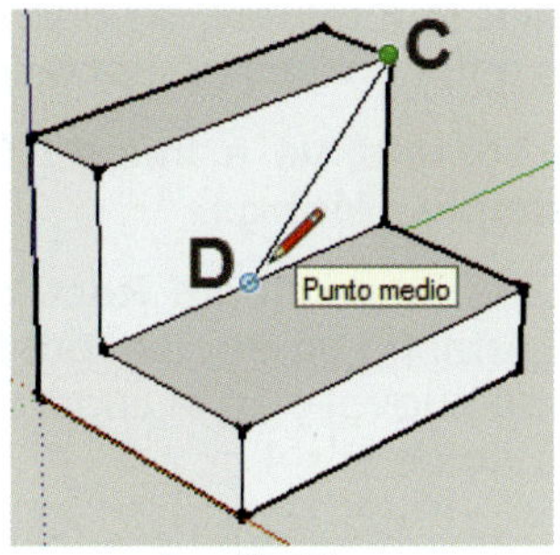

Fig. 15

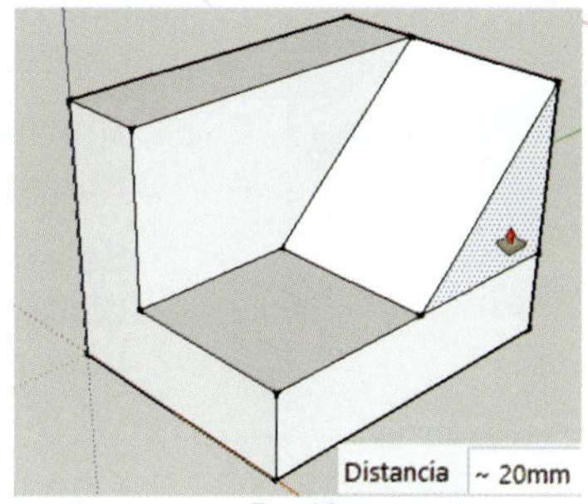

Fig. 16

DESAFÍO

- Dibuja con SketchUp las piezas de la actividad 5 de esta unidad. Guarda o descarga el archivo como **UD02_P1_nombreapellido_desafio1.skp**.

Práctica 2. SketchUp: guardar en STL y reparar archivos con Netfabb antes de imprimir

En la práctica anterior hemos aprendido a crear en SketchUp un modelo en 3D con la extensión **.skp**. Para imprimirlo necesitaremos exportarlo a Repetier-Host en formato STL. Para hacer esto, ve a la barra de menús de SketchUp (en la parte superior) y elige **Exportar / STL** (figura 17).

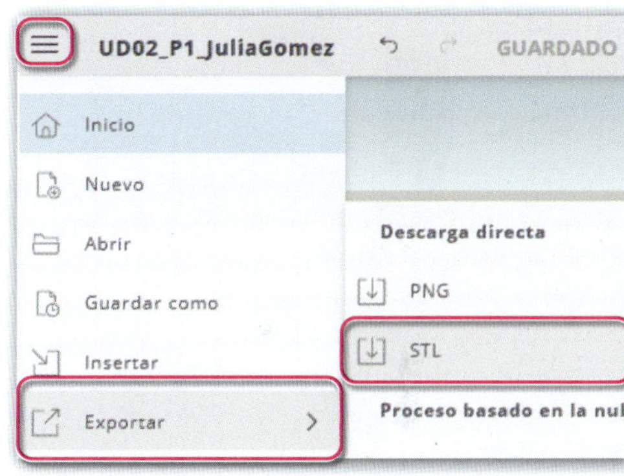

Fig. 17

Una vez que tenemos el archivo en formato de impresión y lo cargamos en Repetier-Host, lo normal es que aparezcan diversos errores y no nos permita imprimir. En tal caso, debemos repararlo.

Las versiones de pago de SketchUp Pro incorporan una herramienta para reparar las piezas. En nuestro caso, utilizaremos una herramienta gratuita online: **Netfabb**.

1. Entra en https://service.netfabb.com y regístrate.
2. Pulsa **Upload 3D model** (figura 18) y selecciona el archivo de la práctica 1 en STL (**UD02_P1_nombreapellido.stl**). Comprobarás que el archivo se va procesando; tras unos instantes se mostrará en pantalla el mensaje "File successfully processed" y aparecerá el enlace **Download** (figura 19) para descargar el archivo. El tiempo de reparación dependerá de la complejidad de la figura y de la conexión a Internet.
3. Para imprimir nuestras piezas ya sólo necesitaremos llevar nuestros archivos al programa Repetier-Host, como se ha explicado en el apartado 12 de la parte de teoría.

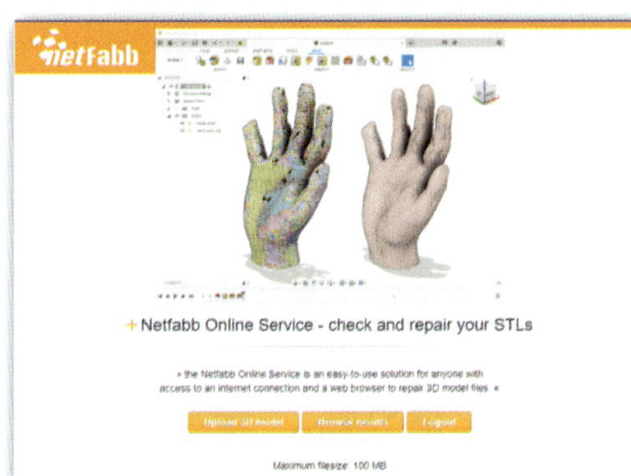

Fig. 18

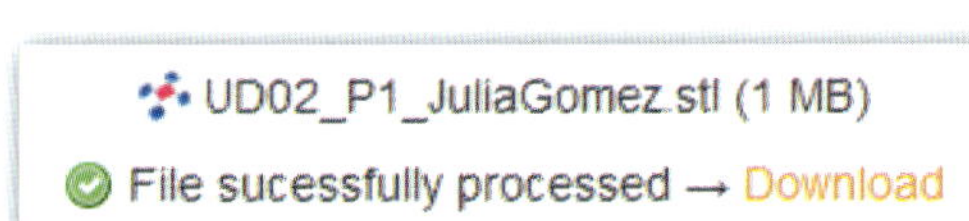

Fig. 19

Además de Netfabb, puedes probar otras herramientas de reparación, como la de la web de Azure (https://tools3d.azurewebsites.net) (figura 20) o los programas Meshmixer o MeshLab.

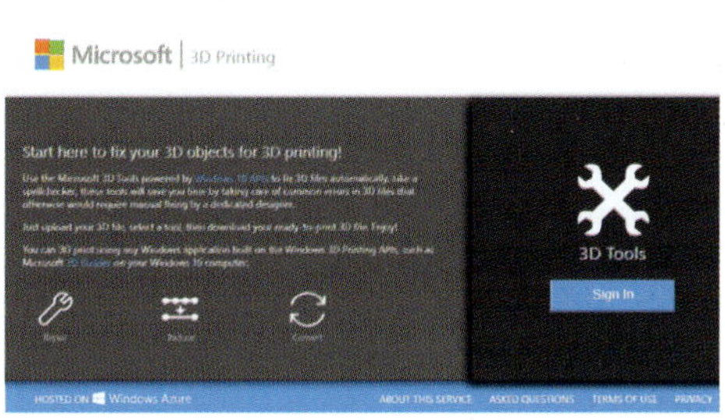

Fig. 20

Práctica 3. Dibujar una maqueta con SketchUp

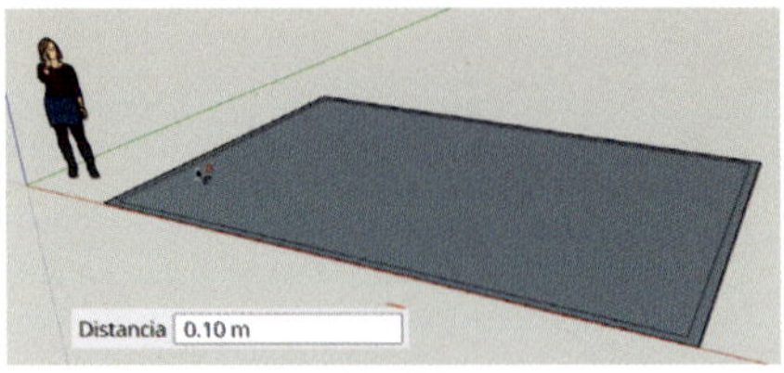

Fig. 21

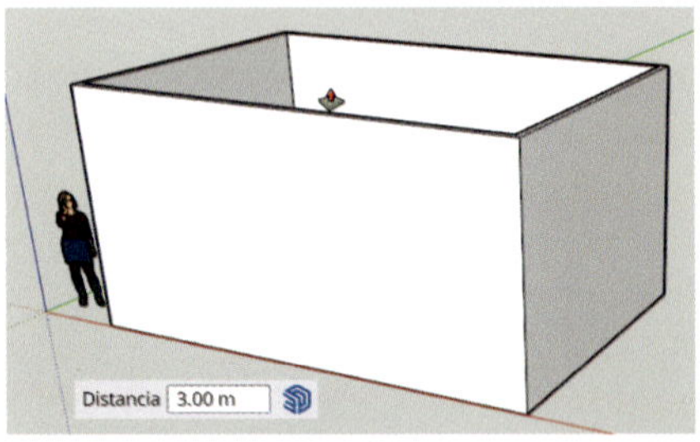

Fig. 22

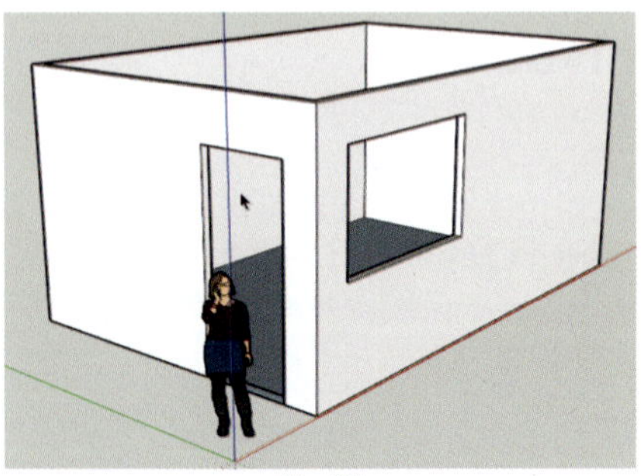
Fig. 23

Fig. 24

Vamos a dibujar la maqueta de una habitación. Luego podrás aplicar lo que aprendas a tus proyectos del taller, a dibujar tu propio instituto, etc.

1. Abre el programa, ve a **Inicio** / **Crear nuevo** y elige como plantilla **Plantilla simple - Metros**.
2. Selecciona la herramienta **Rectángulo** y haz un clic en el eje de color rojo. Arrastra un poco el puntero para que se inicie el cuadro (sin hacer clic de nuevo) y en el cuadro **Acotaciones** escribe **6,4**. Se creará un rectángulo de 6 × 4 m.
3. Con la herramienta **Equidistancia**, del menú **Empujar/tirar**, crea un rectángulo interior a una distancia de 0.10 m (figura 21).
4. Con la herramienta **Empujar/tirar**, levanta unos 3 m el contorno que ha quedado (figura 22).
5. Dibuja con la herramienta **Rectángulo** dos rectángulos para hacer la puerta y la ventana (figura 23). Con **Empujar/tirar**, empújalos para que desaparezcan (puedes hacer doble clic). Recuerda que puedes usar las herramientas **Orbitar**, **Desplazar**, **Zoom** y **Centrar modelo** para mover y colocar tu diseño.
6. Vamos a ir introduciendo ahora el mobiliario y las puertas y ventanas que otras personas o empresas han creado. En la barra de paneles (lateral derecho), haz clic en **3D Warehouse**. Se abrirá una nueva ventana (figura 24). En el menú de búsqueda de la parte superior escribe "cama"; selecciona una de las camas y descárgala.
7. Haz clic dentro de la habitación y desplaza la cama con las herramientas **Mover**, **Rotar** y **Escala** hasta dejarla en la ubicación deseada (figura 25). Ten presente que colocar bien los elementos es una de las tareas que más trabajo llevan, así que deberás practicar bastante.
8. Vuelve a utilizar **3D Warehouse** e inserta un escritorio, una estantería, una alfombra, una papelera... Recuerda que puedes escalar los objetos seleccionándolos primero y ajustándolos después con la herramienta **Escala**. Coloca la puerta y la ventana. Para girar la ventana una vez colocada, selecciona la herramienta **Rotar** y después haz clic en los puntos A y B (figura 26); al desplazar el ratón, verás que la ventana gira con él.
9. Cuando tengas un modelo parecido al de la figura 27, guarda o descarga el archivo como **UD02_P3_nombreapellido.skp**.

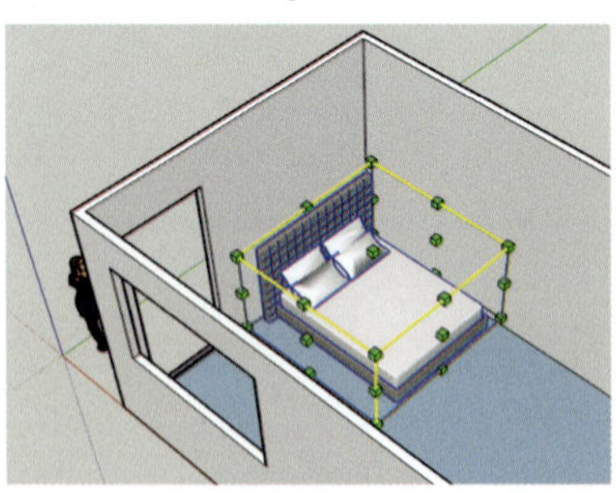
Fig. 25

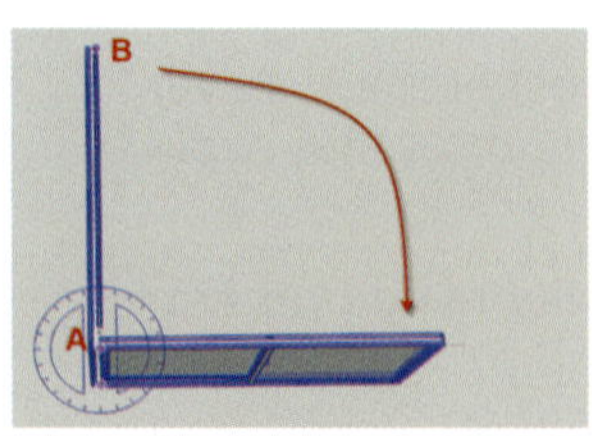

Fig. 26

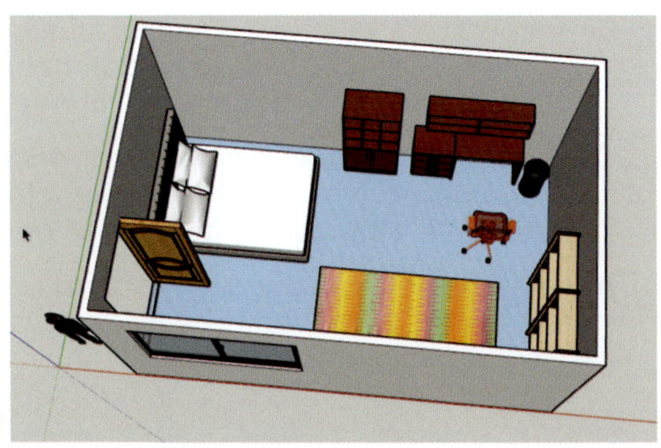
Fig. 27

DESAFÍOS

1. Dibuja la maqueta de tu habitación con todos sus elementos o el edificio de tu instituto o colegio. Guarda o descarga el archivo como **UD02_P3_nombreapellido_desafio1.skp**.
2. Dibuja un monumento representativo de tu ciudad. Guarda o descarga el archivo como **UD02_P3_nombreapellido_desafio2.skp**.

Práctica 4. Diseñar un llavero con Tinkercad

Vamos a diseñar con **Tinkercad** un llavero para sacar el carro del supermercado.

1. Entra en www.tinkercad.com. La primera vez que lo hagas te pedirá que te registres con tu cuenta de correo. Sigue los pasos que se te van indicando para ello.
2. Una vez registrado, accede con tu nombre de usuario y contraseña. Verás una imagen como la de la figura 28. Haz clic en **Crear un diseño**. Se abrirá el entorno de trabajo de la aplicación. Cambia el nombre que aparece por defecto por **UD02_P4_nombreapellido**.
3. En el lateral de la derecha hay un menú con diferentes opciones. Haz clic en **Formas básicas** y verás varias figuras geométricas (figura 29).
4. Selecciona la figura **Cubo** de color rojo y arrástrala hasta el plano de trabajo. Observa que aparece un cubo sólido de lado 20 mm con una serie de símbolos alrededor de él. Los **cuadrados blancos** sirven para variar sus dimensiones (largo, alto y ancho). La pequeña **flecha negra** de la zona superior permite elevar la figura sobre el plano de trabajo. Las **flechas curvas** permiten girar la figura respecto de los ejes principales.
5. Modifica las medidas del cubo: ponle una base de 50 × 14 mm y una altura de 2 mm. Haz clic en el círculo rojo de **Sólido** (figura 30) y selecciona el color verde. Pulsando el botón derecho del ratón puedes mover la figura para trabajar mejor con ella. Para volver a la vista original pulsa el icono de la casa que aparece arriba a la izquierda.
6. Selecciona ahora la figura **Cilindro** de color naranja y arrástrala hasta el plano de trabajo. Nuevamente moviendo los cuadrados blancos redimensiona el cilindro para que tenga unas medidas de 23 × 23 × 2 mm (figura 31).
7. Vamos a alinear las dos figuras. Sitúa el cilindro encima del rectángulo, aproximadamente como en la figura 32. Selecciona las dos figuras **pinchando y arrastrando** un recuadro que las englobe a ambas. Haz clic en el icono **Alinear** de la barra de herramientas superior. En los nuevos puntos que aparecen, pincha en el círculo que se muestra en la figura 32 para que queden alineados.
8. Crea ahora un cilindro de 5 × 5 mm. Selecciona la figura **Cilindro** (pero **la de color gris, para que sea hueca**), llévala hasta la pieza y alinea el agujero como en la figura 33.
9. Selecciona las tres piezas y haz clic en el icono **Agrupar** de la barra de herramientas superior. Comprobarás que queda un único objeto y que el cilindro ha perforado nuestro llavero (figura 34).
10. En la barra de herramientas superior, haz clic en **Exportar** y descarga tu diseño completo con formato STL.

Fig. 28

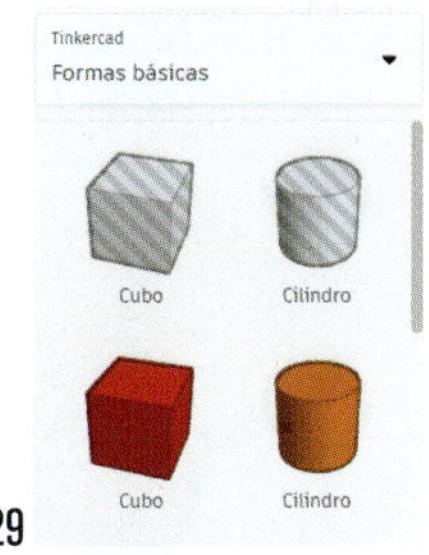

Fig. 29

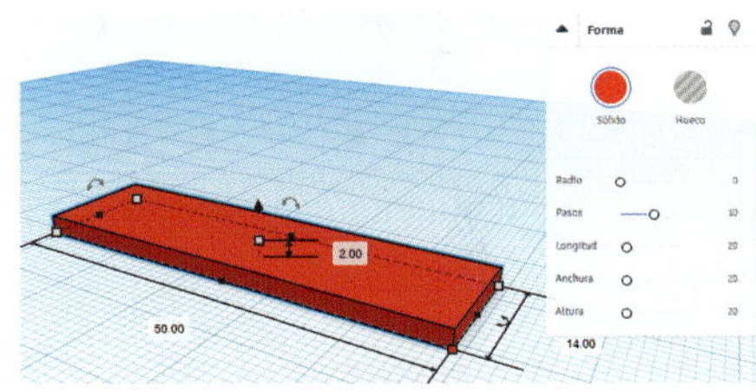

Fig. 30

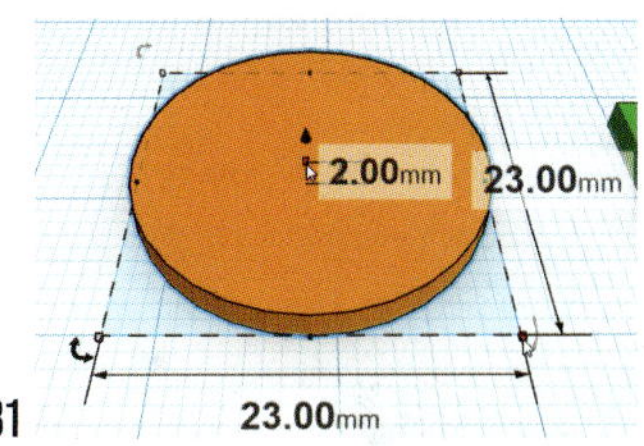

Fig. 31

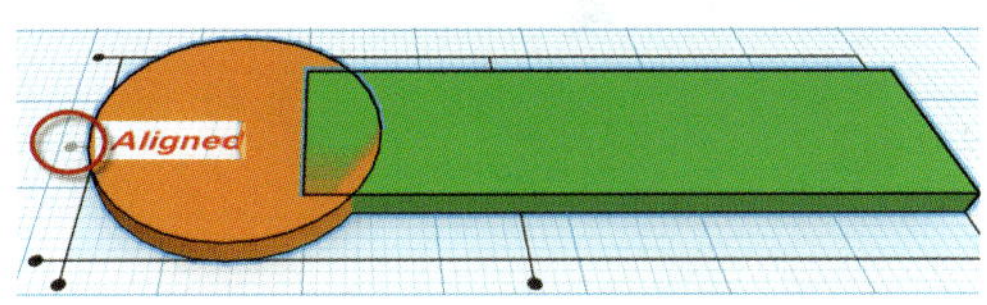

Fig. 32

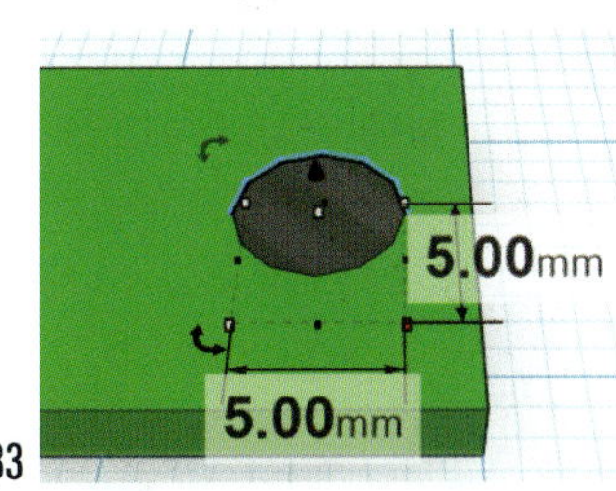

Fig. 33

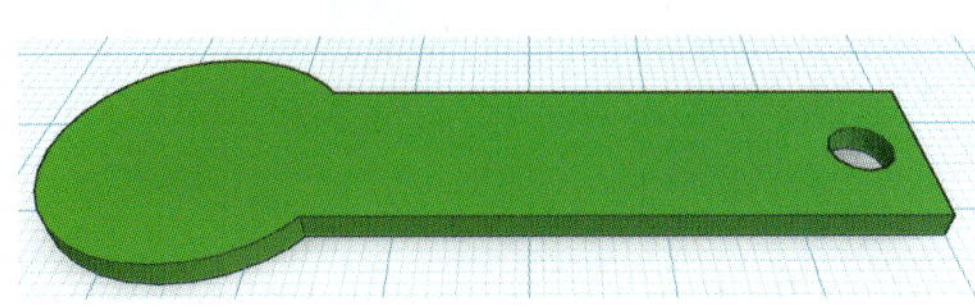
Fig. 34

DESAFÍO

- Utilizando las herramientas de texto, añade tu nombre al llavero. Guarda el archivo como **UD02_P4_nombreapellido_desafio1.stl**.

Práctica 5. Diseñar y fabricar un botón personalizado con Tinkercad

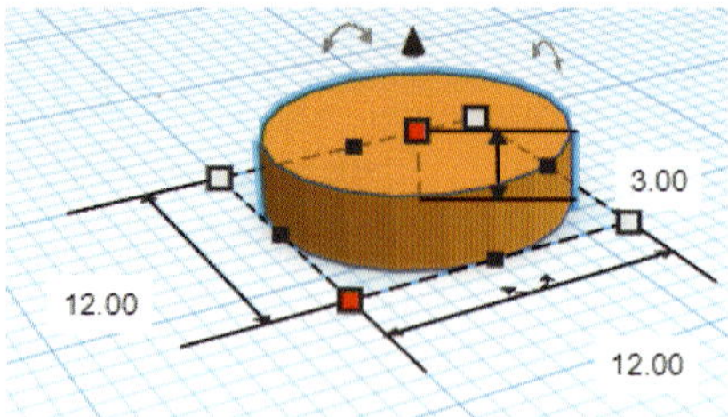

Fig. 35

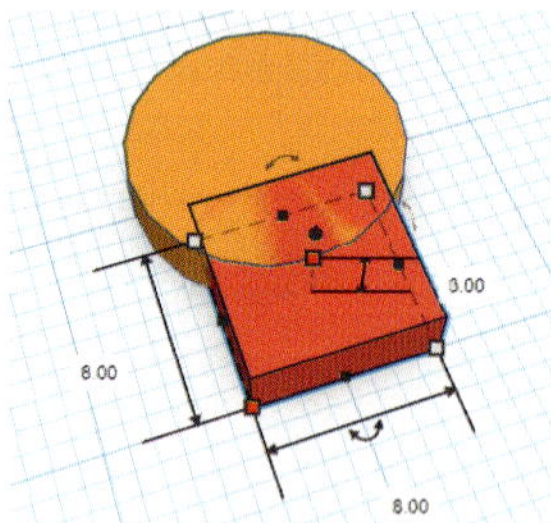
Fig. 36

Fig. 37

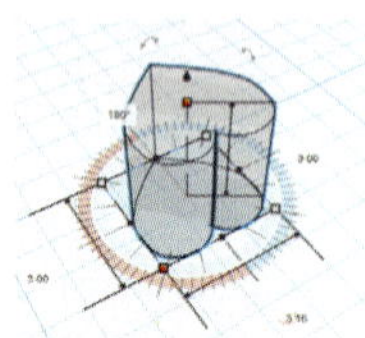
Fig. 38

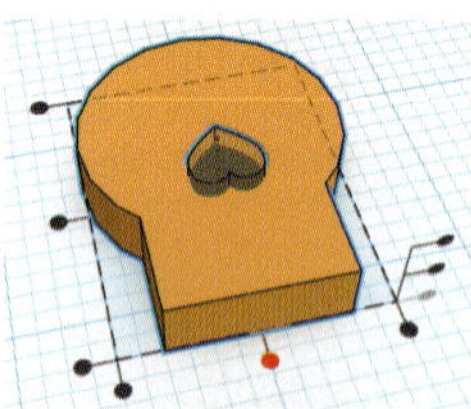
Fig. 39

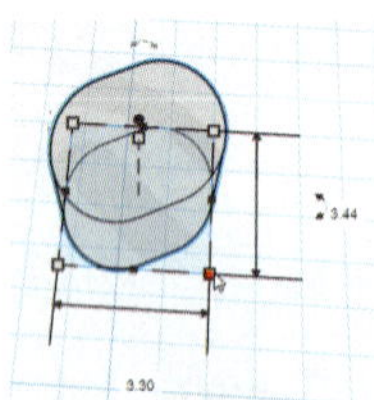
Fig. 40

Fig. 41

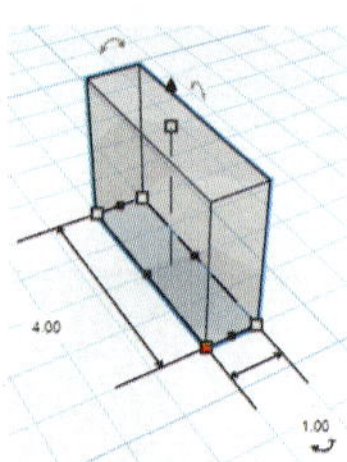
Fig. 42

Fig. 43

Fig. 44

En esta práctica vas a fabricar un botón con forma de calavera.

1. Abre el programa y haz clic en **Crear un diseño**. Cambia el nombre que aparece por defecto por **UD02_P5_nombreapellido**.
2. Del lateral derecho, arrastra hasta el plano de trabajo el **Cilindro** sólido.
3. Mueve los cuadrados blancos que hay a su alrededor para que la figura quede con estas dimensiones: 12 × 12 mm de base y 3 mm de altura (figura 35).
4. A continuación, arrastra un **Cubo** sólido y sigue el mismo procedimiento para obtener un prisma de 8 × 8 mm de base y 3 mm de altura.
5. Arrástralo hasta que se superponga con el círculo, como se muestra en la figura 36.
6. Selecciona las dos figuras y, en la barra superior, haz clic en **Agrupar** (figura 37) (o pulsa **Ctrl** + **G**).
7. Para hacer la nariz de la calavera, arrastra hasta el plano de trabajo un **Corazón**. Dale un tamaño de 3.16 mm de ancho, 3 mm de largo y 3 mm de altura. Selecciónalo, pulsa la flecha de giro inferior y arrástralo un ángulo de 180°. Haz clic en el círculo de **Hueco** para que sea un agujero. Te debería quedar como en la figura 38.
8. Sitúalo sobre la pieza naranja y, tras seleccionar el conjunto, céntralo pulsando el icono **Alinear** en la parte superior y haciendo clic en el punto que se muestra en rojo en la figura 39.
9. Para hacer los ojos, arrastra hasta el plano de trabajo la forma llamada **MetaCapsule**, del menú **Generadores de formas** (Shape Generators). Gírala un ángulo de –22.5°. Cambia su tamaño por 3.30, 2.44 y 3 mm de altura (aproximadamente). Haz clic en **Hueco** y tendrás el primer ojo (figura 40). Copia y pega para obtener el segundo ojo y luego haz clic en **Simetría** (o pulsa la tecla **M**) y la **flecha horizontal** para que se gire.
10. Sitúa los dos ojos sobre la figura anterior hasta que te quede algo parecido a la figura 41. Haz clic en **Agrupar** (o pulsa **Ctrl** + **G**).
11. Para los dientes, crea tres rectángulos de 4 mm de largo, 1 mm de ancho y 3 mm de altura (figura 42). Haz clic en **Hueco**. Sitúa uno en la parte inferior (figura 43) y, tras seleccionar las dos formas, pulsa **Alinear** y haz clic en el punto central. Por último, sitúa los otros dos rectángulos a los lados (figura 44).
12. Agrupa todos los elementos para obtener el botón final (figura 45).
13. Si te ha quedado muy grande, puedes reducirlo a un tamaño final de 10 × 13 mm para que quepa en el ojal de la camisa.
14. En la barra de herramientas superior, haz clic en **Exportar** y descarga tu diseño completo con formato STL.

Fig. 45

DESAFÍO

- Diseña tu propio botón personalizado, con una forma que te guste especialmente. Guarda el archivo como **UD02_P5_nombreapellido_desafio1.stl**.

Práctica 6. Diseñar una capucha Minecraft para lápices con BlocksCAD

BlocksCAD es una herramienta online de programación CAD de arrastrar y soltar.

1. Entra en www.blockscad3d.com/editor. Si quieres poder guardar los progresos y descargar las piezas que diseñes, deberás registrarte.
2. Partiremos de un cubo e iremos creando los ojos, la nariz y la boca restando otros pequeños cubos a nuestra forma.
3. Del menú **3D Shapes** (de la barra lateral izquierda), arrastra a la zona de programación el bloque **cube X ... Y ... Z ... not centered** y asigna a X, Y y Z el valor **10**. Pulsa **Render** y obtendrás el cubo principal en la zona derecha de la pantalla.

4. En la siguiente figura tienes el programa completo. Partiremos del cubo principal, y con la instrucción **minus** iremos restándole pequeñas formas a base de cubos (por ejemplo, de 2 × 2 × 2 para los ojos). La instrucción **translate X ... Y ... Z ...**, del menú **Transforms**, nos permitirá indicar las coordenadas de cada una de esas formas que se restan. Y, al final, restaremos un cilindro para poder introducir el lápiz.

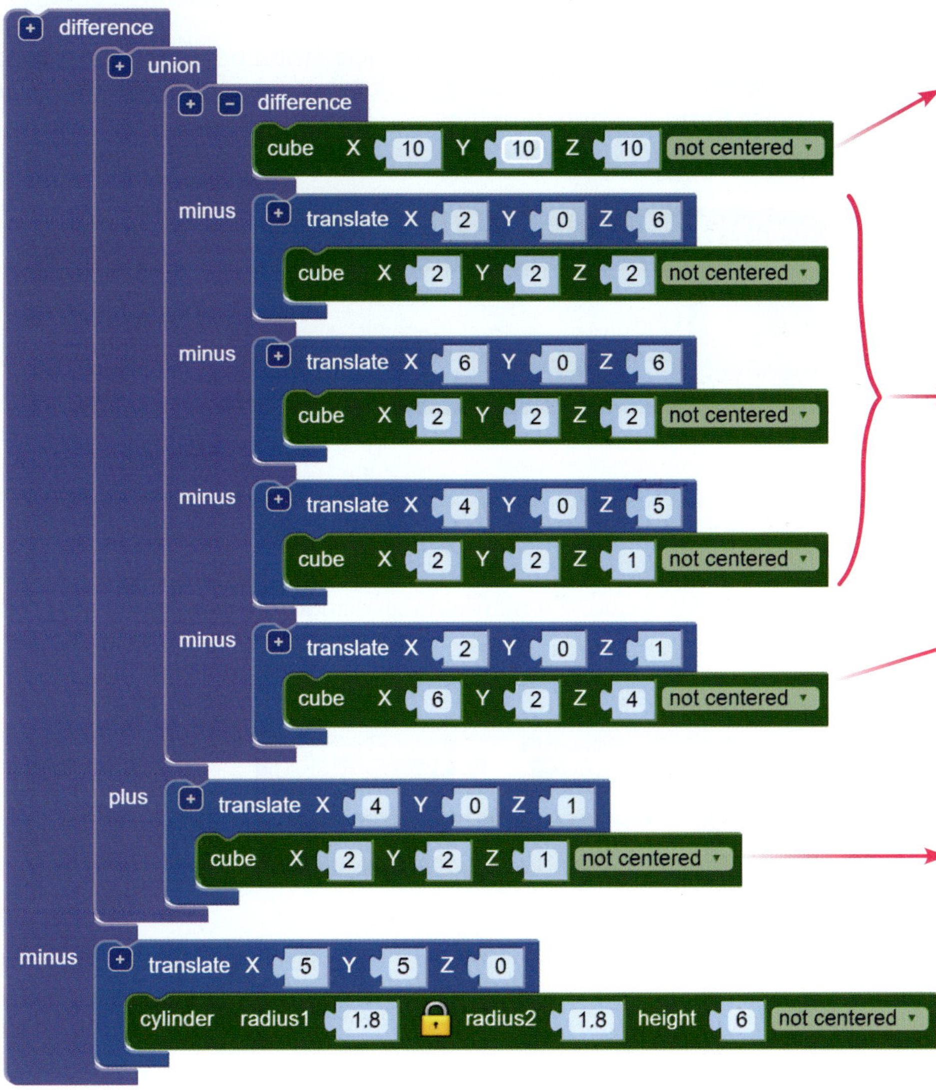

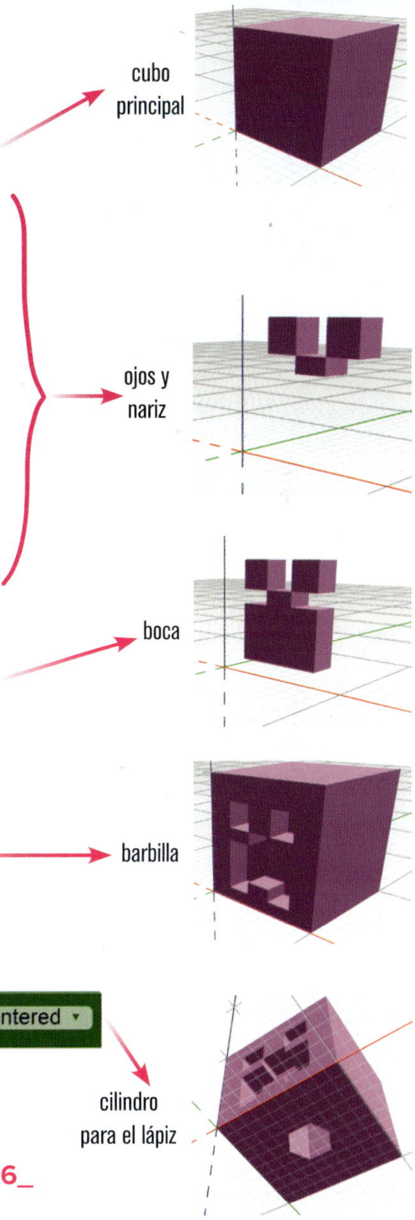

5. Por último, pulsa **Generate STL** y guarda el archivo como **UD02_P6_nombreapellido.stl**.

Práctica 7. Diseñar una taza con BlocksCAD

1. Entra en www.blockscad3d.com/editor.
2. Para diseñar nuestra taza crearemos dos cilindros distintos y los restaremos.
3. Del menú **3D Shapes**, arrastra el bloque **cylinder**. En **radius1** escribe **40**, y en **height**, **90**. Pulsa **Render**. Después arrastra otro bloque **cylinder**, para el cilindro pequeño, y ahora da a **radius1** y **height** los valores **35** y **90**, respectivamente.
4. Del menú **Set Ops**, arrastra el bloque **difference**. Coloca en la parte superior el bloque del cilindro grande y en la inferior el del pequeño. Pulsa **Render**. Ya tenemos el contorno de la taza.

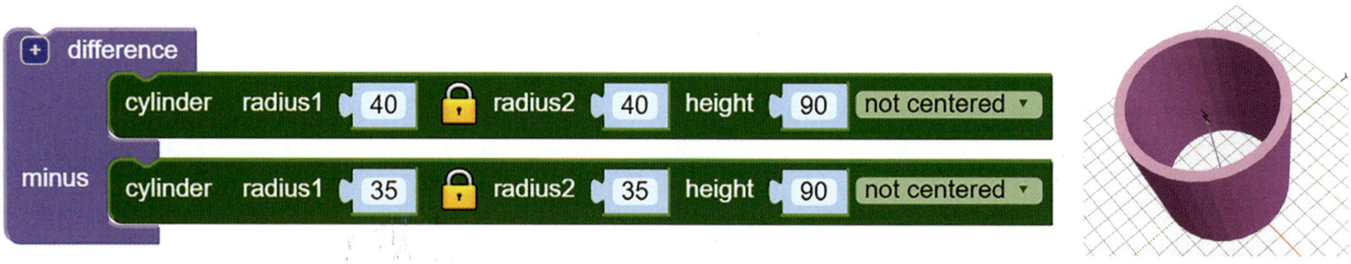

5. Para poner la base, simplemente moveremos el cilindro más pequeño hacia arriba para salir de la parte inferior de la taza. Para ello, del menú **Transforms**, arrastra el bloque **translate** y colócalo alrededor del cilindro pequeño. Fija el valor de Z en **3** mm y pulsa **Render**. Ahora tenemos una base de 3 mm.

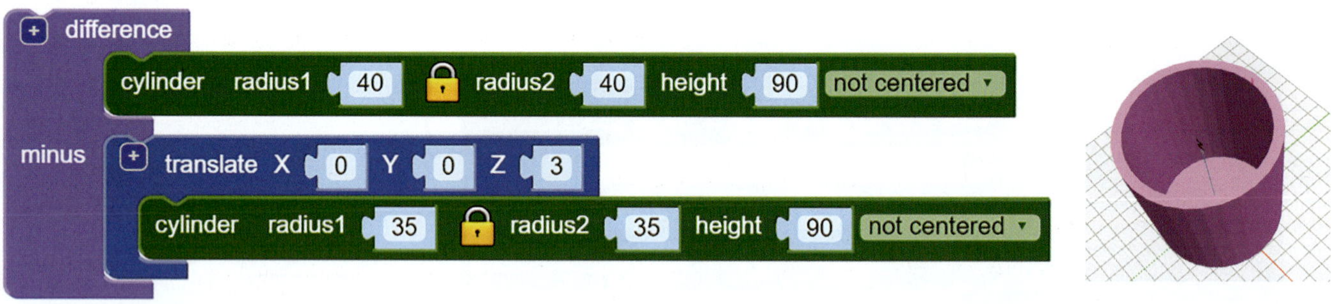

6. Ahora vamos a ocultar los bloques que ya tenemos terminados, para poder trabajar mejor. Haz clic con el botón derecho sobre el bloque de instrucciones y selecciona **Disable Block** (luego utilizaremos **Enable Block** para mostrarlo).
7. Para hacer el asa (un anillo), crearemos un cilindro al que le restaremos un cilindro de menor diámetro. Arrastra dos bloques **cylinder** y uno **difference** y pon los valores de la siguiente figura:

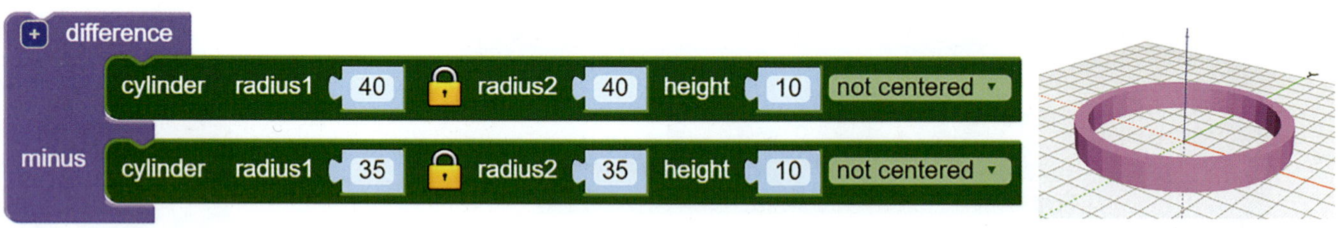

8. Para rotarla, arrastra del menú **Transforms** el bloque **rotate** y cambia el valor de X por **90°**. Para ajustarla a la taza, además, necesitaremos mover el asa hacia arriba y a un lado; así, pues, arrastra el bloque **translate** y fija los valores de X en **30** y Z en **45**. Ahora, con el botón derecho, selecciona **Enable Block** en el bloque de programa oculto.

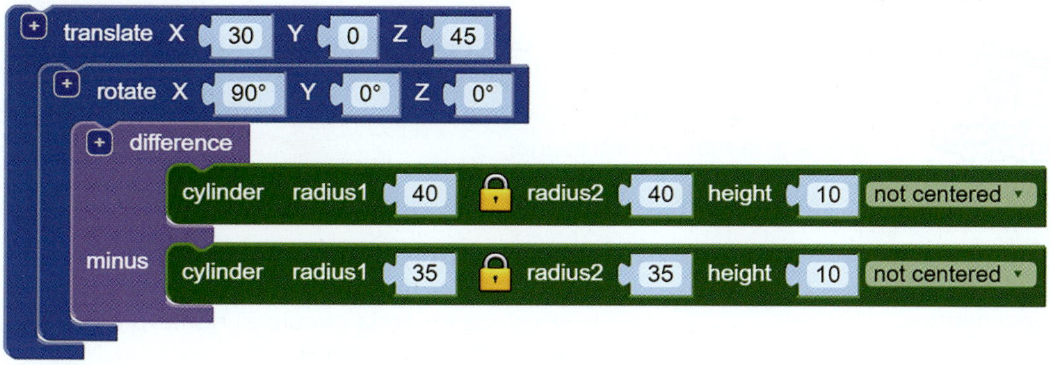

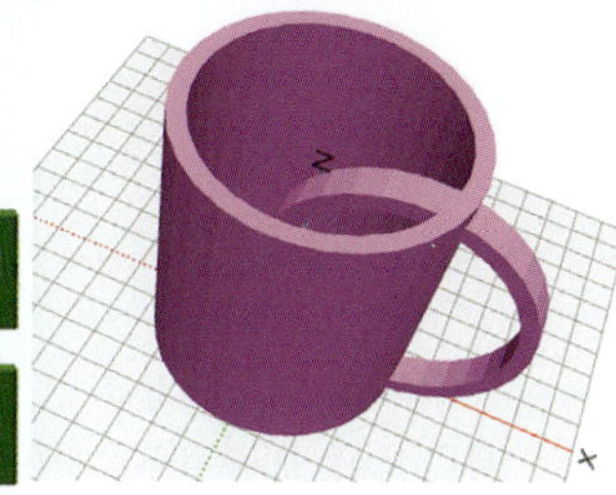

9. Necesitamos quitar la parte del asa que queda dentro de la taza. Para ello reorganizaremos los bloques, y la taza final la obtendremos de unir el cilindro exterior con el asa y a todo este bloque restarle el cilindro interior. Arrastra del menú **Set Ops** el bloque **union** y sitúa en la parte superior el asa y en la inferior el cilindro grande de 40 mm. Coloca por encima de este bloque el bloque **difference** y en su parte inferior resta el bloque del cilindro pequeño.

10. Por último, pulsa **Generate STL** y guarda el archivo como **UD02_P7_nombre-apellido.stl**. Pulsando el botón **Code** que aparece arriba a la derecha verás el código generado, que puedes utilizar en otros programas, como por ejemplo OpenSCAD.

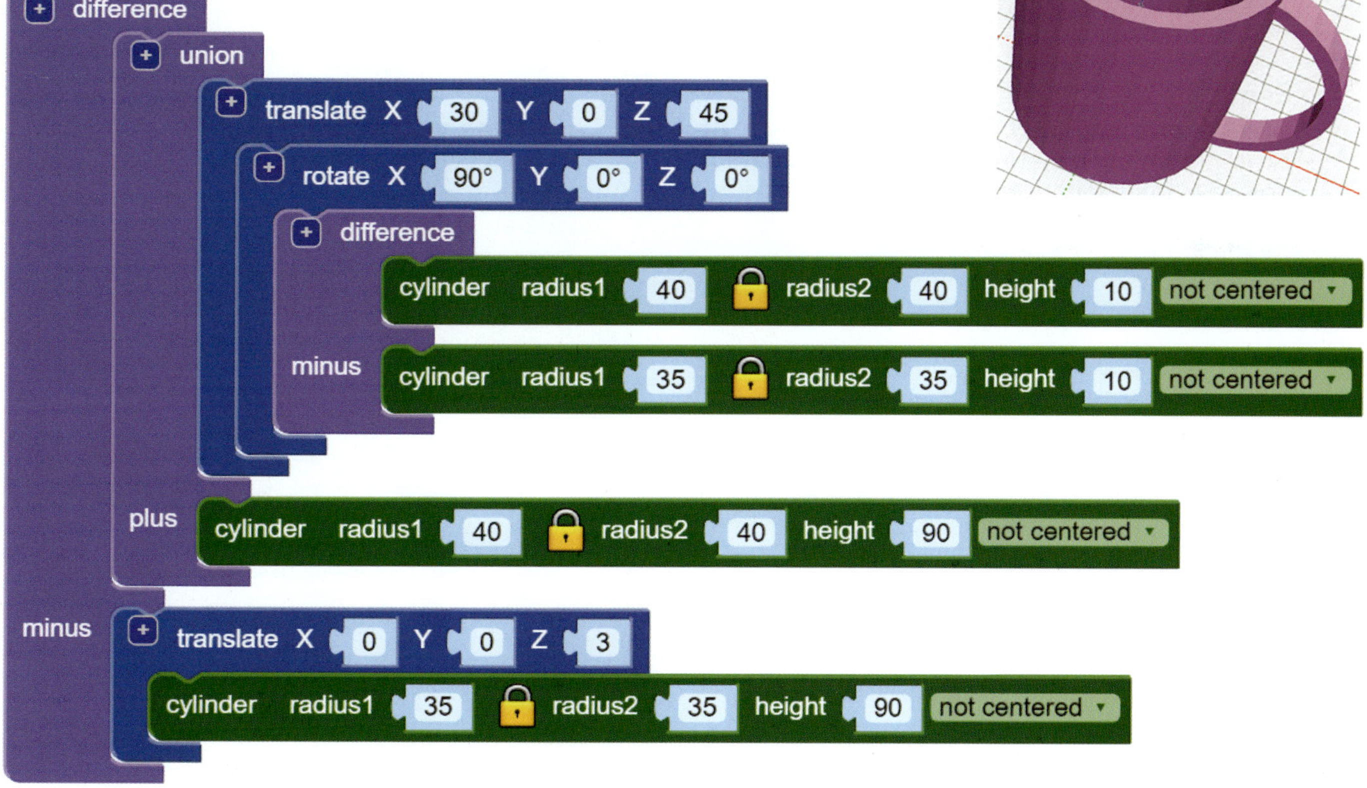

DESAFÍOS

- Diseña un muñeco de nieve, un Minion y un coche. Guárdalos como **UD02_P7_nombreapellido_desafio1.stl**, **desafio2.stl** y **desafio3.stl**, respectivamente.

ZONA web

Realiza las siguientes actividades accediendo a tu zona web.

tu nota en un clic

Las actividades señaladas con el sello **"tu nota en un clic"** dan la opción de, una vez realizadas, imprimirlas en un **archivo PDF** con el **nombre y apellido del alumno** y la **puntuación obtenida sobre 10**.

Para acceder a tu zona web una vez registrado el libro:

1. Entra en www.editorialdonostiarra.com
2. Accede a **Zona privada** (sección **Alumno**) y haz clic en **Acceso a la zona web**.
3. Teclea tu e-mail y contraseña.

1 Test de dibujo

Accede a la actividad **UD02 01 Test de la unidad** y comprueba tus conocimientos.

2 Vocabulario de la unidad

Accede a la actividad **UD02 02 Vocabulario** y selecciona para cada una de las definiciones que se presentan la palabra clave que le corresponde.

3 Esquema de contenidos

Accede a la actividad **UD02 03 Esquema de contenidos** y completa el esquema de contenidos de la unidad con las palabras propuestas.

4 Trabaja las unidades

Accede a la actividad **UD02 04 Trabaja las unidades** y agrupa las magnitudes que sean equivalentes, arrastrándolas a los cuadros en blanco.

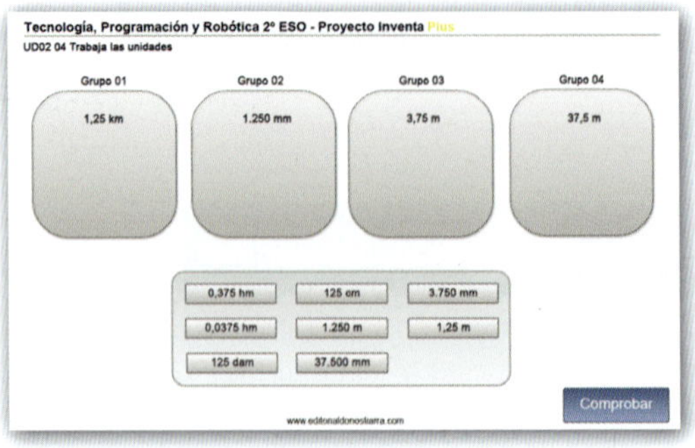

5 Vistas de un objeto

Accede a la actividad **UD02 05 Vistas de un objeto** y coloca en cada círculo el número de la superficie que le corresponde.

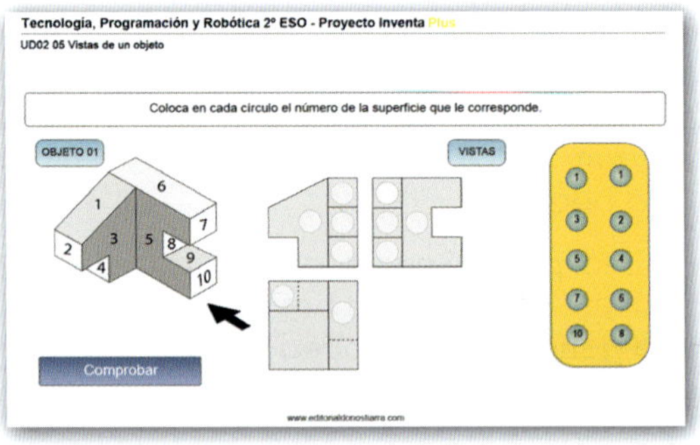

6 Las vistas y su colocación

Accede a la actividad **UD02 06 Las vistas y su colocación** y arrastra cada vista a su posición adecuada en la figura que le corresponda.

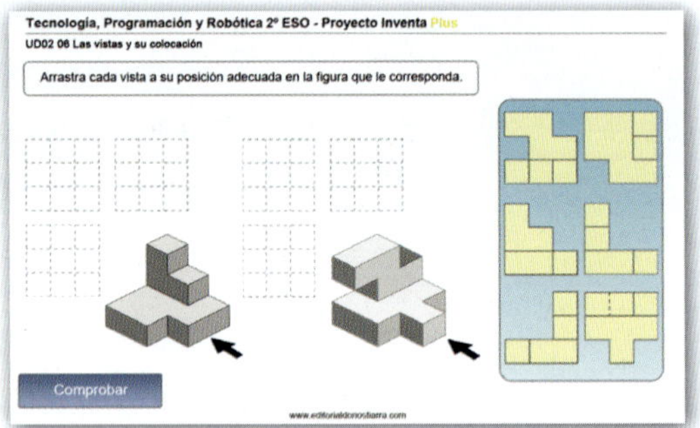

Documentar la impresión 3D

Vamos a documentar todo el proceso de impresión 3D y subir toda la información a nuestro blog del tecnólogo.

Ejercicio 1. Hacer capturas de pantalla

1. Existen infinidad de programas gratuitos para hacer capturas de pantalla y editar las imágenes, como Greenshot, Lightshot, Screenpresso, **PicPick**, etc. Nosotros utilizaremos este último por ser gratuito y sencillo y por tener una versión que no necesita instalación y que podemos llevar en una memoria USB.

2. Escribe en un buscador "PicPick portable" y descárgate el programa desde un sitio seguro (si es la versión portable, será un archivo comprimido: ZIP o RAR; un archivo con la extensión **.exe** será la versión instalable). Abre el archivo comprimido y haz clic en **picpick.exe**.
3. Ve a **Archivo** / **Opciones de programa** y en la primera pestaña, **General**, cambia el idioma a **Español**.
4. Abre el programa de diseño con que estás creando la pieza (por ejemplo, Tinkercad). Cuando tengas el diseño en la pantalla, accede al menú principal de PicPick y, en la sección **Capturar pantalla**, haz clic sobre **Región**. Aparecerá una ventana que te permitirá seleccionar una zona de la pantalla. Selecciona la parte en que estás trabajando.
5. Se abrirá la imagen en una nueva pestaña, donde podrás usar algunas opciones sencillas de edición. Las más usadas son:
   - **Redimensionar la imagen.** Para darle el tamaño que deseemos (figura 46).
   - **Sellos.** Nos permiten añadir flechas o recuadros para resaltar o señalar partes.
   - **Texto.** Con ella podemos introducir un texto explicativo.
6. Haz una captura de la pieza que estás diseñando e indica sobre ella las partes del programa que estás utilizando, como en la figura 47. Luego ve a **Guardar como** y guárdala como **UD02_nombreapellido_rincon.jpg**.

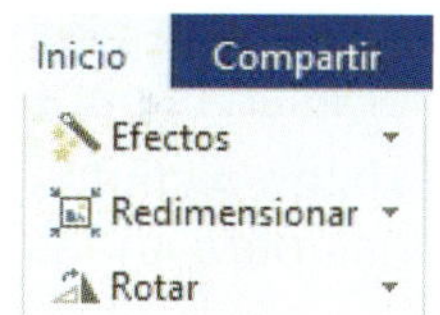

Fig. 46

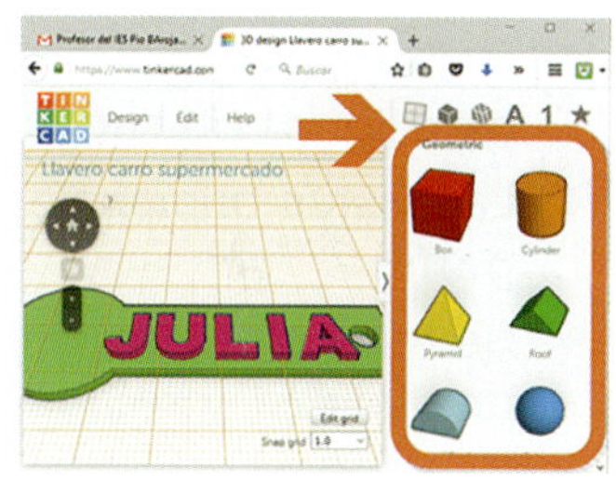

Fig. 47

Ejercicio 2. Grabar un videotutorial

1. Descarga el programa **CamStudio** desde su web (http://camstudio.org) (figura 48) e instálalo. **Advertencia:** Aunque es un programa gratuito, a la hora de instalarlo debes leer detenidamente qué es lo que estás instalando y no pulsar siempre **Aceptar**, ya que a veces te pueden ofrecer instalar barras de buscadores no deseadas o programas basura.
2. Para iniciar la grabación, pulsa el **botón rojo** o la tecla **F8**. Aparecerá una ventana nueva parpadeante. Ojo, aún no estás grabando, simplemente se nos indica el área donde comenzará a grabar. Al hacer **clic** con el ratón, se iniciará la grabación. Puedes pulsar **F8** para hacer una pausa. Para finalizar la grabación, pulsa **F9**.
3. Haz una grabación **de menos de 1 minuto** con tu móvil en la que expliques el proceso de diseño. Guarda el archivo de vídeo como **UD02_nombreapellido_rincon_videotutorial.avi** y súbelo a tu blog.

Fig. 48

DESAFÍOS

1. Haz capturas de pantalla del resto del proceso de laminado con Repetier-Host y súbelas a una entrada nueva de tu blog.
2. Graba un vídeo de cómo se imprime la pieza y súbelo a otra entrada del blog.

Boceto, croquis y dibujo técnico

- Llamamos **boceto** al dibujo a mano alzada, generalmente con poco detalle, que se hace como primera aproximación a un objeto o una idea. No se acota y no hace falta hacerlo a escala ni utilizar una hoja con marco y cajetín.
- Un **croquis** es un dibujo más elaborado que el boceto, realizado también a mano alzada pero proporcionado con respecto a la realidad. En él deben aparecer las tres vistas principales y todas las anotaciones que completen la información del dibujo, como medidas, notas aclaratorias, etc.
- El **dibujo técnico** define el objeto con todo detalle. Debe estar delineado (pasado a tinta) y se hace con regla, a escala y con medidas (acotado).

Normalización

- La **normalización** es el conjunto de normas que regulan todos los elementos que intervienen en el dibujo técnico: formatos, rotulación y simbología.

Tipos de líneas. Acotación sencilla

- **Acotar** una pieza es indicar sobre el dibujo que la representa (vistas o perspectiva) las medidas reales necesarias para definirla.
- Existen distintos **tipos de líneas** normalizados en dibujo técnico: gruesas para aristas y contornos visibles, finas para líneas de cota, discontinuas para aristas y contornos ocultos, etc.

Vistas de un objeto. Vistas principales

- Las **vistas** de un objeto son representaciones en dos dimensiones de cada una de las caras del objeto.
- Las vistas principales de un objeto son: **alzado**, **planta** y **perfil**.
- Se toma siempre como **alzado** la cara más representativa de la pieza, y se puede indicar con una flecha.

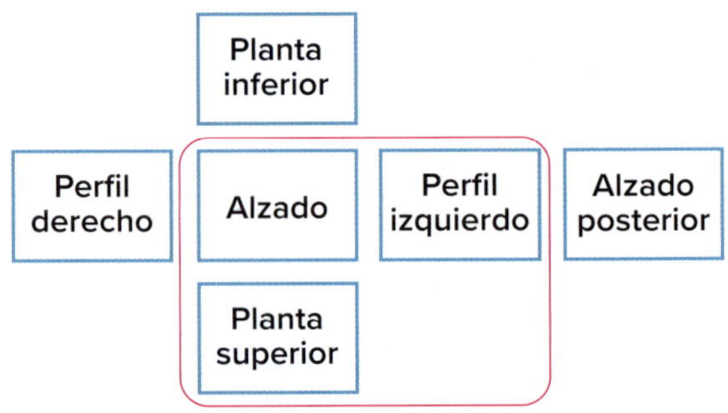

Representación de objetos en perspectiva

- La **perspectiva** nos permite ver un objeto en tres dimensiones (3D). Las perspectivas más utilizadas son la isométrica y la caballera.

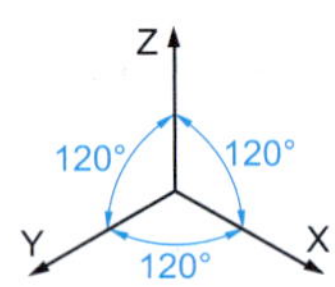

Perspectiva isométrica

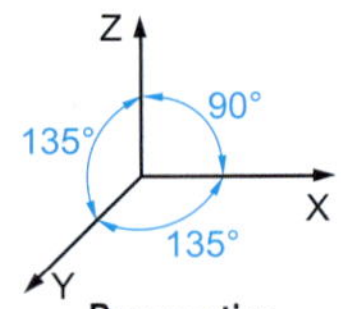

Perspectiva caballera

Proceso de impresión 3D

- Las fases de la impresión 3D son: **diseño**, **laminado** e **impresión**.
- **Programas de diseño**: SketchUp, Tinkercad, BlocksCAD, etc.
- **Programas para el laminado y el control de impresión**: Slic3r, Cura, Repetier-Host.

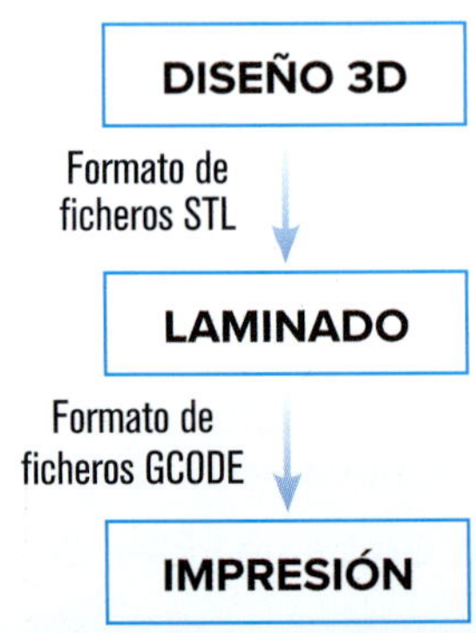

AUTOEVALUACIÓN

1. Haz los siguientes ejercicios en tu cuaderno.
2. Consulta las respuestas al final del libro, para evaluar tu aprendizaje.

1 pto.

1. Indica a qué corresponde cada una de las siguientes definiciones (boceto, croquis y dibujo técnico):

a) Dibujo con poco detalle que se hace como primera idea

b) Dibujo hecho con regla a escala y que incluye las medidas

c) Dibujo hecho a mano alzada que incluye las medidas y los detalles

2 ptos.

2. Completa estas igualdades:

a) 752 cm = (...) mm   b) 12,5 m = (...) mm   c) 3,75 km = (...) m   d) 1.200 mm = (...) m

1 pto.

3. Explica qué es el alzado de una pieza y cómo debemos elegirlo si no está indicado.

1 pto.

4. Copia esta figura y escribe en el interior de cada recuadro el nombre de la vista correspondiente.

3 ptos.

5. Dibuja las vistas principales de las siguientes figuras:

a)

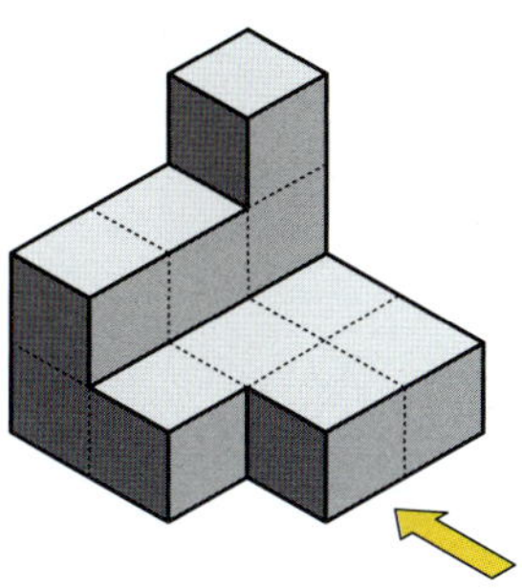

b)

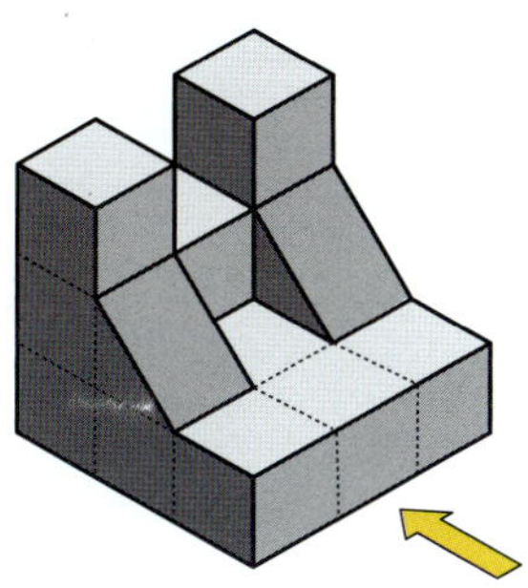

2 ptos.

6. Dadas las siguientes vistas principales, obtén la figura correspondiente en perspectiva isométrica.

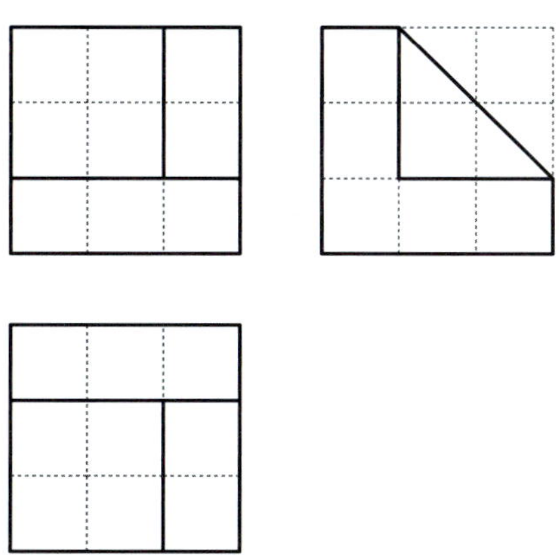

3 Estructuras

¿Cómo ha conseguido el ser humano llegar a construir un edificio de más de 800 m de altura?

Escanea este código para ver el vídeo "Nueva York (puentes con historia)", del canal Mega Estructuras.

Contenidos de la unidad

Un panal construido por abejas. El caparazón de una tortuga. La concha de un caracol. El esqueleto de una persona. ¿Sabes qué tienen en común todos estos elementos? Son estructuras naturales que el ser humano ha imitado desde la antigüedad para construir productos que cubran sus necesidades. Actualmente, es posible crear estructuras artificiales de todo tipo. ¡Algunas pueden alcanzar más de 800 metros de altura!

En esta unidad vamos a estudiar las estructuras, un contenido muy importante a la hora de alcanzar soluciones tecnológicas. Analizaremos los tipos de estructuras, fundamentales para las construcciones y la sustentación de las máquinas, y los esfuerzos a los que son sometidas.

Descubre ACTIVIDADES DE INICIACIÓN

Descubre tus conocimientos previos contestando en tu cuaderno las siguientes preguntas:

1. Piensa en el esqueleto humano. ¿Se te ocurre algún animal que no tenga esqueleto? ¿Qué pasaría si los humanos no tuviéramos esqueleto?
2. Cuando nos sentamos en una hamaca, ésta se deforma por efecto de nuestro peso y la tela se estira. Cuando lo hacemos sobre una silla de madera, ¿crees que la madera sufre algo parecido a lo que ocurre con la tela? Razona tu respuesta.
3. Imagina que tienes tres mesas, de una, de dos y de tres patas. ¿Cómo colocarás las patas en cada caso para que las mesas sean lo más estables posible y no se caigan?

1. Las estructuras

Desde la prehistoria, el ser humano ha construido estructuras para satisfacer sus necesidades. Por ejemplo, era capaz de construir tipis como refugio hacia el año 10.000 a. C., con una estructura de palos sobre la que se colocaban pieles. Desde entonces hasta la actualidad, las estructuras han evolucionado: se ha conseguido construir puentes para cruzar los ríos más caudalosos, embalses para retener sus aguas, monumentos de gran belleza, como las pirámides de Egipto, el Coliseo romano, el Taj Mahal, rascacielos...

Una **estructura** es un conjunto de elementos dispuestos de forma apropiada para soportar el peso de un cuerpo y mantener su forma, pese a las fuerzas externas que puedan actuar sobre él.

Por ejemplo, la estructura de un edificio es su armazón y la estructura de nuestro cuerpo es el esqueleto.

Estructuras naturales

Un **panal** es una estructura formada por celdillas hexagonales para contener larvas, miel y polen.

Un **nido** es la estructura que construyen las aves para criar, y la **cáscara de huevo** es una estructura de gran resistencia, a pesar de la fragilidad del material que la compone.

El **esqueleto** de los animales es una estructura que les permite moverse y les da forma.

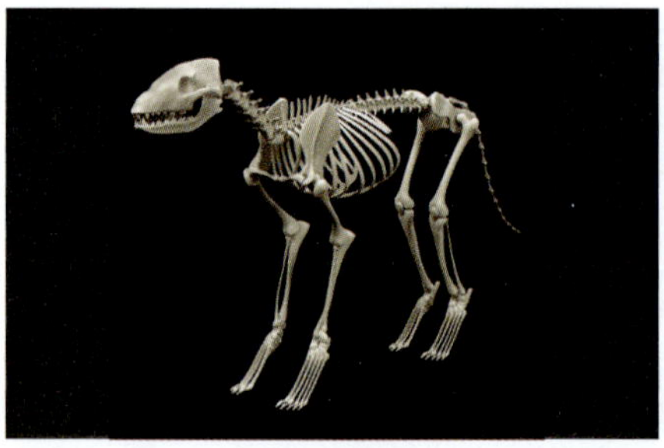

Estructuras artificiales

Rascacielos, como el Burj Khalifa de Dubái, que es el más alto en la actualidad (828 m), o el famoso Empire State Building de Nueva York, icono de la ciudad, que se ha quedado atrás con sus nada despreciables 381 m.

Burj Khalifa (Dubái)

Puentes, desde los de arco utilizados en el Imperio romano hasta los construidos en la actualidad, como el Gran Puente de Danyang-Kunshan (China), que mide 168 km de longitud.

Puente de Brooklyn (Nueva York)

Grúas, empleadas en la construcción para trasladar cargas y usadas ya desde la antigua Grecia.

Funciones que cumplen las estructuras

El diseño de una estructura debe combinar la **máxima resistencia** con la mínima cantidad de material, para que, además de cumplir su función, la construcción sea lo más **ligera** y **económica** posible.

Las estructuras sirven para:

- **Dar forma** al objeto, como las varillas de un paraguas.
- **Soportar fuerzas manteniendo la forma**, como una estantería que soporta el peso de los libros.
- **Proteger**, como la carrocería de un coche o la carcasa de un móvil.
- **Elevar**, como las grúas de construcción, los rascacielos o las torres de alta tensión.
- **Generar espacios**, como la presa de un embalse, las cubiertas o las marquesinas.
- **Atravesar espacios**, como los puentes y los viaductos.

Escanea este código para ver el vídeo "Puente artístico - Madrid Río", del canal Voxel Studios.

Estructuras rígidas y estructuras articuladas

Las **estructuras** pueden ser **rígidas** o **articuladas**, según si permiten o no el movimiento entre las piezas rígidas que las componen.

- Una silla plegable es una **estructura articulada artificial**.

- Los huesos y los ligamentos forman la estructura del tobillo (una **estructura articulada natural**).

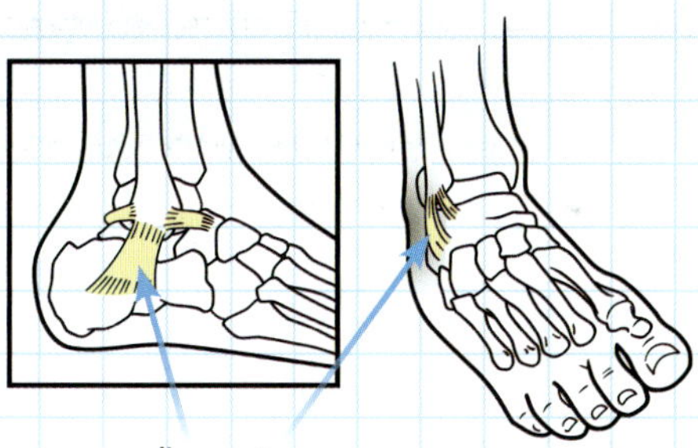

ACTIVIDADES

1. **Define qué es una estructura.**
2. **Pon ejemplos de estructuras naturales y estructuras artificiales.**
3. **Explica qué diferencia hay entre una estructura rígida y una articulada. Pon ejemplos.**
4. **Copia en tu cuaderno la siguiente tabla y complétala con ejemplos para cada una de las funciones indicadas:**

FUNCIÓN DE LA ESTRUCTURA	EJEMPLOS
Dar forma	
Soportar fuerzas manteniendo la forma	
Proteger	NO ESCRIBIR AQUÍ
Elevar	
Generar espacios	
Atravesar espacios	

2. Tipos de estructuras y elementos estructurales

Todas las estructuras se basan en distintos **elementos estructurales** que se encargan de suministrar la suficiente resistencia. Para facilitar su conocimiento vamos a clasificar las estructuras en función de su elemento estructural **predominante**, aunque a veces es difícil hacerlo así porque la mayoría tienen dos o más elementos.

Así, las estructuras pueden ser de los siguientes tipos: masivas, adinteladas, de arcos y bóvedas, trianguladas, laminares, geodésicas, con tirantes o colgadas, entramadas y, las más modernas, neumáticas.

1. Estructuras masivas

Son macizas, sólidas, pesadas y muy resistentes. Ejemplos: los muros, las presas y, en la antigüedad, las pirámides (como las de Egipto o las de Teotihuacán).

Elemento estructural: materiales muy pesados (piedras, cemento, etc.)

Presa del lago Shasta (California)

Pirámide de Teotihuacán (México)

2. Estructuras adinteladas

Están construidas con dinteles. Un **dintel** es la viga horizontal que se apoya en los soportes verticales con el fin de cubrir espacios. Ejemplos: los dólmenes y los templos del antiguo Egipto (como el de Karnak) y la Grecia clásica (como el Partenón).

Elemento estructural: el dintel

Stonehenge (Inglaterra), monumento megalítico del Neolítico

Templo de Karnak (Egipto)

3. Estructuras de arcos y bóvedas

Los **arcos** y las **bóvedas** están formados por bloques de piedra, sujetos por su propio peso, para cubrir un espacio entre dos pilares o muros. Para distinguir el arco de la bóveda, piensa que el arco es lineal y la bóveda es superficial (un arco moviéndose sobre una recta dibujaría una bóveda).

Acueducto de Segovia

Bóveda del Palacio Real de Dresde (Alemania)

4. Estructuras trianguladas

Están formadas por barras que forman triángulos o por cerchas. Se caracterizan por ser ligeras a la vez que resistentes. Ejemplos: las grúas y las torres de alta tensión.

Torre Eiffel (París)

Elemento estructural:
elementos triangulares y cerchas

Torre de alta tensión

¿Qué es una cercha?

Aplicación de una cercha en la estructura de un tejado

Una **cercha** es un elemento de construcción constituido por barras que forman estructuras triangulares.

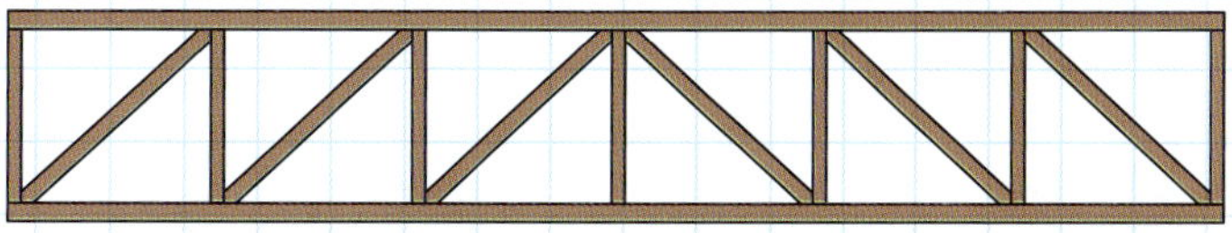

5. Estructuras laminares

Están formadas por láminas que constituyen una carcasa de protección y sujeción. Ejemplos: la carrocería de un coche, el fuselaje de un avión y la carcasa de un móvil.

Elemento estructural: láminas (carrocería y fuselaje)

Turismo

Avión

6. Estructuras geodésicas

Inventadas por el arquitecto Richard Buckminster Fuller y patentadas en 1954, son estructuras en forma de globo terrestre formadas por triángulos que a su vez forman pentágonos o hexágonos. Pueden considerarse una mezcla de estructuras trianguladas y abovedadas.

Elemento estructural: hexágonos

Biosfera de Montreal (Canadá)

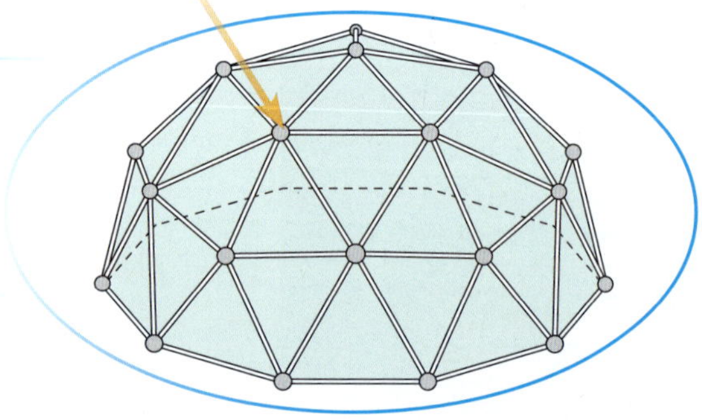

7. Estructuras con tirantes o colgadas

Se mantienen mediante **tirantes de cable**, normalmente de acero, unidos a soportes resistentes. Suelen encontrarse sobre todo en puentes.

Elemento estructural: tirantes de cable

Puente Golden Gate (San Francisco)

Puente del Alamillo (Sevilla)

8. Estructuras entramadas

Están formadas por pilares y vigas unidos, además de cimientos, que funcionan como elementos de soporte. Ejemplo: la estructura de un edificio.

Los **pilares** son elementos verticales que soportan las vigas y el resto de la estructura. Las **vigas** son elementos horizontales que soportan el peso de los forjados y los pisos superiores. Una **columna** es un pilar cilíndrico y que suele quedar a la vista.

Elemento estructural: pilares y vigas

Edificio de viviendas

9. Estructuras neumáticas

Están formadas por lonas tensadas con aire a presión. Se han desarrollado en los últimos años, y con ellas se han llegado a construir cubiertas y pabellones. También se usan en arquitectura de emergencia en catástrofes. Para entender cómo son podemos pensar en un globo aerostático o un flotador.

Elemento estructural: lonas tensadas con aire a presión

Hangar hinchable

Un elemento estructural común a todas las estructuras: los cimientos

Los **cimientos** son elementos de hormigón armado que, excavados en el suelo, sirven para repartir el peso de la estructura.

Como puedes ver en la figura, los cimientos llevan un armado de acero.

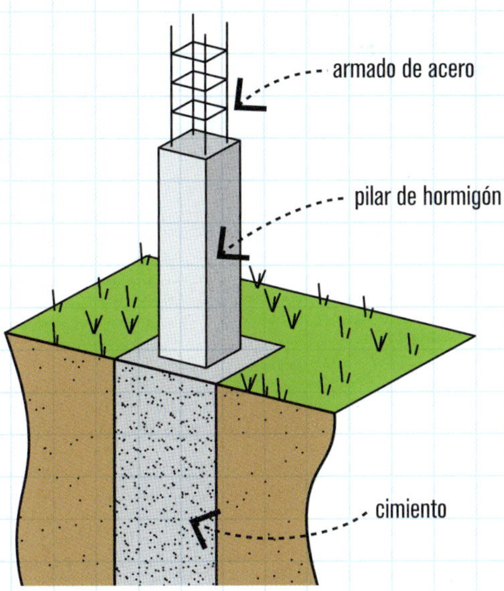

ACTIVIDADES

5. **Copia en tu cuaderno la siguiente tabla y complétala:**

TIPOS DE ESTRUCTURAS	ELEMENTOS ESTRUCTURALES	EJEMPLOS
Masivas	Materiales muy pesados (piedras, cemento, etc.)	Muros, presas, pirámides antiguas (Egipto, Teotihuacán...)
...		

3. Fuerzas, cargas y esfuerzos

El peso de una estructura, la fuerza del viento o del oleaje, el empuje del agua..., ¿qué tienen en común estas fuerzas? Y, antes, ¿qué es una fuerza? La física nos da esta definición:

La **fuerza** es la causa por la cual un cuerpo se deforma o cambia su estado de movimiento o de reposo.

Cuando hablamos de estructuras, las fuerzas se suelen llamar **cargas**. Usaremos los dos términos, *fuerza* y *carga*, indistintamente.

Para que una estructura cumpla su función, cuando actúan fuerzas sobre ella no debe **deformarse** ni cambiar su estado de **reposo**. Debe ser capaz de soportar no sólo su propio peso sino también otras cargas y acciones externas, como la fuerza del agua o del viento, los impactos, las sacudidas sísmicas, etc.

En el estudio de una estructura, nos interesa conocer tanto la fuerza que actúa sobre ella como el efecto que dicha fuerza produce. Este efecto se llama **esfuerzo**.

Los **esfuerzos** son las tensiones internas a las que se somete un cuerpo cuando actúan sobre él varias fuerzas.

¿Qué diferencia hay, entonces, entre *fuerza* y *esfuerzo*? Piensa en este ejemplo: si te apoyas sobre una mesa, tú estarás ejerciendo una fuerza sobre la mesa, y el suelo también, y ella estará sufriendo un esfuerzo debido a ambas fuerzas.

Escanea este código para ver el vídeo "Tipos de esfuerzos", del canal Grupo A7 UPM.

Tipos de esfuerzos

Una estructura no tiene que ser resistente a todos los tipos de esfuerzos, sino a aquellos que va a sufrir en su **vida útil**.

Los esfuerzos básicos que puede sufrir un cuerpo, o un elemento de una estructura, son: **compresión**, **tracción**, **flexión**, **torsión** y **cortadura** (o **cizalladura**).

Compresión

Se produce cuando dos fuerzas de sentido contrario actúan sobre un cuerpo y tienden a aplastarlo, es decir, a reducir su longitud o su grosor. Lo sufren las estructuras que deben soportar pesos (se dice que "trabajan a compresión"). Por ejemplo, cuando nos sentamos en una silla, las patas sufren un esfuerzo de compresión. Una columna también está sometida a esfuerzos de compresión. En ambos casos, una de las fuerzas que actúan es el peso (el de la persona sobre la silla o el que la columna soporta) y la otra es la reacción del suelo (sobre las patas o la columna).

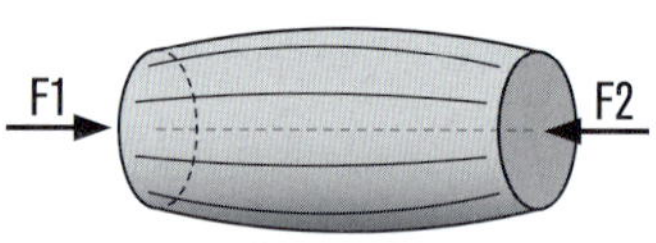

Compresión

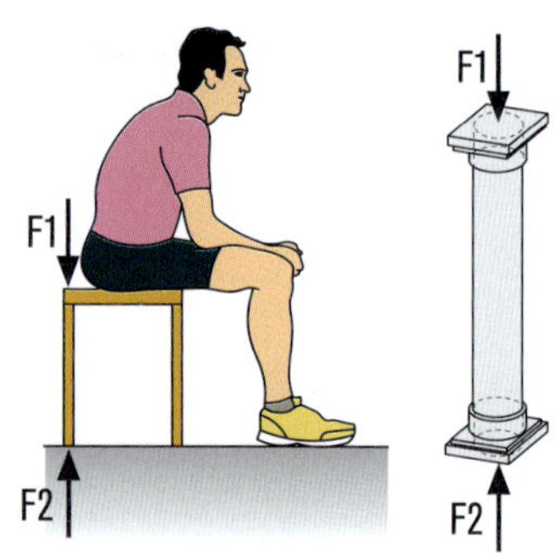

Tracción

Se produce cuando dos fuerzas de sentido contrario actúan sobre un cuerpo y tienden a alargarlo. Por ejemplo, si dos personas tiran de una cuerda en sentidos opuestos, la cuerda estará sometida a tracción. Los tirantes de cable de un puente también están sometidos a tracción.

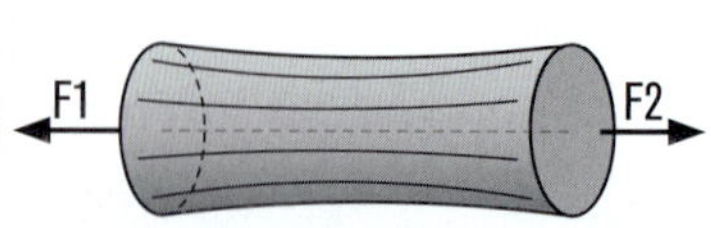

Tracción

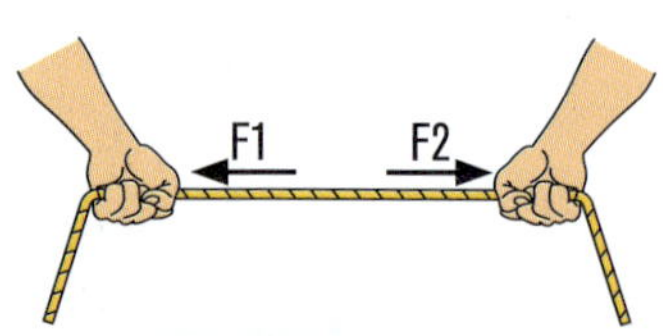

Flexión

Se produce cuando las fuerzas que actúan sobre un cuerpo tienden a doblarlo o flexionarlo. En este caso se necesitan **tres fuerzas** para representar una flexión, como se muestra en la figura. En las estructuras, una fuerza será el peso, y habrá dos fuerzas más en sentido contrario en los apoyos. Ejemplos de estructuras sometidas a flexión son las baldas de una estantería con libros o las vigas de un edificio.

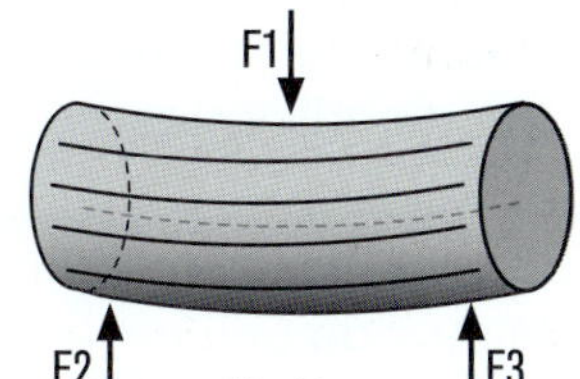

Flexión

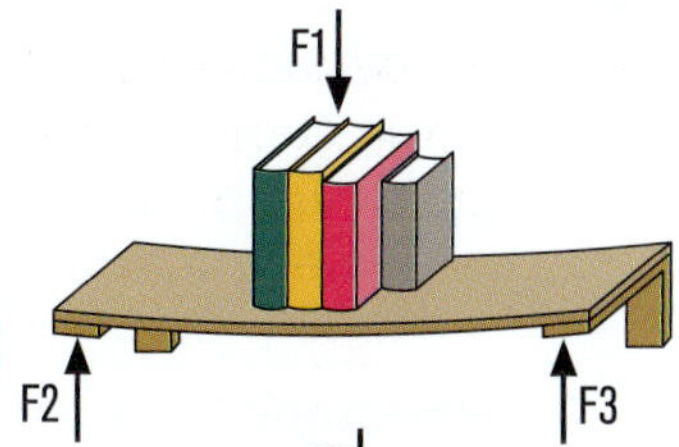

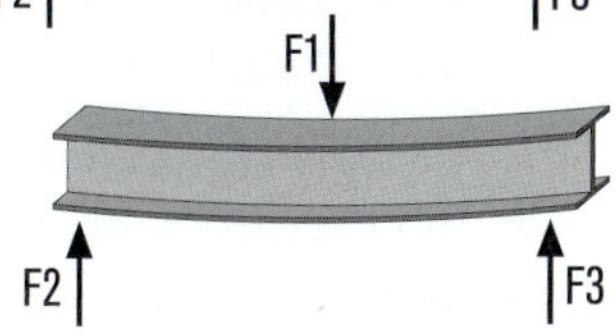

Torsión

Se produce cuando dos fuerzas de sentido contrario actúan sobre un cuerpo y tienden a retorcerlo. Por ejemplo, cuando retorcemos un trapo para escurrirlo, estamos sometiendo al trapo a un esfuerzo de torsión. Una llave que abre una cerradura también está sometida a torsión.

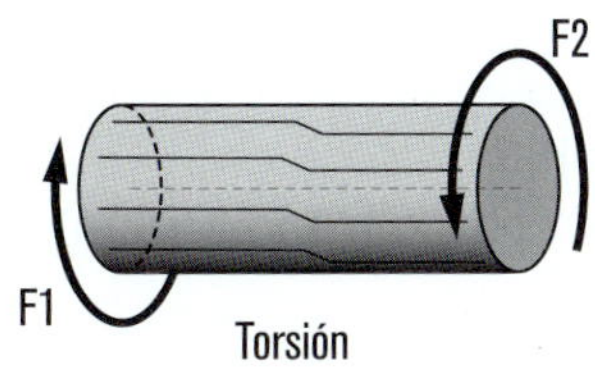

Torsión

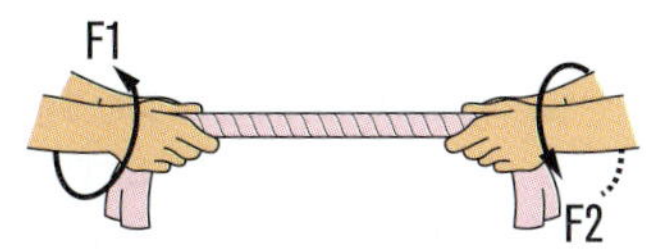

Cortadura o cizalladura

Se produce cuando dos fuerzas de sentido contrario actúan sobre un cuerpo en líneas de acción muy próximas y tienden a cortarlo. Por ejemplo, cuando cortamos un papel con unas tijeras, los filos producen dos fuerzas próximas y de sentido contrario que provocan el corte. Las vigas, sometidas a la fuerza del peso de la estructura, sufren esfuerzo de cortadura en el punto de apoyo.

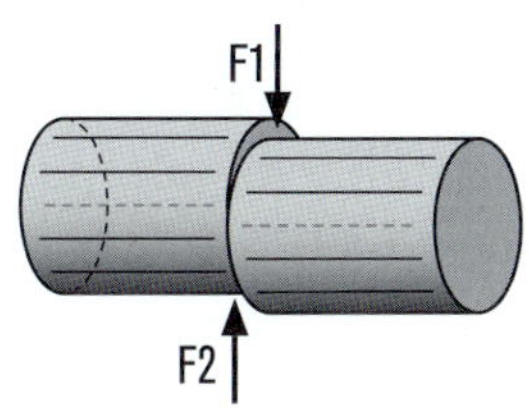

Cortadura o cizalladura

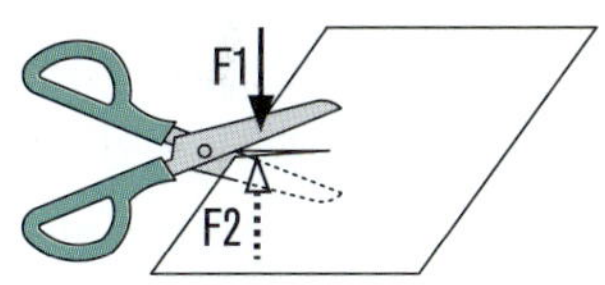

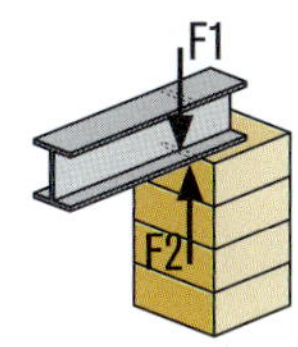

¿Qué es el pandeo?

El **pandeo** es un fenómeno que sufren los pilares y columnas, ya que, al trabajar a **compresión**, se llegan a **flexionar**. Los arquitectos deben tener en cuenta este fenómeno para evitar el riesgo de que un pilar o columna se rompa (deben conocer bien el límite de rotura que tienen los diversos materiales, para que las deformaciones nunca lo superen).

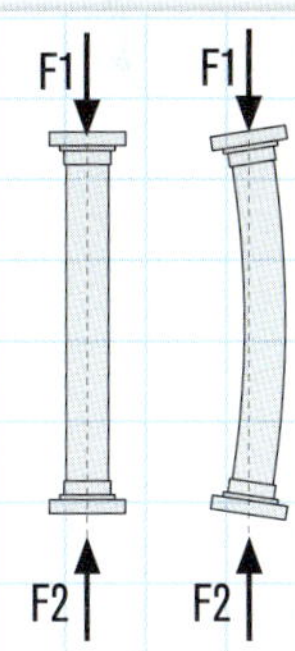

ACTIVIDADES

6. **Piensa un ejemplo (distinto de los ya expuestos) para cada tipo de esfuerzo y dibújalos todos en tu cuaderno con las fuerzas que están actuando sobre cada cuerpo.**

7. **Cuando una persona está sentada en una silla, actúan sobre la silla dos fuerzas: el peso de la persona y la fuerza que el suelo ejerce sobre ella (no estamos teniendo en cuenta el propio peso de la silla). La silla entonces está sometida a un esfuerzo de compresión. Indica cuáles son las fuerzas y cuál el esfuerzo en estos casos:**
   a) Un mono cuelga de una liana (objeto: liana)
   b) Una persona se sube a una báscula (objeto: báscula)
   c) Una persona aprieta un tornillo con un destornillador (objeto: tornillo)
   d) Un gimnasta hace ejercicio sobre una barra de equilibrio (objeto: barra de equilibrio)
   e) Un niño pone una tapa a un rotulador (objeto: rotulador)

4. Conseguir resistencia, estabilidad y rigidez

Las estructuras que nos rodean deben ser **seguras**, y para ello deben tener un comportamiento adecuado ante las fuerzas (previstas o imprevistas) que actuarán sobre ellas. Podemos resumir el comportamiento adecuado de una estructura en tres condiciones:

Resistencia. La estructura debe resistir a las fuerzas a las que va a estar sometida a lo largo de su vida útil.

Estabilidad. La estructura debe permanecer en equilibrio estable ante las fuerzas a las que va a estar sometida a lo largo de su vida útil.

Rigidez. La estructura debe permanecer rígida, es decir, sin deformaciones, ante las fuerzas a las que va a estar sometida a lo largo de su vida útil.

Podemos decir, simplificando, que una estructura tendrá un comportamiento adecuado si no se rompe (**resistencia**), si no se cae (**estabilidad**) y si no se deforma (**rigidez**).

Estos tres conceptos van íntimamente ligados. Un fallo en cualquiera de las tres condiciones puede llevar a un fallo en todas ellas. La resistencia, estabilidad y rigidez de una estructura en conjunto dependerá de:

- El tipo de **fuerzas** y el **punto** donde éstas se apliquen
- La **forma** de la estructura y los **elementos** que la componen
- Los **materiales** con que esté construida la estructura

¿Qué le pasó al puente de Tacoma?

No se previeron bien los esfuerzos a los que iba a estar sometida la estructura: fallaron la rigidez y la estabilidad y, por último, la resistencia.

El puente se utilizó durante sólo cuatro meses; se derrumbó el 7 de noviembre de 1940, debido a un efecto de resonancia producido por el aire.

Escanea este código para ver el vídeo "Puente de Tacoma (efecto de resonancia)", del canal de Rubén M. Cenzano.

Veamos a continuación, de forma elemental, cómo podemos mejorar cada una de las condiciones mencionadas, recordando que, generalmente, si mejora una de las tres condiciones, mejorarán también las otras.

Aumentar la resistencia: los elementos estructurales y los materiales

Una estructura debe ser resistente a los esfuerzos a los que va a estar sometida. Para ello, se estudian y proyectan los distintos **elementos estructurales** que hemos visto anteriormente.

Además, para aumentar la resistencia de una estructura se debe escoger el **mejor material** (para ello, los ingenieros de materiales los estudian y determinan su **adecuación para resistir** un tipo de esfuerzos u otro).

Conocer bien los materiales permite también economizar el material empleado en cada caso. Por ejemplo, usando **perfiles**. Los perfiles son elementos de construcción de forma alargada que permiten ahorrar material y son igualmente resistentes a los esfuerzos. Veamos un ejemplo de uso. Hemos visto que las vigas tienen como función sostener y repartir la carga en una construcción. Si se necesita una viga ligera, se puede construir de acero en lugar de hormigón, pero en ese caso no hará falta que sea maciza, sino que se recurrirá a un perfil de acero. La elección de su forma dependerá de los tipos de esfuerzos a que se vaya a someter.

Perfiles abiertos			
En forma de L	En forma de T	En forma de U	En forma de H o doble T

Perfiles cerrados		
Cuadrado	Triangular	Cilíndrico
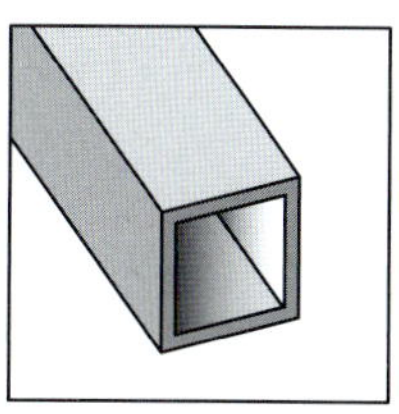		

Aumentar la estabilidad: el centro de gravedad

La estabilidad es una condición fundamental de las estructuras, ya que, cuando una fuerza actúa sobre ellas, no deben caerse, ni volcar ni hundirse. La **estabilidad** de una estructura depende de la situación de su centro de gravedad.

El **centro de gravedad** es el punto en el cual se puede considerar concentrado el peso de un objeto.

Fíjate en estas figuras: la primera es estable y la segunda no. La posición del centro de gravedad de la segunda, alejado de la base, hace que tienda a caerse.

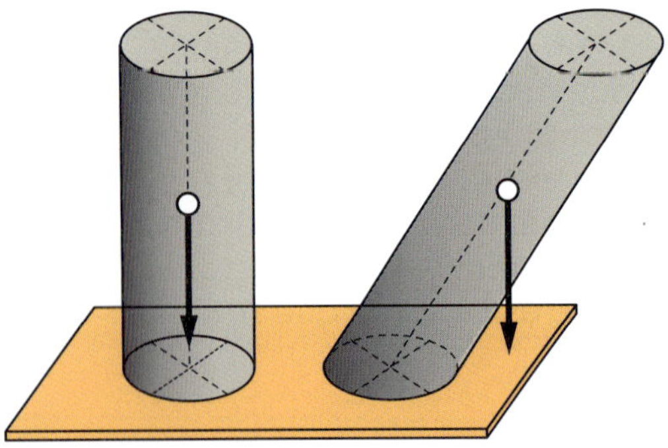

¿Cómo podemos aumentar la estabilidad de una estructura?

- Situando el centro de gravedad de la estructura en un punto **cercano a la base**
- **Ensanchando la base** (la superficie de apoyo) de la estructura
- Realizando una buena **cimentación** de la estructura
- Sujetando la estructura con **anclajes**

¿Qué le pasó a la Torre de Pisa?

Falló la estabilidad.

La famosa torre comenzó a inclinarse desde el principio, en 1173, cuando iban por la tercera planta, debido a unos cimientos débiles en un subsuelo inestable. Si se hubiera acabado de edificar entonces, se habría derrumbado, pero su construcción se detuvo un siglo por las guerras, y el suelo se asentó.

Aumentar la rigidez: la triangulación

Para proporcionar una mayor rigidez a una estructura podemos colocar en ella elementos resistentes, como barras diagonales para triangular.

La **triangulación** es un procedimiento para hacer rígidas algunas estructuras que no lo son. Se basa en que el triángulo es la única figura que no se deforma. Por tanto, una estructura que tiene forma de triángulo es rígida.

En cambio, cuando se aplica una fuerza sobre una estructura con forma de cuadrilátero, ésta se puede deformar, pues no es rígida. ¿Cómo podemos hacerla rígida? Añadiendo una **barra diagonal** en ella, de forma que quede dividida en dos triángulos; es decir, triangulando la estructura.

Escanea este código para ver el vídeo "Aprender el comportamiento de las estructuras con el proyecto Mola", del canal CING-Consultores-Ingenieros.

1. Tenemos una estructura no triangulada.

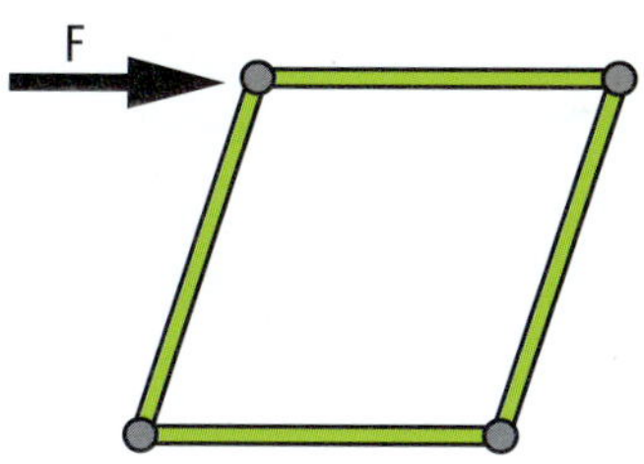

2. Si aplicamos una fuerza sobre ella, se va a deformar.

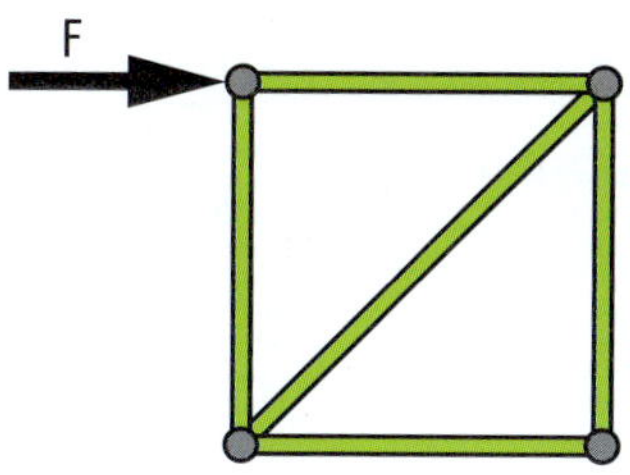

3. Si triangulamos la estructura, ya no se deforma cuando aplicamos la fuerza.

ACTIVIDADES

8. **Indica si las siguientes figuras son inestables, estables o muy estables y explica por qué.**

a) 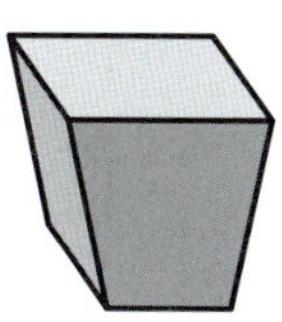

b) 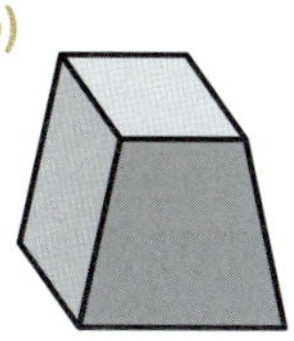

c) 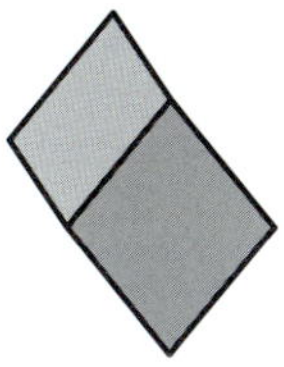

d) 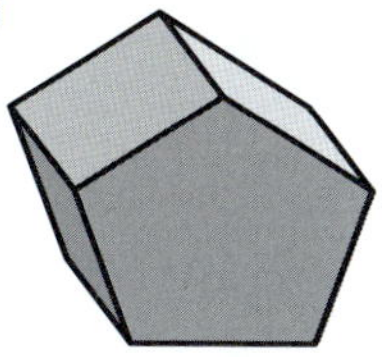

e) 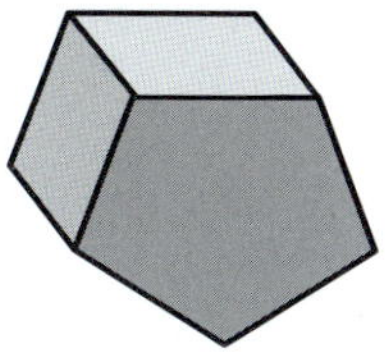

f) 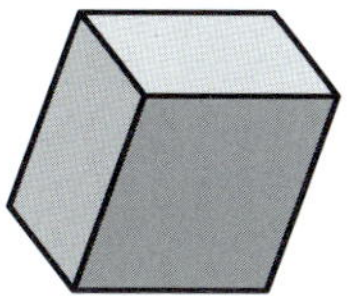

9. **¿Qué tipo de estructura, relacionada con la triangulación, hemos visto en el apartado 2 de esta unidad? ¿Qué elemento estructural triangulado puede contener?**

10. **Dibuja las siguientes figuras en tu cuaderno, señala cuál es la más rígida de todas ellas y explica cómo podrías hacer las otras dos más rígidas.**

a) 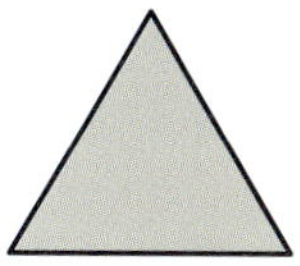

b) 

c) 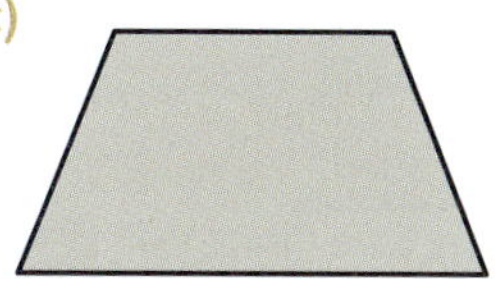

ACTIVIDADES de refuerzo

Las estructuras

11. Copia las frases siguientes en tu cuaderno y complétalas:

a) Una estructura es un conjunto de (...) dispuestos de forma apropiada para (...) el peso de un (...) y mantener su (...), pese a las (...) externas que puedan (...) sobre él.

b) Por ejemplo, la (...) de un edificio es su armazón y la (...) de nuestro cuerpo es el (...).

12. Copia en tu cuaderno esta tabla y complétala señalando para cada estructura si se trata de una estructura natural o artificial y rígida o articulada.

ESTRUCTURA	¿NATURAL O ARTIFICIAL?	¿RÍGIDA O ARTICULADA?
El cuello de un cisne		
El brazo de una excavadora		
Una montaña		
Un androide		
Un huevo de avestruz		
Una sombrilla		

NO ESCRIBIR AQUÍ

NO ESCRIBIR AQUÍ

13. Une cada una de las estructuras con la función que cumple:

a) Una torre de alta tensión	1) Dar forma
b) El fuselaje de un avión	2) Soportar fuerzas manteniendo la forma
c) Las baldas de una estantería	3) Proteger
d) Una piscina	4) Elevar
e) Un puente	5) Generar espacios
f) Las barras de una tienda de campaña	6) Atravesar espacios

Tipos de estructuras y elementos estructurales

14. Indica qué tipo de estructuras son las siguientes construcciones y, a continuación, nombra los elementos estructurales que veas en cada una de ellas o que sepas que contienen:

a)

Partenón (Atenas)

b)

Puente de Portugalete (Vizcaya)

c)

Empire State (Nueva York)

d)

Pirámides de Giza (El Cairo)

15. **Busca en Internet imágenes de los tres siguientes puentes y dibuja esquemáticamente su estructura: Puente de Brooklyn (Nueva York), Golden Gate (San Francisco) y Tower Bridge (Londres). Además, contesta esta pregunta: ¿qué elementos estructurales tienen en común?**

16. **Dibuja en tu cuaderno las estructuras incompletas siguientes y acábalas con elementos estructurales para que sean del tipo indicado.**

a) Triangulada

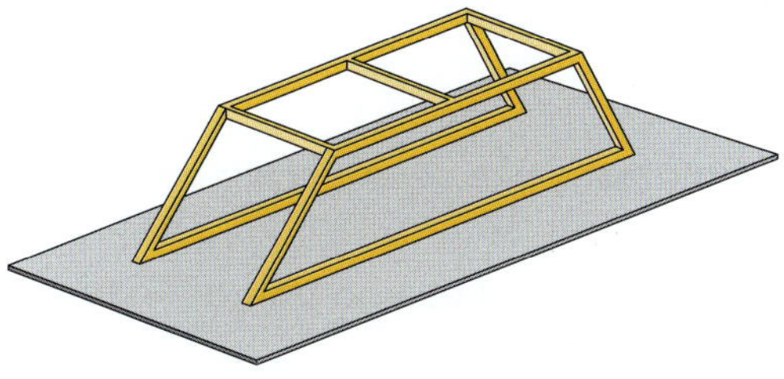

b) De tirantes o colgada

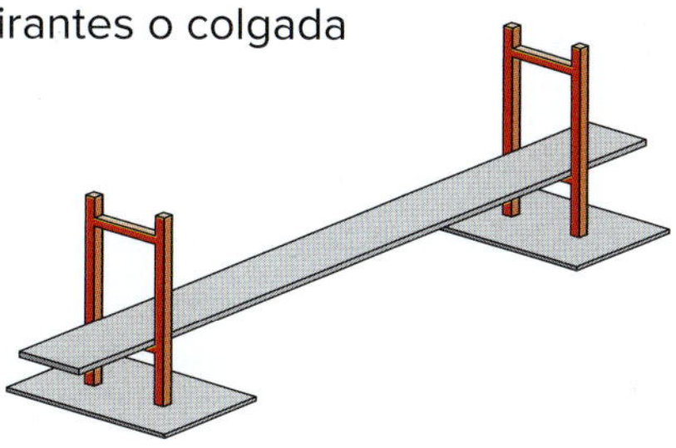

c) Adintelada

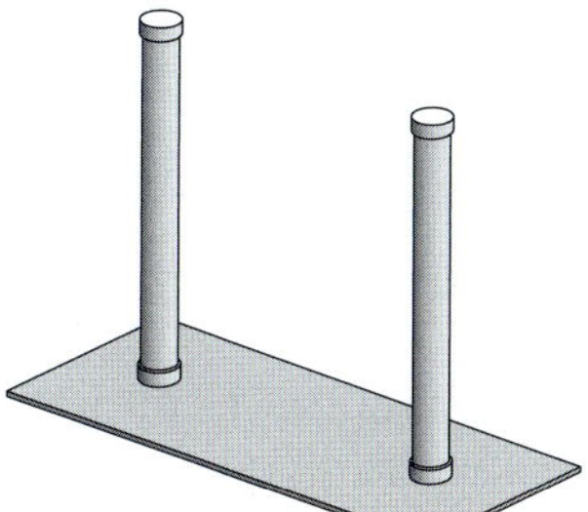

d) Entramada

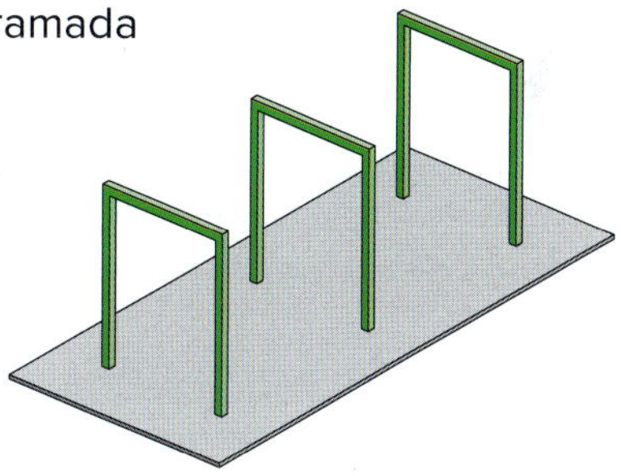

17. **Indica el tipo de estructura a que se refiere cada descripción:**

a) Las estructuras (...) están formadas por láminas que constituyen una carcasa de protección y sujeción.

b) Las estructuras (...) están formadas por pentágonos o hexágonos y pueden considerarse una mezcla de estructuras trianguladas y abovedadas.

c) Las estructuras (...) se mantienen mediante tirantes de cable, normalmente de acero, unidos a soportes resistentes y suelen encontrarse sobre todo en puentes.

d) Las estructuras (...) están formadas por lonas tensadas con aire a presión.

e) Las estructuras (...) son macizas, sólidas, pesadas y muy resistentes.

f) Los (...) y (...) están formados por bloques de piedra, sujetos por su propio peso, para cubrir un espacio entre dos pilares o muros.

g) Las estructuras (...) están construidas con dinteles (vigas horizontales que se apoyan en los soportes verticales con el fin de cubrir espacios).

h) Las estructuras (...) están formadas por pilares y vigas unidos, además de cimientos, que funcionan como elementos de soporte.

i) Las estructuras (...) están formadas por barras que forman triángulos o por cerchas y se caracterizan por ser ligeras a la vez que resistentes.

18. **Copia en tu cuaderno este párrafo sobre la historia de las estructuras y complétalo indicando los tipos de estructuras que faltan:**

En el Neolítico, el ser humano era capaz de construir estructuras (...), como los dólmenes. Hacia el año 3000 a. C. se construyeron estructuras (...), como las pirámides de Egipto. En el siglo II d. C. se construían estructuras con arcos, como el acueducto de Segovia, y a partir de la Edad Media se desarrollaron las (...) en las iglesias y catedrales. En el siglo XIX se desarrollaron estructuras (...) hechas con cerchas de acero.

Tecnología, Programación y Robótica 2º ESO - Editorial Donostiarra

Fuerzas, cargas y esfuerzos

19. Indica qué tipo de esfuerzo soporta cada uno de los siguientes objetos:

a) El mango de un destornillador cuando éste se usa
b) Las patas de una mesa
c) El tapón de rosca de una botella cuando ésta se abre
d) La chapa de una botella cuando ésta se abre
e) Las cadenas del asiento de un columpio
f) Una goma de pelo
g) Los cimientos de un edificio
h) Las baldas de una librería
i) La cinta de un acto de inauguración cuando la cortan
j) Unas muletas

20. Explica la deferencia entre *fuerza* y *esfuerzo*. Pon un ejemplo para que se entienda bien.

21. ¿En qué se diferencia un pilar de una viga? ¿Están sometidos ambos al mismo tipo de esfuerzo?

22. Imagina un puente que atraviesa una ría y por el cual pasan coches y peatones. Indica, de entre las siguientes cargas, cuáles tendrá que soportar de forma constante, cuáles serán variables y cuáles serán esporádicas.

- Los coches
- Su propio peso
- El viento
- Las personas
- El oleaje
- La lluvia

23. Indica a qué tres tipos de esfuerzos se hace referencia en la siguiente explicación sobre la resistencia del alambre:

"Si has usado alguna vez alambre, sabrás que es imposible romperlo tirando de él pero, en cambio, lo puedes romper fácilmente doblándolo muchas veces por el mismo sitio o cortándolo."

24. Indica para cada uno de los siguientes elementos estructurales el esfuerzo que soportan:

a) Viga b) Tirante de cable c) Dintel d) Columna e) Pilar

25. Analiza los esfuerzos que intervienen en este columpio y esta estantería. Copia los dibujos en tu cuaderno y escribe en las cajas a qué tipo de esfuerzo están sometidos los elementos señalados.

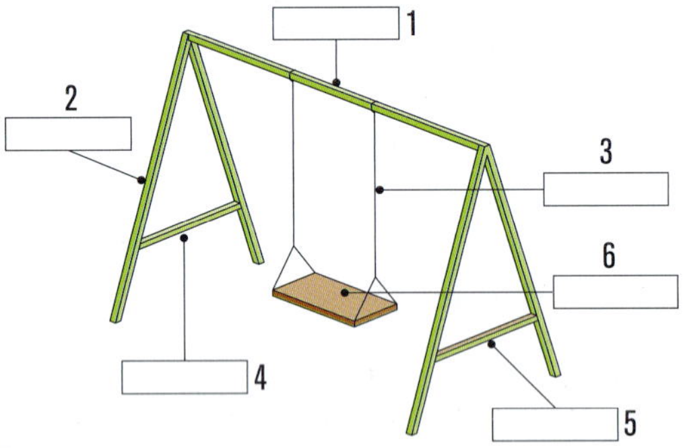

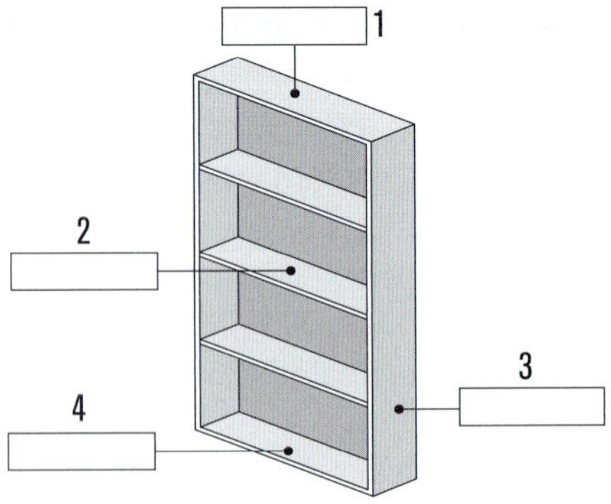

26. ¿A qué tipo de esfuerzo estará sometida cada una de las barras de la siguiente estructura cuando se le aplique la fuerza indicada? Copia el dibujo en tu cuaderno y escribe las respuestas en las cajas.

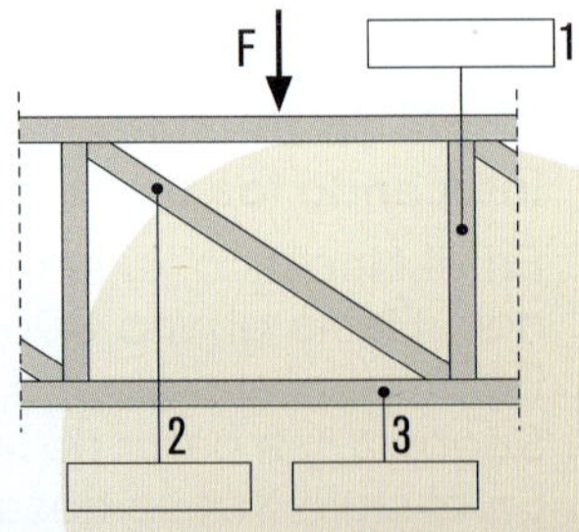

Conseguir resistencia, estabilidad y rigidez

27. Copia las frases siguientes en tu cuaderno y complétalas con las palabras *rígida*, *resistente* y *estable*:

a) Cuando una estructura no se cae, se dice que es (...).

b) Cuando una estructura no se rompe, se dice que es (...).

c) Cuando una estructura no se deforma, se dice que es (...).

28. Para hacer más estable una estructura pasamos de la situación 1 a la 2. Explica qué hemos hecho en cada caso:

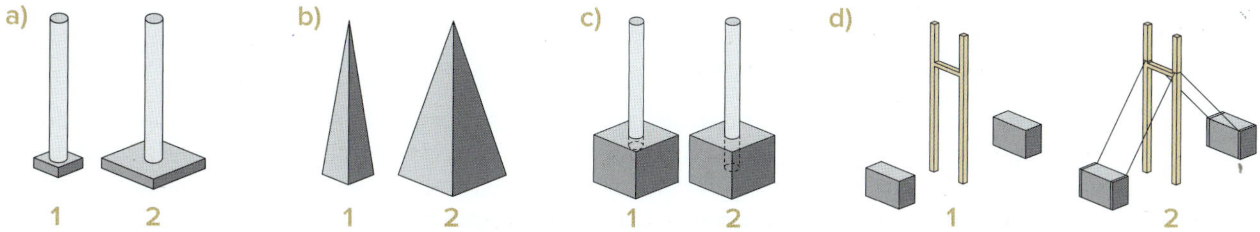

29. Copia en tu cuaderno las siguientes figuras y señala al menos dos formas de hacerlas más estables.

a)

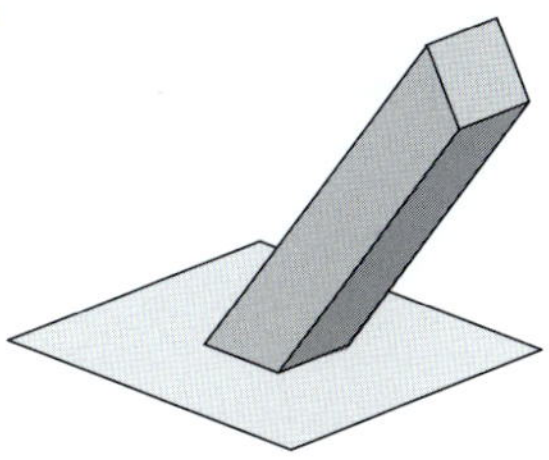

b)

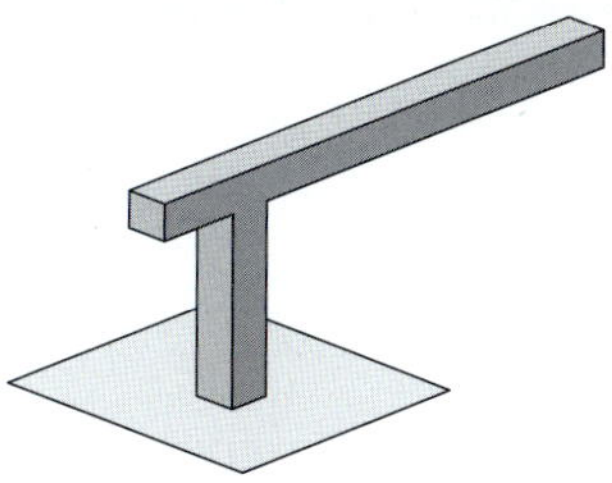

30. Señala con qué materiales están hechos los monumentos de la actividad 14 e indica si son adecuados para la resistencia de dichos monumentos.

31. ¿Qué les podría ocurrir a las siguientes estructuras si se sometieran a las cargas que se indican mediante flechas? ¿Qué elementos añadirías para hacerlas más rígidas? ¿Y más estables?

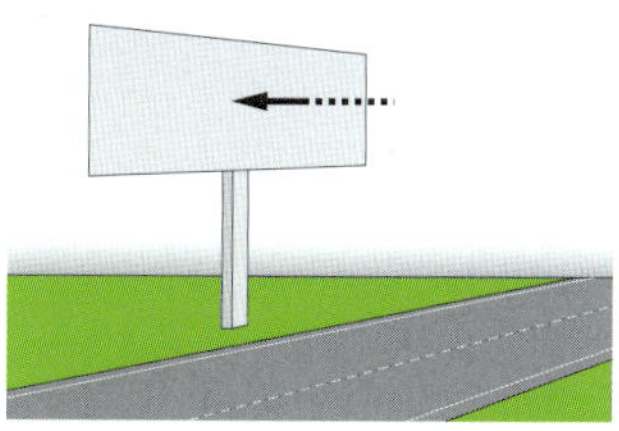

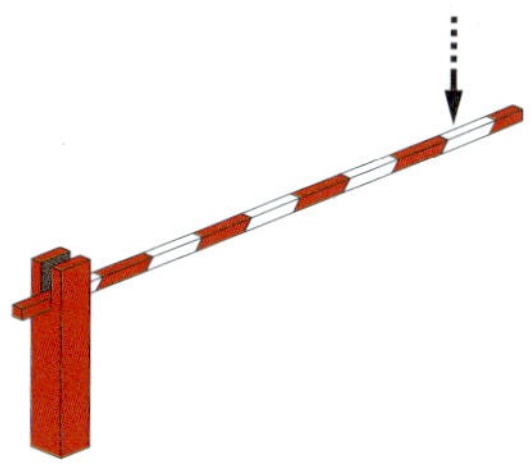

32. Dibuja en tu cuaderno el siguiente esquema representativo de un puente y añádele elementos estructurales para hacerlo más resistente (y de forma que resulte atractivo estéticamente).

Práctica 1. Una estructura en 50 minutos

Materiales
- Un paquete de plastilina
- 100 espaguetis

Duración: 50 minutos

Objetivos
- Poner en práctica los conceptos de resistencia, estabilidad y rigidez
- Poner en práctica los tipos de esfuerzos implicados
- Practicar el método de proyectos
- Aprender a organizarse y trabajar en equipo

Planteamiento del reto

En grupos, tenéis que construir la torre más alta posible con la menor cantidad de espaguetis, haciendo las uniones con bolitas de plastilina. Si queréis hacer un concurso, ganará la torre más alta, y a igualdad de altura, el grupo que tenga más espaguetis enteros (sin romper) fuera de la estructura.

En esta práctica tienes que solucionar un reto en 50 minutos. Para ello, deberás seguir el método de proyectos, organizarte en grupo y repartir las tareas lo mejor posible, dentro del poco tiempo que tenéis.

Una pista: la resistencia del espagueti a la flexión es casi nula, mientras que tiene cierta resistencia a la tracción y un poco menos a la compresión.

Montaje paso a paso

1. Dedicad los primeros 10 minutos a planificar y estudiar la resistencia del espagueti, intentando no malgastarlos.
2. Realizad la construcción en 40 minutos. Tened en cuenta que:
   - Sólo se pueden utilizar espaguetis enteros (no rotos) dentro de la construcción.
   - Las uniones se harán con bolitas de plastilina.
   - No se puede usar ningún otro material.
3. Repartid el trabajo y colaborad para ir montando la estructura por partes.
4. Se valorarán la estabilidad y la estética.

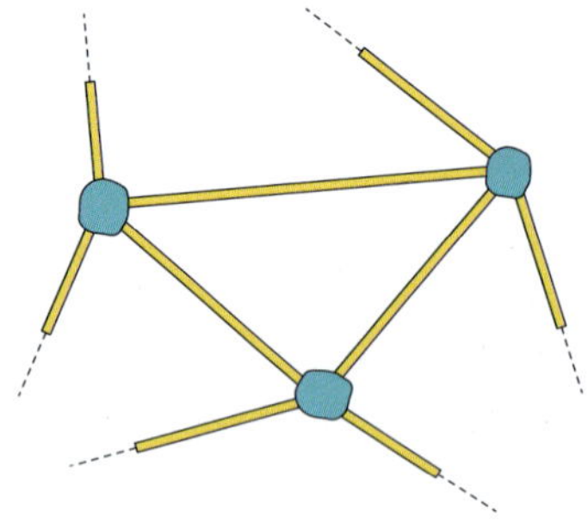

DESAFÍO

- Haz fotos a las estructuras de los distintos grupos, con el permiso de tu profesor, y analiza cómo mejorar la propuesta de tu grupo con las ideas que han tenido otros grupos. Ponedlas en práctica en la clase siguiente para mejorar vuestro proyecto.

FÍJATE Y RESUELVE

1. Anota las funciones que han desempeñado todos los miembros de tu grupo.
2. Haz un dibujo de la solución construida por tu grupo, con todas las medidas y anotaciones que consideres necesarias.

Práctica 2. Estructura triangulada resistente de papel

Materiales y herramientas
- 18 hojas de papel para reutilizar
- Pegamento de barra
- Pistola de pegamento termofusible
- Sierra de arco

Duración: dos sesiones (o una, si los alumnos tienen las barras hechas previamente)

Objetivos
- Poner en práctica el concepto de triangulación
- Comprender la importancia que tiene la forma de los materiales en una estructura
- Dar importancia a la reutilización

Montaje paso a paso

Utilizando un material tan aparentemente frágil como el papel, vas a construir una pequeña estructura, en forma de cubo, capaz de soportar el peso de al menos tres libros.

1. Haz 18 barras con las hojas de papel. Para ello, enrolla cada folio empezando por una de sus esquinas. Cuanto más fino lo enrolles desde la esquina, mayor resistencia tendrá. Cuando estés a un poco más de la mitad del papel, pon pegamento de barra en el resto del folio y luego acaba de enrollarlo.

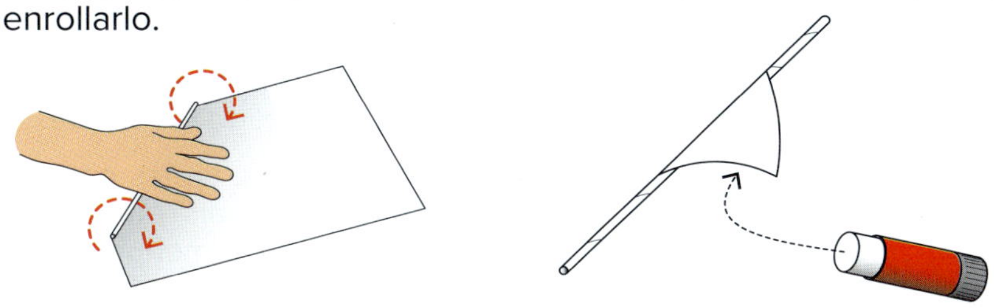

2. Marca doce de las barras para cortarlas de modo que midan 10 cm. Será mejor hacer los cortes por las puntas, porque la parte más resistente es la central. Las que vayan a formar los cuadrados superior e inferior, es mejor que las marques con el corte en ángulo, como te indica la figura, ya que posteriormente te será más fácil unirlas. Las que unirán ambos cuadrados (es decir, las verticales), será mejor que tengan los cortes rectos.

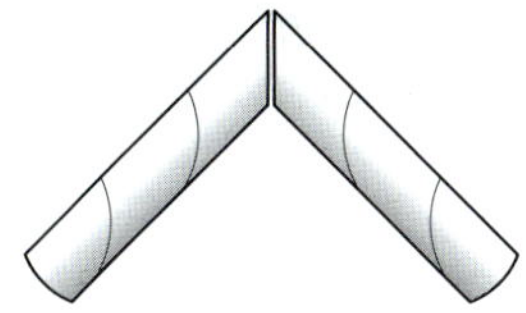

3. Corta las barras con la sierra de arco. No intentes cortarlas con tijeras; si las barras están bien hechas, no podrás y se podrían estropear.
4. Pega las barras con la pistola de pegamento termofusible. Primero, para realizar los cuadrados superior e inferior, y luego las cuatro barras verticales.
5. Mide, corta y coloca las barras sobrantes para triangular todas las caras y conseguir así mayor resistencia y rigidez. Obviamente, estas barras serán un poco más largas que las que ya has usado (recuerda el teorema de Pitágoras).
6. Una vez seca la estructura, prueba a colocar tres libros, de uno en uno, sobre la estructura, a ver si has superado el reto.

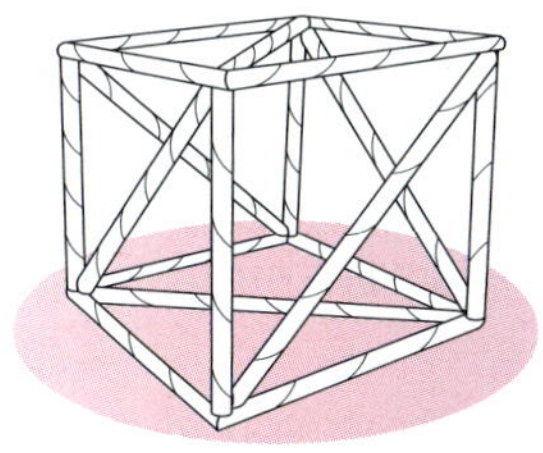

DESAFÍO

- Mejora la resistencia de tu estructura añadiéndole más barras.

Práctica 1. Procesador de texto: estudio de una estructura

Vamos a hacer un trabajo de análisis de una estructura y recogeremos los resultados en un procesador de texto. La longitud del trabajo debe ser de una cara de una hoja.

1. Abre el programa Writer yendo a **Inicio** / **Todos los programas** / **LibreOffice Writer**. (Hemos preparado esta práctica con LibreOffice pero también puedes hacerla con Microsoft Word yendo a **Inicio** / **Todos los programas** / **Microsoft Office** / **Word**. Los pasos serán muy similares. También puedes hacerla con Documentos de Google.)
2. Escribe el título "La iglesia de San Jorge, en Lalibela (Etiopía)", aplícale el tipo de letra **Calibri**, dale el tamaño **16** y ponlo en **negrita**.
3. Añade una línea decorativa debajo, como puedes ver en la figura 1. Para ello, ve al menú **Insertar** y elige **Forma** / **Línea** / **Línea** (figura 2).
4. Ve a **Tabla** / **Insertar tabla** (figura 3) e inserta una tabla de una fila y dos columnas. Servirá para colocar las imágenes, una en cada celda, como tienes en la figura 4. Busca en Internet dos imágenes similares del monumento, descárgalas e insértalas con la opción **Insertar imagen**.
5. Para ocultar las líneas de la tabla, haz clic con el botón derecho sobre la tabla, selecciona **Propiedades de tabla** y ve a la solapa **Borde**. En **Preajustes** elige **Sin borde**.
6. Copia la información que tienes en la figura 5. A continuación, busca la información que falta (datos que consideres relevantes, como las dimensiones del monumento, el año de construcción, la duración de las obras o algunas curiosidades) y completa el documento.
7. Guarda el archivo como **UD03_P1_nombreapellido** y después guarda una copia en PDF (**UD03_P1_nombreapellido.pdf**), que es la forma más elegante de presentarlo.

Fig. 1

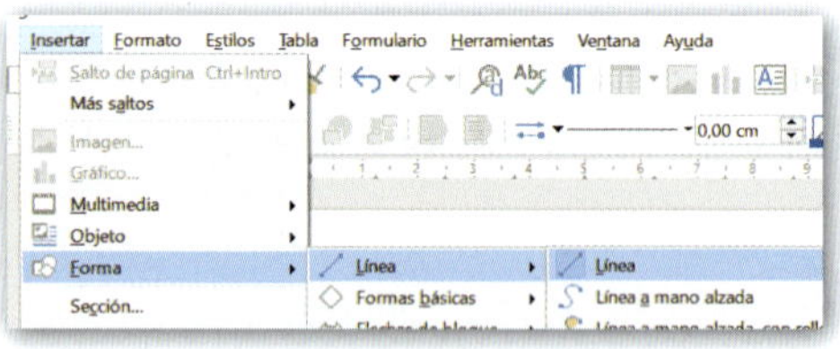

Fig. 2

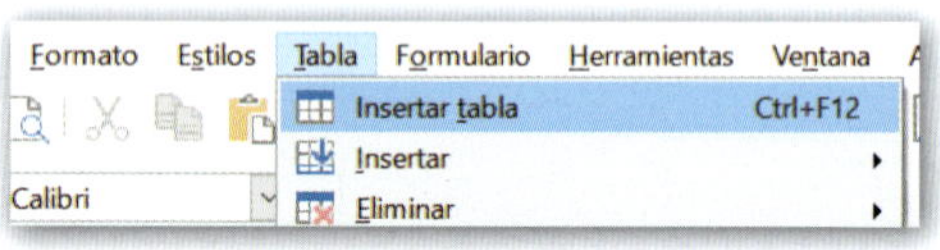

Fig. 3

Fig. 4

La iglesia de San Jorge, en Lalibela, está considerada una de las octavas maravillas del mundo y está excavada en la roca.

- **Tipo de estructura:** masiva
- **Esfuerzos a los que está sometida:** principalmente, compresión
- **Otros elementos estructurales:** arcos
- **Materiales de construcción:** excavada en la roca
- **Datos relevantes:**

Fig. 5

DESAFÍOS

1. Haz un trabajo del mismo tipo pero con información sobre una estructura emblemática que sea de otro tipo: entramada, de arcos y bóvedas, con tirantes... Guarda el archivo como **UD03_P1_nombreapellido_desafio1.pdf**.
2. Analiza una estructura singular que pertenezca a la localidad donde vives o al lugar donde veraneas: seguro que hay algún puente, molino, silo, iglesia o cualquier otra estructura que te llame la atención. Elabora un documento con la información y guárdalo como **UD03_P1_nombreapellido_desafio2.pdf**. Esta vez presentarás el trabajo a tus compañeros.

Práctica 2. Presentación: tipos de estructuras

En esta práctica vamos a crear una presentación con los principales tipos de estructuras que hemos visto en la unidad y sus elementos característicos, con la condición de utilizar como ejemplos estructuras de una gran belleza arquitectónica.

1. Abre el programa Impress yendo a **Inicio** / **Todos los programas** / **LibreOffice Impress**. (Hemos preparado esta práctica con LibreOffice pero también puedes hacerla con Microsoft PowerPoint yendo a **Inicio** / **Todos los programas** / **Microsoft Office** / **PowerPoint**. Los pasos serán muy similares. También puedes hacerla con Presentaciones de Google.)
2. En la primera pantalla, en que el programa pide que selecciones una plantilla, elige **Cancelar**.
3. Fíjate que en la pantalla tenemos por defecto la opción **Diapositiva de título** (figura 6).
4. Haz clic en la primera caja de texto y agrega el título: "Los tipos de estructuras". Selecciona con el ratón el contenido de este recuadro y en la barra de formato elige el tipo de letra **Calibri** y ponle tamaño **72**, **negrita** y color **magenta**.
5. Haz clic en la segunda caja de texto y escribe "Trabajo realizado por:", seguido de tu nombre y apellido y el curso. Recoloca los textos y ponles los colores adecuados para que te quede todo como en la figura 7.
6. Haz clic en **Diapositiva** y selecciona **Diapositiva nueva**. Elige **Título y contenido 2** (figura 8). Haremos el resto de las diapositivas con este diseño, para poner el texto en el título y a la izquierda, y las imágenes a la derecha.
7. Para completar la diapositiva, copia los textos de la figura 9 y busca en Internet una imagen del Empire State Building. La puedes obtener de un banco de imágenes gratuito, como Pixabay, que te pedirá que cites la fuente (como ves en el pie de foto del Empire State en la figura 9). Para insertarla, pulsa **Insertar imagen** en el hueco correspondiente de la diapositiva.
8. Haz clic en **Diapositiva** y selecciona **Diapositiva nueva**. Elige de nuevo **Título y contenido 2** y prepara una diapositiva como la anterior, pero con la información de las estructuras masivas y una imagen de las pirámides de Giza, en Egipto.
9. Elabora las diapositivas correspondientes a cada uno de los tipos de estructuras vistos en la unidad. No te olvides de buscar siempre estructuras de gran belleza.
10. Guarda el archivo como **UD03_P2_nombreapellido**.

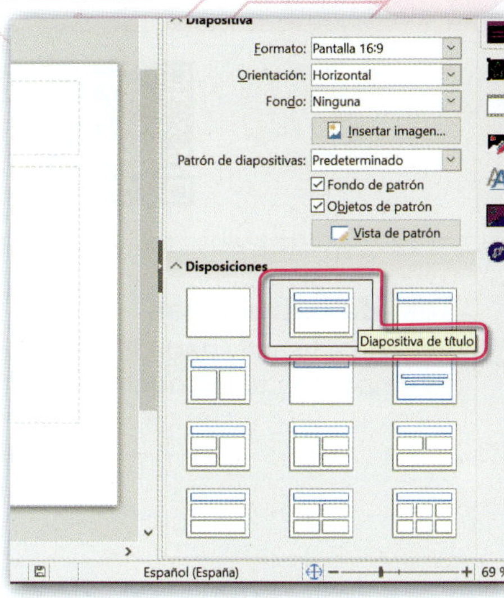

Fig. 6

Fig. 7

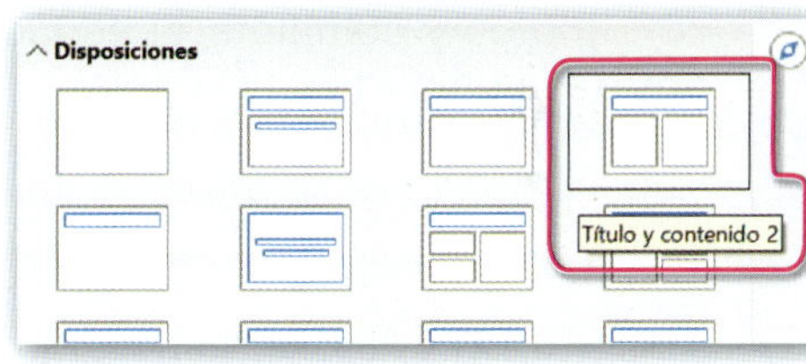

Fig. 8

Fig. 9

DESAFÍO

- Intercala después de cada diapositiva otra nueva, con el mismo título ("Estructuras entramadas", "Estructuras masivas", etc.), pero, en lugar de texto e imagen, pon en ellas dos imágenes más. Así tendrás tres imágenes de ejemplo para cada tipo de estructura. Averigua bien el nombre y lugar de emplazamiento de cada edificio o monumento y no te olvides de poner esa información en los pies de foto. Guarda el archivo como **UD03_P2_nombreapellido_desafio1**.

ZONA web

Realiza las siguientes actividades accediendo a tu zona web.

Las actividades señaladas con el sello **"tu nota en un clic"** dan la opción de, una vez realizadas, imprimirlas en un **archivo PDF** con el **nombre y apellido del alumno** y la **puntuación obtenida sobre 10**.

Para acceder a tu zona web una vez registrado el libro:

1. Entra en www.editorialdonostiarra.com
2. Accede a **Zona privada** (sección **Alumno**) y haz clic en **Acceso a la zona web**.
3. Teclea tu e-mail y contraseña.

1 Test de estructuras

tu nota en un clic

Accede a la actividad **UD03 01 Test de la unidad** y comprueba tus conocimientos.

2 Vocabulario de la unidad

tu nota en un clic

Accede a la actividad **UD03 02 Vocabulario** y selecciona para cada una de las definiciones que se presentan la palabra clave que le corresponde.

3 Esquema de contenidos

tu nota en un clic

Accede a la actividad **UD03 03 Esquema de contenidos** y completa el esquema de contenidos de la unidad con las palabras propuestas.

4 Centro de gravedad

Accede a la actividad **UD03 04 Centro de gravedad** e indica para cada una de las formas si es estable o inestable y calcula intuitivamente dónde está su centro de gravedad.

5 Esfuerzos

Accede a la actividad **UD03 05 Esfuerzos** y arrastra el nombre de cada esfuerzo hasta la imagen que lo representa.

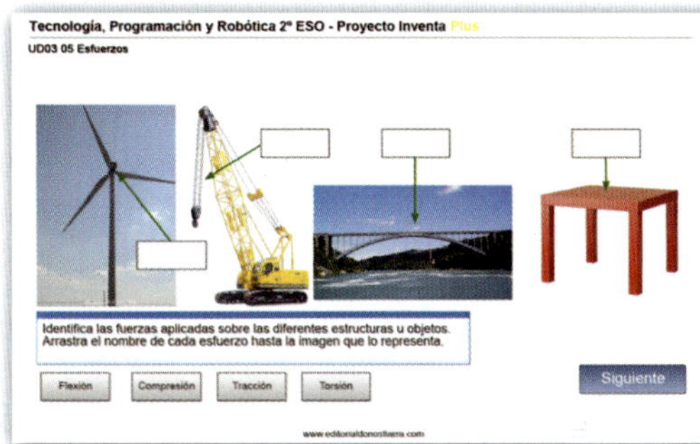

6 Tipos de estructuras

Accede a la actividad **UD03 06 Tipos de estructuras** y arrastra el nombre de cada tipo de estructura hasta la imagen que lo representa.

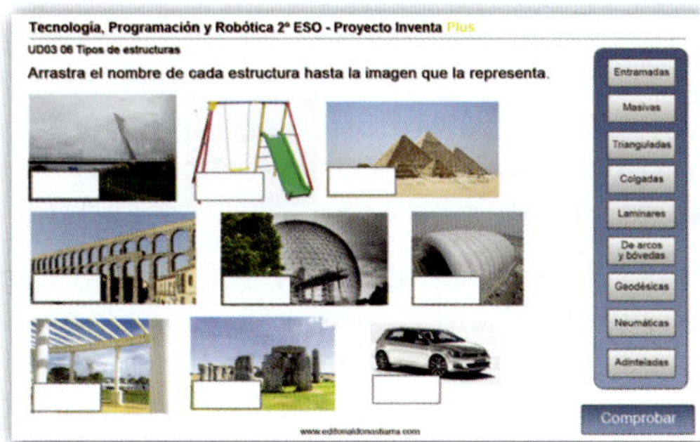

7 Perfiles

Accede a la actividad **UD03 07 Perfiles** y verás cómo las estructuras soportan mejor las fuerzas si se incluyen perfiles en ellas.

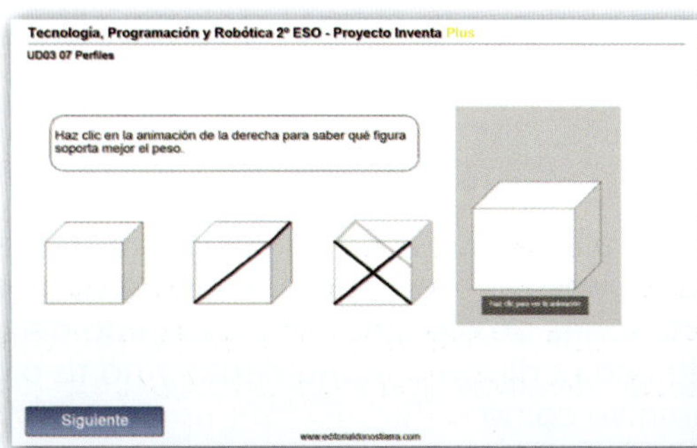

EL RINCÓN de la comunicación

Vídeos de estructuras

Para hacer esta práctica deberás tener el consentimiento de tus padres o tutores legales.

Vamos a profundizar en algunas estructuras famosas utilizando la inserción de vídeos en tu blog.

1. Escanea el código que tienes en el margen y visualiza el vídeo.
2. Redacta una reseña en la que expliques brevemente qué muestra dicho vídeo. Añade un comentario sobre los elementos estructurales que has observado y la función que cumplen.
3. Accede al blog del tecnólogo y haz clic en **Nueva entrada** (figura 10). Escribe como título de la entrada "Estructuras increíbles" e incorpora la reseña y el comentario que has creado, con el subtítulo "Hawa Mahal".
4. Inserta además un enlace al vídeo. Para ello, primero copia la dirección del vídeo de YouTube y luego haz clic en el icono **Insertar vídeo** de la barra de herramientas de Blogger y elige **YouTube** (figura 11).
5. En la ventana **Añadir un vídeo**, en la solapa **Búsqueda**, pega la dirección del vídeo seleccionado. Verás que se incrusta el vídeo en la entrada de tu blog, lo cual hace que sea más atractivo al visualizarlo que una simple dirección (figura 12).
6. Haz clic en **Publicar**. Observa cómo ha quedado tu blog con la opción **Vista previa**. No cierres Blogger.
7. Repite los pasos para, en la misma entrada del blog, y con el subtítulo "Isla Palmera", añadir una reseña, un comentario y el vídeo correspondiente que tienes a continuación. Si es necesario, puedes ampliar la información con datos que encuentres en Internet.

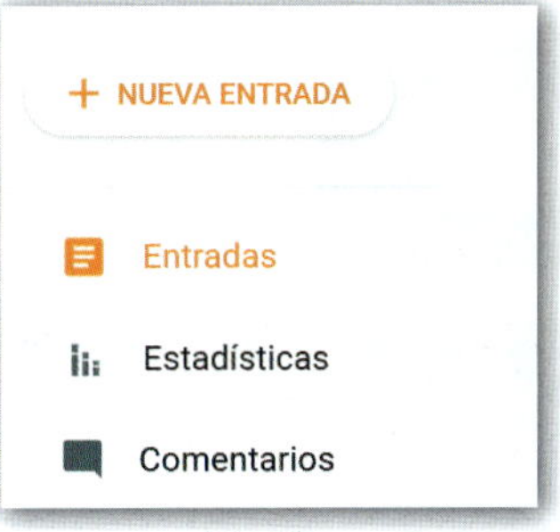

Fig. 10

Escanea este código para ver el vídeo "Hawa Mahal, la bella pero cruel jaula rosada" del canal El Viajero Feliz.

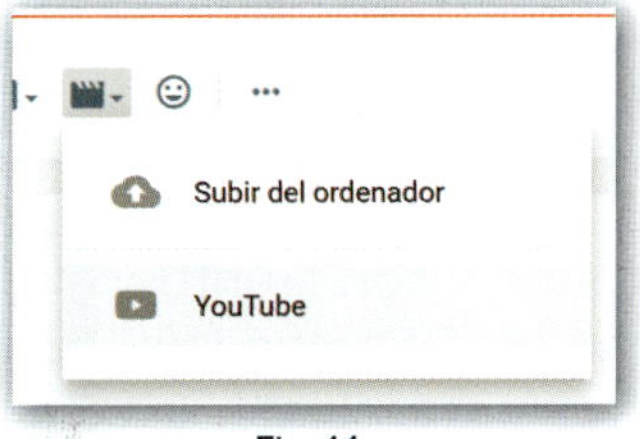

Fig. 11

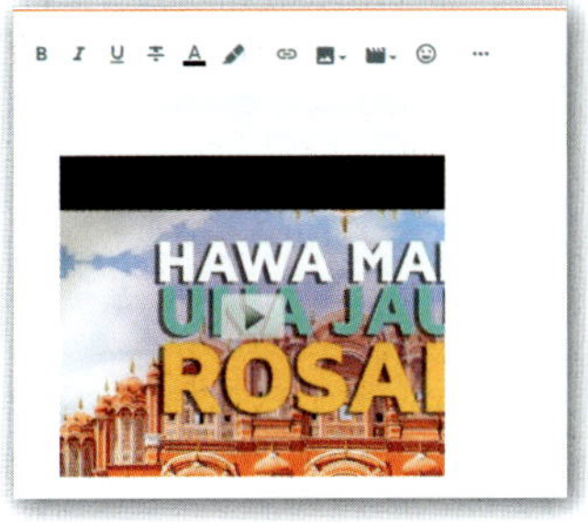

Fig. 12

Escanea este código para ver el vídeo "La isla artificial con forma de palmera de Dubái, Palm Jumeirah, amplía sus atracciones", del canal Euronews.

8. Haz clic en **Publicar**. Observa cómo ha quedado tu blog.
9. Haz una captura de pantalla de la entrada del blog y pégala en un documento de texto. Añade la dirección de dicha entrada y luego guarda el documento como **UD03_nombreapellido_rincon**.

DESAFÍO

- Amplía tu entrada con una nueva estructura: los cimientos de un aerogenerador. Haz una captura de pantalla del texto y el vídeo que hayas añadido en la entrada y pégala en un documento de texto llamado **UD03_nombreapellido_desafio1**.

Escanea este código para ver el vídeo "¿Quieres saber cómo se hace la cimentación de un aerogenerador?", del canal Acciona.

RESUMEN de la unidad

1. Las estructuras

- Una **estructura** es un conjunto de elementos dispuestos de forma apropiada para soportar el peso de un cuerpo y mantener su forma, pese a las fuerzas externas que puedan actuar sobre él.
- Las estructuras sirven para:
  - Dar forma al objeto
  - Soportar fuerzas manteniendo la forma
  - Proteger
  - Elevar
  - Generar espacios
  - Atravesar espacios

2. Tipos de estructuras y elementos estructurales

- Todas las estructuras se basan en distintos **elementos estructurales** que se encargan de suministrar la suficiente resistencia.

1. Estructuras masivas

2. Estructuras adinteladas

3. Estructuras de bóvedas y arcos

4. Estructuras trianguladas

5. Estructuras laminares

6. Estructuras geodésicas

7. Estructuras con tirantes o colgadas

8. Estructuras entramadas

9. Estructuras neumáticas

3. Fuerzas, cargas y esfuerzos

- La **fuerza** es la causa por la cual un cuerpo se deforma o cambia su estado de movimiento o de reposo. Cuando hablamos de estructuras, las fuerzas se suelen llamar **cargas**.
- Los **esfuerzos** son las tensiones internas a las que se somete un cuerpo cuando actúan sobre él varias fuerzas.
- Los esfuerzos básicos que puede sufrir un cuerpo, o un elemento de una estructura, son: **compresión**, **tracción**, **flexión**, **torsión** y **cortadura** (o **cizalladura**).

TIPOS DE ESFUERZOS				
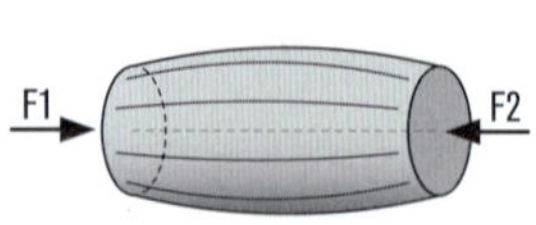 Compresión	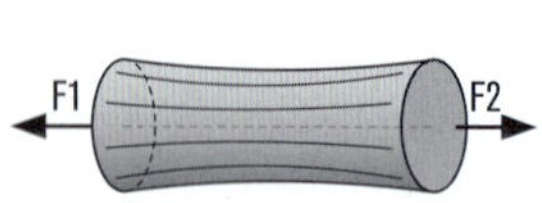 Tracción	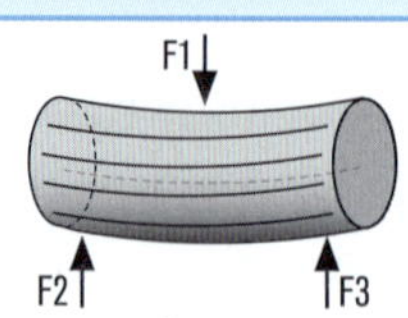 Flexión	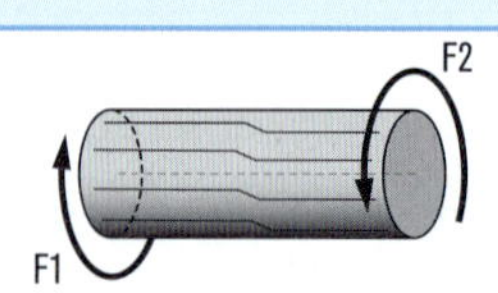 Torsión	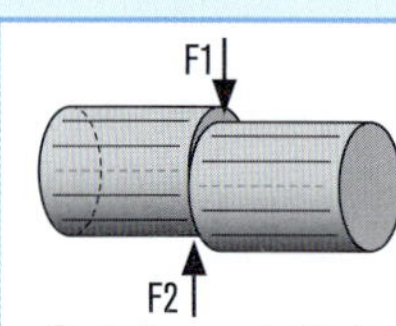 Cortadura o cizalladura

4. Conseguir resistencia, estabilidad y rigidez

- Podemos decir, simplificando, que una estructura tendrá un comportamiento adecuado si no se rompe (**resistencia**), si no se cae (**estabilidad**) y si no se deforma (**rigidez**).
- Para aumentar la **resistencia**, se eligen bien los elementos estructurales y los materiales.
- Para aumentar la **estabilidad**, se sitúa el centro de gravedad cerca de la base, se ensancha la base, se hace una buena cimentación y se usan anclajes.
- Para aumentar la **rigidez** se recurre a la triangulación.

AUTOEVALUACIÓN

1. Haz los siguientes ejercicios en tu cuaderno.
2. Consulta las respuestas al final del libro, para evaluar tu aprendizaje.

2 ptos.

1. Escribe el nombre de cada tipo de esfuerzo e indica con qué palabra de las siguientes se identifica cada uno: *retorcer*, *alargar*, *cortar*, *doblar*.

a) 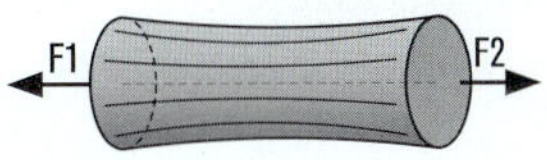

b) 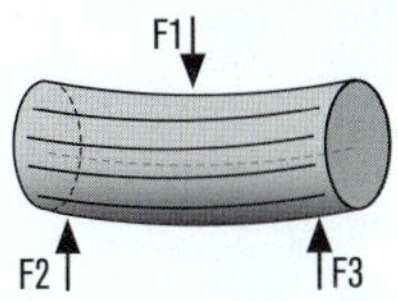

c) 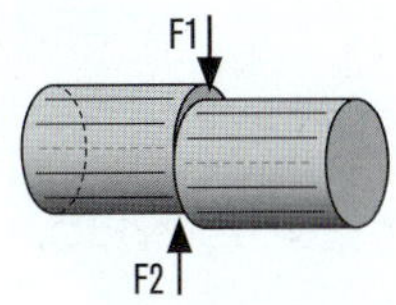

d) 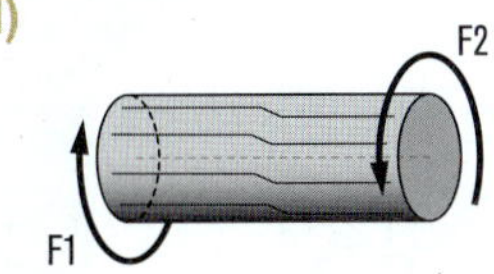

2 ptos.

2. Contesta si son verdaderas o falsas las afirmaciones siguientes. Si son falsas, corrige las palabras equivocadas:

a) Cuando se triangula una estructura, se hace más estable.

b) Una estructura se hace más estable cuando se hace la base más ancha.

c) Si un cuerpo se comprime como consecuencia de fuerzas externas, se dice que está sometido a tracción.

d) Los pilares de una estructura son horizontales.

2 ptos.

3. Completa las frases:

a) Una (...) es un conjunto de elementos dispuestos de forma apropiada para soportar el peso de un cuerpo y mantener su forma, pese a las fuerzas externas que puedan actuar sobre él.

b) La (...) es la causa por la cual un cuerpo se deforma o cambia su estado de movimiento o de reposo.

c) Los (...) son las tensiones internas a las que se somete un cuerpo cuando actúan sobre él varias fuerzas.

d) La (...) es un procedimiento para hacer rígidas algunas estructuras que no lo son.

2 ptos.

4. Di a qué tipo de estructuras pertenecen las siguientes:

a) 

b) 

c) 

d) 

2 ptos.

5. Nombra las tres condiciones que debe cumplir una estructura para ser segura y desempeñar correctamente su función durante su vida útil.

4 Mecanismos

¿Sabrías diferenciar entre una máquina y un mecanismo?

Escanea este código para ver el vídeo "Máquinas simples y compuestas", del canal Happy Learning Español.

Contenidos de la unidad

Utilizamos máquinas de forma habitual para ayudarnos en las tareas cotidianas. Aunque nos parezca raro, las máquinas no tienen por qué ser voluminosas, complejas y caras. En esta unidad verás que también un simple sacacorchos es una máquina, porque nos permite abrir las botellas haciendo poco esfuerzo.

Además, aprenderás que existen muchos mecanismos que forman parte de las máquinas y cuya función es la transmisión o transformación de fuerzas y movimientos.

Descubre

ACTIVIDADES DE INICIACIÓN

Descubre tus conocimientos previos contestando en tu cuaderno las siguientes preguntas:

1. Piensa en las tareas que realizas en el aula. ¿Las haces todas por ti mismo o necesitas ayuda de alguna máquina? ¿Encuentras a tu alrededor algún mecanismo? (Fíjate en la cremallera de tu estuche o en cómo sacas la punta al portaminas, por ejemplo.) Copia en tu cuaderno todas las actividades que haces desde que te sientas en clase y abres tu mochila hasta que la clase finaliza, y anota junto a cada actividad las máquinas o mecanismos que crees que utilizas.
2. Escribe diez actividades que el ser humano no pueda realizar por sí solo. Indica al lado de cada una de ellas mediante qué máquinas es capaz de hacerlas.
3. Seguramente, aunque no debas hacerlo, alguna vez has lanzado objetos a un compañero utilizando la regla a modo de catapulta. ¿De qué forma crees que podrías llegar más lejos al lanzar los objetos: con una regla más larga o con una más corta? ¿Por qué?

1. Máquinas y mecanismos

Desde la prehistoria, el ser humano ha necesitado la ayuda de elementos auxiliares para realizar algunas tareas que no podía afrontar solo. En un principio utilizó palos y piedras, y más adelante desarrolló máquinas y mecanismos.

Llamamos **máquina** al conjunto de piezas o elementos que, actuando juntos, nos permiten aprovechar la energía para realizar un trabajo y obtener un beneficio.

En todas las máquinas existen tres componentes:

- **Elemento motor.** Es el encargado de aportar la energía inicial a la máquina.
- **Elemento receptor o conducido.** Recibe la fuerza generada en la máquina.
- **Elemento transmisor y/o transformador del movimiento.** Se encarga de transmitir y/o transformar el movimiento desde el elemento motor hasta el receptor.

El **elemento motor** son las manos que usan las tijeras, cuyos músculos aportan la energía necesaria para utilizarlas.

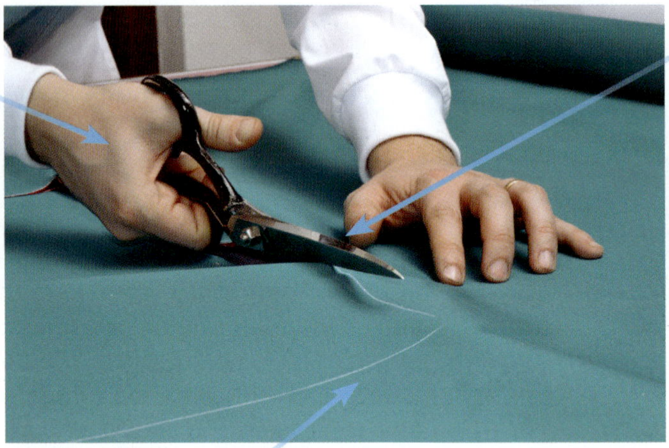

El **elemento transmisor del movimiento** son las dos barras que componen las tijeras (palancas), conectadas en su punto medio.

El **elemento receptor** es la tela, puesto que es la que recibe la fuerza generada por las tijeras.

En la mayoría de las máquinas, la energía inicial la aportan uno o varios motores que producen un movimiento circular, pero no siempre es este tipo de movimiento el que necesitamos. Piensa, por ejemplo, en un coche: necesitamos transmitir el movimiento circular que produce el motor y transformarlo en movimiento lineal para que el coche avance. Para ello utilizamos los mecanismos.

Los dispositivos encargados de la transmisión y/o la transformación del movimiento se denominan **mecanismos**.

COMPONENTES DE UNA MÁQUINA

Elemento motor → ← **Elemento transmisor y/o transformador (mecanismo)** → ← **Elemento receptor o conducido**

Atendiendo a la **función** que realizan los mecanismos, podemos agruparlos en:

1. **Mecanismos que transmiten el movimiento.** Reciben la energía del elemento motor y simplemente la trasladan al elemento receptor.

   Esto ocurre, por ejemplo, con los engranajes de un reloj, que transmiten el movimiento circular de los piñones hasta las manecillas que muestran la hora, con lo que hacen que éstas giren.

   Los mecanismos de transmisión de movimiento se clasifican en:

   - **Mecanismos de transmisión lineal.** Se consideran máquinas simples. Entre ellas se incluyen las palancas y las poleas.
   - **Mecanismos de transmisión circular.** Se incluyen aquí las ruedas de fricción, los sistemas de poleas y correa, los engranajes, los sistemas de piñón y cadena y los sistemas de tornillo sin fin y corona.

2. **Mecanismos que transforman el movimiento.** Reciben el movimiento del elemento motor y lo transforman en uno más adecuado a las características del receptor.

   Esto ocurre, por ejemplo, en un pintalabios: el movimiento circular que se produce en la base del pintalabios se transforma en movimiento lineal de subida y bajada de la barra.

   Forman parte de este grupo de mecanismos el sistema de tornillo y tuerca, el de piñón y cremallera, el de biela y manivela, y las levas.

MECANISMOS	
TRANSMISIÓN DE MOVIMIENTO	
Transmisión lineal	**Transmisión circular**
• Palancas • Poleas	• Ruedas de fricción • Poleas y correa • Engranajes • Piñones y cadena • Tornillo sin fin y corona
TRANSFORMACIÓN DE MOVIMIENTO	
• Tornillo-tuerca • Piñón-cremallera	• Biela-manivela • Leva

ACTIVIDADES

1. **Describe los tres componentes de todas las máquinas.**
2. **Los alicates son una máquina. Indica cuáles son el elemento motor, el receptor y el transmisor del movimiento.**
3. **Indica cuáles son el elemento motor, el receptor y el transmisor del movimiento en una bicicleta.**

2. Mecanismos transmisores del movimiento

Palancas

Las **palancas** son barras rígidas que pueden girar sobre un punto de apoyo, denominado *fulcro*.

Permiten levantar pesos aplicando una fuerza en un punto de la barra. La fuerza aplicada se denomina **potencia**, mientras que el peso a levantar o la resistencia a vencer se denominan **resistencia**.

La **ley de la palanca**, que relaciona las fuerzas de una palanca en equilibrio, se expresa del siguiente modo:

El producto de la potencia aplicada (*P*) por la distancia al punto de apoyo (b_p: brazo de potencia) debe ser igual al producto de la resistencia a vencer (*R*) por la distancia al punto de apoyo (b_r: brazo de resistencia):

$$P \cdot b_p = R \cdot b_r$$

Es decir: cuanto mayor sea la distancia entre la fuerza aplicada y el punto de apoyo, menor será el esfuerzo que hay que hacer.

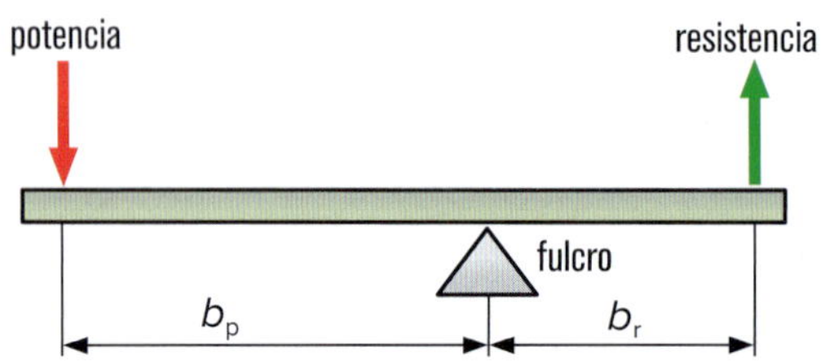

En función de dónde se encuentran sobre la palanca la fuerza aplicada, el fulcro y la resistencia, las palancas se clasifican en estos tres grados o géneros:

Palancas de 1er grado	Palancas de 2° grado	Palancas de 3er grado
El punto de apoyo se encuentra entre el peso o resistencia a vencer y el punto en que se aplica la fuerza. Ejemplos: balancín, alicates, tijeras, remo…	El punto de apoyo se encuentra en un extremo de la palanca, y la potencia, en el otro. La resistencia a vencer queda entre ambos. Ejemplos: cascanueces, carretilla, perforadora de papel…	La potencia se encuentra situada entre el punto de apoyo y la resistencia. Ejemplos: pinzas de depilar, caña de pescar, quitagrapas…
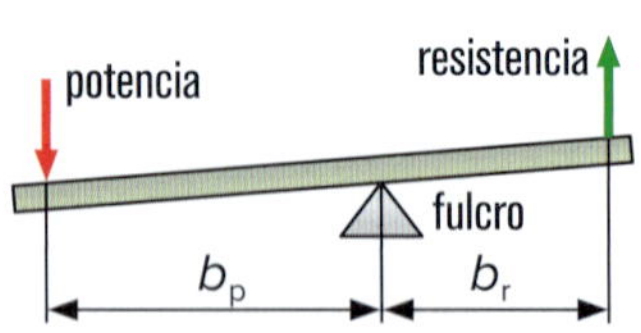	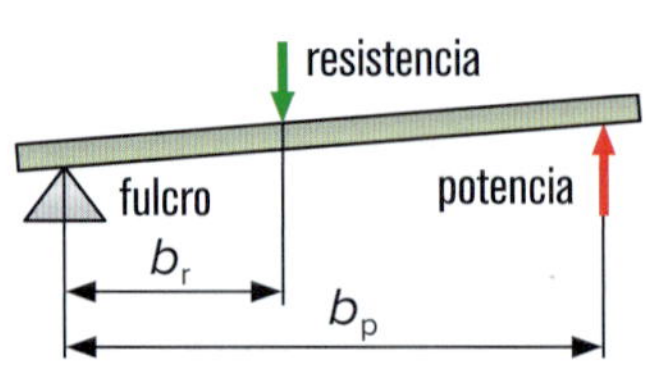	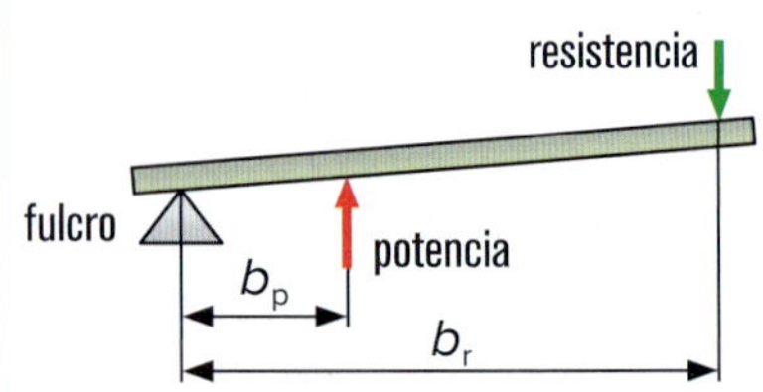
		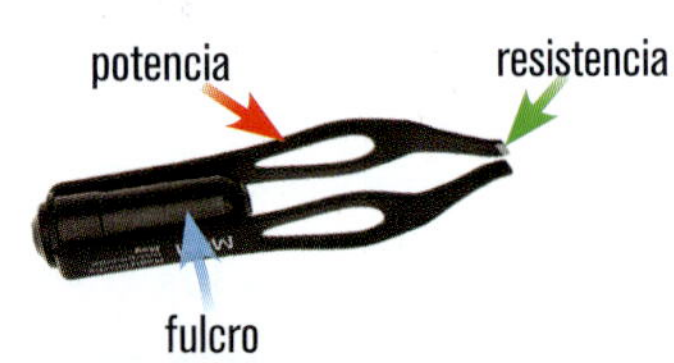

EJERCICIO RESUELTO 1

Unas tijeras cortan un objeto que opone una resistencia de 20 N. La distancia del fulcro al lugar donde se aplica la resistencia es de 10 cm y la fuerza se realiza a 5 cm del fulcro. ¿Qué fuerza se debe hacer para cortar el objeto? ¿De qué grado son las palancas de las tijeras?

Datos: $R = 20$ N

$b_r = 10$ cm

$b_p = 5$ cm

Incógnita: $P = ?$

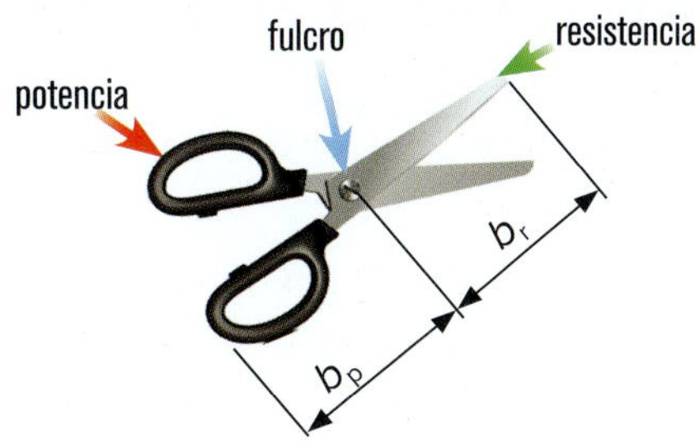

Solución:

Aplicando la ley de la palanca:

$$P \cdot b_p = R \cdot b_r \Rightarrow P = \frac{R \cdot b_r}{b_p} = \frac{20\,\text{N} \cdot 10\,\text{cm}}{5\,\text{cm}} = 40\,\text{N}$$

Se comprueba que la fuerza que hay que hacer es mayor que la resistencia. Esta es la causa de que las tijeras de podar, las de cortar chapa o los alicates, objetos con los que hay que vencer una fuerza elevada, tengan las hojas cortas (b_r) y el mango largo (b_p). En las tijeras para cortar papel o tela no es necesario: se prioriza que tengan las hojas largas para cortar más en cada avance.

Se trata de dos palancas de primer grado unidas por el punto medio. El fulcro se encuentra entre la potencia y la resistencia.

Escanea este código para ver un vídeo con ejemplos de palancas de primer grado, del canal Correo del Maestro / Princetown.

EJERCICIO RESUELTO 2

Un cascanueces parte una nuez haciendo una fuerza de 3 N. El cascanueces mide 15 cm y la nuez se coloca a 6 cm del fulcro. ¿Qué resistencia presenta la nuez? ¿De qué grado son las palancas?

Datos: $P = 3$ N

Longitud del cascanueces: 15 cm

$b_r = 6$ cm

Incógnita: $R = ?$

Solución:

El cascanueces está formado por dos palancas unidas en su extremo. El brazo de potencia coincide con la longitud del cascanueces, con lo que, aplicando la ley de la palanca:

$$P \cdot b_p = R \cdot b_r \Rightarrow R = \frac{P \cdot b_p}{b_r} = \frac{3\,\text{N} \cdot 15\,\text{cm}}{6\,\text{cm}} = 7{,}5\,\text{N}$$

Se comprueba que la fuerza que hay que hacer es menor que la resistencia, de ahí el diseño del cascanueces.

El cascanueces está formado por dos palancas de segundo grado porque el fulcro o punto de apoyo está en su extremo.

Escanea este código para ver un vídeo con ejemplos de palancas de segundo grado, del canal Correo del Maestro / Princetown.

ACTIVIDADES

- 4. **Si usamos un destornillador para abrir un bote de pintura, ¿qué tipo de palanca es?**
- 5. **Explica la utilidad de un remo. ¿Se puede considerar una palanca?**

Poleas

Las **poleas** son ruedas que tienen una acanaladura en su borde. Se utilizan para elevar cargas pesadas.

Por el canal del borde se introduce una cuerda o correa. En uno de los extremos de la cuerda se coloca el peso que hay que subir (*R*), y del otro extremo se tira para subirlo (*F*).

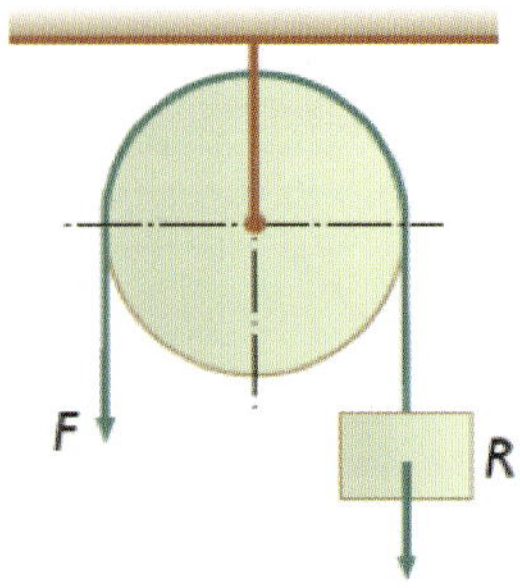

Las poleas pueden ser fijas o móviles.

Poleas fijas

El eje de giro de una **polea fija** se encuentra sujeto a un soporte que lo mantiene inmóvil.

Las poleas fijas **no nos ahorran el esfuerzo** necesario para elevar los pesos, pero nos permiten hacerlo con más comodidad. Esto es debido a que, para levantar un peso sin la ayuda de una polea, haríamos el esfuerzo hacia arriba, mientras que, con una polea, el esfuerzo necesario para levantar el peso lo ejercemos hacia abajo.

Ejemplos: poleas para subir agua de un pozo, aparatos de musculación de gimnasios...

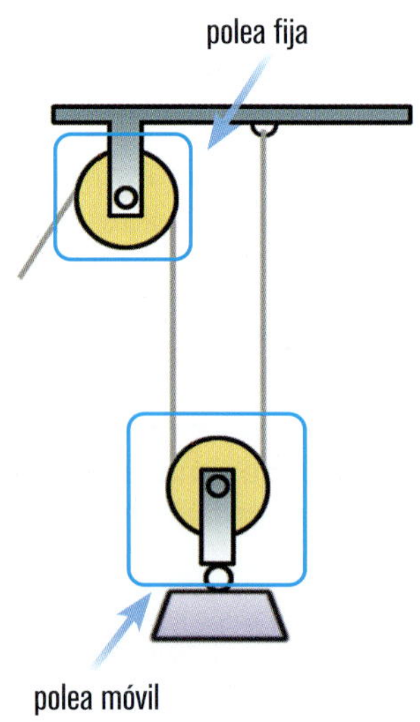

Poleas móviles

Las **poleas móviles**, además de girar cuando tiramos de la cuerda, se desplazan verticalmente. Se usan en combinación con poleas fijas para crear unos **sistemas de poleas** que son muy útiles para reducir el esfuerzo necesario para elevar cargas.

Por cada polea móvil de un sistema de poleas, el esfuerzo necesario para elevar una carga se reduce a la mitad.

Ejemplos: sistemas para elevar objetos muy pesados (como ascensores, montacargas, etc.).

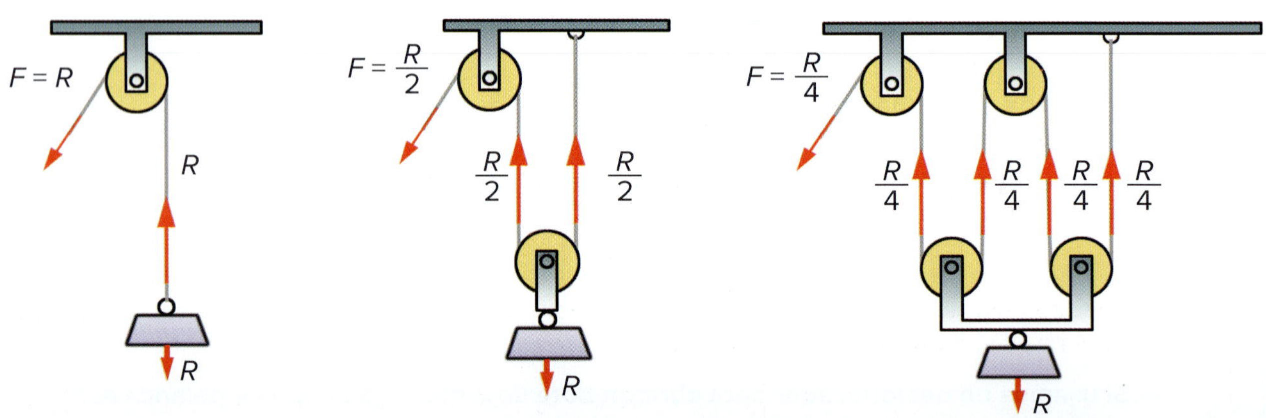

Ruedas de fricción

Son dos ruedas, situadas una junto a la otra. La transmisión del movimiento entre las ruedas (conductora y conducida) se produce por fricción entre ambas.

Las ruedas conductoras suelen identificarse con números impares, y las conducidas, con números pares (según la norma UNE 18-004-79).

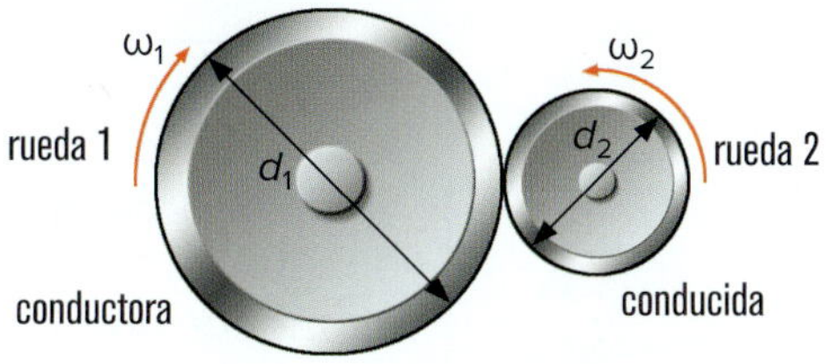

Se cumple que $\omega_1 d_1 = \omega_2 d_2$, donde ω_1 y ω_2 son las velocidades de giro de las ruedas 1 y 2, y d_1 y d_2 son sus diámetros, respectivamente.

La velocidad de giro de las ruedas se mide en **revoluciones por minuto** (r. p. m.).

La **relación de transmisión** (i) es la relación que se establece entre el tamaño de las ruedas y su velocidad de giro:

$$i = \frac{\omega_1}{\omega_2} = \frac{d_2}{d_1}$$

Como puedes comprobar, la relación de transmisión no varía si en lugar del diámetro utilizamos el radio de cada rueda: $i = \omega_1 / \omega_2 = r_2 / r_1$

Características y aplicaciones de las ruedas de fricción:
- No permiten transmitir grandes potencias, ya que pueden patinar.
- La rueda conducida gira siempre en sentido contrario a la rueda conductora.
- Se desgastan tras un uso prolongado, porque la transmisión se realiza por fricción.
- Se utilizan en norias, tocadiscos, equipos electrónicos, etc.

EJERCICIO RESUELTO 3

En un sistema formado por dos ruedas de fricción, la rueda conductora gira a 10 r. p. m. y mide 10 cm de diámetro y la rueda conducida gira a 20 r. p. m.

a) Calcula la relación de transmisión del sistema.

b) Calcula el diámetro de la rueda conducida.

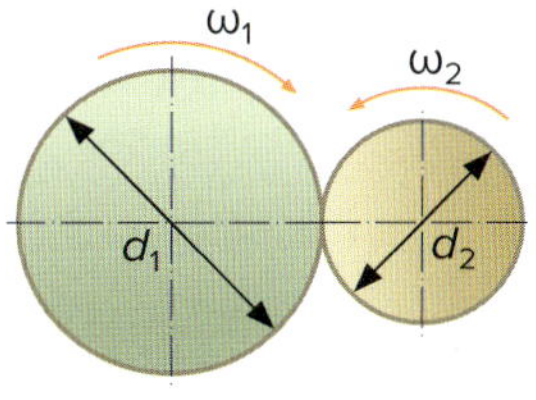

Datos: $d_1 = 10$ cm
$\omega_1 = 10$ r. p. m.
$\omega_2 = 20$ r. p. m.

Incógnitas: $i = ?$
$d_2 = ?$

Solución:

a) Aplicamos la ecuación de la relación de transmisión:

$$i = \frac{\omega_1}{\omega_2} = \frac{10\,\text{r.p.m.}}{20\,\text{r.p.m.}} = \frac{1}{2}$$

b) Para calcular la medida de la segunda rueda, aplicamos otra vez la ecuación de la relación de transmisión, esta vez con los diámetros:

$$i = \frac{1}{2} = \frac{d_2}{d_1} \Rightarrow d_2 = \frac{1}{2} d_1 = 5\,\text{cm}$$

Tipos de transmisiones

Fijándonos en la transmisión de movimiento por medio de ruedas de fricción, observamos que las ruedas más pequeñas tienen que girar más rápido que las grandes para transmitir el movimiento. Así, pues, debemos situar las ruedas apropiadamente para conseguir aumentar o reducir la velocidad en el eje receptor:

$\omega_2 > \omega_1$

Multiplicador de velocidad: la velocidad de la rueda conducida, al ser más pequeña, es mayor que la de la rueda conductora.

En este caso, la relación de transmisión es menor que 1.

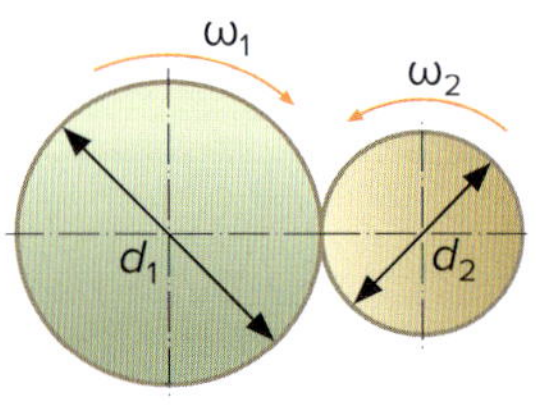

$\omega_2 < \omega_1$

Reductor de velocidad: la velocidad de la rueda conducida, al ser más grande, es menor que la de la rueda conductora.

En este caso, la relación de transmisión es mayor que 1.

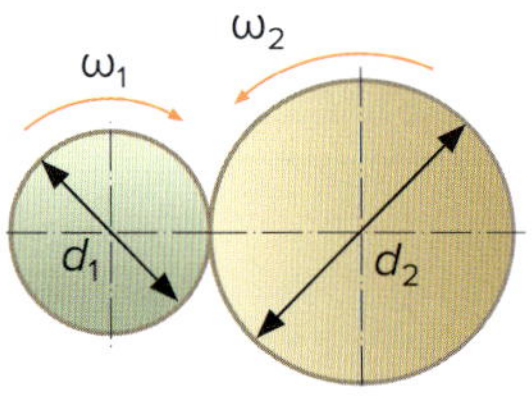

Sistema de poleas y correa

Este sistema está formado por dos poleas unidas por una correa que pasa por las acanaladuras de ambas.

Cuando hacemos girar una de las dos poleas, la correa transmite el movimiento y hace que la otra rueda gire. Ambas giran en el mismo sentido.

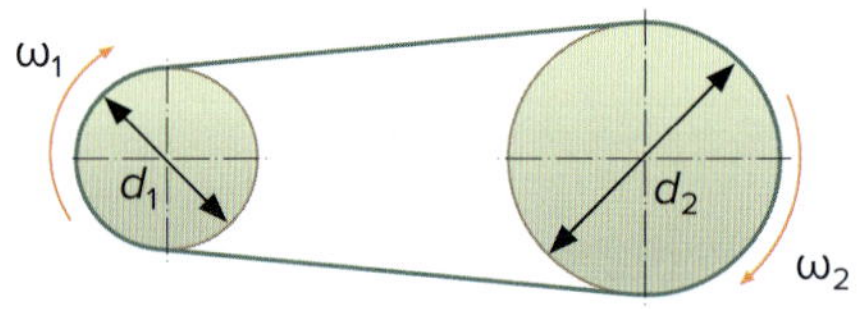

Podemos hacer que giren en sentido contrario simplemente modificando la posición de la correa:

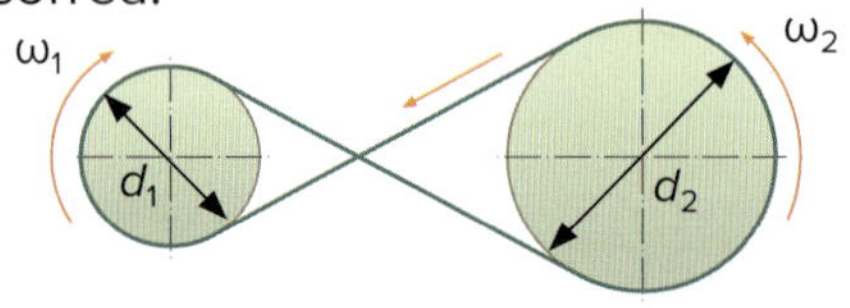

Al igual que para las ruedas de fricción, se cumple que $\omega_1 d_1 = \omega_2 d_2$, donde ω_1 y ω_2 son las velocidades de giro de las ruedas 1 y 2, y d_1 y d_2 son sus diámetros, respectivamente.

De la misma forma:

$$i = \frac{\omega_1}{\omega_2} = \frac{d_2}{d_1}$$

Características y aplicaciones del sistema de poleas y correa:

- Posibilita la transmisión del movimiento circular entre ejes alejados.
- Es un mecanismo silencioso y barato.
- Se utiliza en lavadoras, cintas transportadoras, ventiladores, etc.

ACTIVIDADES

6. ¿Existe ahorro de esfuerzo cuando usamos una polea? ¿Por qué?

7. ¿Por qué utilizamos poleas cuando queremos sacar agua de un pozo?

8. Una rueda de 30 cm de diámetro gira a 300 r. p. m. y está en contacto con otra rueda de 10 cm de diámetro. ¿A qué velocidad girará esta última rueda?

Engranaje

Es un mecanismo formado por dos ruedas dentadas. La rueda mayor se denomina **corona**, y la menor, **piñón**.

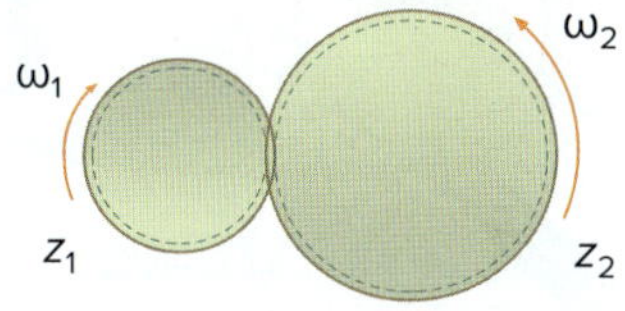

Esquema técnico del engranaje

En los engranajes, la relación de transmisión se establece de acuerdo con los dientes de cada rueda. Se cumple que $\omega_1 z_1 = \omega_2 z_2$, donde ω_1 y ω_2 son las velocidades de giro de las ruedas 1 y 2, y z_1 y z_2 son el número de dientes de cada una, respectivamente.

De la misma forma:

$$i = \frac{\omega_1}{\omega_2} = \frac{z_2}{z_1}$$

Características y aplicaciones del engranaje:

- Posibilita la transmisión de grandes potencias, ya que las ruedas, como engranan diente a diente, nunca patinan.
- La transmisión del movimiento es muy precisa.
- La fricción entre los dientes es muy elevada, por lo que se necesita lubricación entre las ruedas.
- Es un mecanismo ruidoso y costoso.
- Se utiliza en cajas de cambios de vehículos, relojes, juguetes...

EJERCICIO RESUELTO 4

En un engranaje, la rueda conductora tiene 40 dientes y la rueda conducida tiene 80 dientes. La rueda conductora gira a 300 r. p. m.

a) Calcula a qué velocidad gira la rueda conducida.

b) Calcula la relación de transmisión existente en el mecanismo.

c) Indica si se trata de un mecanismo reductor o multiplicador de la velocidad.

Datos: $z_1 = 40$
$z_2 = 80$
$\omega_1 = 300$ r. p. m.

Incógnitas: $\omega_2 = ?$
$i = ?$

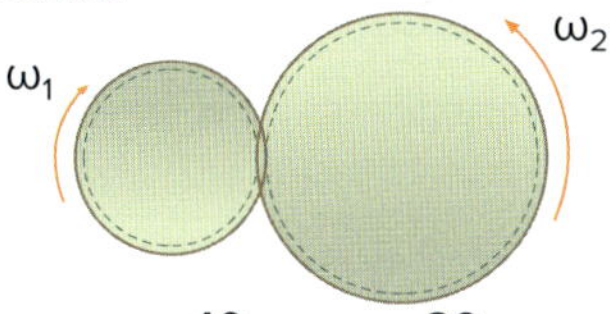

Solución:

a) Aplicamos la ecuación de la relación de transmisión entre ruedas dentadas de esta forma:

$$\omega_1 z_1 = \omega_2 z_2 \Rightarrow \omega_2 = \frac{\omega_1 z_1}{z_2} = \frac{300\,\text{r.p.m.} \cdot 40}{80} = 150\,\text{r.p.m.}$$

b) Calculamos la relación de transmisión a partir de las velocidades de ambas ruedas (puedes comprobar que la relación no varía si la calculas a partir de su número de dientes):

$$i = \frac{\omega_1}{\omega_2} = \frac{300\,\text{r.p.m.}}{150\,\text{r.p.m.}} = 2$$

c) Como la relación de transmisión es mayor que 1, se trata de un mecanismo reductor de la velocidad. Esta misma conclusión la puedes obtener si compruebas que la velocidad de la rueda conducida es menor que la velocidad de la rueda conductora.

Sistema de piñones y cadena

Está formado por dos ruedas dentadas (piñones) situadas a cierta distancia y unidas entre sí por medio de una cadena que engrana con los dientes de ambas ruedas.

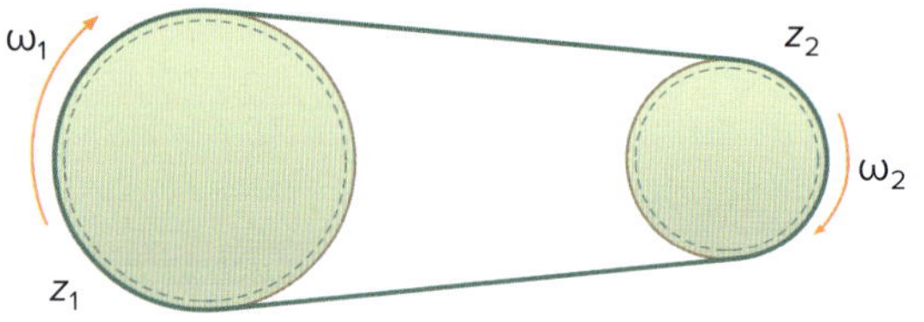

Esquema técnico del sistema de piñones y cadena

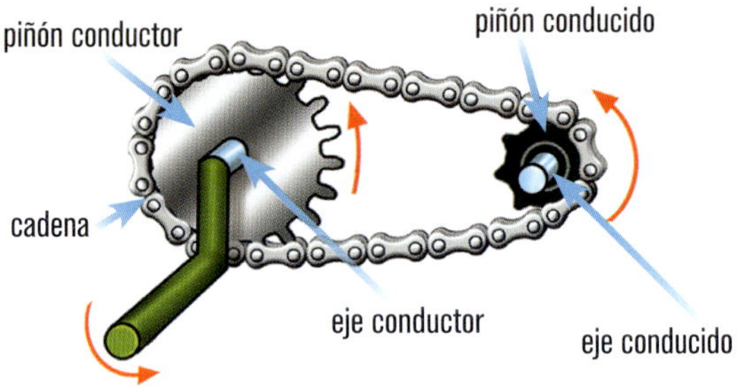

Se cumple que $\omega_1 z_1 = \omega_2 z_2$, donde ω_1 y ω_2 son las velocidades de giro de las ruedas 1 y 2, y z_1 y z_2 son el número de dientes de cada una, respectivamente.

De la misma forma:

$$i = \frac{\omega_1}{\omega_2} = \frac{z_2}{z_1}$$

Características y aplicaciones del sistema de piñones y cadena:

- Posibilita la transmisión de grandes potencias, ya que las ruedas, como engranan diente a diente con la cadena, nunca patinan.
- La transmisión del movimiento es muy precisa y fiable.
- Necesita lubricación para evitar el agarrotamiento.
- Es un mecanismo ruidoso.
- Se utiliza en bicicletas y motocicletas, escaleras mecánicas, sistemas de elevación...

EJERCICIO RESUELTO 5

En el sistema de piñones y cadena de la figura, el piñón pequeño tiene 20 dientes y gira a una velocidad de 200 r. p. m. El otro piñón tiene 40 dientes.

a) Calcula la relación de transmisión del sistema.

b) Indica si el mecanismo es reductor o multiplicador de la velocidad.

Datos: $z_1 = 20$
$z_2 = 40$
$\omega_1 = 200$ r. p. m.

Incógnita: $i = ?$

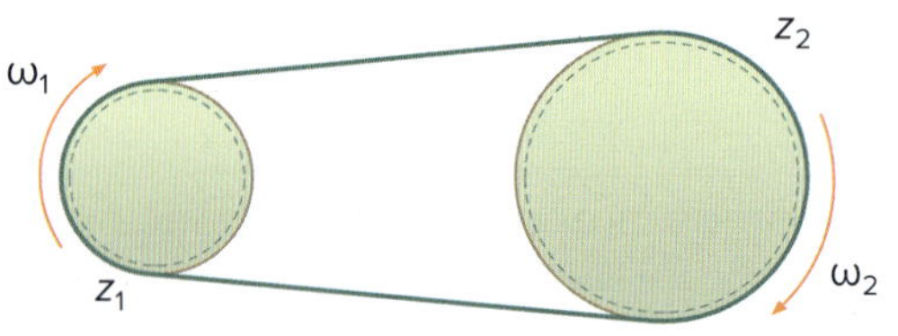

Solución:

a) Como el enunciado no lo indica, podemos tomar el piñón de 20 dientes como el piñón conductor. Se cumple entonces que:

$$i = \frac{\omega_1}{\omega_2} = \frac{z_2}{z_1} = \frac{40}{20} = 2$$

b) Como $i > 1$, se trata de un mecanismo reductor de la velocidad.

Sistema de tornillo sin fin y corona

Es un mecanismo de transmisión circular formado por un tornillo sin fin, que va acoplado al eje motor, y una rueda dentada (corona), que va acoplada al eje receptor.

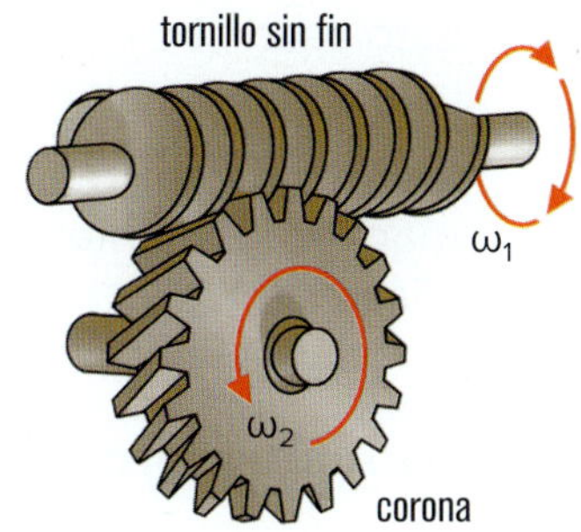

El tornillo tiene un único diente tallado en forma de hélice. Cuando el tornillo da una vuelta completa, la corona avanza un solo diente. Así, para conseguir que la corona dé una vuelta completa, el tornillo deberá girar tantas veces como dientes tenga la corona.

Se cumple que $\omega_1 z_1 = \omega_2 z_2$.

Al ser z_1 (número de dientes del tornillo) igual a 1, la relación de transmisión se establece como:

$$i = \frac{\omega_1}{\omega_2} = \frac{z_2}{1} = z_2$$

donde z_2 es el número de dientes de la corona.

Características y aplicaciones del sistema de tornillo sin fin y corona:

- Es un excelente reductor de velocidad.
- Ocupa poco espacio y es silencioso.
- El movimiento no es reversible: el tornillo mueve la corona y no puede hacerse a la inversa, porque el mecanismo se bloquea. Esto es muy apreciado como medida de seguridad.
- Se utiliza en el tensor de las cuerdas de algunos instrumentos musicales, limpiaparabrisas de los vehículos, reductoras de los ascensores...

EJERCICIO RESUELTO 6

En un sistema simple de tornillo sin fin y corona, la corona tiene 40 dientes y gira a 100 r. p. m. Calcula la velocidad de giro del tornillo.

Datos: $z_2 = 40$
$\omega_2 = 100$ r. p. m.

Incógnita: $\omega_1 = ?$

Solución:

Aplicamos la ecuación de la relación de transmisión:

$$i = \frac{\omega_1}{\omega_2} = \frac{z_2}{z_1}$$

Como, en este mecanismo, el elemento conductor es el tornillo y su número de dientes es 1, se cumple que:

$$i = \frac{\omega_1}{\omega_2} = \frac{z_2}{1} \Rightarrow \omega_1 = z_2 \cdot \omega_2 = 40 \cdot 100 = 4.000\,\text{r.p.m.}$$

Se puede observar la gran reducción de velocidad que ofrece este mecanismo, y se comprueba que la velocidad de la corona es muchísimo menor que la del tornillo.

ACTIVIDADES

9. **¿Qué es un engranaje? ¿Qué ventaja tiene en comparación con el sistema de transmisión de las ruedas de fricción?**
10. **¿Qué es la relación de transmisión? ¿Qué fórmula utilizamos para calcular la relación de transmisión entre las ruedas de un engranaje?**

3. Mecanismos transformadores del movimiento

Determinados mecanismos no sólo transmiten el movimiento, sino que, además, lo transforman.

Esto es lo que ocurre, por ejemplo, en un pintalabios. Para que suba o baje la barra (movimiento lineal), giramos la base (movimiento circular).

De los mecanismos que transforman el movimiento, vamos a ver cómo actúan los siguientes: el tornillo-tuerca, el piñón-cremallera, la biela-manivela y la leva.

Tornillo-tuerca

Está formado por un tornillo (o husillo) y una tuerca. El movimiento circular del tornillo se transforma en movimiento lineal de avance en la tuerca, y viceversa.

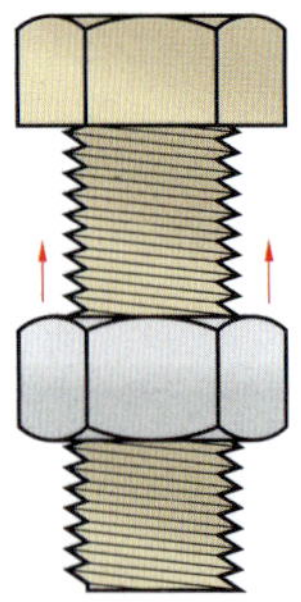

Características y aplicaciones del tornillo-tuerca:

- Es muy buen reductor de velocidad. El tornillo puede girar rápidamente pero la tuerca se desplaza linealmente de forma más lenta.
- Se puede utilizar de forma reversible: podemos hacer girar la tuerca para conseguir movimiento lineal del tornillo (como en un taburete de los que tenemos en el taller de tecnología) o hacer girar el tornillo y conseguir movimiento lineal de la tuerca (como en un sargento).
- Se utiliza en tornillos de banco, gatos elevadores de vehículos, grifos, pintalabios, taburetes de taller...

Piñón-cremallera

Está formado por una rueda dentada (piñón) que engrana con una barra dentada (cremallera). El movimiento circular del piñón se transforma en movimiento lineal en la cremallera.

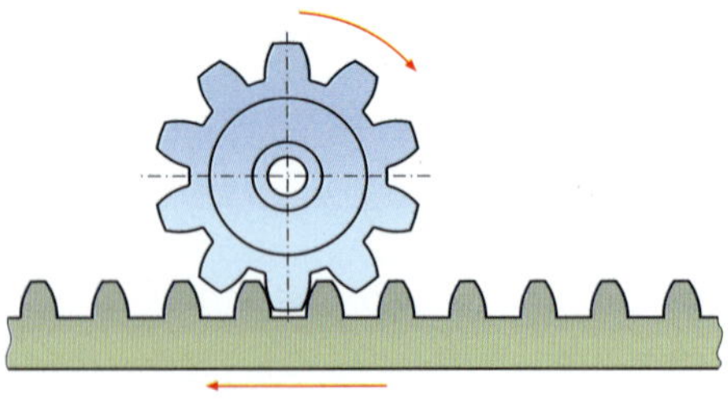

Características y aplicaciones del piñón-cremallera:

- Proporciona una transmisión muy suave y precisa.
- Se puede utilizar de forma reversible: el elemento motor puede ser tanto el piñón como la cremallera.
- Se utiliza en sacacorchos, puertas de garaje, taladros verticales, trenes en elevadas pendientes...

Biela-manivela

Es un mecanismo formado por una barra rígida (biela) articulada en sus extremos y unida a una manivela en un extremo y un émbolo o pistón en el otro.

El movimiento circular de la manivela (motor) se transforma en movimiento lineal alternativo del émbolo (receptor).

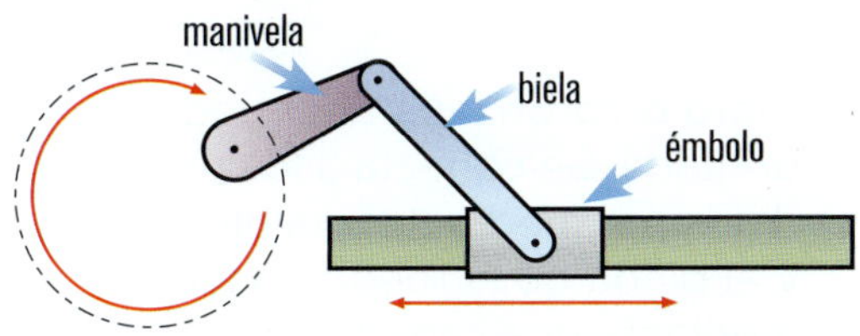

Escanea este código para ver el funcionamiento del mecanismo biela-manivela en el Museo del Ferrocarril de Núremberg (Alemania).

Características y aplicaciones de la biela-manivela:

- Se puede utilizar de forma reversible: podemos hacer que el elemento motor sea el émbolo y, de ese modo, gire la manivela.
- Se utiliza en máquinas de coser, locomotoras de vapor, motores de combustión de los vehículos...

En determinadas ocasiones necesitamos que se muevan varias bielas accionadas a la vez. En este caso, todas las manivelas de las bielas se cambian por un eje acodado denominado **cigüeñal**, que permite transmitir el movimiento a todas las bielas cuando es requerido.

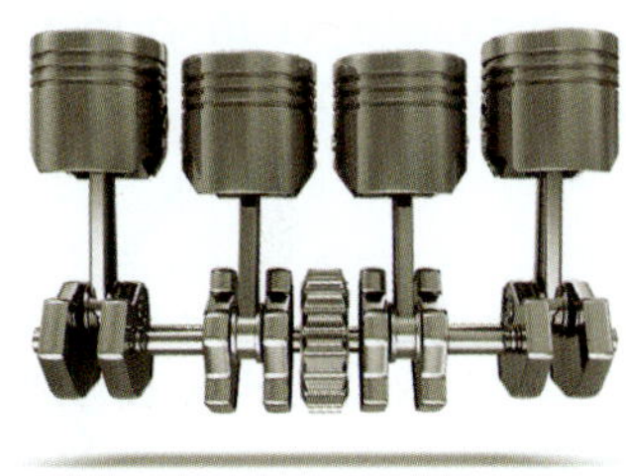

Leva

Es una pieza de contorno especial, generalmente ovoide, que va unida a un eje (motor) y que, al girar, acciona un elemento, denominado **seguidor**. El seguidor está en contacto permanente con la leva, gracias a la acción de un muelle.

Cuando la parte saliente de la leva entra en contacto con el seguidor, el movimiento circular de la leva es transmitido por el seguidor en forma lineal alternativa.

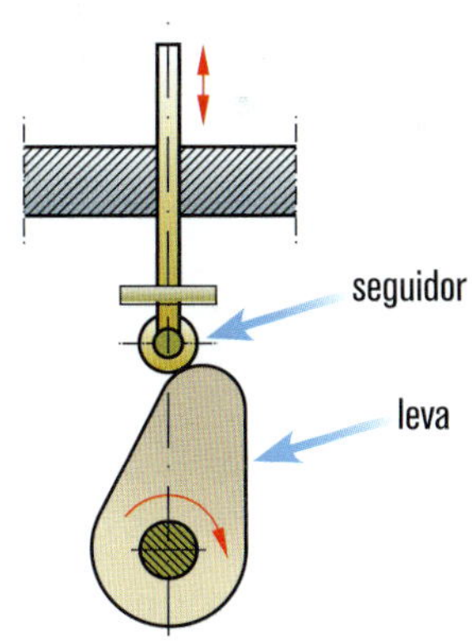

Características y aplicaciones de la leva:

- Transforma el movimiento circular en lineal alternativo, pero de corto recorrido.
- Se utiliza en programadores de lavadoras (apertura y cierre de circuitos), máquinas cortapelo, carretes de pesca...

ACTIVIDADES

- 11. **Haz un esquema de los mecanismos de transformación del movimiento que hemos estudiado en este apartado.**
- 12. **¿Qué significa que un mecanismo sea reversible? Anota el nombre de cuatro mecanismos de este tipo y describe cómo funcionan.**

4. Aplicaciones. Mecanismos en objetos de uso cotidiano

Bicicleta

El movimiento de una bicicleta se produce en los pedales y se transmite hasta la rueda posterior.

Esta transmisión de movimiento se lleva a cabo por medio de mecanismos. Sus elementos principales son:

Escanea este código para ver el vídeo “Cómo se inventó la bicicleta”, del canal Happy Learning Español.

- **Pedales.** En ellos aplicamos la fuerza para iniciar el movimiento. Se unen al plato por medio de la biela.
- **Plato o corona.** Es una rueda dentada. Se conecta a los pedales por medio de una biela, y al piñón de la rueda trasera mediante una cadena.

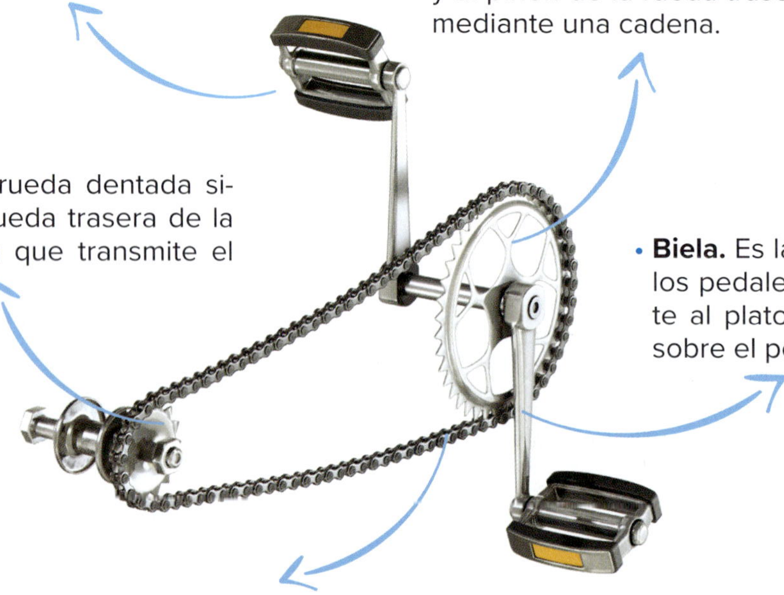

- **Piñón.** Es la rueda dentada situada en la rueda trasera de la bicicleta, a la que transmite el movimiento.
- **Biela.** Es la barra fija que une los pedales al plato. Transmite al plato la fuerza ejercida sobre el pedal.
- **Cadena.** Conecta las dos ruedas dentadas del mecanismo (plato y piñón) y transmite el movimiento desde una hasta la otra.

Las bicicletas tienen generalmente piñones de distinto tamaño situados concéntricamente (se denominan *cambios*). De esta forma, el ciclista puede elegir la combinación de plato y piñón que mejor se adapte a las condiciones del terreno por el que vaya a desplazarse, y obtener así reducciones o multiplicaciones de velocidad o potencia.

- Si se selecciona un piñón mucho menor que el plato, por cada vuelta del plato el piñón dará muchas. Esto aumenta la velocidad de la bicicleta (multiplicador de velocidad) pero, a cambio, la transmisión de potencia desde el plato al piñón es muy pequeña. Esta combinación es elegida cuando el ciclista recorre llanos en los que no es necesario transmitir un gran esfuerzo a la rueda trasera.
- Si se selecciona el piñón mayor, casi toda la fuerza se transmitirá desde el plato hasta la rueda trasera. Sin embargo, el número de vueltas del piñón no será mucho mayor que el del plato, con lo que no aumentará significativamente la velocidad. Esta combinación es elegida cuando el ciclista recorre pendientes del terreno en las que es necesario un fuerte impulso en la rueda trasera.

El número de combinaciones de velocidad aumenta en las bicicletas cuando, además de varios piñones, se agregan varios platos al sistema mecánico, y con ello se consiguen mejores resultados con menos esfuerzos.

Sacacorchos

El sacacorchos está formado por dos brazos que actúan como palancas, terminados en dos piñones que engranan con una cremallera.

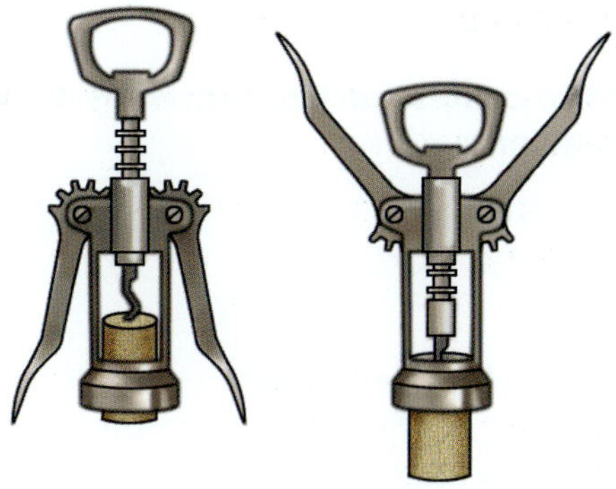

Para sacar el corcho de una botella, introducimos en el corcho la punta helicoidal en que finaliza la cremallera (a medida que va entrando esta punta en el corcho, el descenso de la cremallera hace que, por medio de los piñones, los brazos se vayan levantando). Cuando los brazos llegan hasta arriba, los bajamos y entonces los piñones arrastran a la cremallera, que sube llevando consigo el corcho de la botella.

Reloj mecánico

Los relojes mecánicos están formados por engranajes rectos conectados entre sí (trenes de engranajes).

El impulso motor lo reciben o bien de pesas colgantes o bien de muelles extensibles (cuerda) que ponen en movimiento la rueda motriz.

La rueda motriz transmite el giro a un piñón que da una vuelta completa en una hora.

El piñón acciona directamente la aguja que indica los minutos (minutero), que, al igual que el piñón, completará una vuelta en una hora.

El movimiento de la aguja de las horas se ve reducido por una serie de engranajes unidos al piñón que reducen la velocidad en una doceava parte de la velocidad del piñón. Así, por cada vuelta completa del piñón, la aguja horaria avanzará únicamente una hora.

Engranajes de un reloj mecánico. La rueda blanca cerrada es la rueda motriz.

El piñón (rueda negra) mueve la aguja de los minutos. Las ruedas verde y rosa se ocupan de ajustar el movimiento de la aguja horaria.

El reloj astronómico de Praga

El reloj astronómico del Ayuntamiento de Praga (República Checa), cuya construcción data de la Edad Media, es uno de los más bellos relojes mecánicos que se conocen. Además de las horas, incluye un cuadrante astronómico con las posiciones del Sol y la Luna, un calendario circular que representa los meses del año y las figuras de los doce apóstoles, que aparecen cuando el reloj marca cada hora.

Máquinas y mecanismos

13. **Indica cuáles son los elementos motor, transmisor y receptor en las siguientes máquinas:**

a)

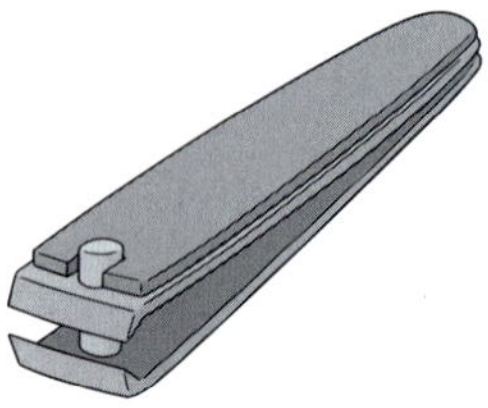

b)

c)

d)

e)

f)

Mecanismos transmisores del movimiento

Palancas

14. **Haz un dibujo de las siguientes palancas e indica en cada uno de ellos dónde se encuentran la potencia, la resistencia y el fulcro: tijeras, cascanueces, pinzas de depilar, carretilla, abrebotellas, caña de pescar, balancín. Indica de qué grado es cada palanca.**

15. **Tenemos una palanca de primer grado con un brazo que mide el doble que el otro. Queremos colocar una carga de 20 kg en un brazo y una carga de 40 kg en el otro. ¿Cómo las debemos situar para que la palanca permanezca en equilibrio?**

16. **El peso de la carga de la carretilla es de 50 N. ¿Qué fuerza debo aplicar en el extremo para levantarla?**

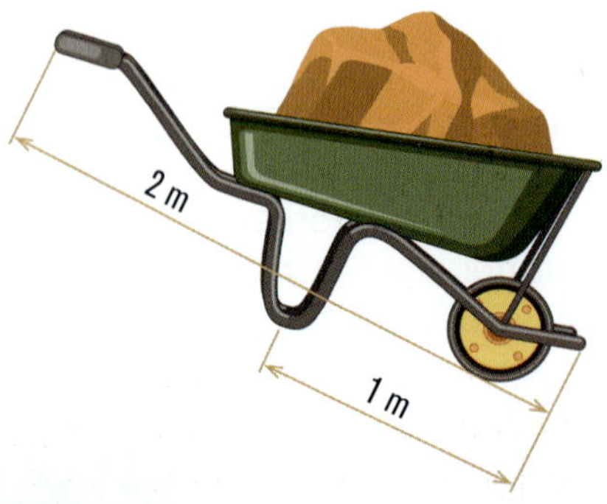

• 17. **Si la fuerza máxima que puede aplicar el pescador es de 200 N, ¿cuál es el peso máximo del pez que podrá pescar? Indica de qué grado es la palanca utilizada en la caña de pescar.**

•• 18. **Calcula el valor de la fuerza que será necesario aplicar para vencer la resistencia en cada caso. Indica también para cada caso de qué tipo de palanca se trata. Lleva cuidado con las medidas que tomas como brazo de potencia y brazo de resistencia.**

a)

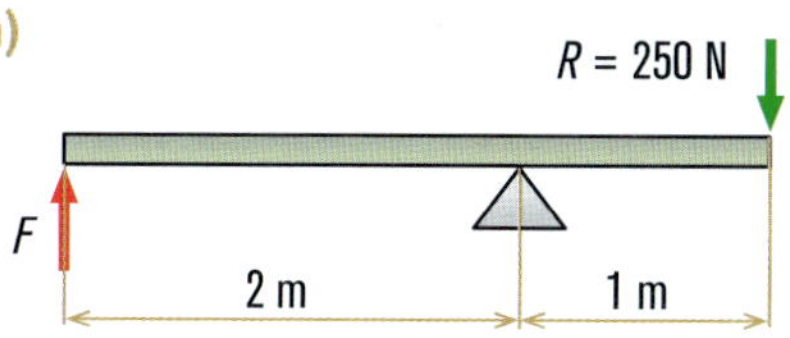

b)

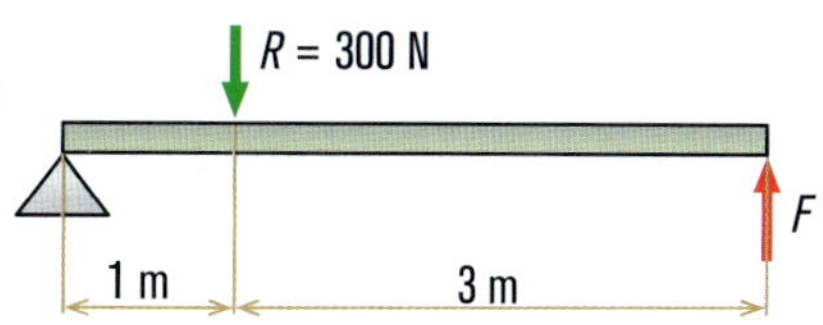

c)

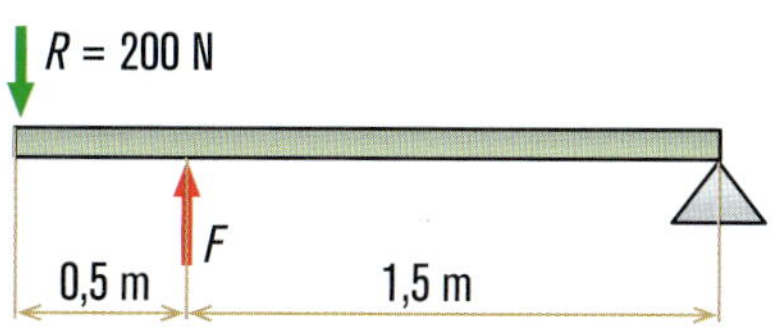

d)

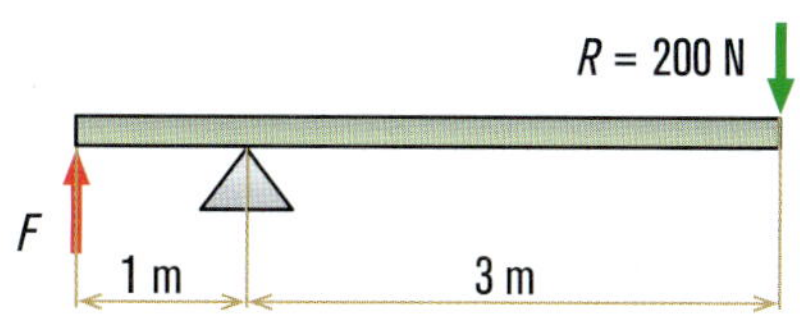

Poleas, ruedas de fricción y sistemas de poleas y correa

••• 19. **Calcula la fuerza que hay que hacer en cada caso para elevar los pesos indicados:**

a)

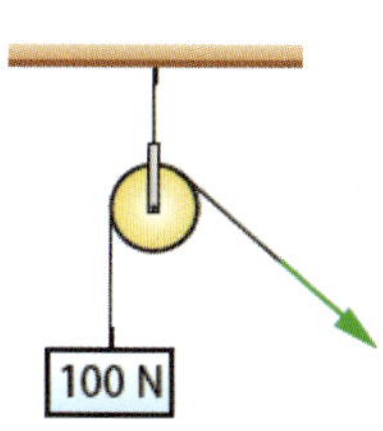

b)

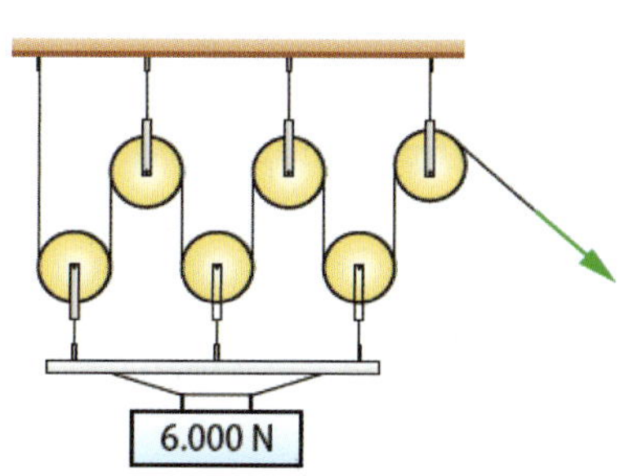

c)

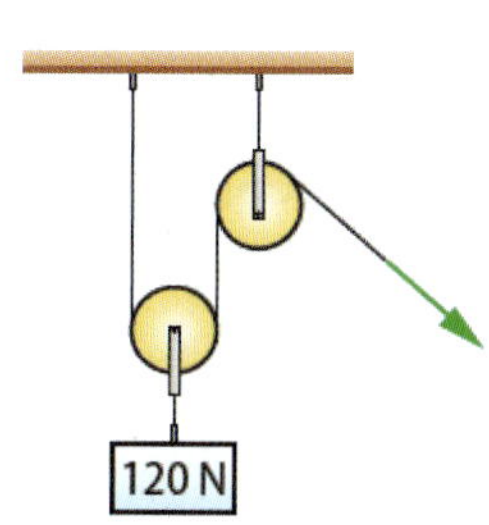

•• 20. **En una impresora, el avance del papel se produce por la actuación de un par de ruedas de fricción en el que el radio de la rueda conductora mide 10 mm y el de la rueda conducida mide 30 mm. Si la conductora gira a 200 r. p. m., calcula a qué velocidad girará la conducida. Calcula también la relación de transmisión del sistema.**

- 21. **Si en la impresora del ejercicio anterior quisiéramos que la velocidad de la rueda conducida fuera mayor que la de la rueda conductora, ¿cómo deberíamos modificar el mecanismo? ¿Qué radio debería tener esta rueda para que girase a 400 r. p. m.?**

- 22. **La relación de transmisión de un sistema de ruedas de fricción es de 5:1 y la distancia entre sus ejes es de 60 mm. Calcula los radios de las ruedas y la velocidad de giro de la rueda conducida, si la conductora gira a 2.500 r. p. m.**

- 23. **Indica en qué sentido giran las siguientes poleas, sabiendo que en cada caso la de la izquierda es la polea motriz o conductora, que gira siempre en el sentido de las agujas del reloj. Señala, además, si se trata de mecanismos reductores o multiplicadores de la velocidad.**

a) 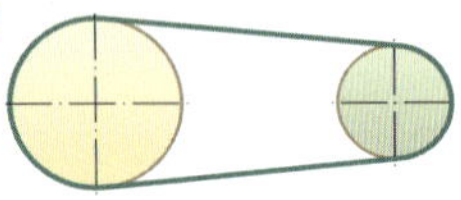
b) 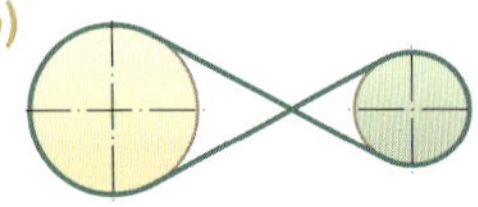
c) 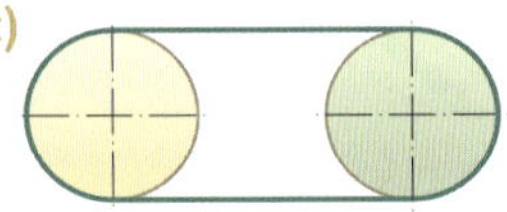
d) 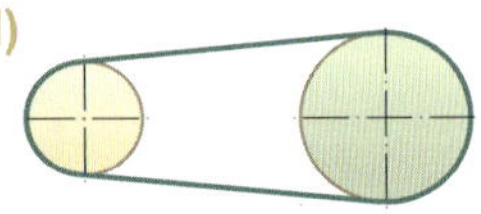

- 24. **Dibuja un mecanismo formado por dos poleas (la de la izquierda, más pequeña) unidas mediante una correa. ¿Giran las dos a la misma velocidad? ¿Cuál gira más rápido?**

- 25. **Tenemos una polea de 20 cm de diámetro que gira a 100 r. p. m. conducida por una polea de 60 cm de diámetro mediante una correa.**
  a) Representa en un dibujo el sistema planteado e indica cuál es la polea motriz y cuál la conducida.
  b) Calcula la relación de transmisión.
  c) ¿A qué velocidad girará la polea conductora?
  d) ¿Es un mecanismo reductor o multiplicador de la velocidad?

- 26. **Halla para cada uno de los siguientes sistemas de poleas y correa la magnitud que falta:**

a) 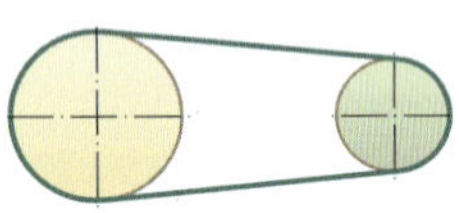
b) 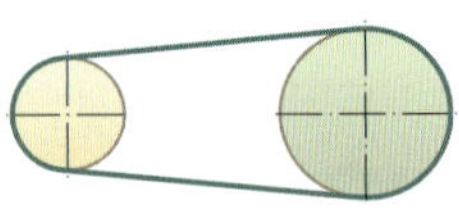
c) 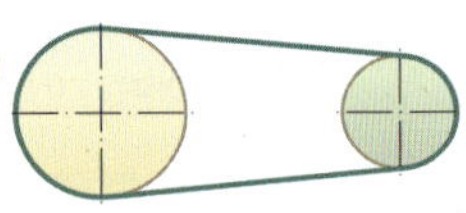
d) 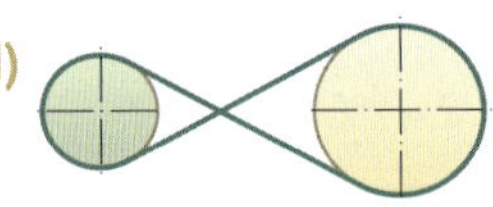

a)	b)	c)	d)
d_1 = 100 cm	d_1 = ?	d_1 = 50 cm	d_1 = 20 cm
ω_1 = 300 r. p. m.	ω_1 = 400 r. p. m.	ω_1 = ?	ω_1 = 600 r. p. m.
d_2 = 50 cm	d_2 = 40 cm	d_2 = 10 cm	d_2 = ?
ω_2 = ?	ω_2 = 100 r. p. m.	ω_2 = 100 r. p. m.	ω_2 = 200 r. p. m.

Engranajes y sistemas de piñones y cadena

- 27. **Indica cómo construir un mecanismo multiplicador de velocidad con una rueda dentada de 10 dientes y una de 40 dientes. Señala cuál de ellas será la motriz y cuál la conducida. Calcula la relación de transmisión.**

- 28. **Tenemos un engranaje formado por una rueda pequeña de 10 dientes y una grande de 30 dientes.**
  a) Si la rueda pequeña gira en el sentido de las agujas del reloj, ¿en qué sentido girará la grande?
  b) Si la rueda pequeña da 10 vueltas por minuto, ¿cuántas vueltas por minuto dará la grande?
  c) Si la rueda grande da 10 vueltas por minuto, ¿cuántas vueltas por minuto dará la pequeña?

- 29. **Tenemos una rueda de 45 dientes que gira a 3.000 r. p. m. y que engrana con una rueda de 15 dientes. ¿Cuál es la relación de transmisión en este engranaje? ¿A qué velocidad gira la rueda de 15 dientes? Si la rueda de mayor tamaño gira hacia la derecha, ¿hacia dónde gira la menor? ¿Se trata de un mecanismo reductor o multiplicador de la velocidad?**

30. **Halla en cada caso la magnitud que falta:**

a) 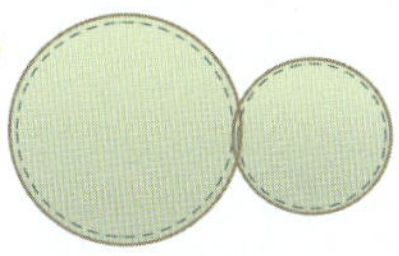

z_1 = 100 cm
ω_1 = 400 r. p. m.
z_2 = 50 cm
ω_2 = ?

b) 

z_1 = ?
ω_1 = 400 r. p. m.
z_2 = 30 cm
ω_2 = 100 r. p. m.

c) 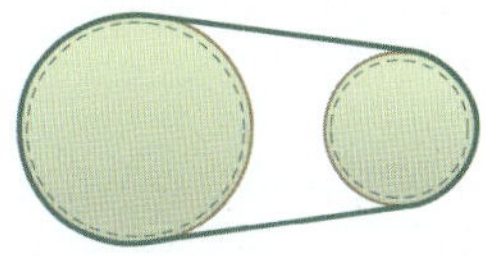

z_1 = 50 cm
ω_1 = ?
z_2 = 20 cm
ω_2 = 200 r. p. m.

Sistemas de tornillo sin fin y corona

31. **¿Cuántas vueltas dará un tornillo sin fin si la corona con la que engrana, que tiene 40 dientes, da tres vueltas completas?**

32. **Un tornillo sin fin gira a 1.500 r. p. m. y la corona con la que engrana lo hace a 5 r. p. m. Calcula la relación de transmisión del sistema y el número de dientes de la corona.**

Mecanismos transformadores del movimiento

33. **Explica qué es una leva e indica tres aplicaciones de este mecanismo.**

34. **Explica qué es el mecanismo de biela-manivela e indica una aplicación.**

35. **Explica en qué tipo de movimiento transforman el movimiento circular los siguientes mecanismos: engranaje, tornillo-tuerca, biela-manivela y piñón-cremallera.**

Aplicaciones. Mecanismos en objetos de uso cotidiano

36. **Analiza los siguientes objetos de uso cotidiano e indica qué mecanismos crees que actúan en cada uno de ellos: pinza de la ropa, batidora de varillas, guitarra clásica.**

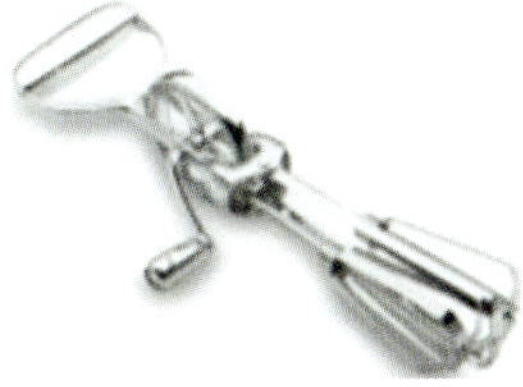

37. **Busca en Internet información sobre el mecanismo de Anticitera y contesta las siguientes preguntas:**

a) ¿Para qué sirve?
b) ¿De qué época es?
c) ¿De qué mecanismos se compone?
d) ¿Dónde se encontró?

Práctica 1. Lapbook de mecanismos

Materiales y herramientas

- Un portafolios de cartulina
- Restos de cartulinas
- Fundas de plástico transparentes
- Papeles de colores

Duración: 100 minutos

Objetivos

- Repasar los mecanismos tratados en la unidad
- Conocer opciones diferentes para presentar la información de forma visual
- Desarrollar la creatividad y el gusto estético

Planteamiento de la propuesta

Te proponemos que presentes en formato de lapbook los contenidos estudiados en esta unidad, utilizando restos de materiales disponibles en el taller.

Montaje paso a paso

1. Lo primero que necesitas es disponer de un portafolios de cartulina similar al de la figura 1.
2. Dobla el portafolios de modo que los dos lados se encuentren en el medio (figura 2).
3. Cuando abras el lapbook quedará libre la zona que almacenará toda la información (figura 3).
4. Si necesitas más espacio, puedes añadir una extensión de carpeta con otro portafolios: deberás doblarlo del mismo modo y añadirlo en un lateral del primer portafolios (figura 4).
5. El lapbook cerrado debe quedar como en la figura 5.

Fig. 1

Fig. 2

Fig. 3

Fig. 4

Fig. 5

Una vez creado el lapbook, debes analizar qué contenidos aparecerán en él y cómo situarlos. Puede incluir los siguientes contenidos:

a) Un esquema de los mecanismos: transmisores y transformadores de movimiento.

b) Fichas de cada mecanismo. Puedes hacerlas sobre papeles de colores o restos de cartulinas. En cada una debe aparecer una imagen del mecanismo y una pequeña explicación de su funcionamiento. Puedes plastificar las fichas con fundas de plástico transparentes.

c) Sobres hechos con papeles de colores, para alojar las fichas de información que hagas. Estos sobres los puedes pegar en los laterales del lapbook.

d) Análisis de máquinas. A modo de sugerencia te proponemos que estudies tres máquinas: grapadora, abrelatas y taladradora de papel. Intenta determinar para cada máquina su función, las partes que la forman y los mecanismos que contiene. Esta información la puedes recoger en cuadernillos de cartulina y pegarlos en tu lapbook.

DESAFÍO

- Uno de los grandes inventores de la historia fue Leonardo da Vinci. Busca en Internet información sobre sus inventos y su vida. Coloca una pequeña biografía de Leonardo en el otro lateral del lapbook, dentro de un sobre o formando un minilibro.

FÍJATE Y RESUELVE

1. ¿Qué parte del proceso te ha parecido más complicada? ¿Por qué?
2. ¿Qué técnicas nuevas has aprendido con esta práctica?

Práctica 2. Reductores de velocidad

Materiales y herramientas

- Restos de contrachapado
- Cola blanca o pistola de pegamento termofusible
- Gomas elásticas
- Lija, compás, segueta, gato o sargento
- Un motorcillo eléctrico sin reductora
- Un motorcillo eléctrico con reductora

Duración: 50 minutos

Objetivos

- Determinar la utilidad de los reductores de velocidad y comprender su funcionamiento
- Utilizar el mecanismo de poleas y correa
- Conocer cómo reducir la velocidad mediante mecanismos con engranajes

Planteamiento de la propuesta

Los motores eléctricos que habitualmente se utilizan en los talleres de tecnología giran a velocidades muy elevadas (de más de 10.000 r. p. m.). Sin embargo, a menudo necesitamos un giro más lento para nuestros proyectos (norias, juguetes, etc.). Para obtener velocidades menores usamos mecanismos de reducción de la velocidad como los que has estudiado en esta unidad. En esta ocasión vas a construir un mecanismo de poleas y correa.

Montaje paso a paso

1. Dibuja en el contrachapado dos circunferencias (recuerda que cuanto más grandes sean, más lento se moverá el proyecto). Dibuja una tercera circunferencia, algo menor.
2. Corta las tres circunferencias y lija sus bordes hasta que queden lisos.
3. Pégalas juntas con cola blanca o pegamento termofusible, situando la menor en medio de las otras. Sujétalas firmemente con un gato o sargento y espera hasta que la unión sea sólida.
4. Coloca la polea creada en el eje conducido. En el proyecto de la imagen la hemos pegado en el lateral de la noria.
5. Une esta polea al eje del motor con una goma elástica. Asegúrate de que la goma no quede demasiado tensa (un exceso de tensión dificultaría el giro del sistema).

Otros reductores de velocidad

En el taller existen los llamados *motores con reductora*, que llevan junto a su eje un sistema reductor de velocidad formado por engranajes.

1. Pide un motor como el de la imagen a tu profesor. Observa que al eje del motor va unido un pequeño piñón, que engrana con una rueda mayor. Aquí se produce la primera reducción de velocidad.
2. Observa también que, solidario a dicha rueda, gira un pequeño piñón que se encarga de transmitir la velocidad reducida a otra rueda mayor, la última. Aquí se produce una nueva reducción. El eje que pasa por esta última rueda es el eje del sistema y su velocidad será mucho menor que la proporcionada por un motor sencillo.

DESAFÍO

- Diseña un juguete que utilice un sistema reductor de velocidad hecho con poleas. El juguete debe ser movido por un motor sencillo del taller.

FÍJATE Y RESUELVE

- Mide el diámetro del reductor que has creado y el diámetro del eje del motor del taller. Calcula la reducción de velocidad que proporciona tu reductora.

Práctica 1. Simulación de mecanismos con Yenka: piñones y cadena

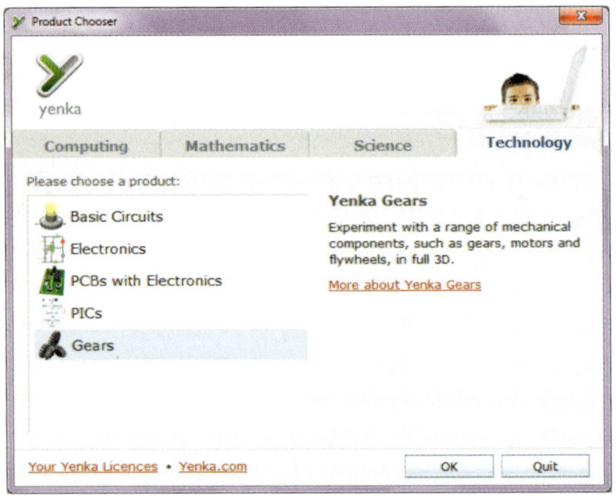

Fig. 6

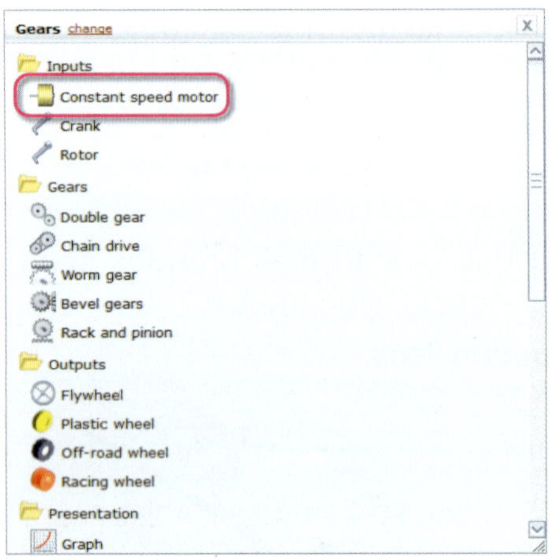

Fig. 7

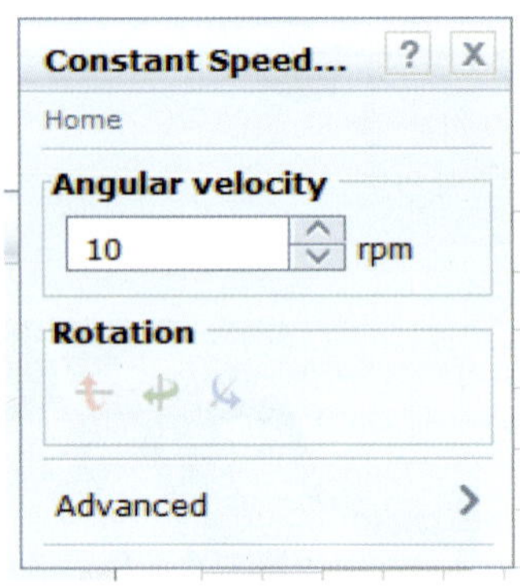

Fig. 8

Yenka es una aplicación de licencia freeware para uso educativo que podemos descargar y utilizar para simular y aprender el funcionamiento de los mecanismos (entre otras opciones).

Para realizar estas prácticas puedes descargarte la versión Yenka (www.yenka.com) con cualquiera de las tres licencias posibles: escolar (de pago), de prueba (15 días) o de uso en casa (gratuita).

1. Entra en Yenka. Aparecerá una pantalla como la de la figura 6. En la solapa **Technology**, escoge la opción **Gears** y pulsa **OK**.
2. En la pantalla siguiente, haz clic en **New** para crear un nuevo proyecto. En la barra lateral, escoge dentro de la opción **Inputs** la imagen de un **motor** (figura 7) y arrástrala hasta la ventana. Verás que aparece una cuadrícula donde podrás componer tu mecanismo.
3. Haz doble clic sobre el motor y ajusta su velocidad a **10** r. p. m. (figura 8).
4. Arrastra sobre el eje del motor un sistema de piñones y cadena (*chain drive*).
5. Haz doble clic sobre este mecanismo. En la primera rueda (*gear 1*), en la opción **Number of teeth** (número de dientes), pon **20**. En la otra (*gear 2*) repite la operación y ajusta su número de dientes a **40**.
6. Si no ves bien el funcionamiento del mecanismo, en la parte inferior derecha de la ventana tienes un menú que contiene la opción **Rotate the space**. Pulsa esta opción y, a continuación, haz clic sobre el mecanismo y arrastra para verlo desde otros puntos de vista. Observa el giro de las ruedas.
7. En la barra lateral, dentro de la opción **Presentation**, escoge **Number** y arrástralo sobre la cuadrícula de trabajo. Verás que aparece una señal de centrado al lado de la palabra **Property**. Haz clic en la señal y arrastra hasta el motor del mecanismo. Comprueba que ahora aparece el icono del motor en lugar de la señal de centrado.
8. Haz doble clic en la palabra **Property** y escoge **Ang. vel.** para que se muestre la velocidad angular del motor. Comprueba que es de 10 r. p. m., como ajustaste en el paso 3.
9. Repite los pasos 7 y 8 para todas las ruedas del mecanismo. Selecciona **Ang. vel. Gear 1** (velocidad angular de la rueda 1) y **Ang. vel. Gear 2** (velocidad angular de la rueda 2) y comprueba que aparece la velocidad de rotación de ambas ruedas (figura 9).
10. Guarda el proyecto como **UD04_P1_nombreapellido.yka**.

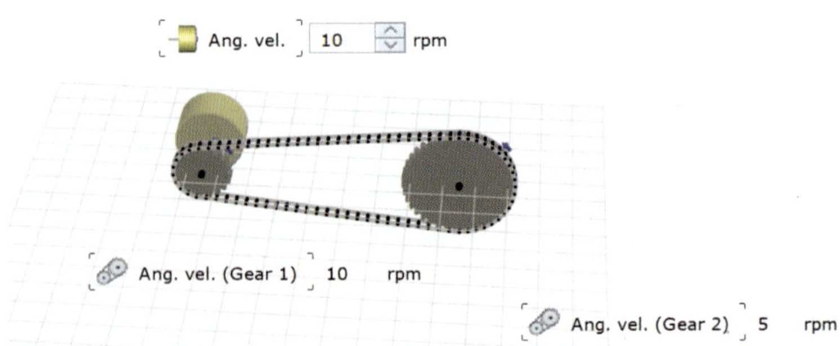

Fig. 9

DESAFÍO

- Modifica el proyecto anterior para que la velocidad de salida de la rueda conducida sea mayor que la velocidad de la rueda conductora. Guarda el proyecto como **UD04_P1_nombreapellido_desafio1.yka**.

Práctica 2. Simulación de mecanismos con Yenka: tornillo sin fin y corona

1. Entra en Yenka. En la solapa **Technology**, escoge **Gears** y haz clic en **OK**. En la pantalla que aparece, haz clic en **New** para crear un nuevo proyecto.
2. En la barra lateral, escoge dentro de la opción **Inputs** la imagen de un **motor** y arrástrala hasta la ventana.
3. Haz doble clic sobre el motor y ajusta su velocidad a **10** r. p. m.
4. Arrastra sobre el eje del motor un sistema de tornillo sin fin y corona (*worm gear*). Puedes hacer doble clic sobre este mecanismo y utilizar las herramientas de rotación para situarlo adecuadamente sobre el eje del motor (figura 10).
5. Modifica ahora las propiedades del tornillo y la corona haciendo doble clic sobre el mecanismo. En el tornillo (*worm*), en la opción **Tooth size** (tamaño de los dientes), selecciona **Medium**. En la corona (*gear*), en la opción **Number of teeth** (número de dientes), pon **100**.
6. Haz clic y, sin soltar, arrastra los ejes de la corona para hacerlos más largos.
7. En la opción **Outputs**, selecciona **Plastic wheel** (rueda de plástico) y sitúala en el eje de la corona, como en la figura 11.
8. Guarda el proyecto como **UD04_P2_nombreapellido.yka**.

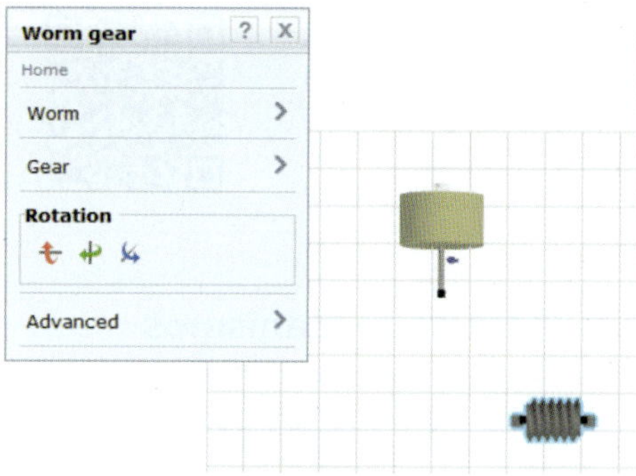

Fig. 10

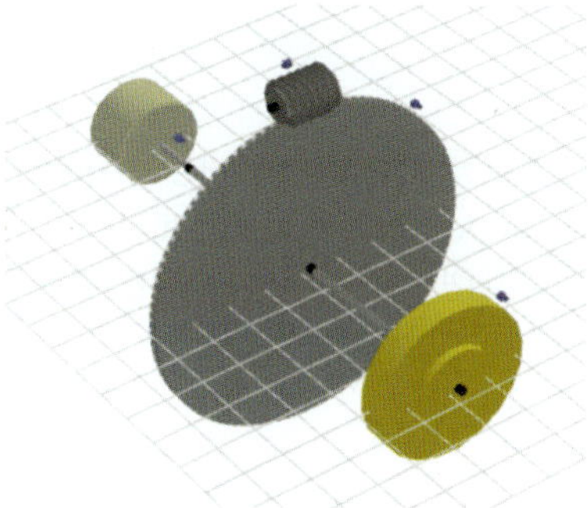
Fig. 11

DESAFÍO

- Modifica el proyecto anterior incluyendo los elementos **Number** de la opción **Presentation** necesarios, tal y como has aprendido en la práctica anterior, para comprobar que la rueda de plástico gira 100 veces más despacio que el tornillo. Guarda el proyecto como **UD04_P2_nombreapellido_desafio1.yka**.

Práctica 3. Simulación de mecanismos con Crocodile Clips

Existe una versión anterior a Yenka Technology, conocida como Crocodile Clips 3.5, que sólo permite ver los mecanismos en 2D. Sin embargo, por ser ampliamente utilizada y estar disponible en muchos centros escolares, puedes necesitar aprender también a trabajar con ella.

Los elementos se añaden desde la barra de herramientas superior, escogiendo los mecanismos y motores deseados (figura 12).

A diferencia de Yenka, la versión de Crocodile Clips necesita que el motor sea alimentado por una pila o batería y que esté dentro de un circuito eléctrico para poder comprobar su funcionamiento.

Haciendo doble clic en los mecanismos se pueden modificar sus propiedades.

Reproduce el proyecto de la figura 13 utilizando Crocodile Clips. Una vez completado, guarda el proyecto como **UD04_P3_nombreapellido.ckt**.

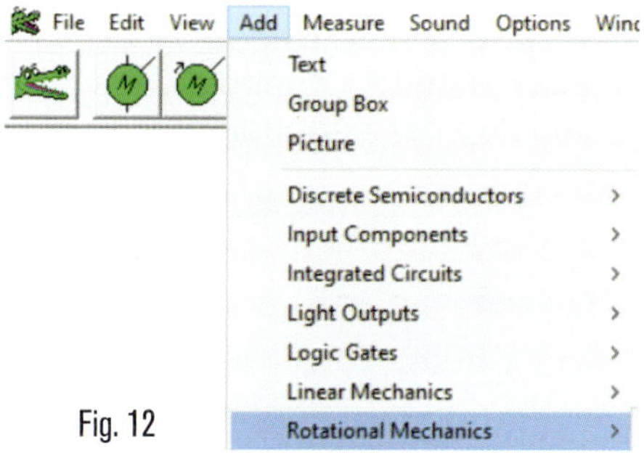

Fig. 12

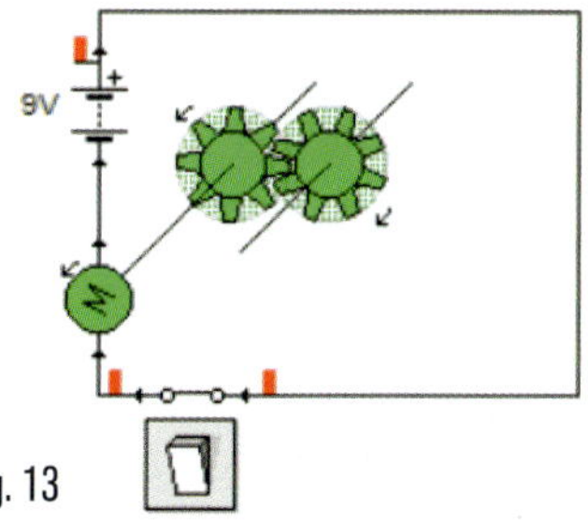

Fig. 13

ZONA web

Realiza las siguientes actividades accediendo a tu zona web.

Las actividades señaladas con el sello **"tu nota en un clic"** dan la opción de, una vez realizadas, imprimirlas en un **archivo PDF** con el **nombre y apellido del alumno** y la **puntuación obtenida sobre 10**.

Para acceder a tu zona web una vez registrado el libro:

1. Entra en www.editorialdonostiarra.com.
2. Accede a **Zona privada** (sección **Alumno**) y haz clic en **Acceso a la zona web**.
3. Teclea tu e-mail y contraseña.

1 Test de mecanismos

tu nota en un clic

Accede a la actividad **UD04 01 Test de la unidad** y comprueba tus conocimientos.

2 Vocabulario de la unidad

tu nota en un clic

Accede a la actividad **UD04 02 Vocabulario** y selecciona para cada una de las definiciones que se presentan la palabra clave que le corresponde.

3 Esquema de contenidos

tu nota en un clic

Accede a la actividad **UD04 03 Esquema de contenidos** y completa el esquema de contenidos de la unidad con las palabras propuestas.

4 Definiciones de mecanismos

Accede a la actividad **UD04 04 Definiciones de mecanismos** y conecta cada definición con el mecanismo correspondiente.

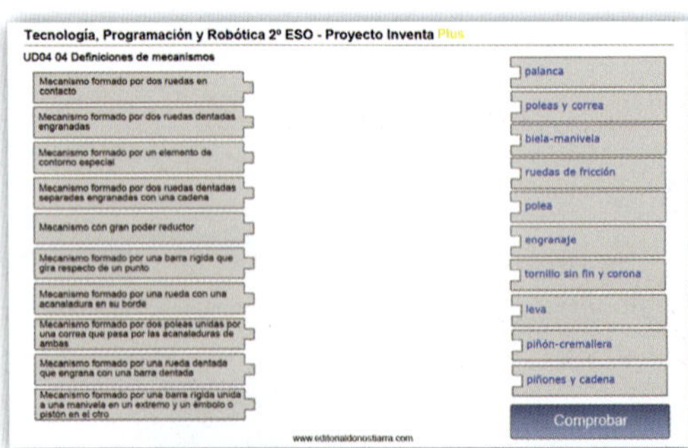

5 ¿Verdadero o falso?

Accede a la actividad **UD04 05 ¿Verdadero o falso?** y di si son verdaderas o falsas las afirmaciones que se presentan.

6 Máquinas simples y compuestas

Accede a la actividad **UD04 06 Máquinas simples y compuestas** e indica para cada imagen si se trata de una máquina simple o una máquina compuesta.

EL RINCÓN de la comunicación

Compartir programas

Vamos a aprender a reinventar proyectos que han hecho otras personas y a compartir los nuestros. Después añadiremos esta información a nuestro blog.

1. Entra en https://scratch.mit.edu con tu nombre de usuario y tu contraseña habituales.
2. Puedes encontrar programas ya elaborados escribiendo etiquetas en el buscador de Scratch. En nuestro caso, vamos a escribir directamente en la barra del navegador la dirección de un proyecto compartido. Teclea la siguiente URL en tu navegador: https://scratch.mit.edu/projects/61695170.
3. Aparecerá un proyecto sobre engranajes y relación de velocidades (figura 14). Haz clic en **Ver dentro**. Arriba a la derecha haz clic en **Reinventar** para guardar una copia de este proyecto y añadir tus propias ideas.

Fig. 14

4. Acabas de guardar el proyecto en tu espacio personal. Cámbiale ahora el nombre por **Engranajes_nombreapellido** y, en la parte superior derecha, haz clic en el maletín de **Mis cosas**, donde se ubican tus proyectos (figura 15). Comprobarás que aparecen los proyectos que tienes compartidos y los que no tienes compartidos.

Fig. 15

5. Ve a **Proyectos no compartidos** y haz clic en el botón **Ver dentro** del proyecto que acabas de incorporar a tu maletín. Haz clic en **Compartir**.
6. Haz clic en la bandera verde de inicio y comprueba cómo funciona el programa.
7. Puedes hacer los cambios que quieras en el programa para mejorarlo, añadirle cosas, etc.
8. Si has acertado la respuesta, verás que aparece un botón que puedes pulsar para simular el giro de los engranajes. Si no has acertado la respuesta, el profesor te indicará que repases la fórmula.
9. Vamos a añadir unas instrucciones para que, en caso de no acertar la respuesta, se nos diga cuál es el resultado correcto. Haz clic en el personaje **profe2** y, en la solapa **Código**, ve al final del programa. Crea la instrucción de la figura 16, para que diga "El resultado es" y la variable **w2**. Insértala justo después de la instrucción final de **pensar** (figura 17). Comprueba que funciona correctamente.

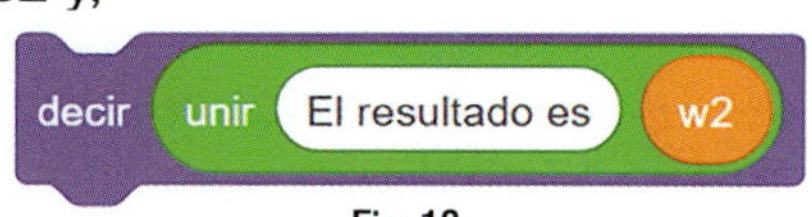

Fig. 16

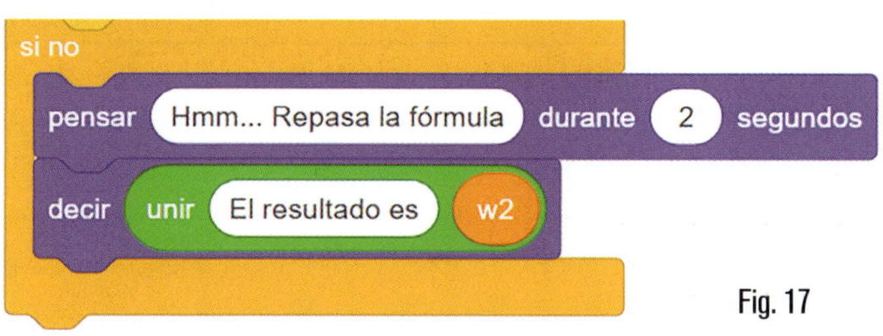

Fig. 17

10. Cuando hayas acabado, guarda el proyecto en tu ordenador con el nombre **UD04_nombreapellido_rincon.sb3**.
11. A continuación, comparte tu proyecto. Para finalizar, escribe una nueva entrada en tu blog que se llame "Compartir mis programas de mecanismos" y en la que incluyas la dirección de tu programa y la del proyecto de Scratch al que has accedido (61695170). Explica brevemente lo que hay en cada una de esas páginas.

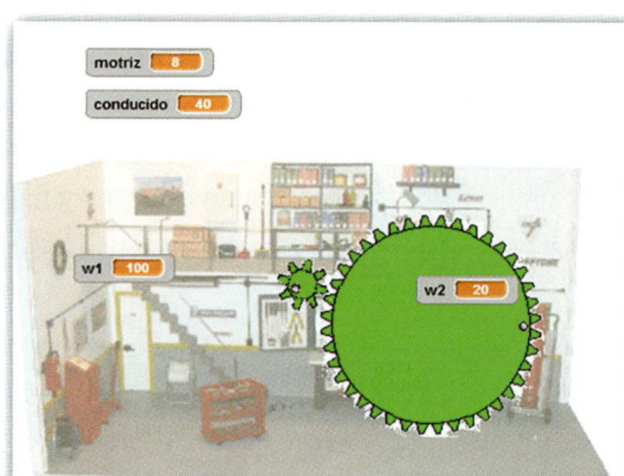

ESAFÍO

- Modifica el programa para que reproduzca un sonido cada vez que se nos pregunte el número de dientes de las ruedas. Guarda el proyecto como **UD04_nombreapellido_desafio1.sb3**.

RESUMEN de la unidad

1. Máquinas y mecanismos

- Llamamos **máquina** al conjunto de piezas o elementos que, actuando juntos, nos permiten aprovechar la energía para realizar un trabajo y obtener un beneficio.
- Se denominan **mecanismos** los dispositivos encargados de la transmisión y/o la transformación del movimiento.

2. Mecanismos transmisores del movimiento

Transmisión lineal	**Palancas:** permiten levantar pesos aplicando una fuerza en un punto de la barra.		
	Palancas de 1er grado 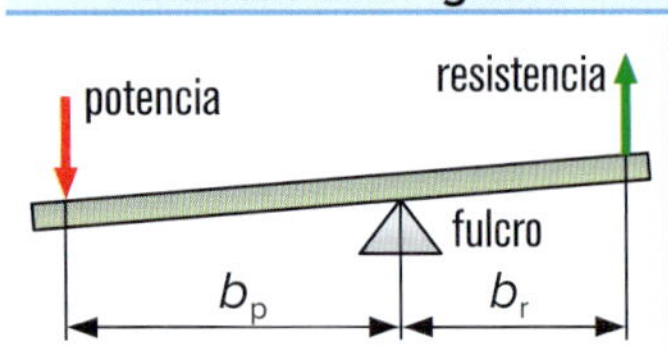	**Palancas de 2º grado** 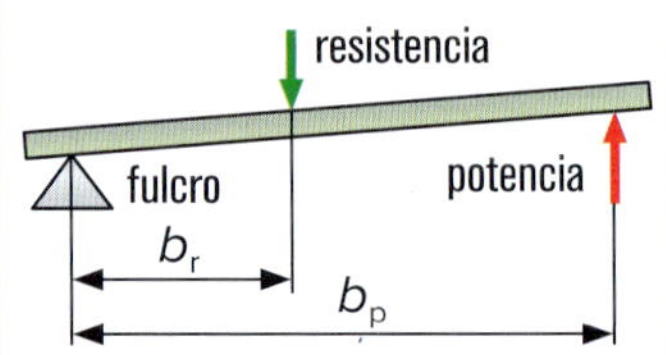	**Palancas de 3er grado** 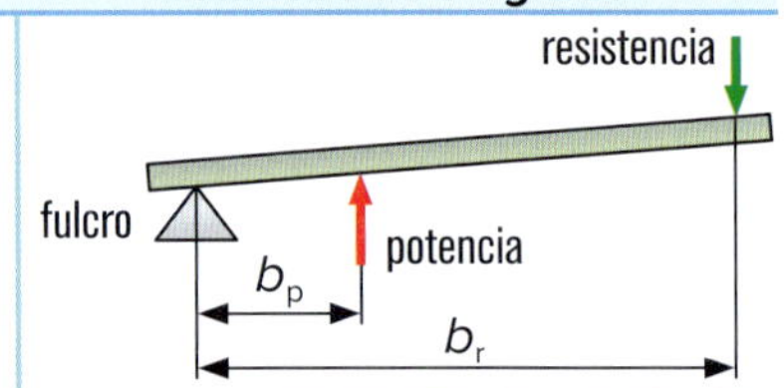
	$P \cdot b_p = R \cdot b_r$		
	Poleas: se utilizan para elevar cargas pesadas.		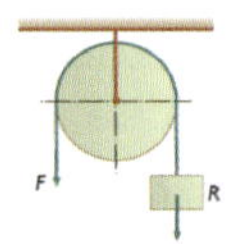
Transmisión circular	**Ruedas de fricción:** la transmisión del movimiento entre las ruedas se produce por fricción entre ambas.	$\omega_1 d_1 = \omega_2 d_2$ $i = \frac{\omega_1}{\omega_2} = \frac{d_2}{d_1}$	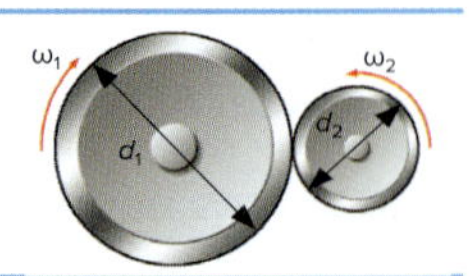
	Poleas y correa: posibilitan la transmisión del movimiento circular entre ejes alejados.	$\omega_1 d_1 = \omega_2 d_2$ $i = \frac{\omega_1}{\omega_2} = \frac{d_2}{d_1}$	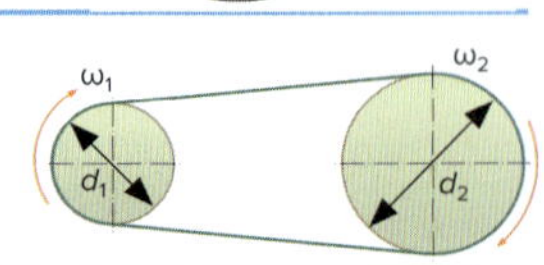
	Engranajes: permiten transmitir grandes potencias, ya que, como las ruedas engranan diente a diente, nunca patinan.	$\omega_1 z_1 = \omega_2 z_2$ $i = \frac{\omega_1}{\omega_2} = \frac{z_2}{z_1}$	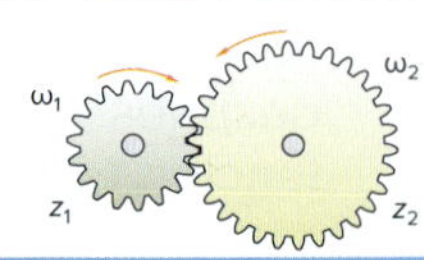
	Piñones y cadena: permiten transmitir grandes potencias entre ejes alejados.	$\omega_1 z_1 = \omega_2 z_2$ $i = \frac{\omega_1}{\omega_2} = \frac{z_2}{z_1}$	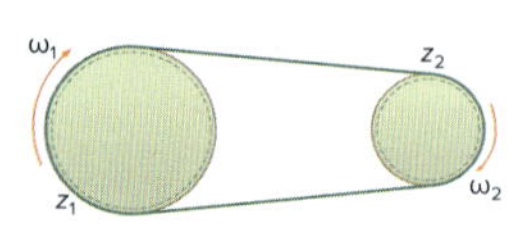
	Tornillo sin fin y corona: es un mecanismo que reduce mucho la velocidad del eje conducido.	$\omega_1 z_1 = \omega_2 z_2$ $i = \frac{\omega_1}{\omega_2} = \frac{z_2}{1} = z_2$	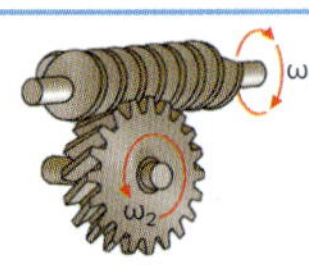

3. Mecanismos transformadores del movimiento

Tornillo-tuerca: transforma el movimiento circular del tornillo en movimiento lineal de avance en la tuerca, y viceversa.	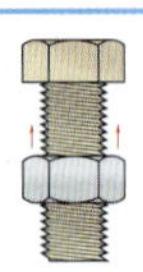	**Biela-manivela:** transforma el movimiento circular en movimiento lineal alternativo.	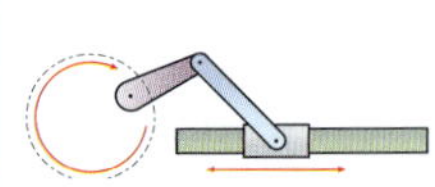
Piñón-cremallera: transforma el movimiento circular del piñón en movimiento lineal.	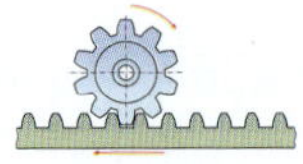	**Leva:** transforma el movimiento circular en movimiento lineal alternativo.	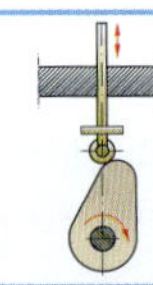

AUTOEVALUACIÓN

1. Haz los siguientes ejercicios en tu cuaderno.
2. Consulta las respuestas al final del libro, para evaluar tu aprendizaje.

2 ptos. **1. En un sistema de poleas y correa, una polea de 20 cm de diámetro que gira a 400 r. p. m. es conducida por una polea de 40 cm de diámetro. Calcula la relación de transmisión del sistema y la velocidad de giro de la rueda conductora.**

2 ptos. **2. Calcula el peso máximo que podrá levantar un niño que puede hacer una fuerza de 100 N, si utiliza una palanca de primer grado de 3 m de longitud y el fulcro está situado a 2 m del niño.**

2 ptos. **3. Corrige las siguientes frases:**

a) Un mecanismo es un conjunto de piezas y elementos que, actuando juntos, nos permiten aprovechar la energía para realizar un trabajo y obtener un beneficio.

b) Las poleas son barras rígidas que pueden girar sobre un punto de apoyo, denominado *fulcro*.

c) La relación de transmisión es la relación que se establece entre el tamaño de las correas y su velocidad de giro.

d) Los engranajes son mecanismos silenciosos y baratos.

e) Uno de los mayores reductores de velocidad es el sistema de tornillo sin fin y piñón.

f) La biela-manivela es una pieza de contorno especial.

2 ptos. **4. Indica el nombre del mecanismo que corresponde en cada caso:**

a) Es una máquina simple que permite levantar mucho peso haciendo poca fuerza.

b) Sus ruedas giran por fricción entre ellas, lo hacen en sentido contrario y pueden patinar.

c) Se usa en las bicicletas y con él conseguimos que las ruedas giren en el mismo sentido.

d) Nos ayuda a levantar cargas, pero sin ahorro de esfuerzo.

2 ptos. **5. Escribe el nombre de los siguientes mecanismos:**

a)

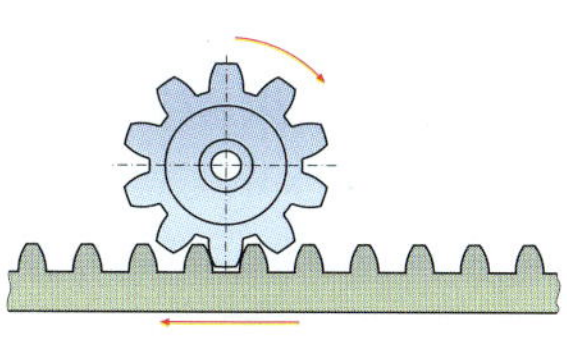

b)

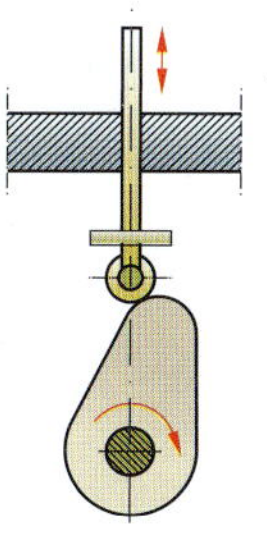

c)

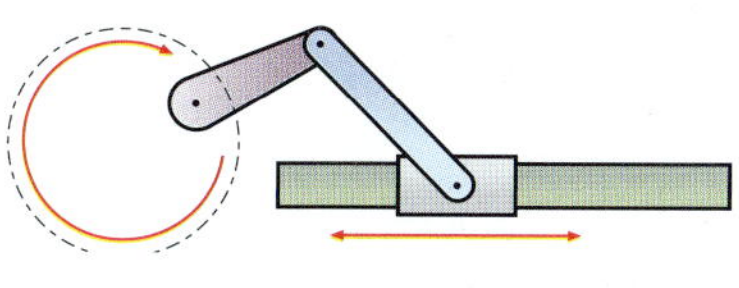

d)

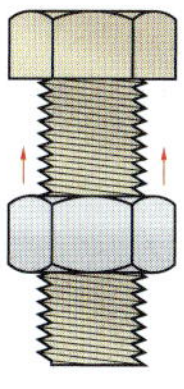

5 Electricidad. Circuitos

¿Te has preguntado alguna vez cuántas bombillas están encendidas a la vez en nuestro planeta? ¿O qué cantidad de energía eléctrica consume diariamente un país?

Escanea este código para ver el vídeo "Introducción a la electricidad - Electricidad básica", del canal CulturizarME.

Contenidos de la unidad

1. La electricidad. Corriente continua y corriente alterna
2. Circuitos eléctricos. Componentes
3. Componentes característicos
4. Circuitos con varios receptores. Ley de Ohm
5. Resolución de circuitos serie
6. Resolución de circuitos paralelo
7. Resolución de circuitos mixtos

Suena el despertador. Enciendo la luz de mi mesilla. Abro la nevera para coger una botella de leche. Caliento el desayuno en el microondas. Pulso el botón del cepillo para lavarme los dientes. Desenchufo el móvil que está cargándose. Bajo a la calle en ascensor. Es pronto y todavía están encendidas las luces de las farolas. Cruzo la calle cuando el semáforo está en verde. Llamo al telefonillo de mi amiga...

Todas estas acciones cotidianas tienen algo en común: la electricidad. Es tan importante en nuestros días que el consumo de energía en un país constituye un indicador económico que refleja su grado de desarrollo.

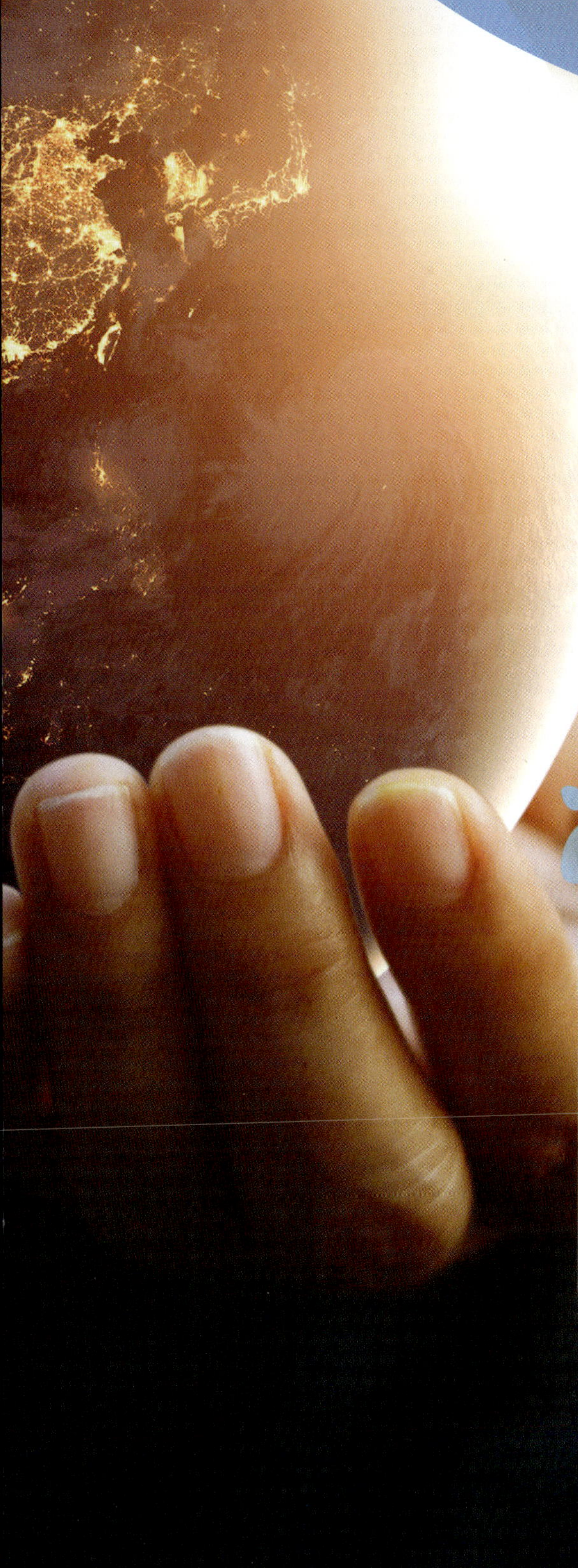

Descubre

ACTIVIDADES DE INICIACIÓN

Descubre tus conocimientos previos contestando en tu cuaderno las siguientes preguntas:

1. Escribe en tu cuaderno el nombre de cinco aparatos que tengas en casa y que funcionen con electricidad pero no sean electrodomésticos.
2. ¿Qué diferencia hay entre la corriente eléctrica que proporciona una pila y la que proporciona un enchufe?
3. ¿Qué es un esquema eléctrico?
4. ¿Cuándo se dice que un circuito está abierto? ¿Y cerrado?

1. La electricidad. Corriente continua y corriente alterna

La **energía eléctrica** es la forma de energía más utilizada porque es fácil de obtener, puede transportarse a largas distancias y puede transformarse fácilmente en otras muchas formas de energía (como luz, calor, sonido o movimiento).

Como ya viste el curso pasado, los cuerpos están formados por átomos, y, a su vez, los átomos están compuestos por partículas más pequeñas que, en función de su carga, se clasifican en **protones** (carga positiva), **electrones** (carga negativa) y **neutrones** (partículas sin carga eléctrica).

Generalmente, los átomos son neutros, esto es, tienen igual número de protones que de electrones y su carga eléctrica está en equilibrio.

Escanea este código para ver el vídeo "Tesla vs. Edison. La guerra de las corrientes", del canal Academia Play.

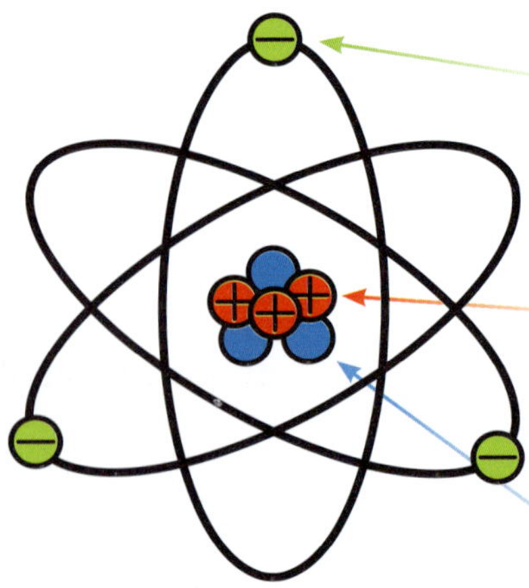

Átomo neutro con 3 electrones y 3 protones

Sin embargo, este equilibrio de cargas se puede romper utilizando diferentes procedimientos: estirando o comprimiendo el material, mediante fricción, etc.

Cuando el equilibrio de cargas se rompe, los cuerpos quedan cargados eléctricamente, con carga negativa (si tienen más electrones que protones) o con carga positiva (si tienen más protones que electrones).

Esto hace que aparezcan entre los átomos fuerzas que tienden a acercarlos o a separarlos, en función de su carga eléctrica. Aparece entre ellos **tensión eléctrica**.

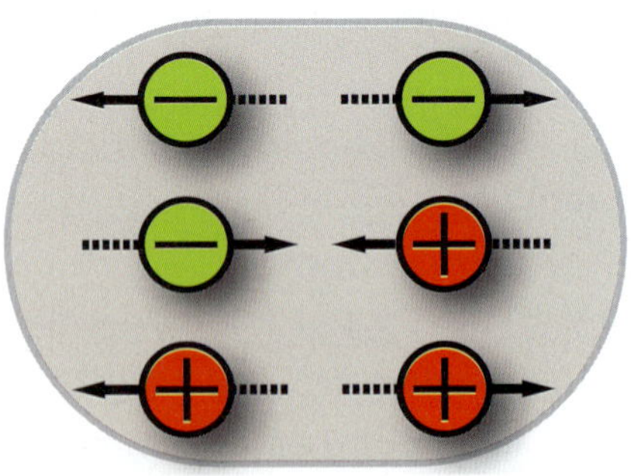

Los átomos con cargas de igual signo (positivo o negativo) tienden a separarse.

Los átomos con cargas de distinto signo tienden a acercarse.

La **tensión eléctrica** producida proporciona a los electrones de un átomo la energía necesaria para que puedan desplazarse hacia otros átomos a través de materiales conductores.

El desplazamiento de electrones desde un átomo de un material conductor hacia otros se conoce como **corriente eléctrica**.

Corriente continua y corriente alterna

En función de cómo se produzca la tensión eléctrica, la corriente eléctrica generada será continua o alterna.

La **corriente continua** es la producida por las pilas, las baterías, los paneles fotovoltaicos, las dinamos... Es una corriente constante en la que los electrones se mueven siempre en el mismo sentido, desde el polo negativo hacia el polo positivo de la pila o generador. Proporciona valores de tensión bajos.

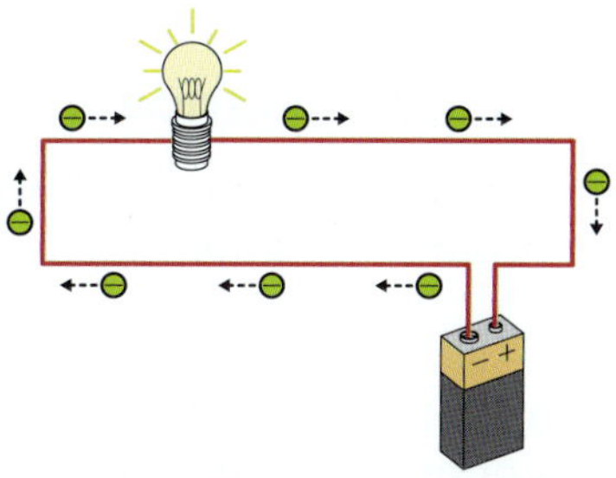

En la corriente continua, los electrones se mueven siempre en el mismo sentido, del polo negativo al polo positivo.

Los aparatos que funcionan con corriente continua suelen ser aparatos portátiles (ordenadores, móviles, juguetes, aparatos de higiene personal, herramientas pequeñas, etc.).

La **corriente alterna** se produce en las centrales eléctricas y en los alternadores. En ella, el sentido de la corriente varía de forma cíclica. En este caso, los polos del generador cambian periódicamente su polaridad, por lo que el movimiento de los electrones, que siempre se desplazan del polo negativo al polo positivo, también cambia de forma periódica.

La corriente alterna es más fácil de producir y de transportar y es la que llega a las viviendas y la que usan la mayoría de los aparatos eléctricos y electrodomésticos. Proporciona valores de tensión altos.

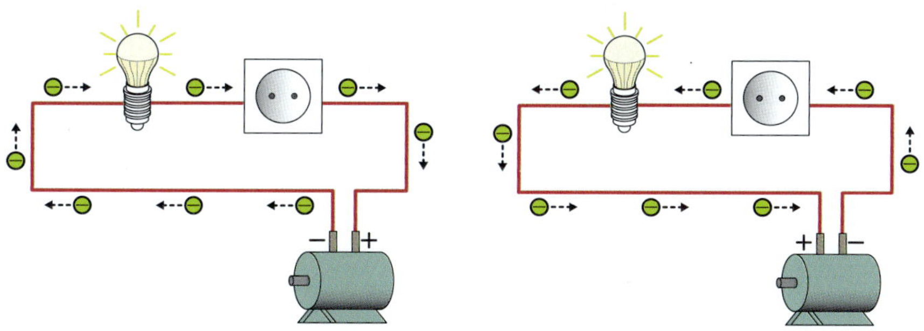

La polaridad en el alternador cambia de sentido varias veces por segundo, y con ella, el movimiento de los electrones y el sentido de la corriente eléctrica.

Polos eléctricos

Cada uno de los terminales de un generador, entre los cuales fluye una corriente eléctrica, se llama **polo eléctrico**.

El **polo negativo** o **cátodo** es el de menor tensión, y por el que salen los electrones de la corriente eléctrica.

El **polo positivo** o **ánodo** es el de mayor tensión, y por el que entran los electrones de la corriente eléctrica.

¿Cómo modificamos la corriente eléctrica?

En algunas ocasiones, necesitamos utilizar la corriente alterna de los enchufes en dispositivos que van con corriente continua, como por ejemplo cuando cargamos la batería de nuestro teléfono móvil. Para ello utilizamos dispositivos como los rectificadores y los transformadores.

Si te fijas en el cargador de tu teléfono móvil, verás que es bastante grande; esto es así porque dentro de esa pieza que enchufamos se incluyen los elementos necesarios para convertir la corriente alterna en continua y no dañar tu dispositivo.

ACTIVIDADES

1. **Explica cuáles son las partículas que componen un átomo y dibuja un átomo neutro.**
2. **¿Para qué es necesaria la tensión eléctrica?**
3. **¿Qué es la corriente eléctrica?**
4. **Explica las diferencias que existen entre la corriente continua y la corriente alterna.**
5. **Pon tres ejemplos de aparatos en los que se utilice la corriente continua y otros tres en los que se utilice la corriente alterna.**

2. Circuitos eléctricos. Componentes

Los **circuitos eléctricos** nos permiten aprovechar la corriente eléctrica y utilizarla en nuestro beneficio, convirtiéndola en luz, calor, sonido o movimiento según nuestras necesidades.

Elementos de un circuito eléctrico

Los circuitos eléctricos constan de cuatro **componentes** fundamentales: **generador**, **conductor**, **receptor** y **elementos de control**.

La circulación de electrones no se genera de forma espontánea. Los **generadores** de un circuito eléctrico proporcionan la energía eléctrica necesaria para que se inicie el movimiento de los electrones (corriente eléctrica).

La corriente circulará siempre que haya diferencia de nivel de carga, es decir, siempre que tengamos una zona cargada positivamente y otra cargada negativamente. Los electrones viajan **del polo negativo al polo positivo**. Cuando se gasta una pila, podemos decir que hay igual número de electrones en ambos polos.

Son generadores las pilas, las baterías, las fuentes de alimentación y los alternadores.

Los **conductores** permiten transportar la corriente eléctrica desde el generador hasta los receptores. Generalmente son los cables.

Para transportar la energía eléctrica del generador a los receptores se utilizan cables de cobre. Un cable conducirá mejor o peor la electricidad dependiendo del material conductor de que esté hecho; aunque la plata conduce la electricidad mejor que el cobre, resultaría muy caro fabricar cables de plata.

Los cables están recubiertos por plástico para evitar descargas eléctricas.

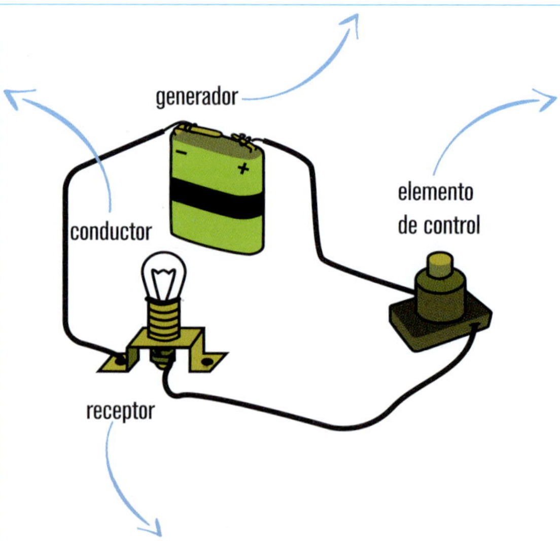

Los **elementos de control** gobiernan el circuito, es decir, actúan de forma que permiten o interrumpen el paso de la corriente eléctrica.

Son elementos de control los interruptores, los pulsadores, los conmutadores y los finales de carrera, entre otros.

Los **receptores** reciben la energía eléctrica procedente del generador y la transforman en otros tipos de energía útil: sonido, calor, movimiento, luz...

Son receptores los motores, las bombillas, las resistencias, los potenciómetros, los leds y los zumbadores, entre otros.

Con los elementos de control abrimos y cerramos a voluntad los circuitos. Un circuito está **abierto** cuando la energía del generador *no llega* a los receptores y, por lo tanto, no circula la corriente. Esto puede ocurrir si hay un interruptor o pulsador abierto, o también por un fallo en el circuito (por ejemplo, si un cable se suelta). Un circuito está **cerrado** cuando la energía del generador *llega* a los receptores y, por lo tanto, hay circulación de la corriente eléctrica.

Tabla de componentes y simbología

GENERADORES		
COMPONENTE	IMAGEN	SÍMBOLO ELÉCTRICO
Pila Proporciona energía eléctrica al resto del circuito. Las pilas tienen un polo positivo y uno negativo; esto es lo que hace que, al conectarlas al circuito, produzcan corriente eléctrica a través de éste.	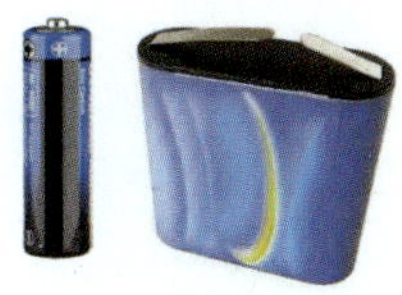	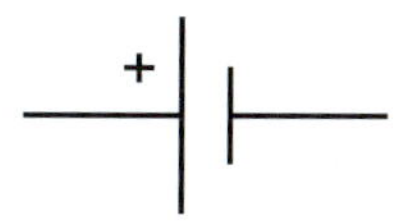
Batería Es un conjunto de pilas agrupadas.	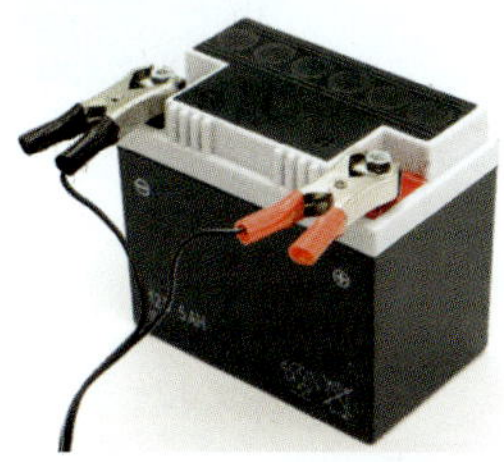	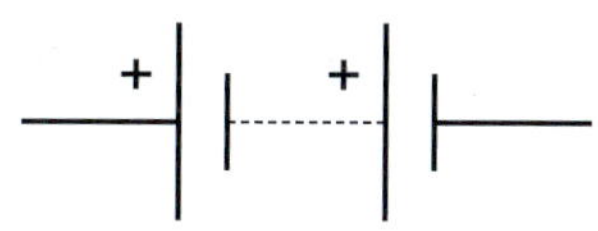
Fuente de alimentación Proporciona energía eléctrica continua.	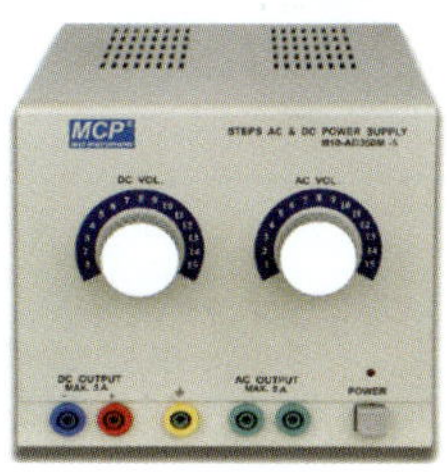	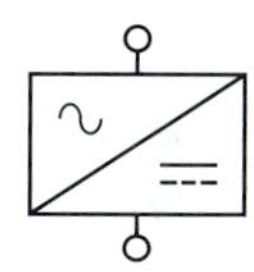
Alternador Proporciona energía eléctrica alterna.	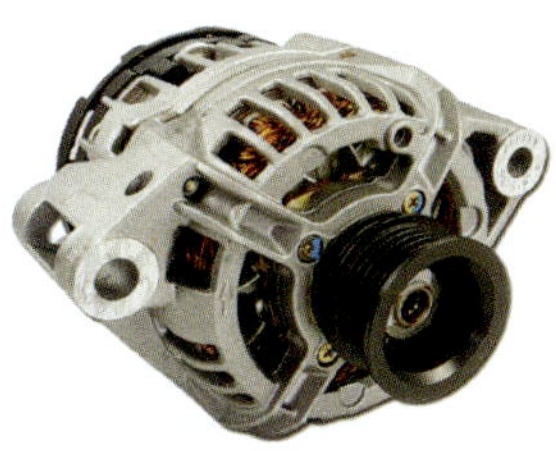	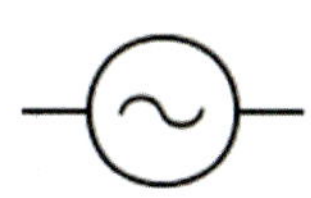

<table>
<tr><th colspan="3">RECEPTORES</th></tr>
<tr><th>COMPONENTE</th><th>IMAGEN</th><th>SÍMBOLO ELÉCTRICO</th></tr>
<tr><td>Bombilla
Transforma la energía eléctrica en energía lumínica.</td><td></td><td></td></tr>
<tr><td>Motor
Transforma la energía eléctrica en energía cinética.</td><td></td><td>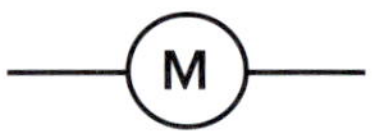</td></tr>
<tr><td>Zumbador
Transforma la energía eléctrica en energía sonora.</td><td></td><td>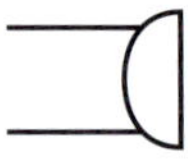</td></tr>
<tr><td>Led
El led (light emitting diode) es un diodo que se ilumina cuando está conectado en polarización directa. Soporta una tensión máxima de 2 V.</td><td>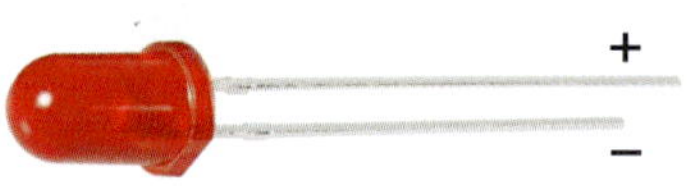</td><td>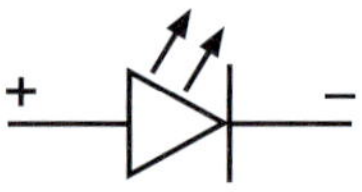</td></tr>
<tr><td>Resistencia
Es un receptor que se opone al paso de la corriente eléctrica. Transforma la energía eléctrica en energía calorífica.</td><td></td><td>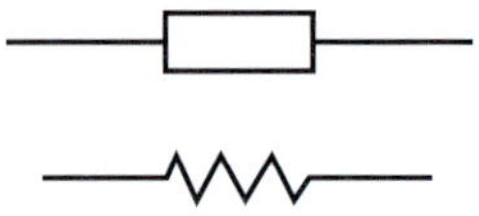</td></tr>
<tr><td>Potenciómetro
Es una resistencia cuyo valor lo establece el usuario, entre un rango de valores de funcionamiento.</td><td>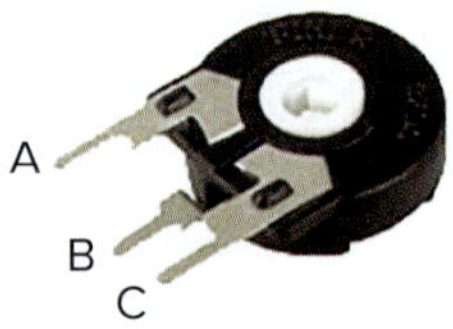</td><td>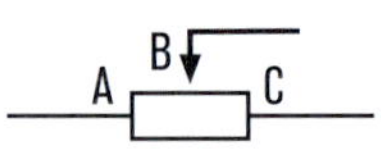</td></tr>
</table>

ELEMENTOS DE CONTROL		
COMPONENTE	IMAGEN	SÍMBOLO ELÉCTRICO
Interruptor Los interruptores abren o cierran el circuito al ser accionados. Una posición abre el circuito e interrumpe el paso de la corriente, mientras que la otra lo cierra y permite el paso de la corriente.		
Pulsador Los pulsadores abren o cierran el circuito, pero sólo mientras son pulsados. Pueden ser normalmente abiertos (NA), si al ser pulsados cierran el circuito, o normalmente cerrados (NC), si al ser pulsados abren el circuito. Físicamente son iguales, sólo se diferencian en los contactos internos.		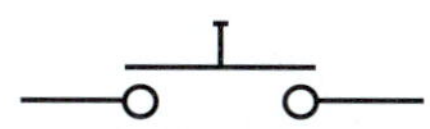 Pulsador NA 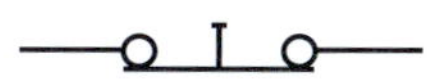 Pulsador NC
Conmutador Los conmutadores tienen dos posiciones, de forma que, al pulsarlos, se cambian (se conmutan) de una posición a la otra.	 Conmutador simple  Conmutador doble	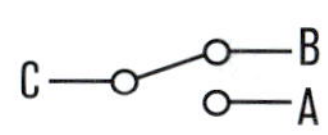 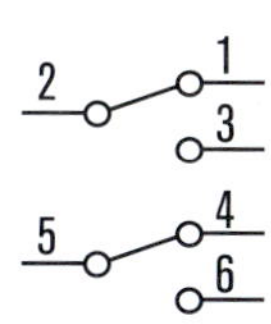
Final de carrera Un final de carrera actúa como un interruptor que conmuta entre dos posiciones al ser accionado por una palanca.	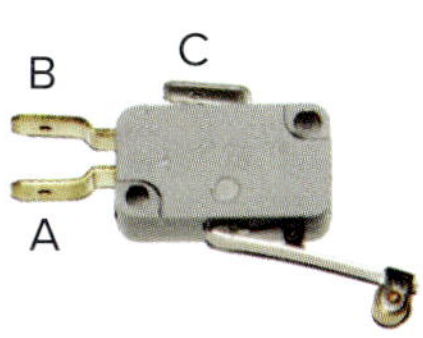	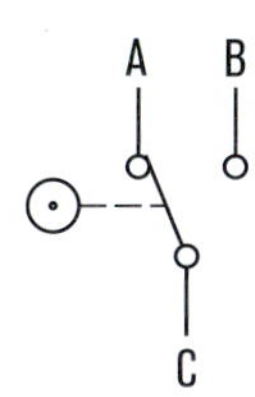

3. Componentes característicos

El curso pasado estudiaste algunos componentes eléctricos, como el motor o la bombilla, y aprendiste a conectarlos. En este curso veremos en detalle otros componentes que, por ser ampliamente utilizados en los proyectos de taller, debes conocer bien. Esos componentes son las **resistencias**, los **potenciómetros**, los **leds**, los **zumbadores** y los **conmutadores**.

Resistencia

Las **resistencias** tienen como misión limitar el paso de la corriente por un circuito y proteger así a otros elementos del circuito que no pueden soportar tensiones elevadas (como los leds).

Las más comunes están formadas por elementos poco conductores de la electricidad, como el carbono, y recubiertas de un material cerámico.

Podemos identificar el valor de las resistencias por unos anillos de colores que tienen pintados. Normalmente una resistencia tiene cuatro bandas de colores, la última de las cuales suele ser de color oro o plata.

Las más utilizadas en el taller de tecnología son:

TABLA DE IDENTIFICACIÓN DE RESISTENCIAS DE USO HABITUAL Y NOMENCLATURA			
	$R = 220\ \Omega$		$R = 1.800\ \Omega = 1k8$
	$R = 1.000\ \Omega = 1k$		$R = 2.200\ \Omega = 2k2$
	$R = 10.000\ \Omega = 10k$		$R = 47.000\ \Omega = 47k$

Además de como elementos de protección en un circuito, a veces las resistencias se usan para generar calor. Las resistencias, en un circuito, se calientan debido a la corriente que las atraviesa. Este efecto se conoce como **efecto Joule** y se aprovecha en los termos eléctricos, las planchas para el pelo, los braseros eléctricos, etc.

Potenciómetro

Los **potenciómetros** son resistencias sin un valor fijo; su valor lo establece el usuario, entre 0 y el valor máximo posible en cada caso, moviendo un cursor que llevan incorporado.

Esquema interior de un potenciómetro

A diferencia de otros componentes, el potenciómetro tiene tres terminales para conectarse.

Si conectas los **dos terminales fijos**, el potenciómetro funcionará igual que una resistencia fija (como las que has visto en el apartado anterior), cuyo valor será el valor máximo que puede ofrecer el potenciómetro.

Si conectas un **terminal fijo** y el **terminal variable**, la resistencia que ofrecerá el potenciómetro vendrá determinada por la posición del cursor: girando el cursor, la resistencia aumentará o disminuirá.

Led

Un **led** (*light-emitting diode*), o **diodo LED**, es un dispositivo capaz de emitir luz y de no dejar pasar la corriente, dependiendo de cómo esté conectado.

Los leds tienen polaridad, es decir, un polo positivo y un polo negativo. Sus patas son de diferente longitud para poder diferenciarlas; la más corta se denomina **cátodo** (–) y debe conectarse con el polo negativo de la pila; la más larga es el **ánodo** (+) y tiene que unirse con el polo positivo de la pila.

En los esquemas eléctricos hay que comprobar si los leds están bien conectados, para ver si dejan pasar la corriente eléctrica o no.

Gracias a su bajo consumo, los leds se usan mucho en señalización. Además, suponen una resistencia muy baja para los circuitos. Según su color, pueden resistir más o menos corriente; los rojos son los más sensibles.

¡Cuidado con las tensiones!

Nunca se debe conectar un led directamente a la pila, puesto que la elevada corriente destruiría este componente. Siempre debe conectarse una resistencia junto a él, para protegerlo limitando la intensidad que lo atraviesa.

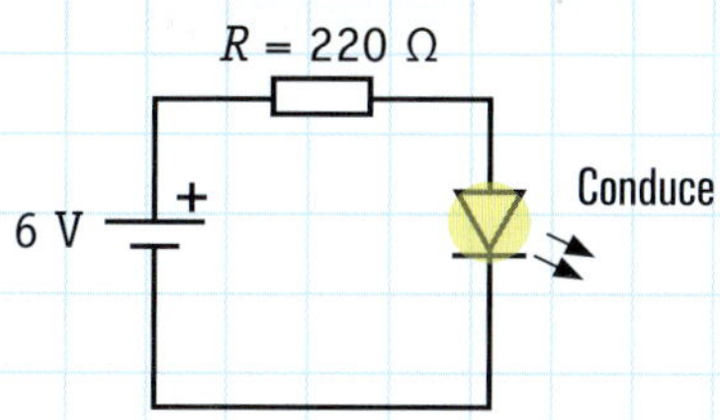

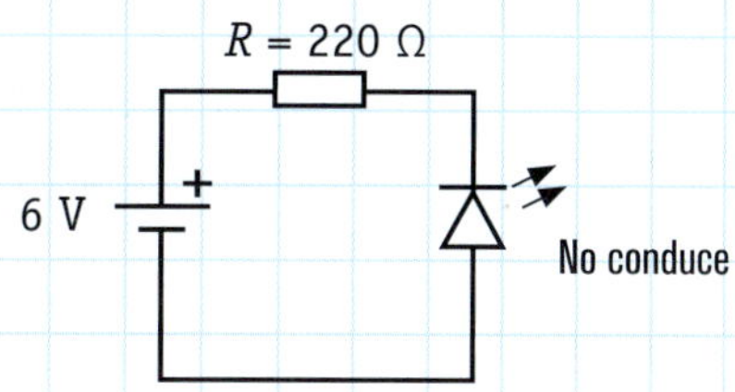

Zumbador

Un **zumbador** es un dispositivo que emite un zumbido o sonido cuando se le aplica una corriente eléctrica.

Los zumbadores también tienen polaridad, por lo que debemos conectar el cable rojo al terminal positivo de nuestro circuito y el cable negro al negativo. Si lo hacemos al revés, el zumbador dejará de sonar.

Conmutador

Un **conmutador** tiene dos posiciones, de forma que, al pulsarlo, se cambia (se conmuta) de una posición a la otra. Con ello permite controlar varios receptores de forma independiente.

Fíjate en la figura. En función de dónde se sitúe la palanca del conmutador, se encenderá la bombilla o se pondrá en marcha el motor.

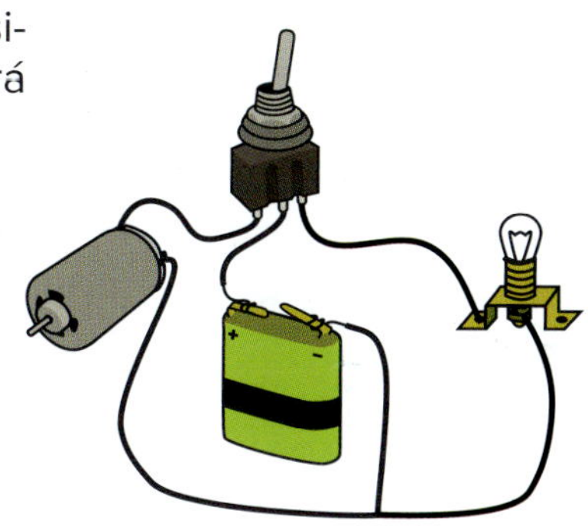

4. Circuitos con varios receptores. Ley de Ohm

El curso pasado aprendiste a resolver circuitos sencillos utilizando la **ley de Ohm**, que relaciona las tres magnitudes fundamentales de la electricidad mediante la siguiente expresión matemática:

Intensidad de corriente. Es la cantidad de electrones que circulan por un conductor por unidad de tiempo. Su unidad en el Sistema Internacional es el **amperio** (A).

$$I = \frac{V}{R}$$

Tensión o voltaje. Es la diferencia de nivel de carga que existe entre dos puntos (polos positivo y negativo), que hace que los electrones se muevan. Su unidad en el Sistema Internacional es el **voltio** (V).

Resistencia. Es la oposición al paso de la corriente eléctrica. Su unidad en el Sistema Internacional es el **ohmio** (Ω).

La siguiente tabla muestra las **magnitudes y unidades fundamentales**, así como sus múltiplos y submúltiplos más habituales (aunque algunos no se usen en los circuitos reales, por ser demasiado grandes, como kA, o demasiado pequeños, como mΩ).

NOMBRE	SÍMBOLO	UNIDAD	SÍMBOLO DE LA UNIDAD	UNIDAD · 10^{-3} (SUBMÚLTIPLO)	UNIDAD · 10^{3} (MÚLTIPLO)
Intensidad	I	amperio	A	miliamperio (mA)	kiloamperio (kA)
Voltaje	V	voltio	V	milivoltio (mV)	kilovoltio (kV)
Resistencia	R	ohmio	Ω	miliohmio (mΩ)	kiloohmio (kΩ)

Cuando en un circuito tengas que calcular alguna de las magnitudes fundamentales (por ejemplo, la resistencia), necesitarás conocer qué receptores están conectados (la resistencia de cada uno de ellos será diferente) y de qué forma se han unido. Las formas más empleadas y sencillas de conexión son el circuito serie, el circuito paralelo y el circuito mixto.

Escanea este código para ver el vídeo "El circuito eléctrico", del canal de Loreli Hernández.

Tipos de circuitos

Circuito serie

En él, los receptores se conectan seguidos (uno a continuación del otro), de forma que toda la corriente eléctrica va recorriendo todos los receptores. Hay un solo camino posible para la corriente.

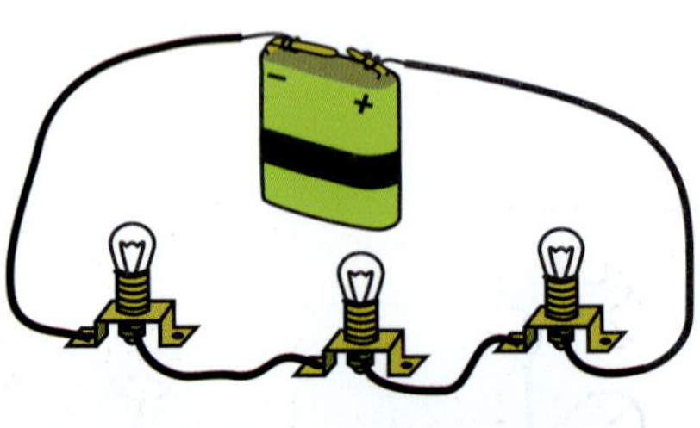

Circuito con tres bombillas en serie

- Por todos los receptores circula la misma intensidad de corriente.
- Si uno de los receptores deja de funcionar, no funcionará ninguno, ya que se abre el circuito. Esto ocurre cuando uno de los receptores se funde o si está mal conectado al circuito.
- La energía que suministra la pila tiene que repartirse entre todos los receptores. En el circuito del dibujo, la energía se reparte entre las tres bombillas, que lucirán todas de igual manera, pero con menor intensidad que luciría una única bombilla.

Circuito paralelo

En él, los receptores se conectan en ramales independientes. Hay diferentes caminos posibles para la corriente.

- La corriente se reparte entre todos los caminos posibles, y circula más corriente por aquel ramal que oponga menor resistencia.
- La intensidad que circula por cada receptor es diferente.
- Si uno de los receptores deja de funcionar, los demás siguen funcionando, porque la corriente puede llegar por otro camino (el circuito se cierra por otro camino).
- La energía que suministra la pila llega directamente a cada ramal del circuito. Por ello, todas las bombillas lucirán con la misma intensidad que luciría una única bombilla situada en un solo ramal; sin embargo, la pila se agotará antes.

Circuito con tres bombillas en paralelo

Circuito mixto

En él, hay elementos en serie y elementos en paralelo.

En este caso, el circuito tendrá propiedades de circuito serie y de circuito paralelo.

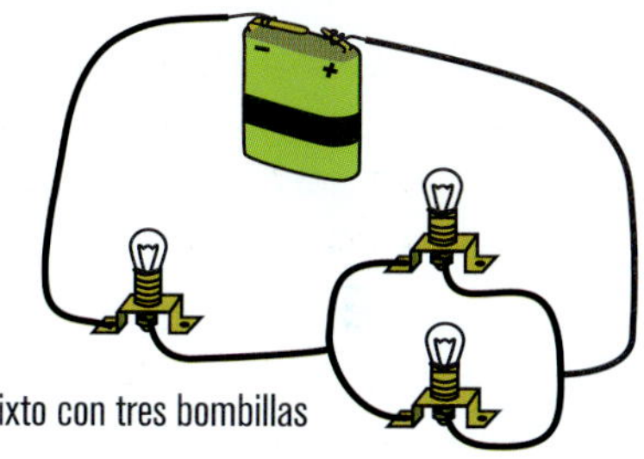
Circuito mixto con tres bombillas

Resolución de circuitos

Para aprender a resolver circuitos es habitual comenzar por circuitos formados únicamente por pilas y resistencias. El modo de colocar esas resistencias entre sí se llama **asociación de resistencias**; con ella podemos obtener los tres tipos de circuitos básicos que acabamos de ver.

Para calcular cualquier magnitud que no conozcamos en un circuito (serie, paralelo o mixto), debemos agrupar todas sus resistencias y sustituirlas por una sola, que denominamos **resistencia total**. De esta forma, el circuito resultante será equivalente a un circuito simple con una única resistencia. En este circuito simple podremos hacer los cálculos de manera sencilla, utilizando la ley de Ohm, y luego deducir o calcular los valores para cada una de las resistencias.

Al circuito formado con la resistencia equivalente se lo llama **circuito equivalente**, y nos permite obtener:

- Las intensidades que recorren el circuito
- Las caídas de tensión que se producen en sus componentes

¿Sabías que...?

El paso de la corriente eléctrica a través de un receptor implica un gasto de energía denominado **caída de tensión**. Las pilas o generadores proporcionan la energía necesaria (voltaje o tensión) para que la corriente pueda recorrer todos los receptores del circuito eléctrico.

ACTIVIDADES

6. **Expresa en voltios (V) las siguientes magnitudes: 37 mV, 12 kV, 2,8 kV, 105 mV.**
7. **Indica para los siguientes circuitos si se trata de circuitos serie, paralelo o mixto:**

a) 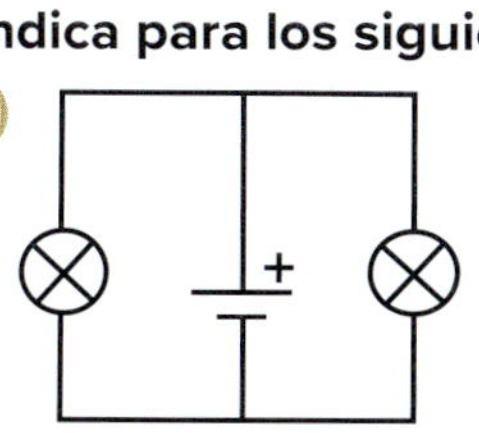
b) 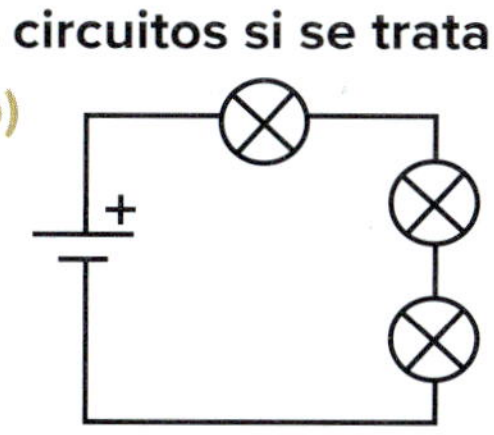
c) 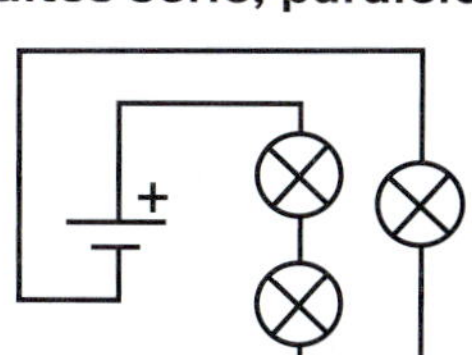
d) 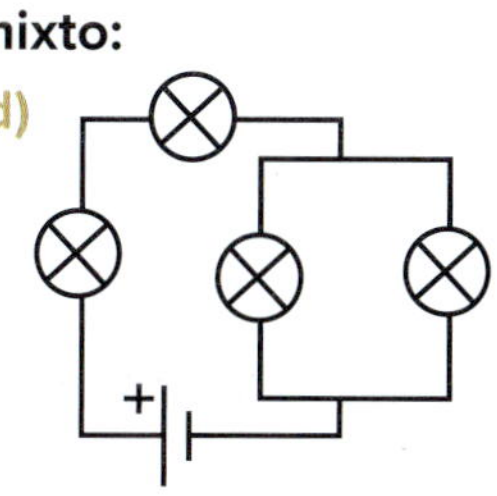

5. Resolución de circuitos serie

Para simplificar, vamos a resolver un circuito formado por tres resistencias unidas en serie a una pila. La forma de resolverlo será igual para cualquier circuito con resistencias conectadas en serie, independientemente de cuántas haya.

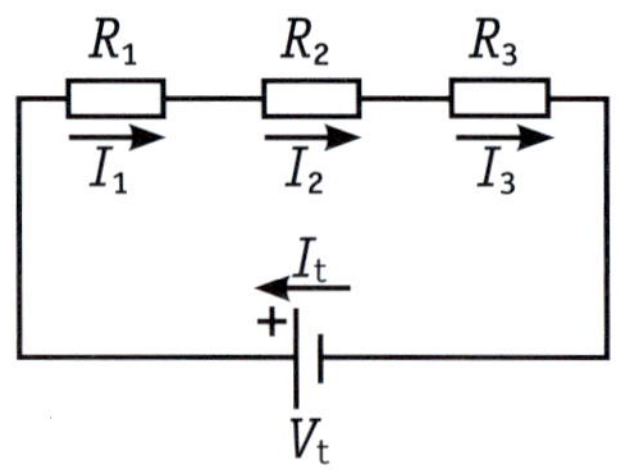

La **resistencia** equivalente en un circuito en serie se calcula sumando el valor de todas las resistencias del circuito. En este caso:

$$R_t = R_1 + R_2 + R_3$$

Y el circuito equivalente es:

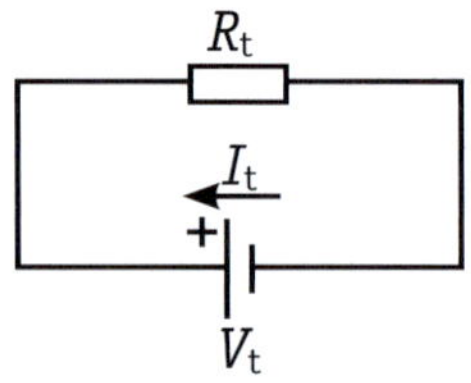

Como este circuito es equivalente al anterior, la **intensidad** que recorre ambos circuitos será la misma. Aplicamos la ley de Ohm para calcular la intensidad de corriente que recorre la resistencia equivalente R_t:

$$I_t = \frac{V_t}{R_t}$$

Como las resistencias están en serie, la intensidad es la misma en todas ellas e igual a la intensidad total del circuito:

$$I_t = I_1 = I_2 = I_3$$

En cambio, la **tensión** o **voltaje** total que proporciona la pila o generador se reparte entre todas las resistencias. Podemos calcularlo aplicando la ley de Ohm:

$$V_1 = R_1 \cdot I_1 \qquad V_2 = R_2 \cdot I_2 \qquad V_3 = R_3 \cdot I_3$$

Se tiene que cumplir que toda la energía suministrada por la pila (V_t) será igual a la caída de tensión que se produce en cada resistencia:

$$V_t = V_1 + V_2 + V_3$$

Sentido de la corriente

El sentido de la corriente eléctrica (electrones) es desde el polo negativo hasta el polo positivo. Sin embargo, en el siglo XIX, antes de que se tuviera conocimiento del movimiento real de los electrones, se estableció por convenio que se desplazaba en el sentido contrario, esto es, del polo positivo al negativo.

Por eso es muy común aun hoy día ver dibujada la corriente en este sentido, lo que no afecta a la resolución de los circuitos. Lo podrás ver en los esquemas eléctricos de las dos maneras.

El cálculo de magnitudes eléctricas queda resumido en la siguiente tabla, donde R_t, I_t y V_t se refieren a las magnitudes del circuito equivalente:

CIRCUITO SERIE **Relación entre las magnitudes del circuito real y el circuito equivalente**	
Resistencias	La resistencia equivalente es igual a la suma de las resistencias del circuito. $R_t = R_1 + R_2 + ... + R_n$
Intensidades	La intensidad de corriente que circula por todas las resistencias del circuito es la misma y es igual a la intensidad de corriente del circuito equivalente. $I_t = I_1 = I_2 = ... = I_n$
Voltajes	La tensión total proporcionada por el generador es la suma de las caídas de tensión en cada una de las resistencias. $V_t = V_1 + V_2 + ... + V_n$

EJEMPLO RESUELTO DE CIRCUITO SERIE

Dado el circuito serie de la figura, calcula la intensidad que circula por cada resistencia y la caída de tensión que se produce en cada una de ellas.

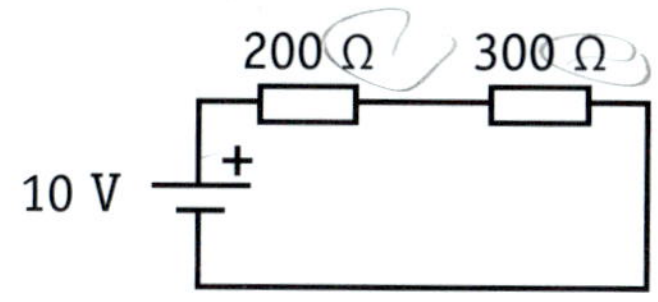

Datos: $R_1 = 200\,\Omega, R_2 = 300\,\Omega, V_t = 10\,V$

Incógnitas: I_1, I_2, V_1, V_2

Solución:

a) En primer lugar se calcula la resistencia equivalente sumando todas las resistencias:

$$R_t = R_1 + R_2 = 200\,\Omega + 300\,\Omega = 500\,\Omega$$

b) El circuito equivalente queda como el de la figura:

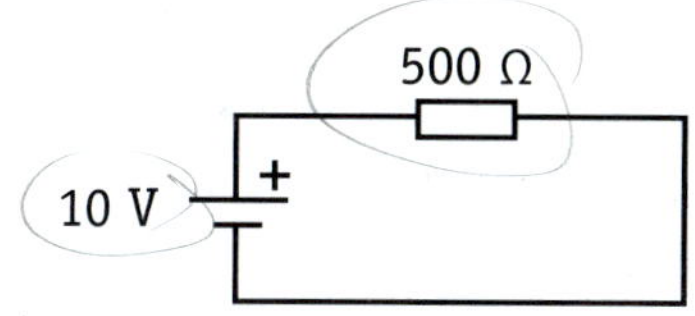

c) La intensidad total de corriente se calcula mediante la ley de Ohm:

$$I_t = \frac{V_t}{R_t} = \frac{10\,V}{500\,\Omega} = 0{,}02\,A = 20\,mA$$

- Como es un circuito en serie, la intensidad total del circuito es la misma intensidad que recorre cada una de las resistencias del circuito:

$$I_t = I_1 = I_2 = 0{,}02\,A = 20\,mA$$

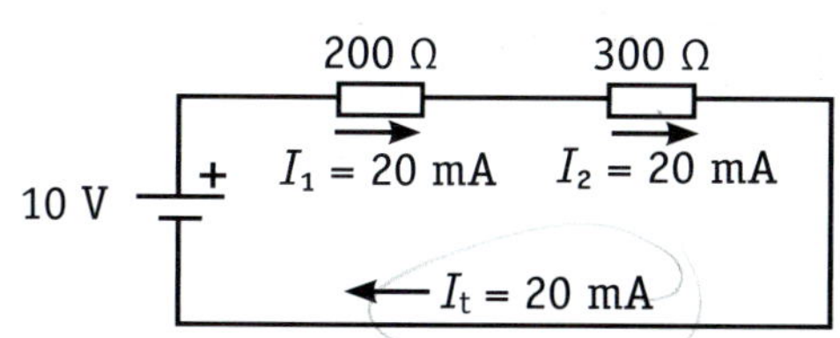

- Para calcular las caídas de tensión que se producen en cada resistencia aplicamos la ley de Ohm con los valores de las intensidades que acabamos de calcular:

$$V_1 = R_1 \cdot I_1 = 200\,\Omega \cdot 0{,}02\,A = 4\,V$$
$$V_2 = R_2 \cdot I_2 = 300\,\Omega \cdot 0{,}02\,A = 6\,V$$

Podemos comprobar que hemos realizado correctamente el ejercicio sumando las caídas de tensión. El resultado debe ser igual a la tensión total suministrada por la pila:

$$V_t = V_1 + V_2 = 4\,V + 6\,V = 10\,V$$

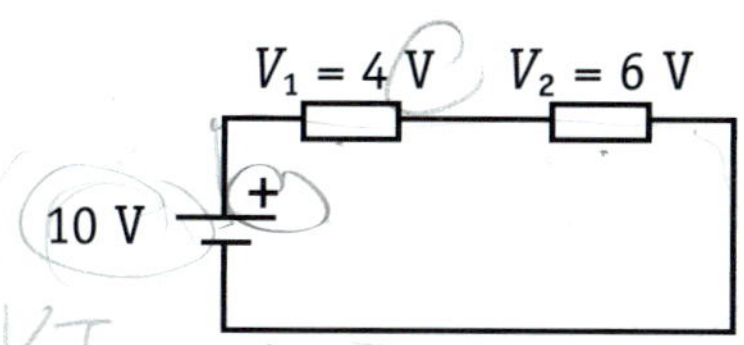

6. Resolución de circuitos paralelo

Como en el apartado anterior, para simplificar, empezaremos resolviendo un circuito con tres resistencias conectadas (en este caso, en paralelo).

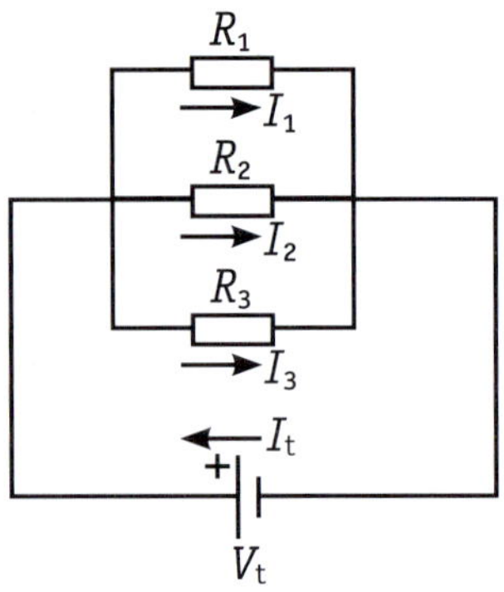

La **resistencia** equivalente de un circuito con resistencias en paralelo se calcula mediante esta fórmula:

$$\frac{1}{R_t} = \frac{1}{R_1} + \frac{1}{R_2} + \frac{1}{R_3}$$

El circuito equivalente, en este caso, será:

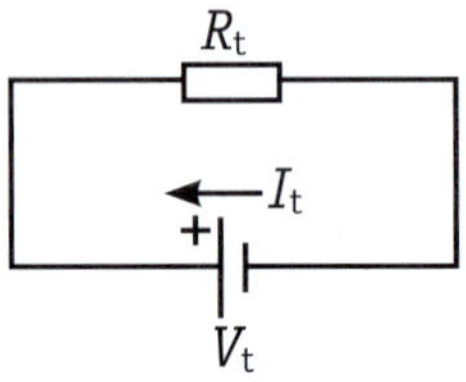

Aplicamos la ley de Ohm para calcular la **intensidad** de corriente que recorre la **resistencia equivalente** R_t, ya que tenemos V_t:

$$I_t = \frac{V_t}{R_t}$$

Como las resistencias están agrupadas en paralelo, las caídas de **tensión** en cada ramal del circuito son iguales entre sí e iguales a la tensión total suministrada por la pila:

$$V_t = V_1 = V_2 = V_3$$

Aplicando la ley de Ohm con estos valores de tensión para cada resistencia, podemos obtener la **intensidad** de corriente que recorre **cada una de ellas**:

$$I_1 = \frac{V_1}{R_1} \qquad I_2 = \frac{V_2}{R_2} \qquad I_3 = \frac{V_3}{R_3}$$

Presta atención al cálculo de R_t

Fíjate en que la fórmula utilizada para calcular la resistencia equivalente no te da directamente el valor de esta resistencia, sino el valor de su inversa ($1 / R_t$).

Puedes obtener de forma directa el valor de la resistencia equivalente haciendo la inversa de la fórmula indicada en el texto:

$$R_t = \frac{1}{\frac{1}{R_1} + \frac{1}{R_2} + \frac{1}{R_3}}$$

Ambas expresiones son equivalentes. Puedes usar la que te parezca más fácil al resolver los problemas de circuitos.

El cálculo de magnitudes eléctricas queda resumido en la siguiente tabla, donde R_t, I_t y V_t se refieren a las magnitudes del circuito equivalente:

CIRCUITO PARALELO **Relación entre las magnitudes del circuito real y el circuito equivalente**	
Resistencias	La inversa de la resistencia equivalente es igual a la suma de las inversas de las resistencias del circuito. $\frac{1}{R_t} = \frac{1}{R_1} + \frac{1}{R_2} + \cdots + \frac{1}{R_n}$
Intensidades	La intensidad de corriente del circuito equivalente es igual a la suma de las intensidades que circulan por cada una de las resistencias. $I_t = I_1 + I_2 + \ldots + I_n$
Voltajes	La tensión total proporcionada por el generador es la misma que las caídas de tensión en cada una de las resistencias. $V_t = V_1 = V_2 = \ldots = V_n$

EJEMPLO RESUELTO DE CIRCUITO PARALELO

Dado el circuito paralelo de la figura, calcula la intensidad que circula por cada resistencia y la caída de tensión que se produce en cada una de ellas.

Datos: $R_1 = 200\,\Omega, R_2 = 300\,\Omega, V_t = 24\,\text{V}$

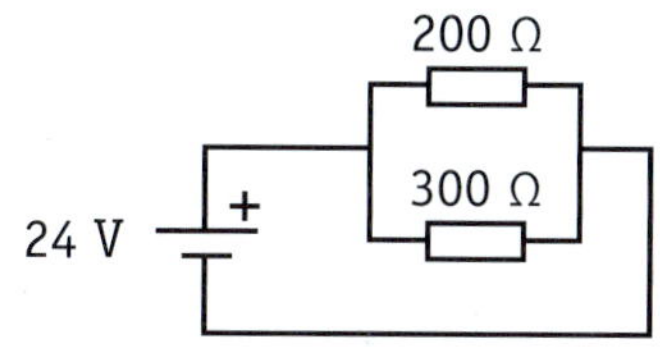

Incógnitas: I_1, I_2, V_1, V_2

Solución:

a) En primer lugar se calcula la resistencia equivalente aplicando la fórmula anterior:

$$\frac{1}{R_t} = \frac{1}{R_1} + \frac{1}{R_2} = \frac{1}{200\,\Omega} + \frac{1}{300\,\Omega} = \frac{3}{600} + \frac{2}{600} = \frac{5}{600} \Rightarrow R_t = 120\,\Omega$$

b) El circuito equivalente queda como el de la figura:

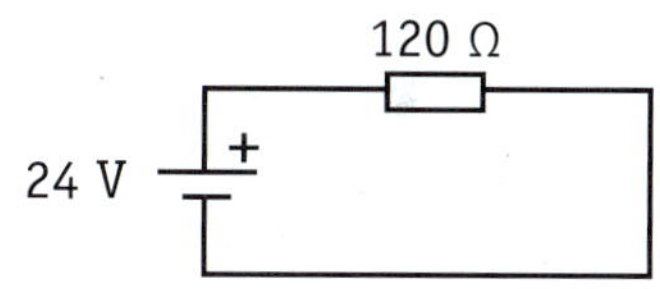

c) La intensidad total de corriente se calcula mediante la ley de Ohm:

$$I_t = \frac{V_t}{R_t} = \frac{24\,\text{V}}{120\,\Omega} = 0{,}2\,\text{A}$$

- Como es un circuito en paralelo, la caída de tensión en cada rama es igual a la tensión suministrada por la pila:

$$V_t = V_1 = V_2 = 24\,\text{V}$$

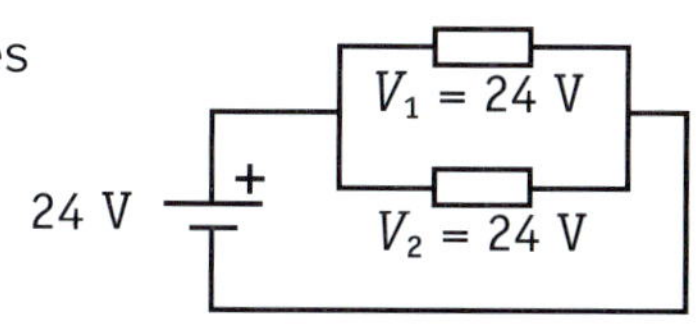

- Para calcular la intensidad que recorre cada resistencia aplicamos la ley de Ohm con los valores de las tensiones que acabamos de calcular:

$$I_1 = \frac{V_1}{R_1} = \frac{24\,\text{V}}{200\,\Omega} = 0{,}12\,\text{A}$$

$$I_2 = \frac{V_2}{R_2} = \frac{24\,\text{V}}{300\,\Omega} = 0{,}08\,\text{A}$$

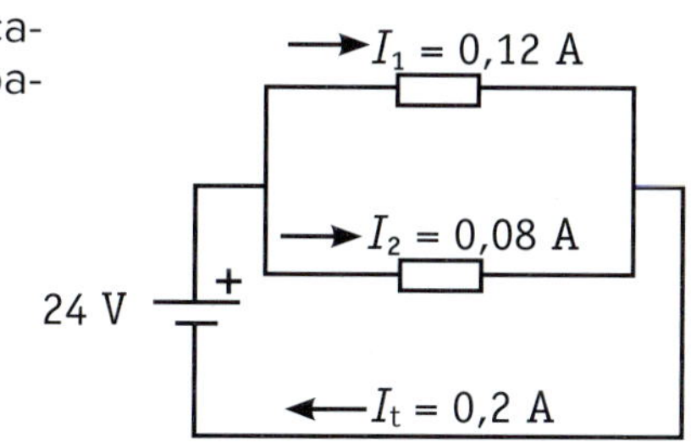

Podemos comprobar que hemos realizado correctamente el ejercicio sumando las intensidades de las resistencias. El resultado debe ser igual a la intensidad de corriente total:

$$I_t = I_1 + I_2 = 0{,}12\,\text{A} + 0{,}08\,\text{A} = 0{,}2\,\text{A}$$

7. Resolución de circuitos mixtos

Para resolver un circuito mixto habrá que considerar qué resistencias están en serie y qué resistencias están en paralelo, y entonces aplicar las ecuaciones correspondientes en cada caso.

EJEMPLO RESUELTO DE CIRCUITO MIXTO

Dado el circuito mixto de la figura, calcula la resistencia total equivalente del circuito, la intensidad total que recorre el circuito, la intensidad que circula por cada resistencia y la caída de tensión que se produce en cada una de ellas. Redondea los decimales que resulten de los cálculos.

Datos: $R_1 = 10\,\Omega, R_2 = 20\,\Omega, R_3 = 30\,\Omega, V_t = 5\,\text{V}$

Incógnitas: $R_t, I_t, I_1, I_2, I_3, V_1, V_2, V_3$

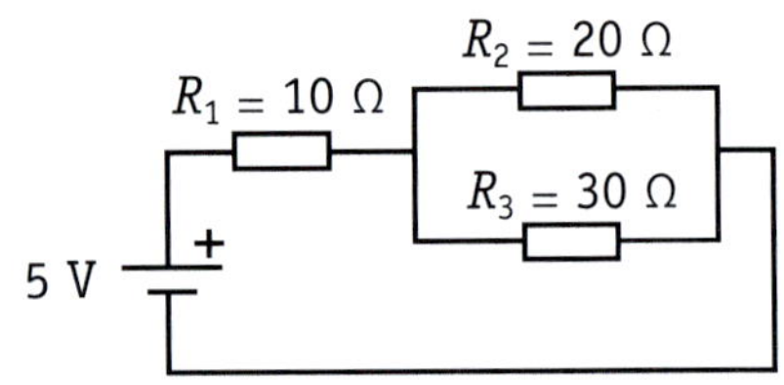

Solución:

a) Para calcular la **resistencia** total equivalente, en primer lugar **identificamos cómo están conectadas las resistencias**. A la vista del circuito, vemos que R_2 y R_3 están conectadas en paralelo y R_1 está conectada en serie con ellas dos.

- Comenzamos calculando la resistencia equivalente entre R_2 y R_3. A esta resistencia equivalente, para no perdernos, la vamos a llamar R_{23}. Aplicando la fórmula para el paralelo, tenemos:

$$\frac{1}{R_{23}} = \frac{1}{R_2} + \frac{1}{R_3} = \frac{1}{20\,\Omega} + \frac{1}{30\,\Omega} = \frac{30+20}{600} = \frac{50}{600}$$

$$\frac{1}{R_{23}} = \frac{50}{600} \Rightarrow R_{23} = \frac{600}{50} = 12\,\Omega$$

- Como R_{23} es equivalente a las resistencias R_2 y R_3, podemos sustituirlas en el circuito. Quedaría un circuito equivalente como el siguiente:

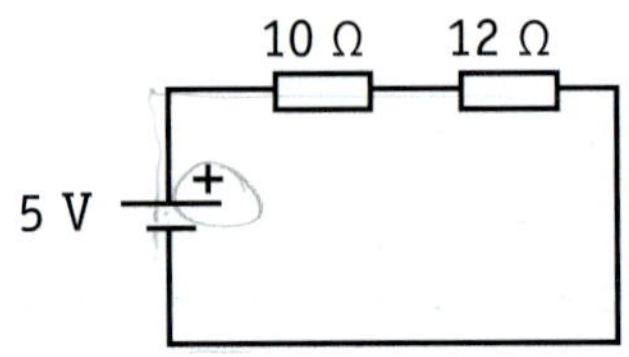

- Aplicamos ahora la fórmula para resistencias en serie para las resistencias de 10 Ω y 12 Ω, y obtenemos la resistencia total equivalente del circuito:

$$R_t = R_1 + R_{23} = 10\,\Omega + 12\,\Omega = 22\,\Omega$$

b) Para calcular la **intensidad total**, aplicamos la ley de Ohm, puesto que conocemos la resistencia equivalente y la tensión suministrada por la pila:

$$I_t = \frac{V_t}{R_t} = \frac{5\,\text{V}}{22\,\Omega} = 0{,}23\,\text{A}$$

c) Para calcular las **caídas de tensión** en las resistencias, nos fijamos en el circuito equivalente que hemos obtenido en el apartado “a)”:

- R_1 y R_{23} están conectadas en serie entre ellas. Por tanto, la intensidad de corriente que recorre cada una de estas resistencias será igual a la intensidad total que recorre el circuito:

$$I_t = I_1 = I_{23}$$

- Aplicando la ley de Ohm, tenemos entonces que:

$$V_1 = I_1 \cdot R_1 = 0,23\,\text{A} \cdot 10\,\Omega = 2,3\,\text{V}$$
$$V_{23} = I_{23} \cdot R_{23} = 0,23\,\text{A} \cdot 12\,\Omega = 2,7\,\text{V}$$

- Fíjate en que la suma de las tensiones V_1 y V_{23} debe ser igual a la tensión suministrada por la pila:

$$V_1 + V_{23} = 2,3\,\text{V} + 2,7\,\text{V} = 5\ \text{V}$$

- Al estar R_2 y R_3 conectadas en paralelo, la tensión en sus ramas es la misma y es igual a la tensión que existe en la resistencia equivalente R_{23}:

$$V_{23} = V_2 = V_3 = 2,7\,\text{V}$$

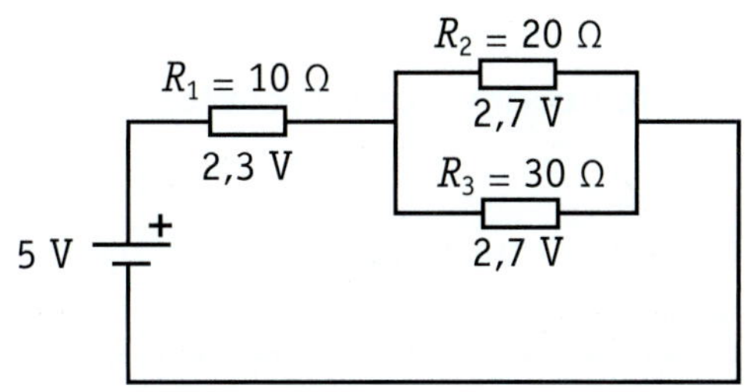

d) Finalmente, calculamos la **intensidad** que recorre **cada resistencia**:

- Ya hemos dicho que la intensidad I_1 es igual a la intensidad total del circuito.

- Para calcular I_2 e I_3, aplicamos la ley de Ohm:

$$I_2 = \frac{V_2}{R_2} = \frac{2,7\,\text{V}}{20\,\Omega} = 0,13\,\text{A}$$
$$I_3 = \frac{V_3}{R_3} = \frac{2,7\,\text{V}}{30\,\Omega} = 0,1\,\text{A}$$

Podemos comprobar que hemos realizado correctamente el ejercicio sumando las intensidades de las resistencias. El resultado debe ser igual a la intensidad de corriente total que recorre el circuito:

$$I_t = I_2 + I_3 = 0,13\,\text{A} + 0,1\ \text{A} = 0,23\,\text{A}$$

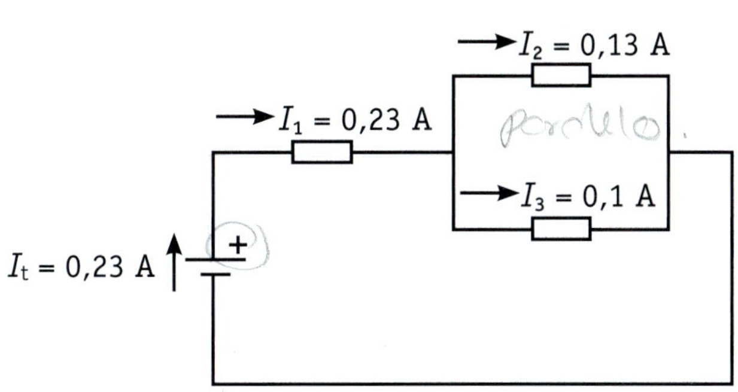

Tecnología, Programación y Robótica 2º ESO - Editorial Donostiarra

La electricidad. Corriente continua y corriente alterna

8. **¿Qué es la corriente eléctrica? Explica los dos tipos de corriente eléctrica que existen.**

9. **Busca en Internet información sobre los cortocircuitos y responde estas preguntas:**
   a) ¿Qué es un cortocircuito?
   b) ¿Cuándo representa un cortocircuito un peligro para el ser humano?
   c) ¿Qué medidas existen en la electrificación de las viviendas para evitar cortocircuitos?

Circuitos eléctricos. Componentes

10. **Define los siguientes conceptos: generador, conductor y receptor. Pon un ejemplo de cada uno de ellos.**

11. **Explica la función de los elementos de control que conozcas y pon ejemplos.**

12. **Haz un esquema que recoja los elementos generadores, receptores y de control que hemos visto en la unidad. ¿Qué otro elemento de un circuito existe?**

13. **Dibuja los símbolos de los siguientes elementos: led, zumbador, final de carrera, resistencia.**

14. **Copia en tu cuaderno la siguiente tabla y complétala indicando para cada componente si es generador, receptor, conductor o elemento de control:**

COMPONENTE	FUNCIÓN
Final de carrera	Elemento de control
Cable de cobre	
Bombilla	
Motor	
Pila	
Batería	
Conmutador	
Resistencia	
Pulsador	
Zumbador	

NO ESCRIBIR AQUÍ

15. **Explica de qué materiales está compuesto un cable eléctrico (por el exterior y el interior).**

16. **Diseña y construye los siguientes circuitos:**
   a) Un circuito que enciende una bombilla con un interruptor
   b) Un circuito que hace que se mueva un motor con un pulsador
   c) Un circuito que hace que dos bombillas se enciendan de forma independiente, utilizando dos interruptores o bien un conmutador

Componentes característicos

17. ¿Qué diferencia hay entre un interruptor, un pulsador, un conmutador y un final de carrera? Pon ejemplos de para qué puede servir cada uno de ellos.

18. En uno de los dos siguientes circuitos luce el led y en el otro no. Explica por qué.

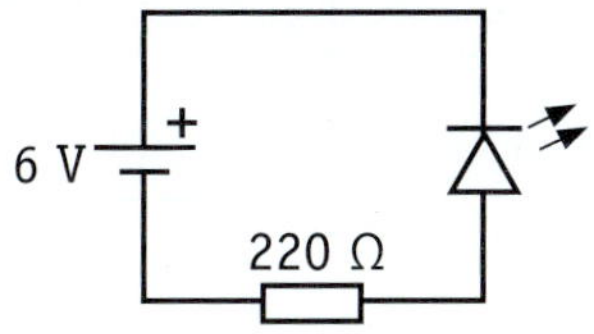

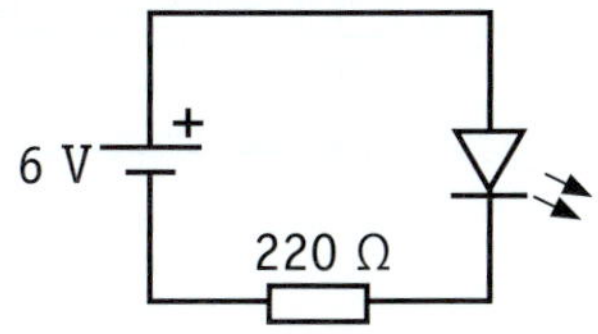

19. Dibuja un circuito con tres leds que se puedan encender y apagar independientemente. Recuerda lo explicado sobre la polaridad de los diodos.

Circuitos con varios receptores. Ley de Ohm

20. Completa las siguientes frases:

a) La intensidad de corriente (I) es la cantidad de (...) que circulan por un conductor por unidad de (...). Su unidad en el Sistema Internacional es el (...) (A).

b) La (...) o (...) (V) es la diferencia de nivel de carga que existe entre dos puntos. Su unidad en el Sistema Internacional es el (...) (V).

c) La resistencia (R) es la (...) al paso de la corriente eléctrica. Su unidad en el Sistema Internacional es el (...) (Ω).

d) La (...) relaciona las tres magnitudes fundamentales de la electricidad y se expresa mediante esta fórmula matemática: I = (...) / (...).

21. Copia en tu cuaderno la siguiente tabla y complétala siguiendo el ejemplo:

MAGNITUD	SÍMBOLO	UNIDAD	SÍMBOLO DE LA UNIDAD	EXPRESIÓN
Resistencia	R	ohmio	Ω	$R = V / I$
Voltaje				
Intensidad				

22. Copia en tu cuaderno la siguiente tabla y complétala siguiendo el ejemplo:

MAGNITUD	UNIDAD	UNIDAD · 10^{-3} (SUBMÚLTIPLO)	UNIDAD · 10^{3} (MÚLTIPLO)
Resistencia	ohmio	miliohmio (mΩ)	kiloohmio (kΩ)
Voltaje			
Intensidad			

23. Expresa en ohmios las siguientes magnitudes:

a) 1k b) 1k8 c) 2k2 d) 47k

24. Expresa en miliamperios las siguientes magnitudes:

a) $27 \cdot 10^{-3}$ A b) $1.050 \cdot 10^{-4}$ A c) $450 \cdot 10^{-2}$ A d) $2,7 \cdot 10^{-3}$ A

25. **Dibuja de tres formas distintas un circuito mixto con seis resistencias.**

26. **De los siguientes circuitos, di cuáles son serie, cuáles paralelo y cuáles mixtos. Y, a continuación, calcula su resistencia equivalente.**

a)

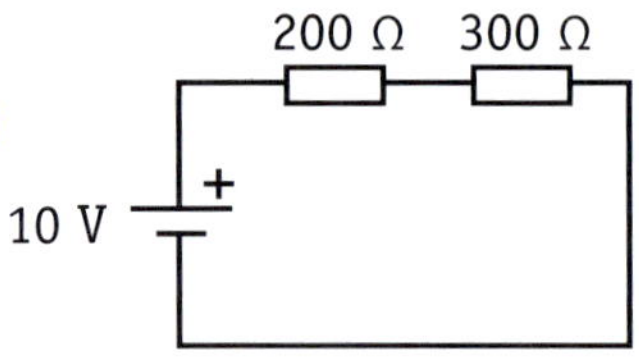

b)

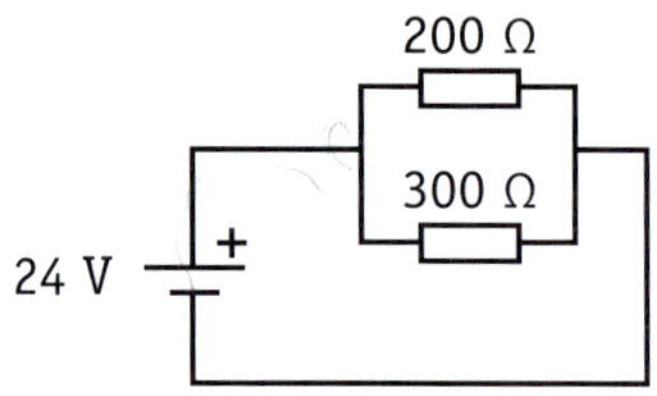

c)

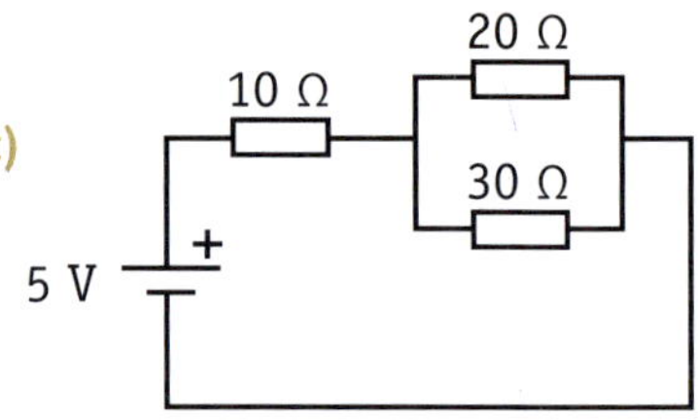

d)

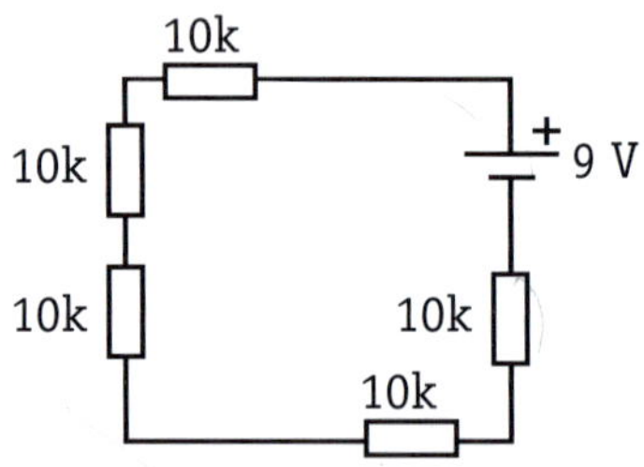

e)

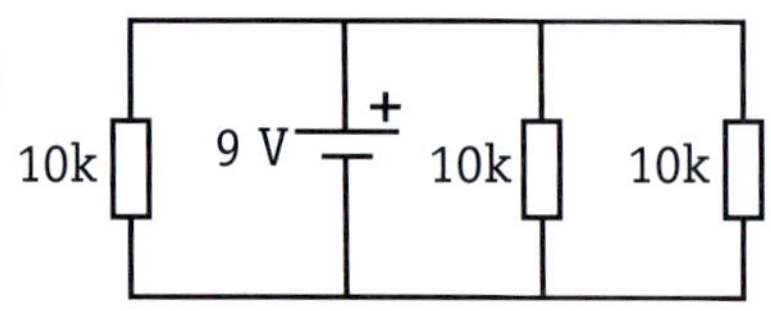

f)

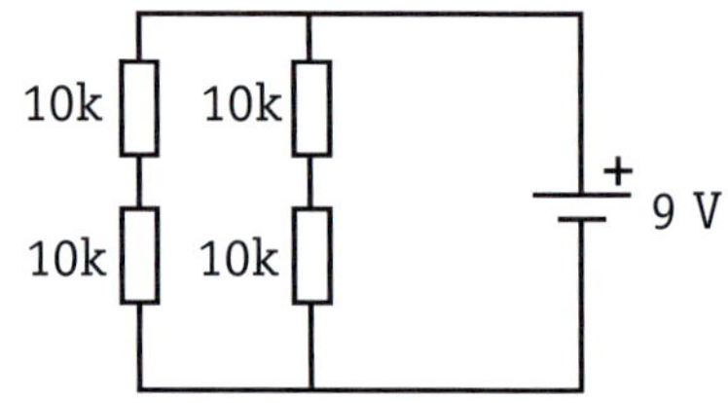

g)

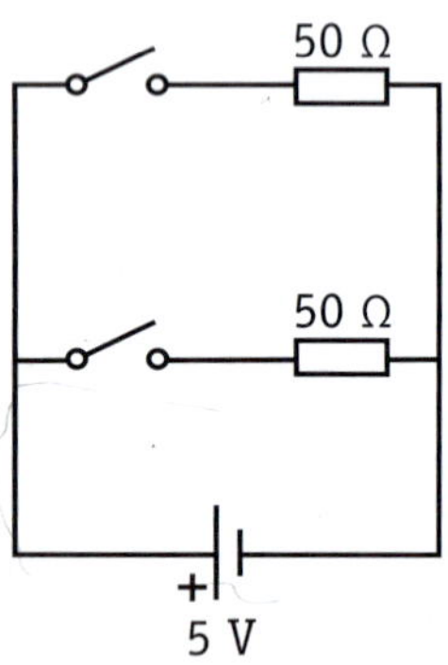

h)

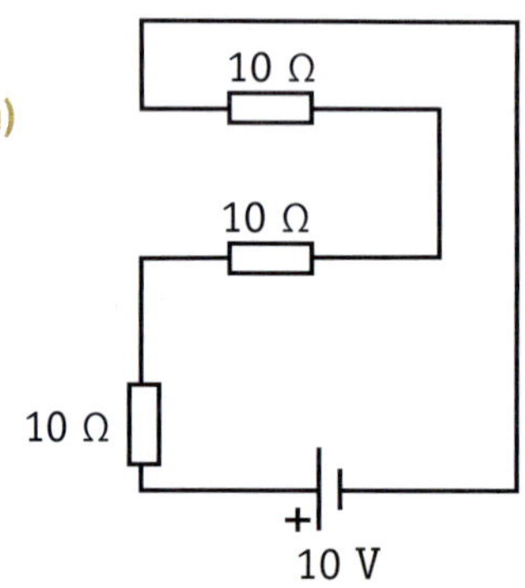

i)

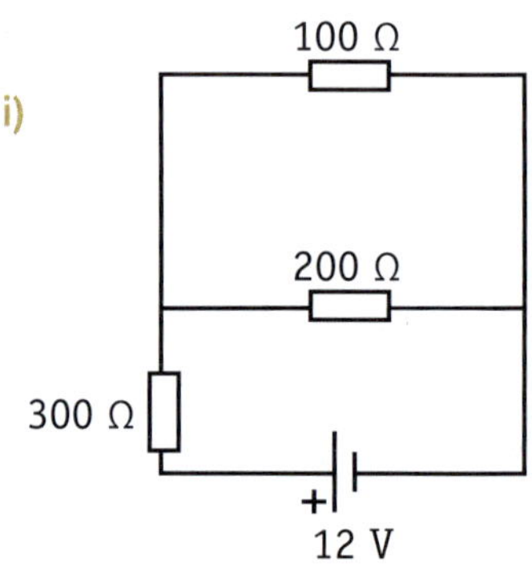

27. **Copia en tu cuaderno la siguiente tabla y complétala con el nombre de cada elemento, su símbolo y una explicación del uso que tiene.**

OBJETO						
NOMBRE	Zumbador					
DIBUJO DEL SÍMBOLO	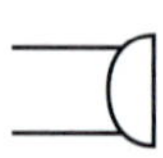					
USO	Proporcionar energía sonora					

Resolución de circuitos serie

28. Dado el siguiente circuito con tres resistencias en serie, calcula:

a) La resistencia total del circuito

b) La intensidad total que circula por el circuito

c) La intensidad que circula por cada resistencia

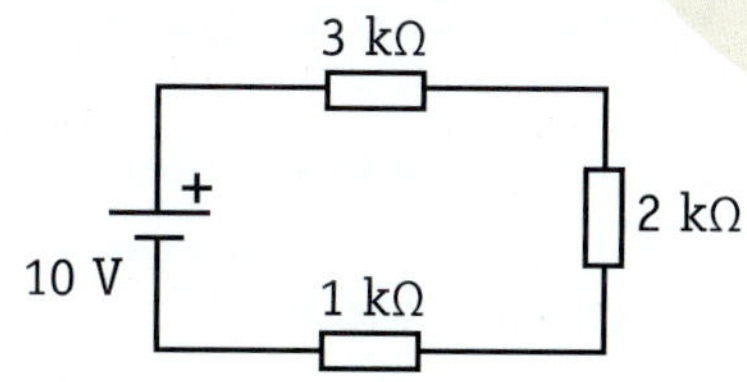

29. Dado el circuito de la figura, calcula:

a) La resistencia total equivalente del circuito

b) La intensidad total que circula por el circuito

c) La intensidad que circula por cada resistencia

d) El voltaje que cae en cada resistencia

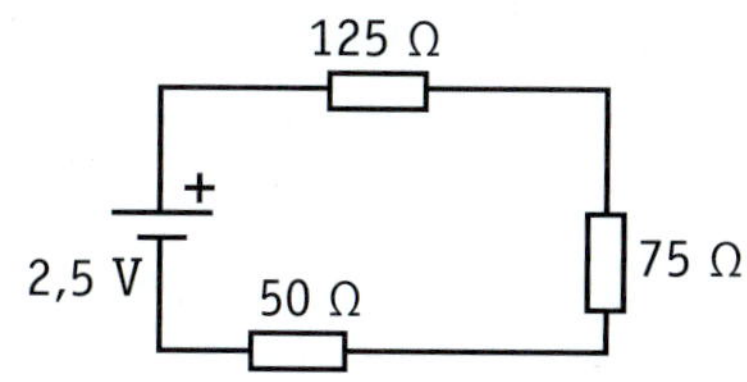

30. Sabemos que el circuito de la figura es el circuito equivalente de uno con dos resistencias en serie idénticas, que la pila es de 9 V y que la intensidad que recorre el circuito es de 0,3 mA.

a) Calcula el valor de la resistencia equivalente.

b) Calcula el valor de las resistencias del circuito inicial.

c) Dibuja el circuito inicial.

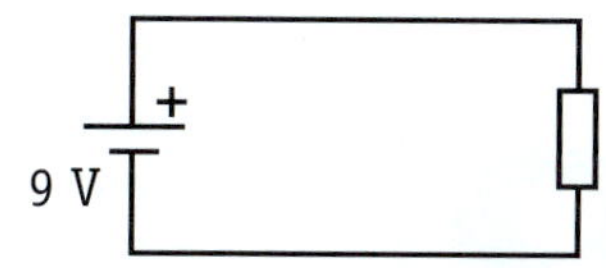

Resolución de circuitos paralelo

31. En este circuito, la pila genera una intensidad de corriente de 150 mA. Explica, haciendo sólo cálculos mentales, qué corriente circula por cada resistencia. Después usa Yenka u otro simulador de circuitos para comprobar tu respuesta.

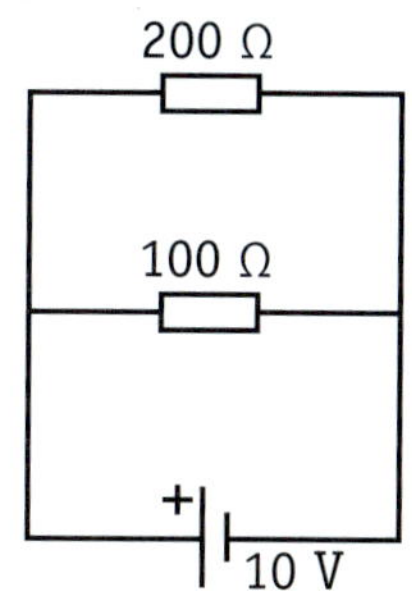

32. Dado este circuito con tres resistencias en paralelo, calcula:

a) La resistencia total del circuito

b) La intensidad total que circula por el circuito

c) La tensión o voltaje de cada resistencia

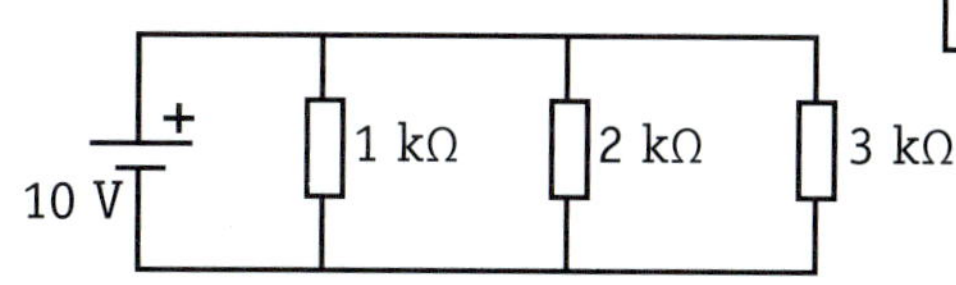

33. Dado el circuito de la figura, calcula:

a) La resistencia total equivalente del circuito

b) La intensidad total que circula por el circuito

c) La intensidad que circula por cada resistencia

d) El voltaje que cae en cada resistencia

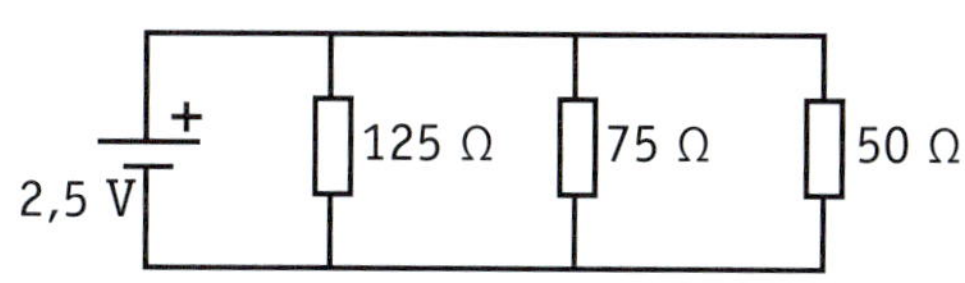

Resolución de circuitos mixtos

34. Dado el siguiente circuito, calcula:

a) La resistencia total del circuito

b) La intensidad total que circula por el circuito

c) El voltaje que cae en cada resistencia

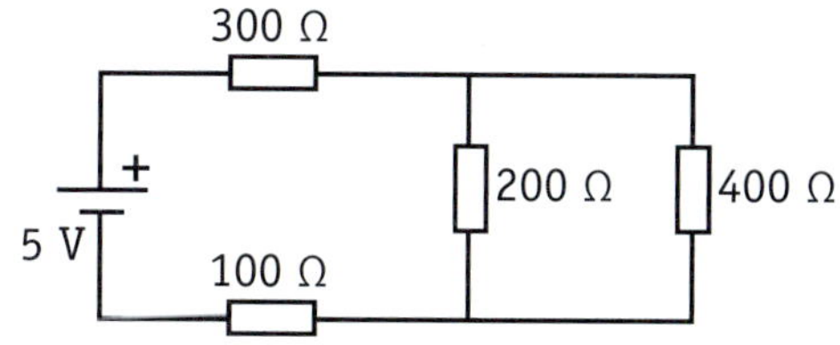

35. Dado el siguiente circuito, calcula:

a) La resistencia total del circuito

b) La intensidad total que circula por el circuito

c) El voltaje que cae en cada resistencia

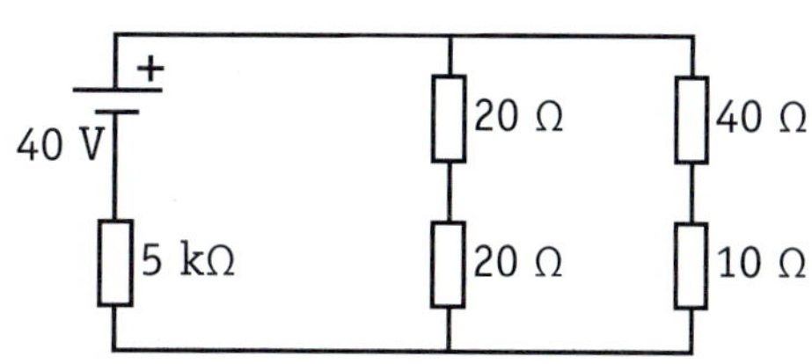

Práctica 1. **El potenciómetro**

Materiales y herramientas

- Un potenciómetro de 1k (es importante que no sea de valor superior)
- Una pila de 4,5 V
- Una bombilla E27 de 18 W con soporte
- Un motor de 9 V
- Un zumbador
- Un destornillador pequeño de punta plana o similar
- Cable (para obtener 3 cables de unos 8 cm)
- Tijeras de electricista

Duración: 50 minutos

Objetivos

- Practicar las magnitudes eléctricas fundamentales
- Comprender el montaje de un potenciómetro
- Repasar la conexión de una bombilla

Cuando necesitamos ajustar con precisión el valor de una resistencia en un circuito, usamos **potenciómetros**, que son **resistencias variables**. Estos componentes permiten variar el valor de la resistencia entre 0 y el valor máximo moviendo el cursor. El valor máximo aparece escrito en ellos.

En esta práctica vamos a montar unos circuitos y a regular sus magnitudes fundamentales a través del potenciómetro.

Montaje paso a paso

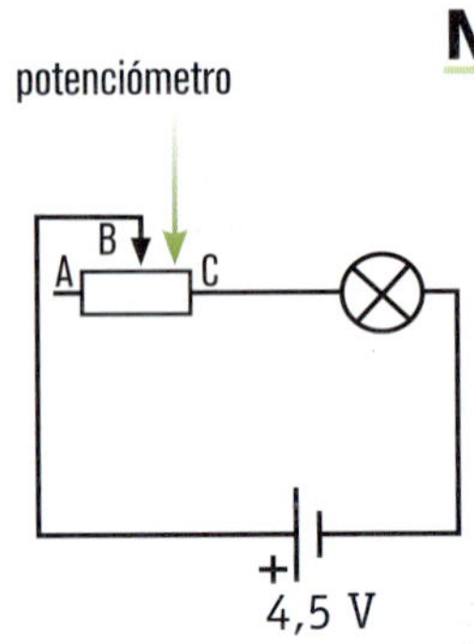

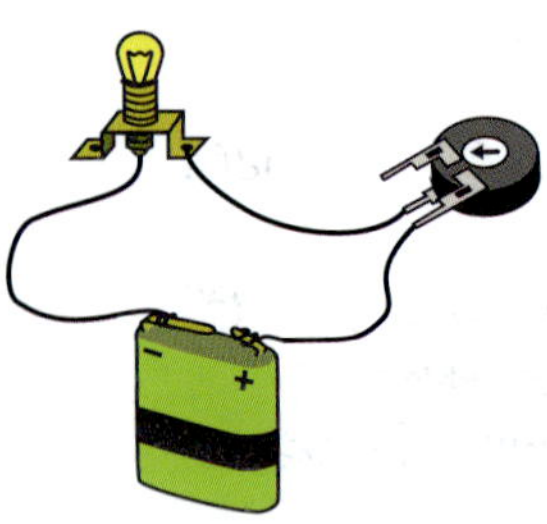

1. Corta tres trozos de cable de unos 8 cm. Pela las puntas de los cables retirando una parte del plástico protector del cobre (aproximadamente 1,5 cm). Si dispones de tijeras de electricista, verás que, cerca del eje, las tijeras tienen una muesca para cortar el plástico protector sin partir los filamentos.
2. Retuerce las puntas peladas para que los filamentos queden agrupados.
3. Conecta la patilla C del potenciómetro a un polo de la pila, y la patilla B al ojal de una de las lengüetas del soporte de la bombilla. La patilla A quedará libre. Para conectar el potenciómetro, enrolla la punta de cable (pelado y retorcido) en la patilla de forma que quede lo más fija posible.
4. Une el otro polo de la pila con la base de la bombilla, metiendo el cable entre las tuercas de la base, como se ve en la figura.
5. Mueve el cursor del potenciómetro con un destornillador y comprueba cómo varía la intensidad de la bombilla.
6. Ahora sustituye la bombilla del circuito por un motor. Los motores comerciales de 9 V suelen trabajar cuando en sus extremos hay una diferencia de tensión de entre 1,5 y 9 V.
7. Mueve el cursor del potenciómetro y comprueba cómo varía la velocidad del motor.

DESAFÍO

- Sustituye la bombilla del circuito por un zumbador, teniendo en cuenta la polaridad para su conexión. Mueve el cursor del potenciómetro y comprueba cómo varía la intensidad sonora.

FÍJATE Y RESUELVE

- Cuando veas que se ha alcanzado la mitad de la intensidad luminosa, deja de mover el cursor del potenciómetro. ¿Qué valor aproximado crees que tiene la resistencia interna del potenciómetro entre A y B y entre B y C en ese momento? Justifica tu respuesta.

Práctica 2. Conmutador y final de carrera

Materiales y herramientas

- Dos conmutadores
- Una pila de 4,5 V
- Una bombilla E27 de 18 W con soporte
- Un motor de 9 V
- Dos finales de carrera
- Cable (para obtener 4 cables de unos 8 cm)
- Tijeras de electricista

Duración: 50 minutos

Objetivos

- Comprender el funcionamiento de un conmutador
- Aprender a encender una luz desde dos puntos
- Comprender el funcionamiento de un final de carrera

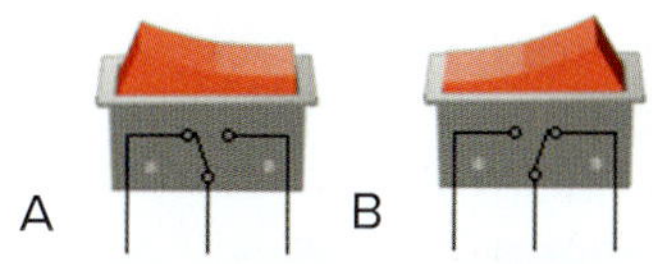

Un **conmutador simple** tiene tres patillas de conexión. Si es accionado, conmuta entre las posiciones A y B, lo cual permite encender y apagar en conexión con el resto del circuito.

Un **interruptor final de carrera** es un dispositivo que actúa como un conmutador pero es accionado mecánicamente por una palanca. Se utiliza como sensor para detectar que hay contacto con algún objeto o que se ha llegado al final de un recorrido y detener el movimiento.

Fíjate en la figura de la derecha. En la posición de reposo, conectará C con B. Y, si se pulsa, cambiará de posición y conectará C con A.

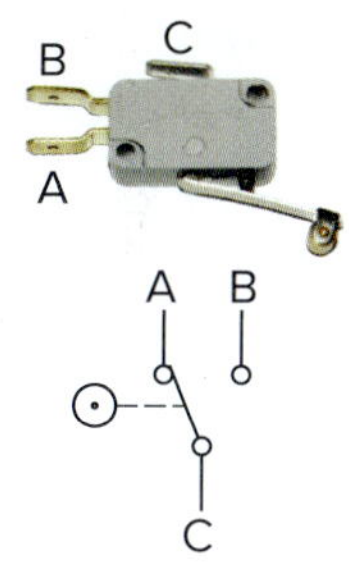

Montaje paso a paso

Vamos a montar el siguiente circuito de control del encendido de una bombilla desde dos puntos.

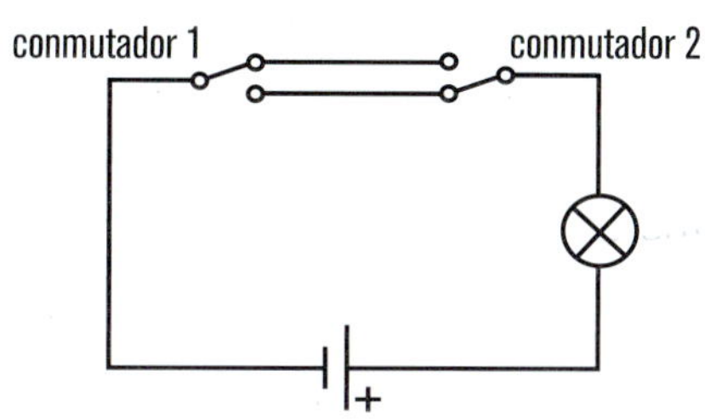

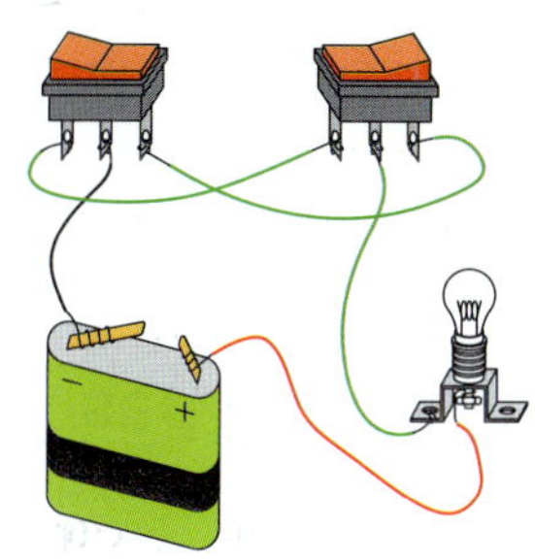

1. Corta cuatro trozos de cable de unos 8 cm. Pela las puntas y retuércelas para que los filamentos queden agrupados.
2. Une los dos conmutadores a la pila y a la bombilla siguiendo el esquema eléctrico. Observa que tanto el cable que va de la bombilla al conmutador 2 como el cable que va de la pila al conmutador 1 se conectan en la patilla central de cada conmutador.
3. Une los conmutadores 1 y 2 entre sí con dos cables.
4. Une el otro lado de la bombilla a la pila.
5. Cambia de posición los conmutadores y observa el resultado.

DESAFÍO

- Haz un montaje similar con un motor y dos finales de carrera para el control de la marcha de un motor desde dos puntos.

FÍJATE Y RESUELVE

- Indica para cada uno de los dos circuitos realizados una aplicación que pueden tener en nuestra vida cotidiana.

Práctica 3. Tres formas de invertir el sentido de giro de un motor

Materiales y herramientas

- Un motor
- Dos pilas de 4,5 V
- Dos interruptores o pulsadores (o chinchetas con clips)
- Un conmutador
- Un conmutador doble
- Cable
- Tijeras de electricista

Duración: 50 minutos

Objetivos

- Conocer tres formas de inversor de giro
- Practicar con distintos componentes
- Practicar la interpretación de esquemas eléctricos

Un **motor** es un receptor que nos permite transformar la energía en movimiento; por ejemplo, para mover las ruedas de un coche. Si queremos que el vehículo se pueda mover hacia delante y hacia atrás, necesitaremos invertir el sentido de giro del motor. Según conectemos la polaridad del motor (positivo o negativo), girará en un sentido o el otro.

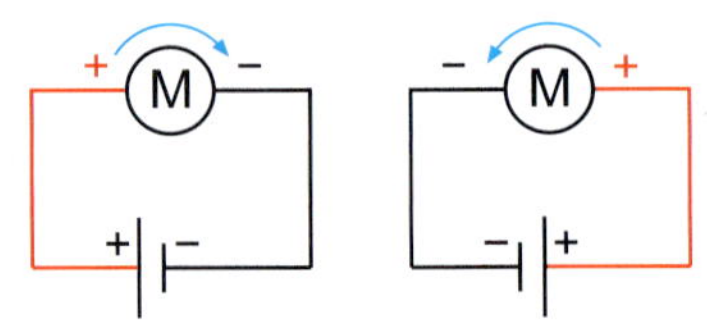

Sentido de giro en función de la polaridad

Podemos conseguir que se invierta el sentido de giro mediante tres circuitos diferentes:

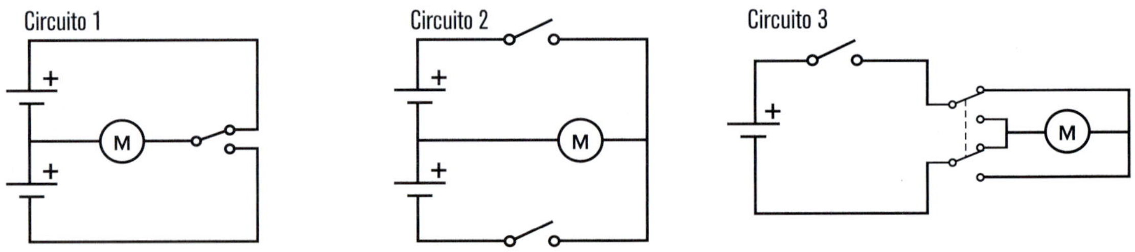

Observa que el circuito 2 puedes montarlo con dos interruptores o con dos pulsadores. Si lo haces con interruptores, cuida de no cerrarlos ambos a la vez, porque se produciría un cortocircuito y las pilas se descargarían. Debes abrir un interruptor antes de cerrar el otro.

Montaje paso a paso

Monta los tres circuitos, ayudándote de los esquemas eléctricos, y comprueba su funcionamiento.

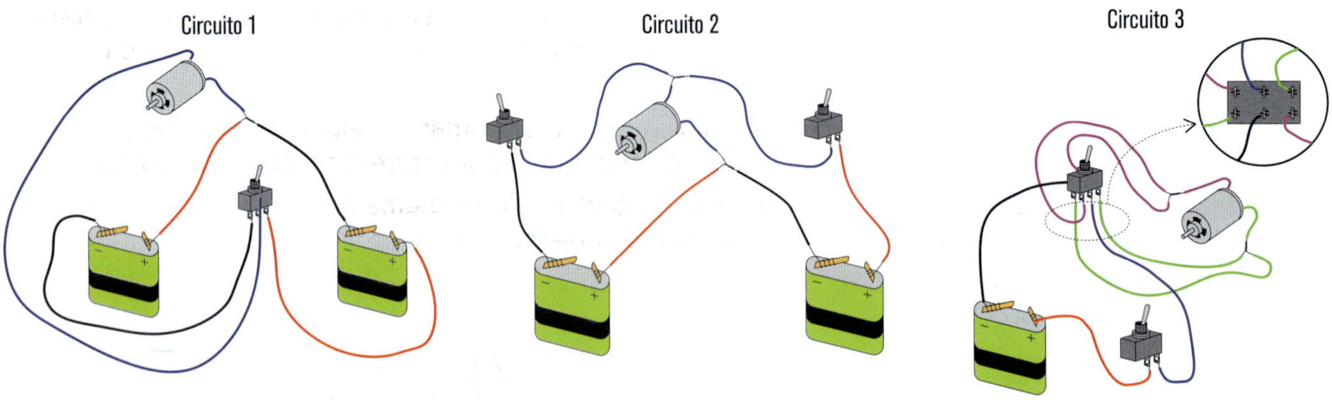

FÍJATE Y RESUELVE

- Observa el funcionamiento de un conmutador doble y trata de explicarlo. ¿Es lo mismo un conmutador doble que dos conmutadores simples? ¿Qué pasa si ponemos en el circuito 3 dos conmutadores simples, que no cambian de posición a la vez?

Práctica 4. Conexiones más fáciles: la placa protoboard

Materiales y herramientas

- Una placa protoboard
- Tres leds
- Tres resistencias de 220 Ω, código rojo-rojo-marrón (resistencias de protección, imprescindibles para que no se estropeen los leds)
- Dos pilas AA de 1,5 V
- Cable rojo y negro
- Tijeras de electricista

Duración: 50 minutos

Objetivos

- Comenzar a usar la placa protoboard
- Valorar la importancia de la placa a la hora de conectar ciertos elementos (como los leds)
- Conocer cómo se conecta un led
- Conocer las resistencias de protección con su código de colores

La **placa protoboard** nos permite montar circuitos sobre ella y reducir así el número de cables que utilizamos, lo cual simplifica la colocación de los componentes.

Para utilizarla, debemos saber que tiene en su interior unas láminas de metal que ponen en contacto los componentes cuando se insertan en ella. La figura muestra con líneas de color todo lo que está unido por dentro de la placa.

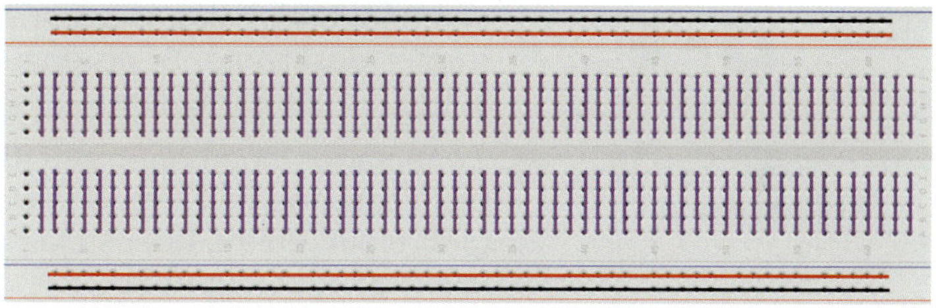

Las conexiones verticales se reservan normalmente para conectar el generador, tomando una como positiva y otra como negativa. Hay placas con una y dos filas de conexiones verticales.

Montaje paso a paso

Vamos a conectar componentes sobre la placa protoboard. Montaremos tres leds en paralelo.

1. Podemos empezar por conectar los leds. Recuerda que tienen polaridad (si el cátodo y el ánodo no están correctamente colocados con respecto a la pila, no lucirán). Las patillas de un led son de diferente longitud para poder diferenciarlas: la más corta es el cátodo (–), que irá al negativo de la pila con cable negro, y la más larga es el ánodo (+), que irá al positivo de la pila con cable rojo.

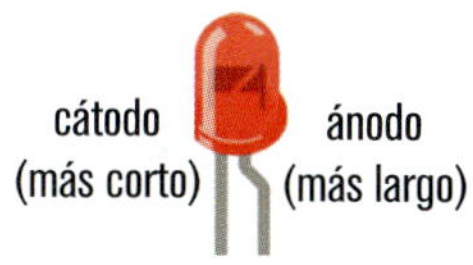

2. Observa en la figura de abajo cómo se colocan las resistencias: cada una de ellas en serie con el led correspondiente. Debido a las conexiones internas que hace la placa, no es necesario poner cable en esta unión.
3. Añade los cables que van a las conexiones verticales, tomando una de ellas como positiva y otra como negativa, y uniéndolas posteriormente al polo correspondiente de la pila.
4. Ten en cuenta que, como medida de seguridad, el último elemento que se conecta en un circuito es siempre la pila o batería, para evitar descargas o cortocircuitos.

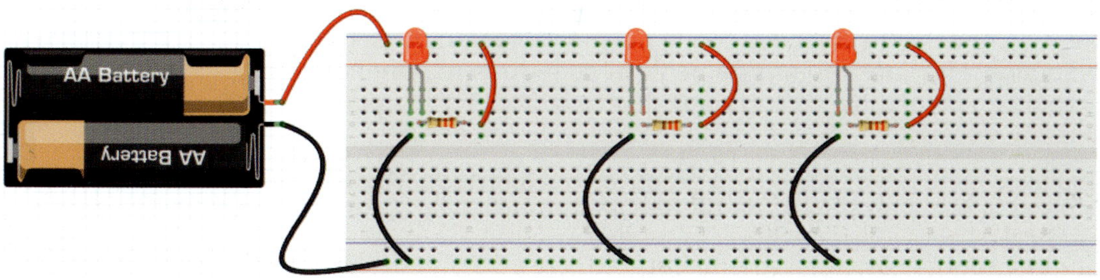

Práctica 1. Simulación de circuitos con Tinkercad Circuits

Tinkercad Circuits, de Autodesk (antes **123D**), es una aplicación web gratuita que permite crear y simular circuitos y ponerlos en funcionamiento con el código correspondiente. Los proyectos se guardan en la nube y se pueden compartir con otros usuarios.

1. Entra en www.tinkercad.com e inicia sesión con tu usuario de Gmail o regístrate.
2. Si te apetece, haz clic en **Aprendizaje** (en el menú superior) y después, en el desplegable de la izquierda, elige **Circuitos** para que se muestren lecciones de electrónica (se renuevan semanalmente).
3. Haz clic en **Circuits**, en el lateral de la izquierda (figura 1).
4. Haz clic en **Crear nuevo circuito** y te aparecerán a la derecha todos los componentes que hay disponibles. En el desplegable **Componentes**, escoge **Básico** (figura 2).
5. Vamos a crear el circuito de la figura 5, que sirve para controlar la intensidad de una bombilla con un potenciómetro. Para ello, arrastra los siguientes componentes hasta la zona de dibujo: bombilla, pila, potenciómetro, interruptor deslizante. Si no encuentras alguno, utiliza el buscador que tienes sobre los componentes.
6. Conecta los componentes, haciendo clic en los terminales adecuados en cada caso, de modo que te quede el circuito como en la figura 5. Si has de girar algún elemento, usa la herramienta **Girar** de la barra que tienes arriba a la izquierda (figura 3).
7. Para cambiar el color de los cables, utiliza la herramienta de la figura 4. Respeta el color de los cables de la figura: rojo a positivo y negro a negativo.
8. Pulsa **Iniciar simulación** y luego actúa sobre el interruptor deslizante y el potenciómetro para controlar la luz de la bombilla.
9. No es necesario que guardes el proyecto; se queda guardado en la nube y podrás acceder a él cada vez que entres en tu cuenta. Haz dos capturas de pantalla pulsando la tecla **Impr pant** de tu ordenador (una con la bombilla con poco brillo y otra con mucho brillo) y pégalas en un archivo de texto que llames **UD05_P1_nombreapellido**.

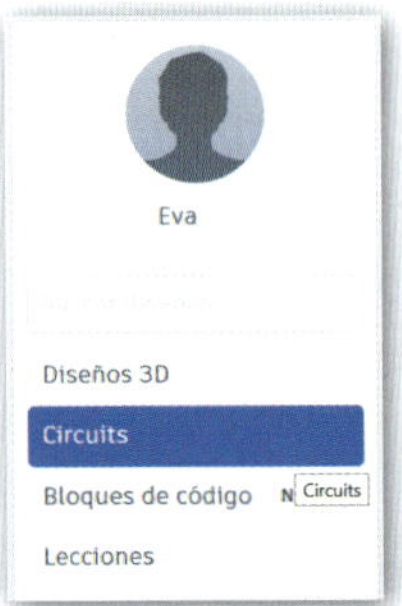

Fig. 1

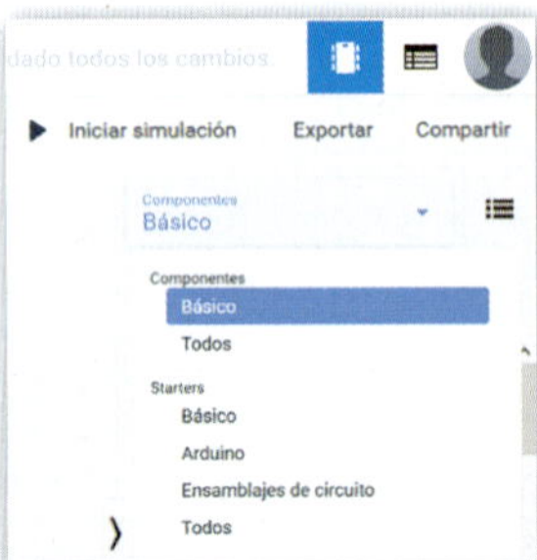

Fig. 2

Fig. 3

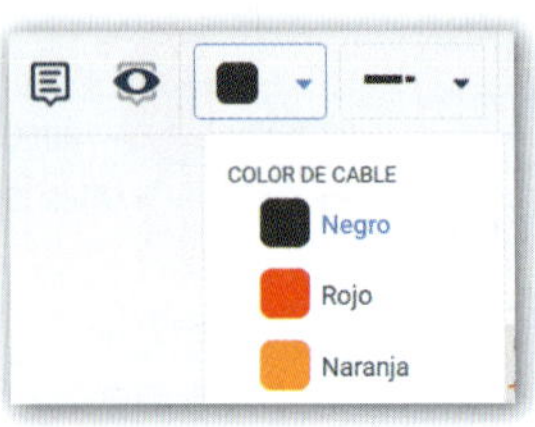

Fig. 4

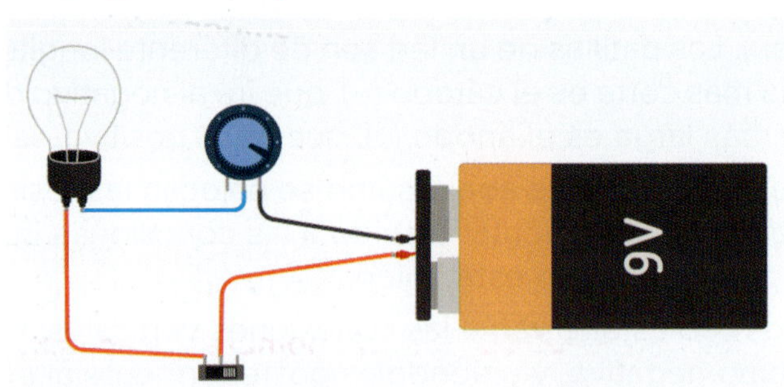

Fig. 5

DESAFÍOS

1. Simula un circuito que controle un zumbador con un pulsador (figura 6). Para encontrar el zumbador, haz la búsqueda “buzzer” o “piezo”. Conecta el zumbador con la polaridad adecuada (si no, no sonará). Haz una captura de pantalla cuando esté sonando y pégala en un archivo de texto que llames **UD05_P1_nombreapellido_desafio1**.
2. Simula los circuitos de las cuatro prácticas del apartado “Aprende en el taller” y guárdalos en un documento de texto que llames **UD05_P1_nombreapellido_desafio2**.

Fig. 6

Práctica 2. Simulación de circuitos con Crocodile Clips

Para realizar estas prácticas con Crocodile Clips puedes descargarte la versión Yenka (www.yenka.com) con cualquiera de las tres licencias posibles: escolar (de pago), de prueba (15 días) o de uso en casa (gratuita).

Ejercicio 1. Versión gráfica (Pictorial Components)

En la barra de herramientas (que según la versión será como la figura 7 o como la figura 8), encontramos los símbolos de los principales componentes: pila, batería de 9 V, fusible, interruptor, conmutador, pulsador, regulador, resistencia, zumbador, bombilla, diodos y motor.

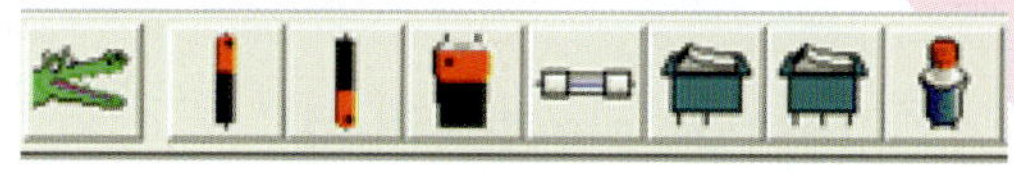

Fig. 7

1. Si estás utilizando la versión Elementary, selecciona la opción **Create a circuit**.
2. Selecciona el componente **Battery** y arrástralo al área de trabajo. A continuación haz lo mismo con el resto de los componentes (**Lamp**, **SPST** y **Push-to-make switch**).
3. Una vez situados los componentes como en la figura 9, para realizar las conexiones simplemente haz clic con el ratón sobre el extremo de uno de los terminales y desplaza el cursor hasta el extremo con el que lo quieras unir.
4. Por último, sólo queda simular el circuito que has diseñado. Para ello, haz clic sobre un elemento que se pueda accionar (en este caso, el interruptor).
5. Observarás que las bombillas se iluminan, que el zumbador suena mientras pulsas y, además, que el sentido en que circula la corriente eléctrica queda indicado mediante unas flechas en los cables.
6. Si sitúas el cursor sobre la pila, verás que aparece un mensaje de texto que indica la intensidad de la corriente eléctrica que circula (en este caso, 962 mA). Si te sitúas sobre cualquier parte del circuito, observarás que, al ser un montaje en serie, la corriente que circula es siempre la misma.
7. Guarda el archivo como **UD05_P2_E1_nombreapellido.ckt**.

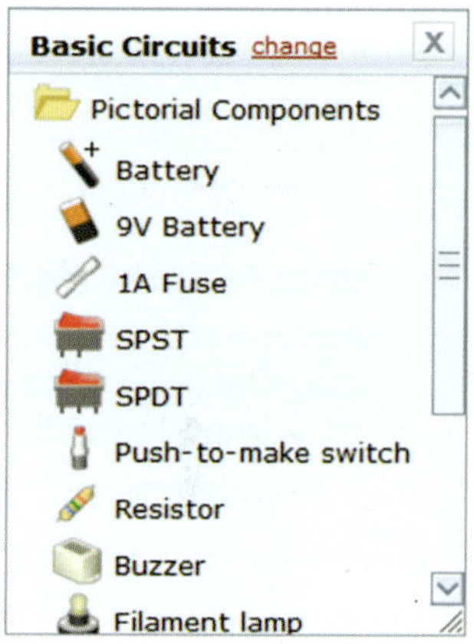

Fig. 8

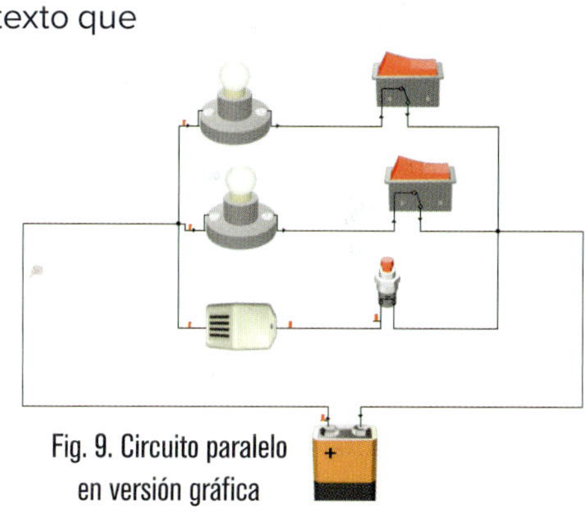

Fig. 9. Circuito paralelo en versión gráfica

Ejercicio 2. Versión simbólica (Symbolic Components)

1. Abre un archivo nuevo en la versión con símbolos eléctricos.
2. Dibuja el circuito paralelo con la versión simbólica (figura 10).
3. En el mismo archivo, haz los dos montajes de leds de la figura 11 y comprueba que el led sólo luce si está bien colocado (lucirá sólo en uno de los dos casos, debido a su polaridad).
4. Guarda el archivo como **UD05_P2_E2_nombreapellido.ckt**.

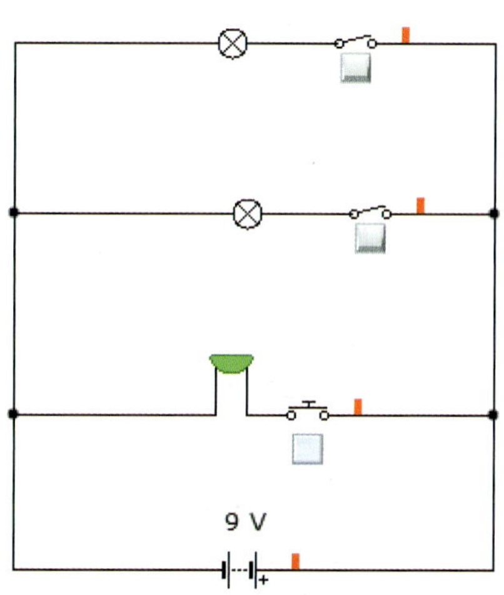

Fig. 10. Circuito paralelo en versión simbólica

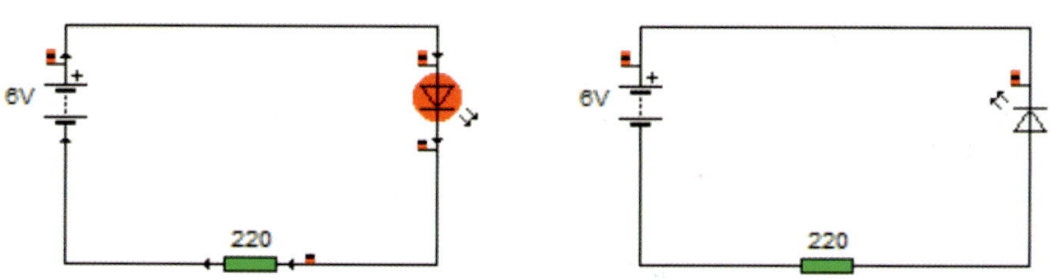

Fig. 11. Montaje con leds

ZONA web

Realiza las siguientes actividades accediendo a tu zona web.

tu nota en un clic

Las actividades señaladas con el sello **"tu nota en un clic"** dan la opción de, una vez realizadas, imprimirlas en un **archivo PDF** con el **nombre y apellido del alumno** y la **puntuación obtenida sobre 10**.

Para acceder a tu zona web una vez registrado el libro:

1. Entra en www.editorialdonostiarra.com.
2. Accede a **Zona privada** (sección **Alumno**) y haz clic en **Acceso a la zona web**.
3. Teclea tu e-mail y contraseña.

1 Test de electricidad

tu nota en un clic

Accede a la actividad **UD05 01 Test de la unidad** y comprueba tus conocimientos.

2 Vocabulario de la unidad

tu nota en un clic

Accede a la actividad **UD05 02 Vocabulario** y selecciona para cada una de las definiciones que se presentan la palabra clave que le corresponde.

3 Esquema de contenidos

tu nota en un clic

Accede a la actividad **UD05 03 Esquema de contenidos** y completa el esquema de contenidos de la unidad con las palabras propuestas.

4 Resistencias y unidades

Accede a la actividad **UD05 04 Resistencias y unidades** y agrupa las resistencias que sean iguales.

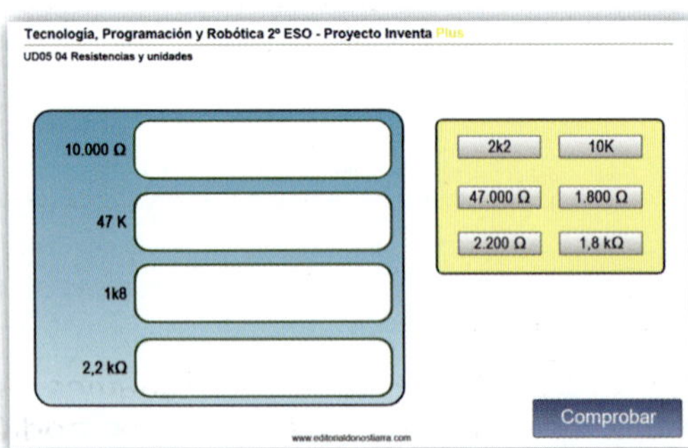

5 Componentes eléctricos

Accede a la actividad **UD05 05 Componentes eléctricos** y une cada componente con su nombre correspondiente.

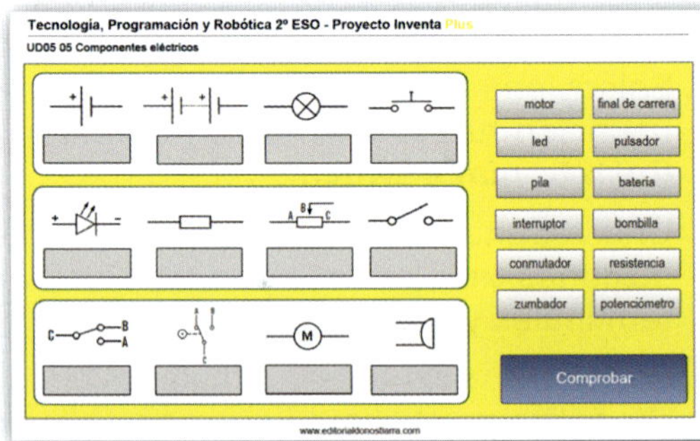

6 ¿Verdadero o falso?

Accede a la actividad **UD05 06 ¿Verdadero o falso?** y di si son verdaderas o falsas las afirmaciones que se presentan.

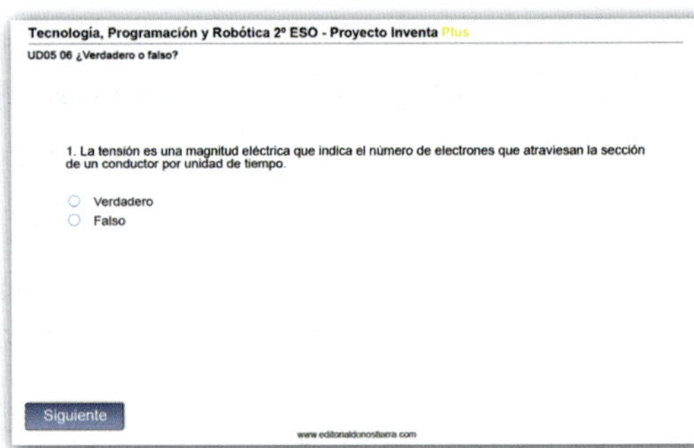

Publicar nuestros circuitos eléctricos

Vamos a publicar en tu blog y así divulgaremos lo que hemos aprendido y trabajado en esta unidad sobre electricidad y circuitos. Para hacer esta práctica deberás tener el consentimiento de tus padres o tutores legales.

Ejercicio 1. Grabar el funcionamiento de un circuito y subirlo a YouTube

1. Graba el funcionamiento de un circuito de los que hayas construido con un dispositivo que tengas a tu alcance y descárgalo en el ordenador. Recuerda que debes grabar sólo el circuito, nunca a personas.
2. Entra en YouTube desde tu correo de Gmail pulsando la opción **Aplicaciones de Google** y luego **YouTube**.
3. Haz clic en **Crear**, en la barra de herramientas superior (figura 12), y escoge **Subir vídeo**. Entrarás en **YouTube Studio**. Si aún no tienes un canal, YouTube te pedirá que crees uno. Hazlo completando los campos de datos según tus intereses. Una vez creado el canal, ya puedes subir el vídeo que has grabado. Escribe los datos referentes al vídeo (título, descripción, audiencia, etc.). En **Visibilidad** elige la opción **Público** (esto te permitirá ver el vídeo en el blog).
4. El proceso puede tardar unos minutos. Cuando esté completado, pulsa **Publicar** y copia la URL.

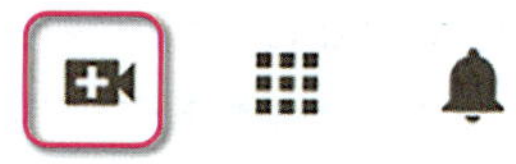

Fig. 12

Ejercicio 2. Publicar una entrada con el vídeo e imágenes en el blog

1. Entra en tu blog. Haz clic en **Nueva entrada**. Dale a esa nueva entrada el título de “Funcionamiento de un circuito”.
2. En la caja central escribe el cuerpo de tu entrada. La propuesta en este caso es que hagas un pequeño resumen del funcionamiento del circuito. Utiliza las opciones de la barra de herramientas para dar formato al texto (cambia el color, el tamaño y el tipo de letra).
3. Pulsa el botón **Vista previa** para comprobar cómo va quedando el texto según lo vas escribiendo.
4. En la ventana de edición, busca el icono que te permite insertar vídeos. En la ventana que aparece, elige **YouTube** y sigue los pasos.
5. Inserta una captura de pantalla de un circuito que hayas hecho con un simulador.
6. Inserta uno o varios enlaces a sitios web relacionados con la electricidad (de los que hayas visitado).
7. Por último, pulsa **Publicar**. Deberás tener una entrada parecida a la de la figura 13.

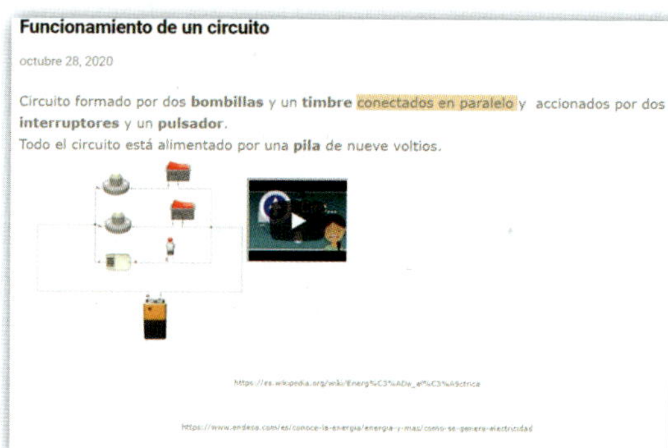

Fig. 13

ESAFÍOS

- Queremos publicar en el blog cómo funciona un simulador de circuitos. Para ello necesitaríamos capturar la pantalla en vídeo e incluso podríamos grabar nuestra voz explicándolo. Investiga cómo podrías grabar lo que estás haciendo en pantalla y tu voz utilizando un programa. A continuación, graba un pequeño vídeo en el que montes un circuito con un simulador. Cuando acabes, guarda el archivo como **UD05_nombreapellido_desafio1** y súbelo al blog.

  (Ayuda: Puedes utilizar el programa **CamStudio**, aunque existen muchos más. Si usas Windows 10, no tendrás que instalar nada: pulsa la tecla **Windows** y la letra **G** y te aparecerá la barra de juegos [Xbox Game Bar], con la que puedes grabar tu pantalla, entre otras opciones.)

1. La electricidad. Corriente continua y corriente alterna

- El desplazamiento de electrones desde un átomo de un material conductor hacia otros se conoce como **corriente eléctrica**.
- Hay dos tipos de corriente eléctrica:
  - **Corriente continua**, una corriente constante en la que los electrones se mueven siempre en el mismo sentido (del polo negativo al positivo)
  - **Corriente alterna**, en la que los polos del generador cambian su polaridad varias veces por segundo, y, con ellos, cambia el sentido de movimiento de los electrones

2. Circuitos eléctricos. Componentes

- Los **circuitos eléctricos** constan de cuatro **componentes** fundamentales:

ELEMENTO	TIPOS	FUNCIÓN QUE REALIZA
Generador	Pila, batería, fuente de alimentación, alternador	Proporciona la energía necesaria para que circule la corriente eléctrica.
Conductor	Cable	Transporta la corriente por el circuito.
Receptor	Motor, bombilla, resistencia, potenciómetro, led, zumbador...	Transforma la energía eléctrica en calor, luz, movimiento, sonido...
Elementos de control	Interruptor, pulsador, conmutador, final de carrera...	Gobiernan el circuito.

3. Componentes característicos

- Algunos componentes ampliamente utilizados en el taller son:

Resistencia

Potenciómetro

Led

Zumbador

Conmutador

4. Circuitos con varios receptores. Ley de Ohm

- La **ley de Ohm** relaciona las tres magnitudes fundamentales de la electricidad mediante esta expresión: $I = \frac{V}{R}$

I	**Intensidad**	Amperio (A)
V	**Voltaje**	Voltio (V)
R	**Resistencia**	Ohmio (Ω)

5. Resolución de circuitos

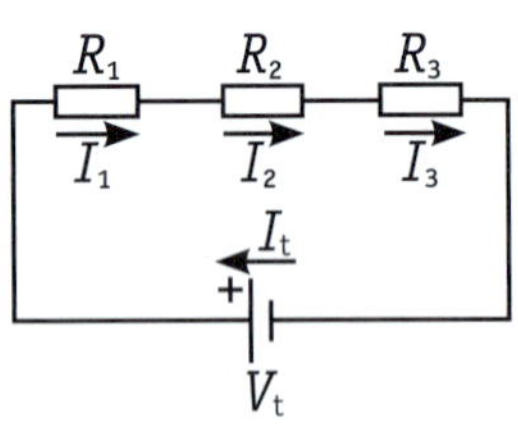

Circuito serie

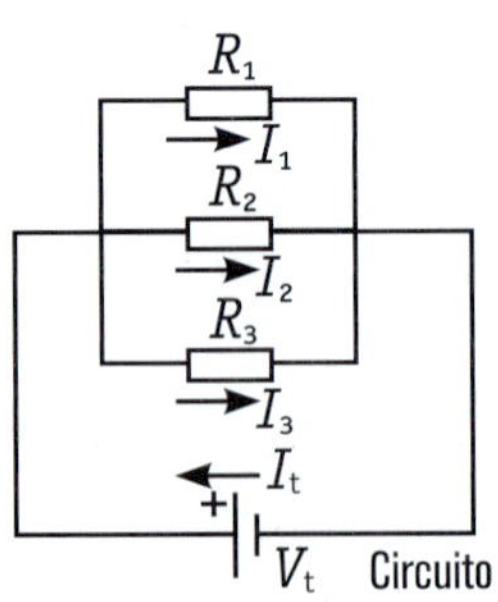

Circuito paralelo

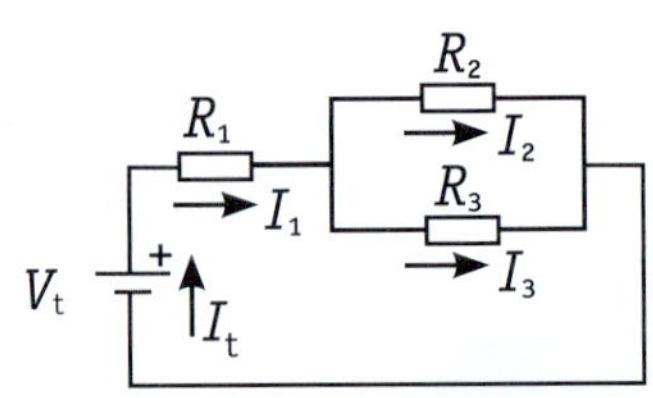

Circuito mixto

MAGNITUD	CIRCUITO EQUIVALENTE SERIE	CIRCUITO EQUIVALENTE PARALELO	CIRCUITO EQUIVALENTE MIXTO
Resistencia	$R_t = R_1 + R_2 + \ldots + R_n$	$\frac{1}{R_t} = \frac{1}{R_1} + \frac{1}{R_2} + \cdots + \frac{1}{R_n}$	Para resolver un circuito mixto habrá que considerar qué resistencias están en serie y qué resistencias están en paralelo, y entonces aplicar las ecuaciones correspondientes en cada caso.
Intensidad	$I_t = I_1 = I_2 = \ldots = I_n$	$I_t = I_1 + I_2 + \ldots + I_n$	
Voltaje	$V_t = V_1 + V_2 + \ldots + V_n$	$V_t = V_1 = V_2 = \ldots = V_n$	

AUTOEVALUACIÓN

1. Haz los siguientes ejercicios en tu cuaderno.
2. Consulta las respuestas al final del libro, para evaluar tu aprendizaje.

1 pto. 1. **¿Qué es la corriente eléctrica? ¿Qué dos tipos de corriente eléctrica conoces? Explica las diferencias que existen entre ambas.**

1 pto. 2. **Contesta si son verdaderas o falsas las afirmaciones siguientes. Si son falsas, corrige las palabras equivocadas:**

a) En un circuito eléctrico, los receptores permiten transportar la corriente eléctrica.

b) Son elementos de control los pulsadores, los conmutadores, los interruptores y los finales de carrera, entre otros.

c) El polo negativo es el polo de menor tensión, por el que entran los electrones.

d) Los leds y los zumbadores son elementos de un circuito eléctrico que tienen polaridad.

1 pto. 3. **Expresa en ohmios las siguientes magnitudes:**

a) 2k b) 1k4 c) 27 mΩ d) 47k

1 pto. 4. **Para los siguientes circuitos, indica si son serie, paralelo o mixto:**

a)

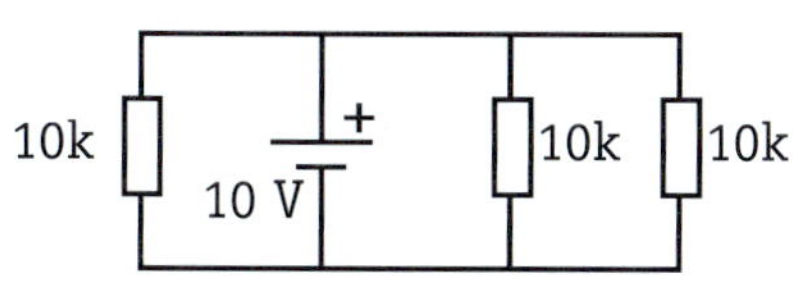

b)

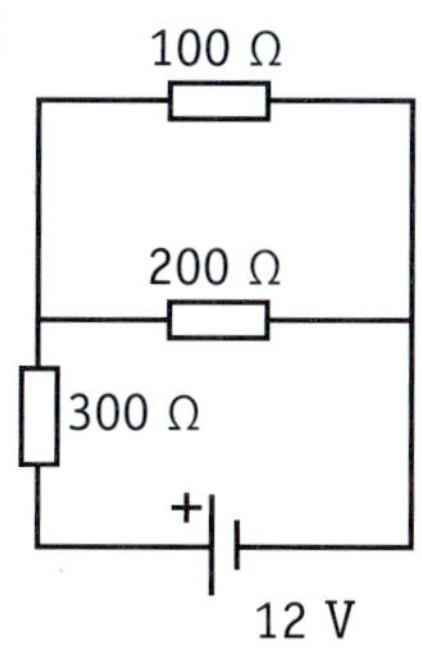

c)

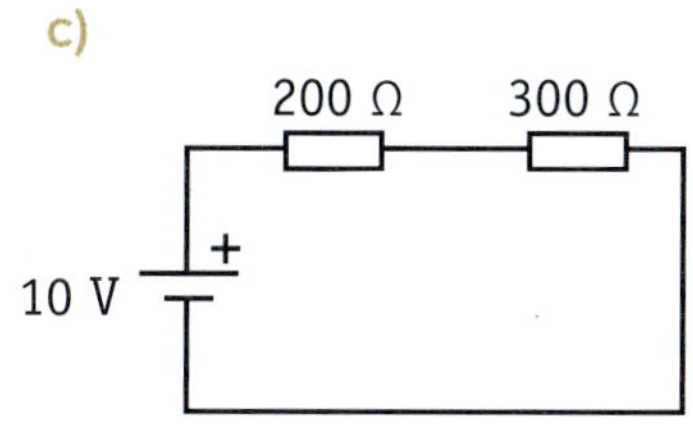

2 ptos. 5. **En el circuito de la imagen, cuando se cierre el interruptor, ¿qué ocurrirá si...?**

a) Se funde la bombilla 1.

b) Se funde la bombilla 2.

c) Se funde la bombilla 3.

d) Se funde la bombilla 4.

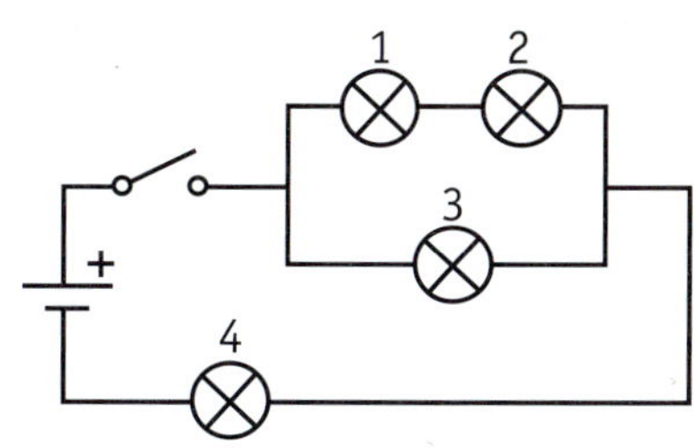

2 ptos. 6. **Dado el circuito de la figura, calcula:**

a) La resistencia total equivalente del circuito

b) La intensidad total que circula por el circuito

c) La intensidad que circula por cada resistencia

d) El voltaje que cae en cada resistencia

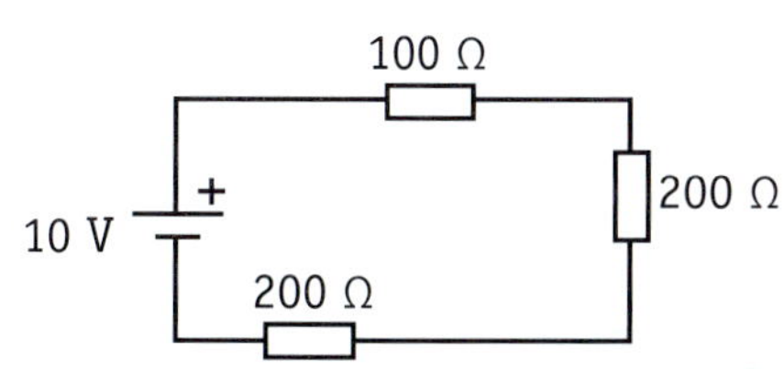

2 ptos. 7. **Dado el siguiente circuito con tres resistencias en paralelo, calcula:**

a) La resistencia total del circuito

b) La intensidad total que circula por el circuito

c) La tensión o voltaje de cada resistencia

d) La intensidad que recorre cada resistencia

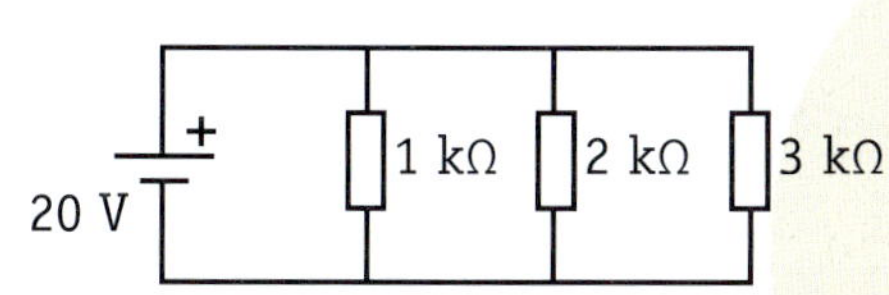

6 Robótica

¿Te atreves a construir y programar tu propio robot?

Escanea este código para ver el vídeo "Fundamentos de robótica", del canal de Gabriel Casarrubias, y descubrir las aplicaciones más sorprendentes de la robótica y sus fundamentos.

Contenidos de la unidad

El ser humano siempre ha tratado de crear máquinas que faciliten y simplifiquen su trabajo en tareas peligrosas, tediosas, sucias o que requieran mucha precisión. Así, podemos encontrar robots industriales en las fábricas (en la manufacturación, el montaje, el embalaje y el transporte), en la desactivación de bombas, en la exploración terrestre, marina y espacial; en ciertas cirugías de alta precisión... Y pronto podremos ver prótesis robotizadas insertadas en humanos que aúnen la precisión con la sensibilidad de las personas.

Todo aquello que en las películas nos parece actualmente ciencia-ficción, quién sabe si en un futuro próximo se puede convertir en realidad, teniendo en cuenta que los primeros robots se construyeron hace apenas cien años.

Descubre

ACTIVIDADES DE INICIACIÓN

Descubre tus conocimientos previos contestando en tu cuaderno las siguientes preguntas:

1. Enumera cinco robots o automatismos que utilices a diario o que tengas cerca de tu entorno doméstico.
2. Enumera cinco cosas que pueden hacer los robots que nos rodean. Piensa en los robots que hayas visto en las noticias.
3. Las personas utilizamos nuestros cinco sentidos: vista, tacto, oído, olfato y gusto. ¿Qué sentidos crees que podemos desarrollar en un robot?
4. ¿Cómo crees que detecta la temperatura un equipo de aire acondicionado?
5. Explica cómo crees que es el funcionamiento para mantener la temperatura de una habitación a 21 grados.

1. Automatismos y robots

Un **automatismo** es un mecanismo o máquina que realiza una tarea concreta, pero cuyo funcionamiento no se puede modificar.

Por ejemplo, cuando presionamos el botón de la cisterna del váter, sale agua; o cuando ponemos pan en una tostadora, hay un momento en que la tostadora se detiene. Ambas (la cisterna y la tostadora) tienen automatismos.

En los dos casos, al pulsar el botón se produce un efecto concreto o una secuencia de operaciones sin necesidad de intervención manual una vez accionado.

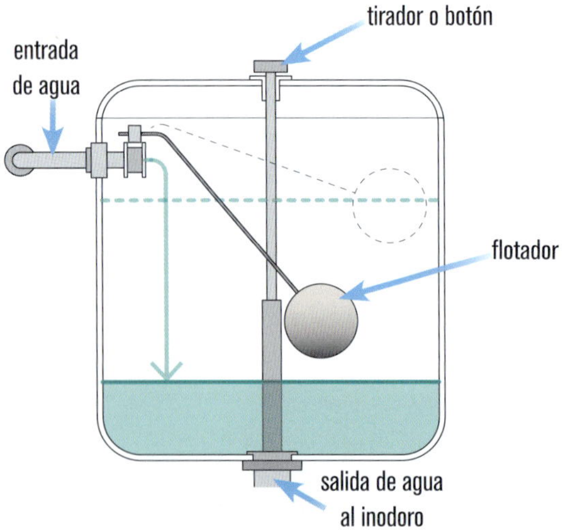

Tras apretar el botón de la cisterna, sale agua, pero la cantidad de agua no varía si el inodoro está sucio o limpio.

En el caso de la tostadora, normalmente fijamos el tiempo de funcionamiento, que nos dará como resultado una tostada más o menos hecha, pero el sistema no variará si la tostada se nos está quemando.

Un **robot** es una máquina automática programable capaz de captar información de su entorno, procesarla y actuar en consecuencia.

Mientras que un automatismo es un mecanismo que repite constantemente la acción para la que ha sido diseñado y que no se puede modificar, el robot es una máquina automática reprogramable (sus tareas se pueden modificar cambiando su programa) y que reacciona de forma distinta en función de la información que recibe del entorno.

Un robot suele desempeñar tareas que reemplazan el trabajo humano o lo extienden. En la actualidad, los robots se utilizan en la industria (en cadenas de montaje, para trasladar mercancías, etc.), para apagar incendios, para detectar explosivos, en agricultura para la recolección, etc.

ACTIVIDADES

1. **Indica cuáles de los siguientes elementos son automatismos y cuáles son robots: limpiaparabrisas de un coche, puerta de un garaje, aspiradora inteligente, dron de exploración.**
2. **Explica cómo crees que funciona una aspiradora inteligente.**

2. Usos y clasificación de los robots

Podemos clasificar los robots en función de su **ámbito de uso**:

- **Robótica industrial.** En la industria se usan robots para todo tipo de tareas: soldadura, corte, aplicación de pinturas, operaciones en plantas nucleares, movimiento de piezas, ensamblado, etc.

- **Robótica de servicio.** Incluye robots de uso doméstico (como aspiradoras y otros aparatos de limpieza), robots educativos y de juguete, robots de ayuda y compañía...

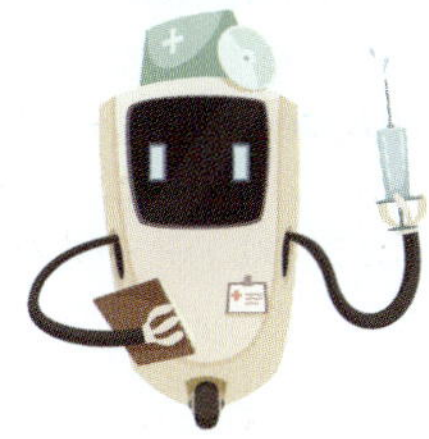

- **Robótica médica.** Se emplean robots en operaciones quirúrgicas, en el tratamiento de enfermedades y lesiones, en prótesis... En este campo pueden ser muy importantes los nanorrobots.

- **Robótica terrestre, marítima y aérea.** Se están desarrollando vehículos autónomos y no tripulados, submarinos, drones, etc.

- **Robótica de seguridad y defensa.** Hay robots de detección y desactivación de explosivos, robots rastreadores, robots de vigilancia, etc.

Otra clasificación de los robots se puede hacer en función de su **morfología**, es decir, de su forma física:

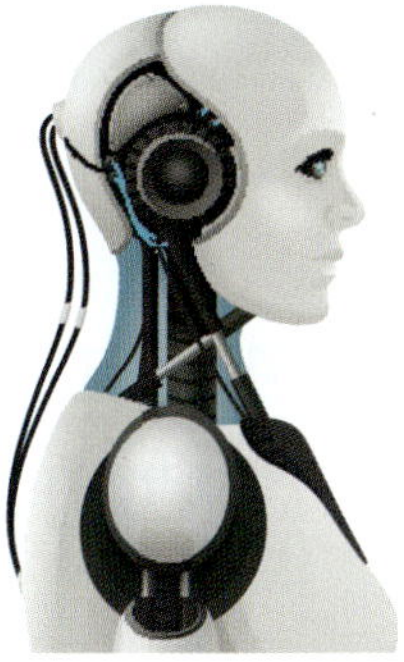

- **Androides.** Intentan reproducir el aspecto y los movimientos de los seres humanos. Se les buscan usos sociales de ayuda personal.

- **Zoomórficos.** Su sistema de locomoción imita el de los animales. Aunque su movilidad es de muy baja eficiencia, son capaces de adaptarse a la perfección a terrenos irregulares.

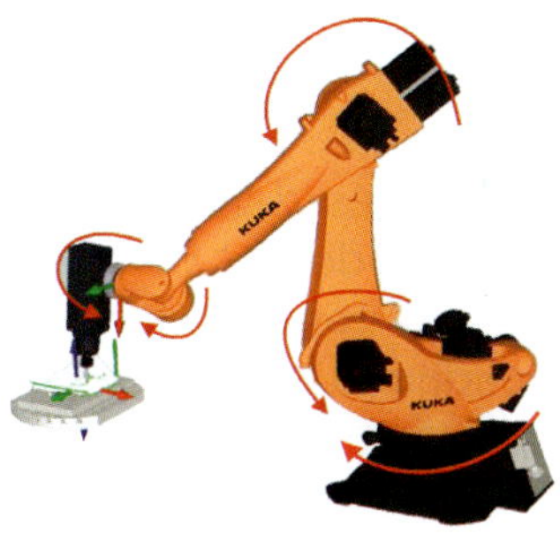

- **Poliarticulados.** Son robots sedentarios, que constan de varias articulaciones y tienen un número limitado de grados de libertad. El más conocido es el brazo robótico, utilizado principalmente en la industria para tareas pesadas y repetitivas.

- **Móviles.** Pueden ser aéreos, marinos o terrestres, y moverse por medio de ruedas, orugas o cadenas, dependiendo de su uso (exploración, transporte de personas o de mercancías, etc.).

3. Funcionamiento de un robot

El robot **percibe** las señales de una serie de **sensores** (de luz, temperatura, distancia, etc.) y la **tarjeta controladora** (o controlador) **procesa** esas señales de entrada y calcula las órdenes que debe darles a los diferentes **actuadores** (partes del robot como motores, luces, etc.) para que **actúen**.

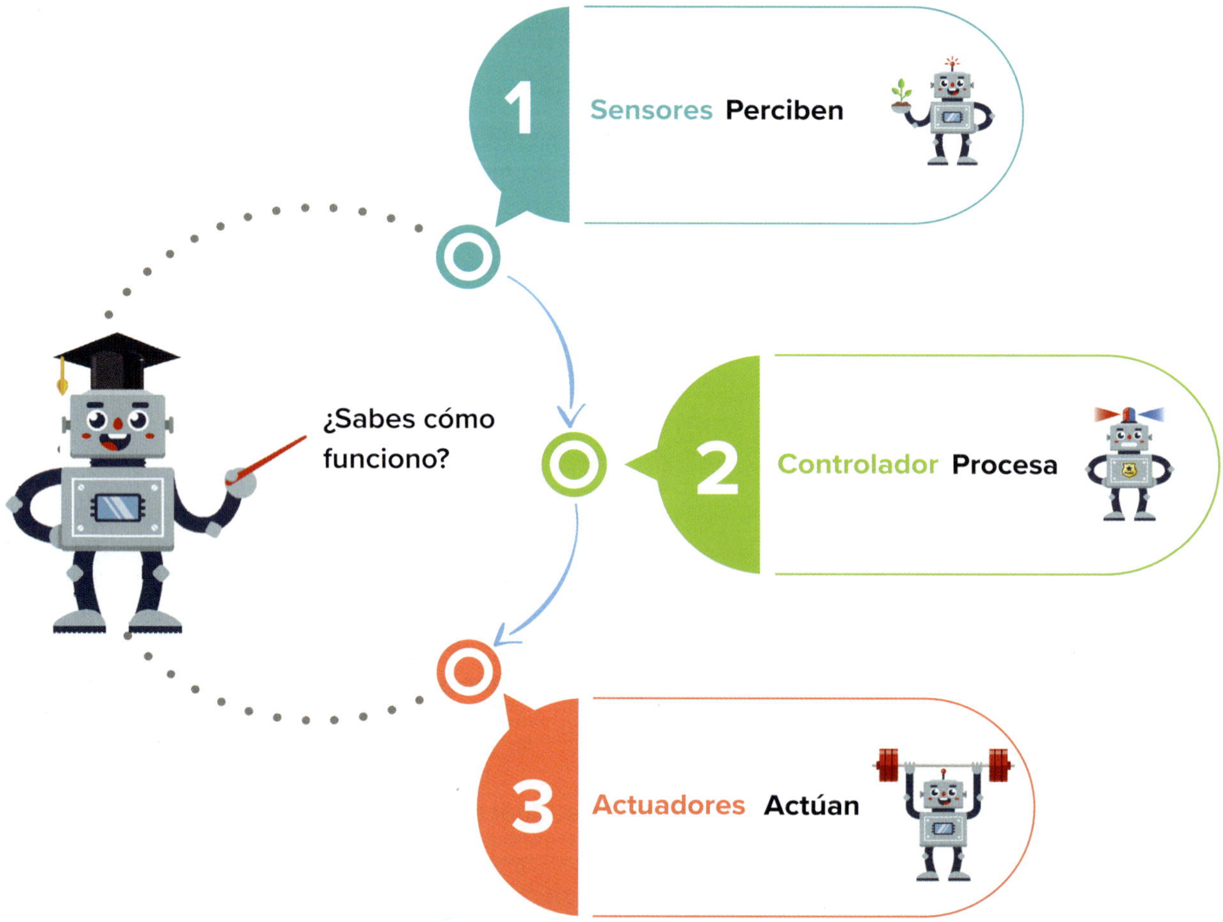

Las tres **partes de un sistema de control** son: sensores, controlador y actuadores.

Sensores 1 ▸ Controlador 2 ▸ Actuadores 3

Escanea este código para ver el vídeo "¿Qué es un robot?", del canal Curso de Robótica.

Así como los sensores se encargan de recoger las señales del entorno y los actuadores accionan las distintas partes mecánicas, podemos controlar los procesos que realiza un robot mediante una **tarjeta controladora**, es decir, un circuito electrónico que reúne las funcionalidades básicas de un ordenador (unidad de proceso y memoria) y que además adapta las señales de entrada y salida.

Algunos robots son tan pequeños que también pueden llevar incorporados los sensores y los actuadores en la tarjeta controladora, como por ejemplo las aspiradoras inteligentes, los despertadores, los mandos a distancia de los televisores, el sistema ABS de frenada de los coches, etc.

4. Cómo percibe un robot

Hemos visto que en un sistema de control podemos diferenciar tres partes: sensores, controlador y actuadores.

Los **sensores** son los elementos que se encargan de percibir las señales del entorno. Son dispositivos capaces de detectar magnitudes físicas o químicas (temperatura, humedad, intensidad luminosa, distancia, aceleración, inclinación, presión, etc.) y transformarlas en variables eléctricas.

Podemos encontrarlos integrados en algunas tarjetas controladoras o bien sueltos para ser conectados a ellas.

Los sensores más usados en robótica son:

Sensor de contacto	Sensor de luz	Sensor de temperatura
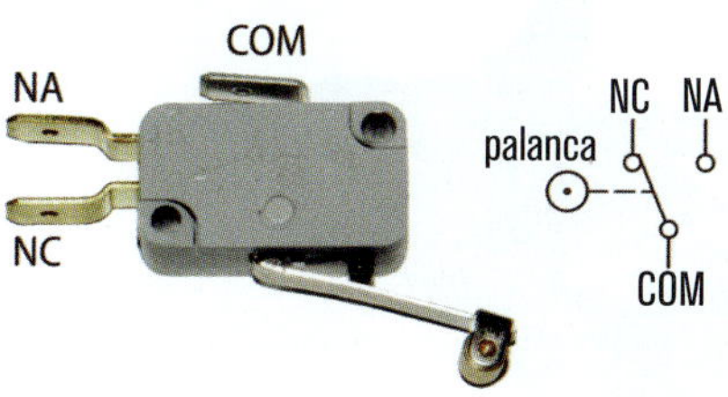	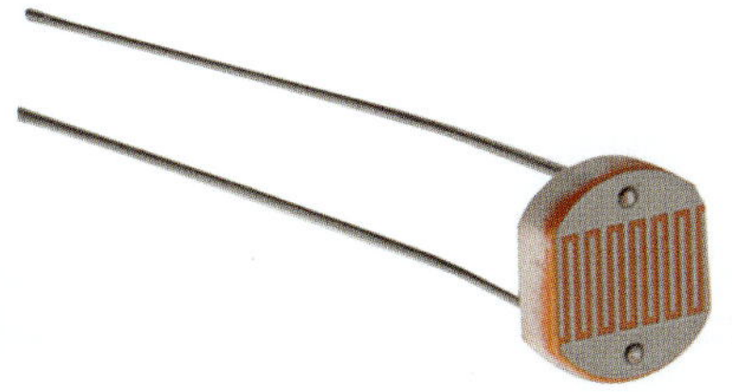	
En un sensor de contacto, cuando se acciona la palanca, el conmutador cambia de posición del contacto NC (normalmente cerrado) al NA (normalmente abierto). Por ejemplo, cuando una puerta automática se abre, al llegar al final acciona la palanca y hace que el motor se pare.	Un sensor de luz o fotorresistencia es una resistencia que varía con la cantidad de luz que recibe. Por lo tanto, no tendrá un valor de 1 = encendido y 0 = apagado, sino una infinidad de valores que irán variando conforme cambie la luz.	Es una resistencia cuyo valor varía en función de la temperatura a que se encuentra. Al igual que la fotorresistencia, puede tomar infinidad de valores, en este caso en función de la temperatura.

Otros sensores muy usados son:

Sensor de distancia por ultrasonidos	Sensor de infrarrojos	Sensor de movimiento o PIR

Utiliza las ondas sonoras de ultrasonidos para determinar a qué distancia está un objeto.	Detecta la luz reflejada y, por tanto, es capaz de diferenciar entre el blanco y el negro o entre claro y oscuro. Esto nos permite, por ejemplo, hacer que un dispositivo pueda seguir una línea.	Capta la presencia detectando la diferencia entre el calor (la radiación infrarroja) emitido por el cuerpo humano y el del espacio que hay a su alrededor.

5. Cómo actúa un robot

Los **actuadores** son los elementos que ejecutan las órdenes que reciben desde el controlador. Son dispositivos que convierten la energía eléctrica en otro tipo de energía (mecánica, luminosa, sonora, etc.), con lo cual accionan motores, encienden luces, emiten sonidos, etc.

Las órdenes del controlador se convierten en señales digitales o analógicas y, a través de los conectores, se trasladan a los actuadores.

Los principales tipos de actuadores son las luces (leds, en la mayoría de los casos), los motores y los zumbadores.

Motor de corriente continua

Los motores convierten la energía eléctrica en mecánica y provocan el giro de un eje. Según dónde se conecten los cables positivo y negativo, el motor girará de forma continua en un sentido u otro.

Servomotor

Los servomotores (o servos) son motores de precisión que tienen en su interior una reductora de velocidad para permitir giros muy precisos desde los 0 hasta los 180 grados.

Tienen tres cables que debemos conectar así: uno a +5 V, otro a GND (masa) y otro a un pin que le dará la orden de colocarse en un ángulo determinado.

Led

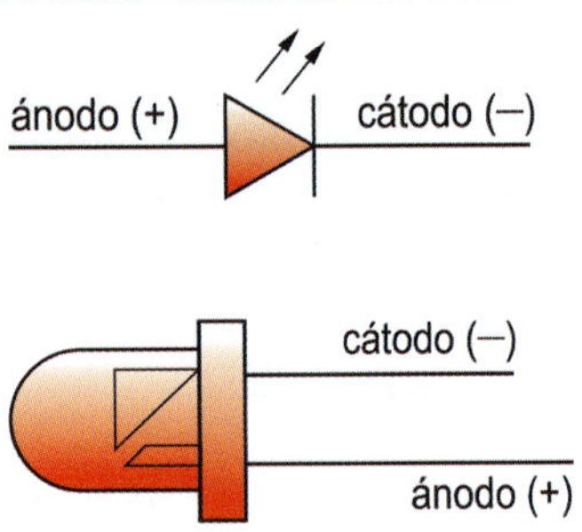

Los leds (o diodos LED) emiten luces de color. Tienen polaridad, por lo cual han de conectarse correctamente a los polos positivo y negativo.

Zumbador

Un zumbador emite un sonido (zumbido) continuo o intermitente de un mismo tono. También tiene polaridad. El cable rojo se conecta al terminal positivo y el negro a masa o terminal negativo.

ACTIVIDADES

3. **Indica qué sensores tendrías que poner en una farola de un parque para que se encienda de noche y en un coche para que ayude al aparcar. Explica cómo funcionarían.**
4. **Explica la diferencia entre un sensor y un actuador y pon un par de ejemplos de cada uno de ellos.**

6. Cómo controla un robot

El **controlador** (o **tarjeta controladora**) procesa las señales que le llegan de los sensores y calcula las órdenes que debe darles a las diferentes partes del robot (actuadores).

Como ya hemos señalado antes, es un circuito electrónico que reúne las funcionalidades básicas de un ordenador (unidad de proceso y memoria) y que además adapta las señales de entrada y salida (es decir, sensores de luz o temperatura, control de motores, encendido de luces, etc.).

El controlador recoge los valores de los sensores, los adapta y procesa dichas señales de entrada. Según el programa que tenga almacenado, con esa información calculará las órdenes que hay que darles a las diferentes partes del robot (actuadores), como motores, luces, displays, etc.

Por otro lado, para programar una tarjeta controladora necesitaremos conectarla a un ordenador.

EJEMPLO DE UN SISTEMA DE CONTROL

Veamos, por ejemplo, cómo funciona un robot que mueve paquetes. Cuando el sensor detecta que ha llegado una caja, acciona el brazo robot para cogerla y moverla hasta la carretilla eléctrica.

Los elementos que intervienen en este proceso son:

- **Sensor**: detecta la caja y su colocación.
- **Controlador**: comprueba que la caja está en el lugar correcto y envía una señal al actuador para que mueva los motores.
- **Actuador**: al recibir la señal del controlador, mueve los motores y acciona el brazo robot y las garras.

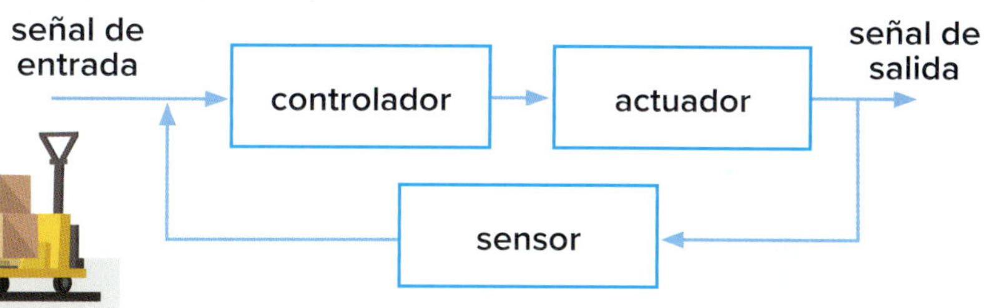

Tarjetas controladoras con que trabajaremos en esta unidad

En nuestros proyectos trabajaremos sobre todo con dos tarjetas controladoras: micro:bit y Arduino. En las siguientes páginas las veremos con más detalle y aprenderemos a programarlas.

Tarjeta micro:bit

Tarjeta Arduino

7. La tarjeta controladora micro:bit

Para buena parte de nuestros proyectos vamos a utilizar **micro:bit**, una placa o tarjeta que ya lleva incorporada una serie de sensores y actuadores y que nos permitirá captar señales y producir efectos.

En las siguientes imágenes se muestran los distintos **elementos** que encontramos en cada una de las dos caras de una tarjeta micro:bit (en su última versión, del año 2021):

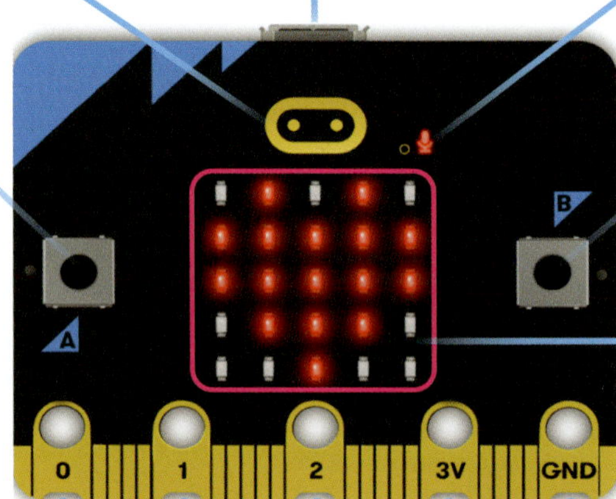

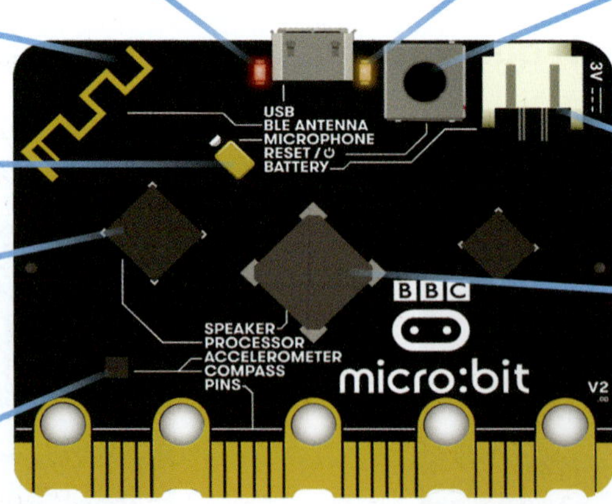

8. Software de programación de la tarjeta micro:bit

Un robot necesita, para funcionar, un programa que le indique las órdenes que debe ir siguiendo. Este programa es el **software**. El software normalmente lo programamos en un ordenador y después lo trasladamos a la tarjeta controladora para que se ejecute.

Podemos programar nuestra tarjeta micro:bit desde un ordenador, una tableta o un teléfono móvil con diversos programas o aplicaciones. En esta unidad vamos a aprender a utilizar dos programas:

- **MakeCode** es un programa que nos permite programar nuestra tarjeta arrastrando bloques de instrucciones.

  Podemos utilizar MakeCode (sin instalar nada) desde un navegador (accediendo a https://makecode.microbit.org) o bien descargar el programa o una app para trabajar sin conexión a Internet (hay versiones para Windows, macOS, Linux y chromebooks).

  La principal ventaja de MakeCode es que podemos simular nuestros programas y ver cómo funcionan sin necesidad de tener la tarjeta físicamente, ya que el propio programa nos muestra un dibujo de la tarjeta que simula las órdenes del programa que vayamos creando.

- **Scratch** también nos permite programar la tarjeta desde cualquier dispositivo. Para conectar nuestra placa y programarla desde Scratch hay algunos requisitos (luego los veremos detalladamente), que son:
  - Que nuestro ordenador tenga **Bluetooth** para poder conectarse con la tarjeta micro:bit
  - Descargar e instalar el programa **Scratch Link** en nuestro ordenador
  - Instalar el archivo **Scratch micro:bit HEX** en nuestra tarjeta micro:bit

Escanea este código para ver un vídeo de la Micro:bit Educational Foundation que nos enseña todo lo que se puede hacer con la nueva tarjeta BBC micro:bit.

Ventana de MakeCode

La ventana de MakeCode se compone de las siguientes partes:

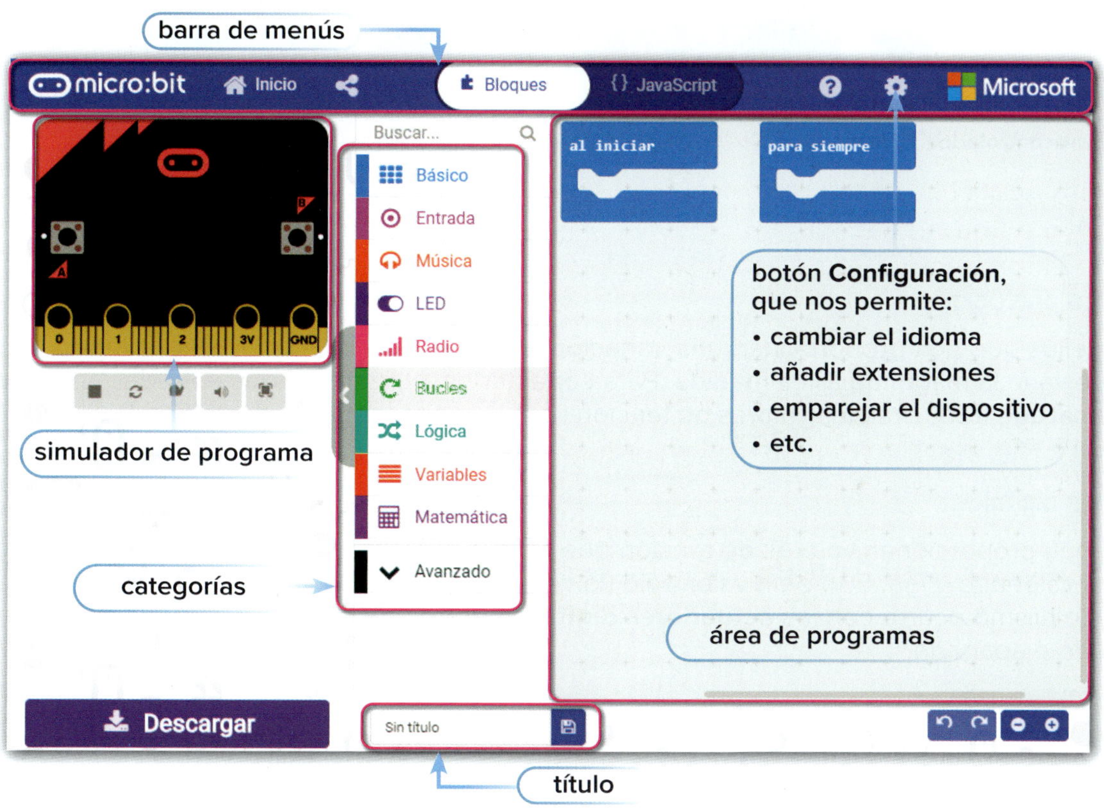

9. La tarjeta controladora Arduino Uno

Arduino es una plataforma de electrónica open hardware para la creación de prototipos. Está basada en una tarjeta con un microcontrolador que permite conectar sensores, actuadores y otros elementos mediante sus entradas y salidas, analógicas y digitales, y en un entorno de desarrollo que nos permite programarla (IDE, *integrated development environment*).

Las partes principales de la tarjeta **Arduino Uno R3** son:

Alimentación externa: permite la alimentación mediante pilas o baterías de entre 7 y 12 V para funcionar sin tener conectado el cable USB.

USB: para comunicarse con el ordenador.

Botón de reset: para reiniciar la placa.

Pines de potencia: podemos alimentar un circuito con +5 V, +3,3 V, conectar la masa a GND, etc.

6 entradas analógicas (desde A0 hasta A5), que aceptan de 0 a 5 V.

14 entradas y salidas digitales (desde Digital 0 hasta Digital 13, aunque el 0 y el 1 por comodidad es mejor evitarlos). Podemos configurar estos puertos tanto de entrada como de salida. Si los configuramos de salida darán el valor 0 V o +5 V.

Cada contacto puede proporcionar o recibir 40 mA como máximo.

Salidas analógicas o PWM: pines 3, 5, 6, 9, 10 y 11. Podemos configurar estos pines como salidas analógicas para poder enviar valores variables.

Microcontrolador: ATMega328.

Led de encendido

Sensores analógicos

Son aquellos que nos proporcionan una variación de voltaje dentro de un rango dependiendo de lo que varíe la magnitud física medida. Para conectarlos, utilizaremos las entradas analógicas de la placa, que traducirán los valores de tensión continua que les llegue (entre 0 y 5 V) a valores digitales.

Sensores digitales

Son los que proporcionan valores de tensión que pueden ser interpretados por la controladora como un valor alto (*high*, 5 V) o un valor bajo (*low*, 0 V); por ejemplo, al pulsar o soltar un interruptor. Lo mismo ocurre con los **actuadores digitales**; por ejemplo, un led, que puede estar encendido o apagado.

En www.arduino.cc podemos encontrar toda la información necesaria sobre Arduino, así como una comunidad virtual para compartir experiencias y conocimientos donde puedes consultar tus dudas.

10. Cómo conectar la tarjeta Arduino al ordenador

El IDE de Arduino funciona como un editor de texto que nos permite escribir, compilar y cargar el código Arduino en la placa.

Podemos descargarlo desde la página oficial: www.arduino.cc. Está disponible para Windows, macOS, Linux, etc., en la sección **Download**. También podemos trabajar en línea con el editor web de Arduino; de esta forma no tendremos que instalar ningún programa. Para ello, ve a https://create.arduino.cc y haz clic en **Web Editor** (requiere registrarse).

Procedimiento para instalar la placa en Windows (sólo la primera vez)

1. Antes de conectar la placa, descarga el software e instálalo.
2. Una vez instalado el software, antes de abrirlo, conecta la placa Arduino mediante el cable USB. El pin verde de la placa debe encenderse. Selecciona la opción de instalar automáticamente el software. Si la instalación se realiza de forma correcta, ve al paso 5.
3. Si la instalación no comienza automáticamente o Windows no es capaz de encontrar los drivers, tendremos que indicarle dónde están. Para ello (en Windows 7, Vista o 10), ve a **Panel de control** / **Sistema y seguridad** / **Sistema** / **Administrador de dispositivos** / **Puertos (COM y LPT)** / **Arduino Uno (COM X)**. La X indica el número de puerto al que se habrá asociado tu tarjeta (en nuestro ejemplo, el 4).

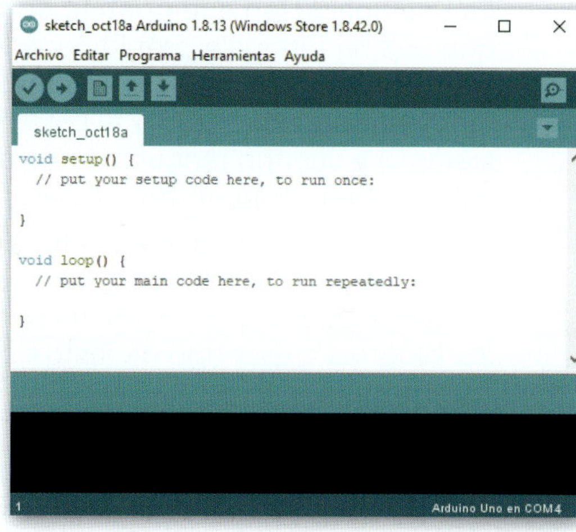

4. Haz clic con el botón derecho sobre el puerto COM, selecciona la opción **Actualizar controlador** y elige la carpeta **Drivers**, donde se ha instalado el programa Arduino.
5. Una vez que sabemos en qué puerto está conectada la placa Arduino, vamos a comprobar que se comunica correctamente, como se muestra en la figura.
6. Puedes seleccionar la placa en **Herramientas** / **Placa** / **Arduino AVR Boards** / **Arduino Uno**. Y comprobar el puerto en **Herramientas** / **Puerto**.

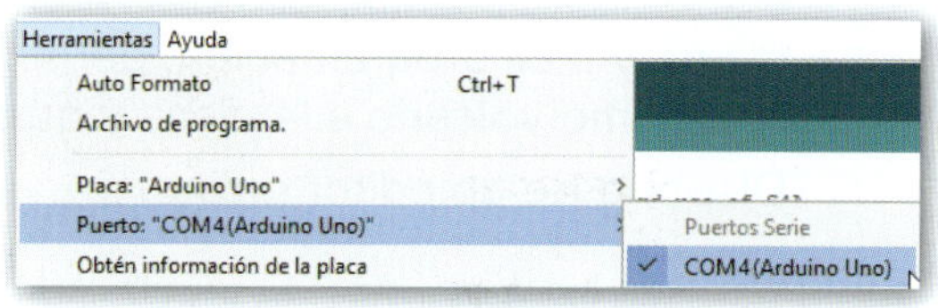

Cargar un programa en la placa Arduino: Blink

1. Abre la aplicación de Arduino. Puedes cambiar el idioma del IDE en **Archivo** / **Preferencias**.
2. Ve a **Herramientas** / **Puerto** y selecciona el puerto que has visto en el punto 3 del subapartado anterior (suele ir seguido del nombre de la placa: **Arduino Uno**).

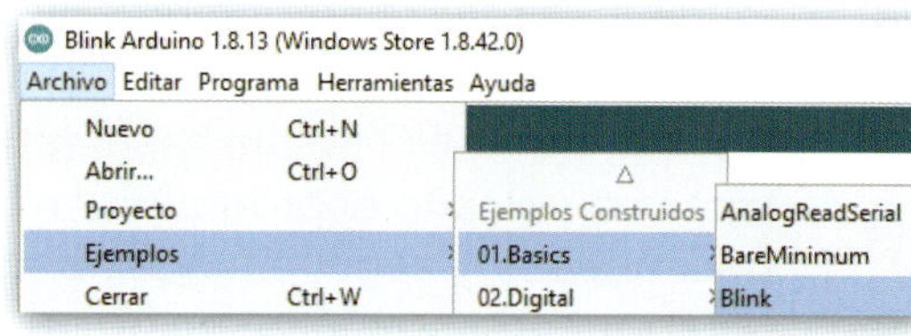

3. Ve a **Archivo** / **Ejemplos** / **01.Basics** / **Blink**. Comprobarás que se abre una nueva ventana. Haz clic en **Verificar**, y cuando termine, haz clic en **Subir**. Comprobarás que un led amarillo parpadea en la placa cada segundo.

Conectar la placa en veces sucesivas

Tras haber instalado el software y la placa por primera vez, para veces sucesivas deberemos tratar de recordar el puerto USB y conectarla en el mismo, ya que el ordenador debería reconocer nuestra placa y asociarle el mismo puerto COM. Para comprobarlo, después de conectar la placa **siempre es necesario**:

1. Ir a **Herramientas** / **Puerto** y seleccionar el puerto COM en el que aparece conectada la placa.
2. Si no sabes exactamente en qué puerto de los que aparecen está conectada, repetir los pasos del subapartado anterior ("Cargar un programa en la placa Arduino: Blink") y comprobar con qué puerto parpadea el led.

11. Software de programación para Arduino

Para poder programar una tarjeta Arduino desde un ordenador podemos emplear diversos programas, algunos de los cuales utilizaremos este curso, como **mBlock**, **ArduinoBlocks** o **Bitbloq**. Otros los veremos en próximos cursos, como el **IDE de Arduino**.

PROGRAMA	IMAGEN
IDE de Arduino Es una aplicación que permite editar y depurar el código y que usa un lenguaje propio basado en el lenguaje Processing. Una vez creado el programa, lo volcamos a la tarjeta mediante un cable USB y el programa seguirá funcionando siempre y cuando tengamos una alimentación externa (batería). También dispone de un editor web. Es un lenguaje complejo, por lo que lo afrontaremos en próximos cursos, pero es la base de todos los programas, de forma que lo que hacen los demás programas es traducir los bloques a este tipo de instrucciones. www.arduino.cc	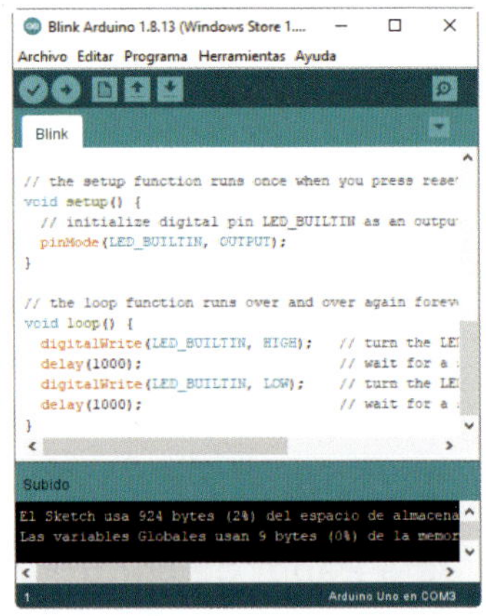
mBlock Es un entorno gráfico de programación basado en el editor Scratch 2.0. Añade una serie de bloques de instrucciones para Arduino. De muy fácil programación, permite tanto trabajar en tiempo real como volcarlo a la placa y que siga funcionando. Dispone de un editor online. https://mblock.makeblock.com	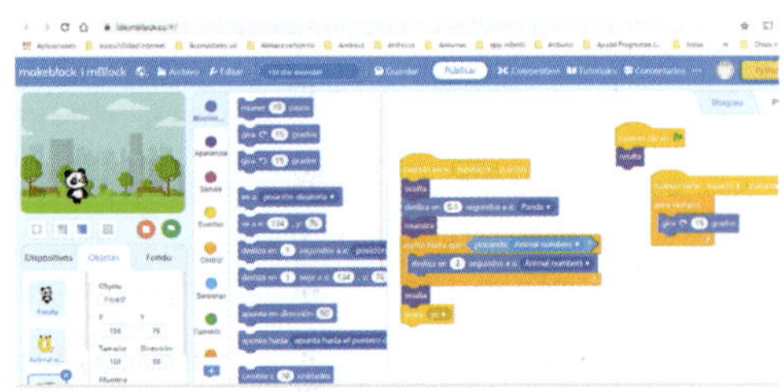
ArduinoBlocks Es una plataforma basada en Blocky (de Google). La programación se realiza arrastrando bloques al estilo de Scratch y no permite unir bloques incompatibles, lo que hace que sea mucho más sencilla que escribiendo líneas de código. Una vez volcado el programa en la tarjeta, ésta se puede desconectar y seguirá funcionando. Incluye infinidad de componentes y está pensado para que lo utilice un profesor con sus alumnos. www.arduinoblocks.com	
Bitbloq Este software, de la empresa BQ, es una plataforma online de programación que permite programar encajando bloques. Está diseñada principalmente para las tarjetas Zum, pero es compatible con las tarjetas Arduino. https://bitbloq.bq.com	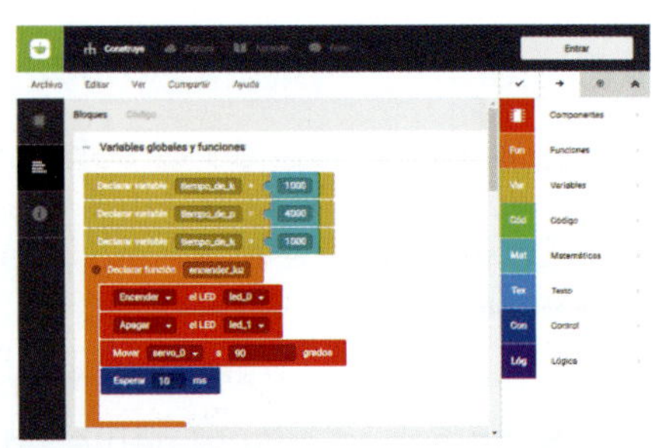

Práctica 1. Primeros pasos con la tarjeta micro:bit y MakeCode

¡Importante! Las prácticas 1 a 7 se pueden hacer sin la tarjeta micro:bit, ya que MakeCode incluye un simulador de programa que reproduce todas las instrucciones que programemos.

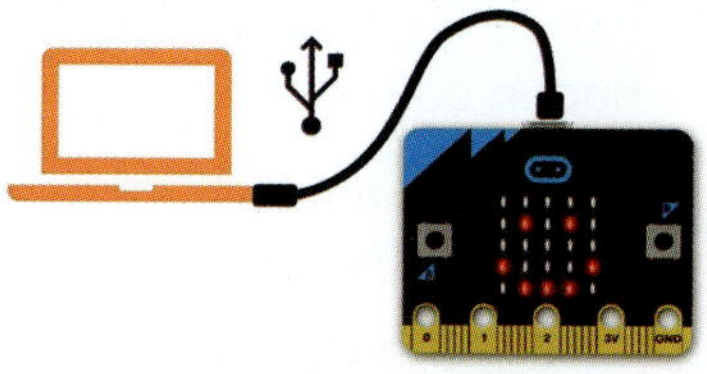

1. **Conectar la tarjeta micro:bit.** Conecta la tarjeta a un ordenador usando un cable micro-USB. Comprobarás que se enciende una luz amarilla en la tarjeta y que tu micro:bit aparecerá en el ordenador como una unidad de almacenamiento o memoria llamada **MICROBIT**. ¡Cuidado, no funciona como un disco USB!

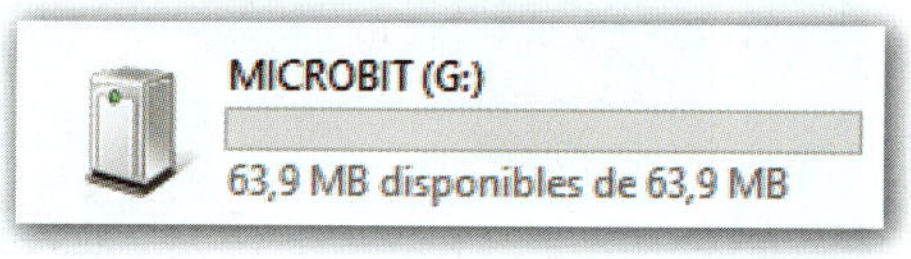

2. **Programar la tarjeta.** Para programar la tarjeta micro:bit utilizaremos el programa MakeCode, ya sea desde el navegador (entrando en la web https://makecode.microbit.org) o bien descargándolo para trabajar offline.

   En nuestro caso usaremos la versión online. Así, pues, entra desde tu navegador en https://makecode.microbit.org y tras hacer clic en **Nuevo proyecto** podrás empezar a programar con el editor de bloques.

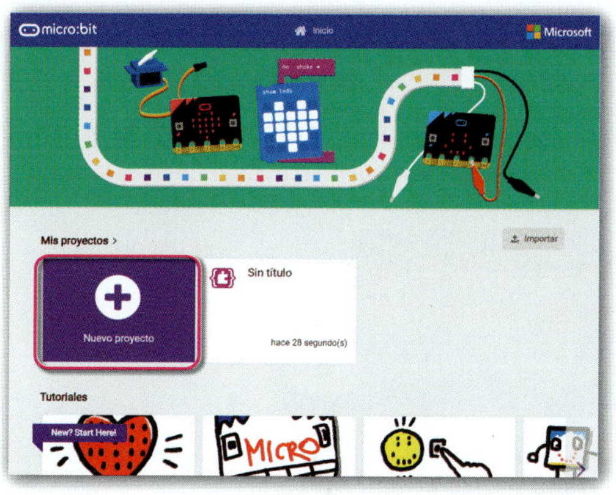

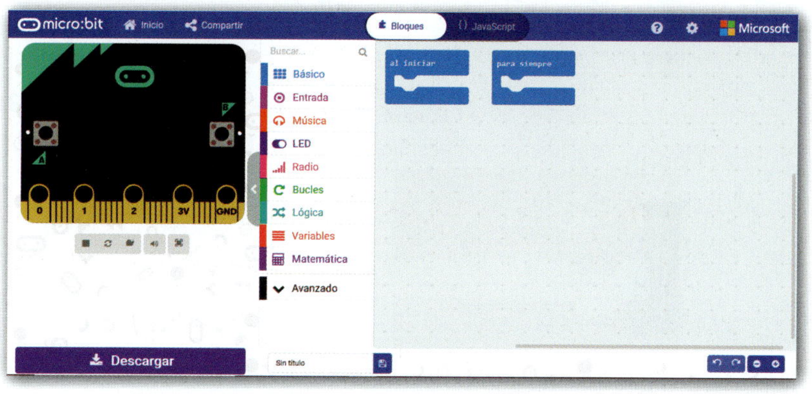

3. **Descargar el programa en el micro:bit.** Una vez terminado un programa, haz clic en el botón **Descargar** de MakeCode. Esto descargará un archivo hexadecimal (con extensión **.hex**), es decir, un archivo en un formato compacto de tu programa que un micro:bit puede leer. Tras descargar el archivo HEX, cópialo y pégalo en tu micro:bit (de la misma manera que se pega cualquier otro archivo en una unidad USB).

   En Windows, puedes hacer clic con el botón derecho del ratón en el archivo HEX descargado y seleccionar **Enviar a / MICROBIT**.

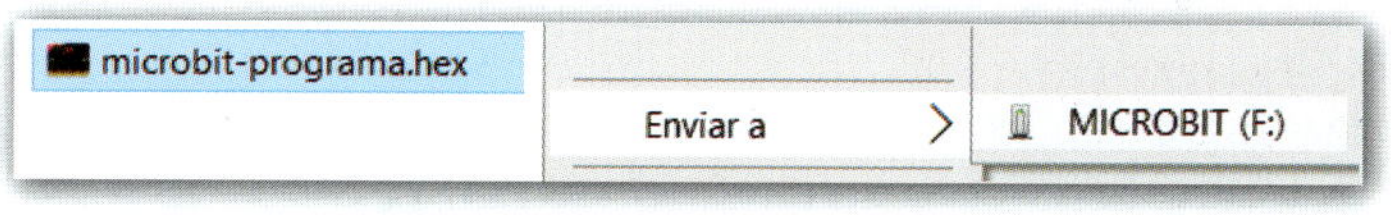

4. **Ejecutar el programa.** El led amarillo que tiene en la parte trasera parpadeará mientras el código es programado. Una vez que haya terminado, ¡el código se ejecutará automáticamente!

   La unidad **MICROBIT** se expulsará automáticamente y volverá cada vez que pongas en ella un archivo HEX, pero tu archivo hexadecimal desaparecerá. ¡La unidad **MICROBIT** sólo puede recibir un archivo HEX y no almacena ningún otro tipo de archivo!

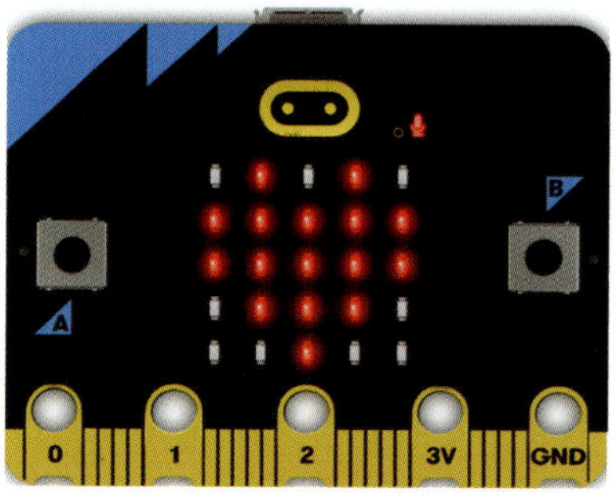

Práctica 2. Dado digital (con micro:bit y MakeCode)

Vamos a programar nuestra placa micro:bit para que, al agitarla, nos muestre un número aleatorio entre el 0 y el 9. El sensor acelerómetro de la tarjeta es lo que detectará el movimiento.

Para todas las prácticas de MakeCode, como ya hemos indicado, vamos a utilizar la versión web, pero no hay ninguna diferencia si se hacen con la versión descargable.

1. Entra en https://makecode.microbit.org y haz clic en **Nuevo proyecto** (figura 1).

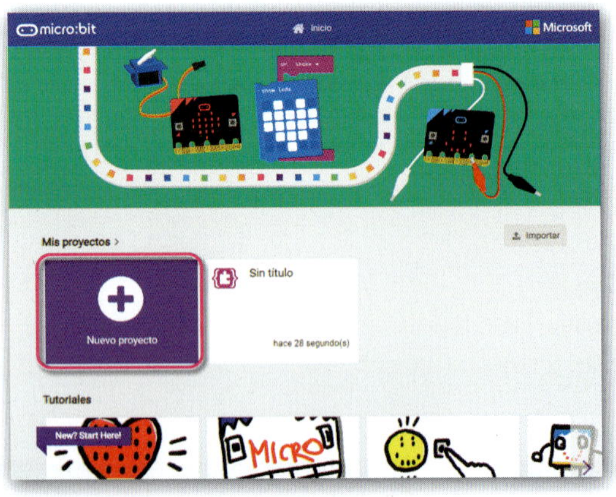

Fig. 1

2. En la parte inferior hay una ventana donde podemos poner título a nuestro proyecto. Llámalo **UD06_P2_nombreapellido** (figura 2).

Fig. 2

3. Vamos a empezar a colocar las instrucciones de nuestro proyecto. Para ello, seleccionaremos una categoría y, entre todas las instrucciones que se nos muestren, escogeremos la que necesitemos y la arrastraremos al área de programas.
4. Ve a la categoría **Entrada** y arrastra al área de programas la instrucción **si** agitado (figura 3).

Fig. 3

5. De la categoría **Básico**, arrastra la instrucción **mostrar número** 0 (figura 4) y anídala en el hueco de la instrucción anterior.

Fig. 4

6. Ahora solo nos faltaría cambiar el número **0** por un número aleatorio. Para ello, coloca en el lugar del **0** la instrucción **escoger al azar de** 0 **a** 10, de la categoría **Matemática** (figura 5). Después cambia el valor **0** por **1** y el valor **10** por **9**. Te quedará un programa de bloques como el de la figura 6.

Fig. 5

Fig. 6

7. Para transferir el programa que has creado a la placa micro:bit, conecta el cable micro-USB como has aprendido en el paso 1 de la práctica 1.

8. Como ya hemos visto, al conectar el micro:bit al ordenador se mostrará en éste automáticamente una unidad llamada **MICROBIT**.

9. También se descargará el archivo si pulsas el botón **Guardar** (figura 8).

Los archivos de MakeCode tienen extensión **.hex**, por lo que son fáciles de localizar.

Fig. 7

Fig. 8

10. Ve a la carpeta **Descargas** para localizar el archivo que acabas de descargar. Haz un solo clic sobre el archivo para seleccionarlo (aparecerá en azul). Después haz clic con el botón derecho sobre el archivo y elige **Enviar a** / **MICROBIT** (figura 9). También puedes hacerlo abriendo la carpeta de descargas y copiando y pegando el archivo a la unidad **MICROBIT**.

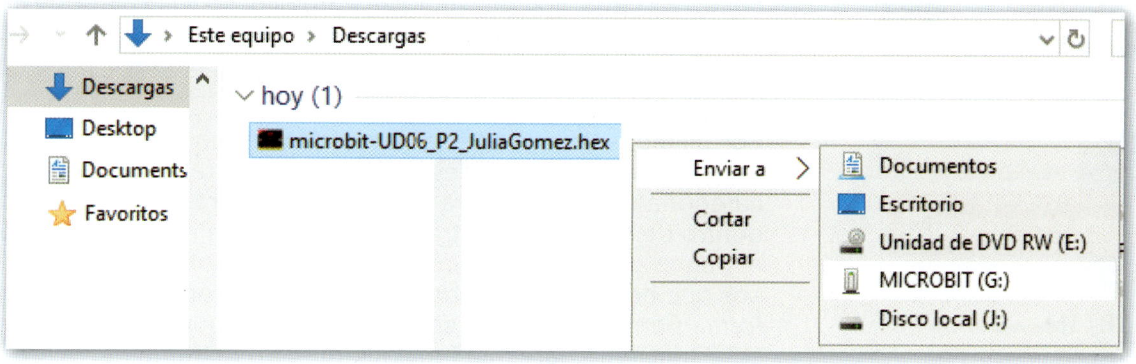

Fig. 9

11. Una vez transferido el archivo, agita la tarjeta para comprobar que funciona correctamente (verás que cada vez muestra un número diferente).

Puedes conectar un portapilas a tu tarjeta micro:bit. Así, el programa seguirá funcionando aunque desconectes la tarjeta del ordenador.

DESAFÍOS

1. Haz que el micro:bit muestre la cadena de caracteres "Tira el dado" al principio, antes de que lo agitemos. Tendrás que crear un bloque nuevo con las instrucciones **para siempre** y **mostrar cadena ....** Guarda el archivo como **UD06_P2_nombreapellido_desafio1.hex**.

2. Modifica el programa para que el número aparezca durante unos segundos y luego se borre la pantalla (para ahorrar batería). Guarda el archivo como **UD06_P2_nombreapellido_desafio2.hex**.

Práctica 3. Podómetro (con micro:bit y MakeCode)

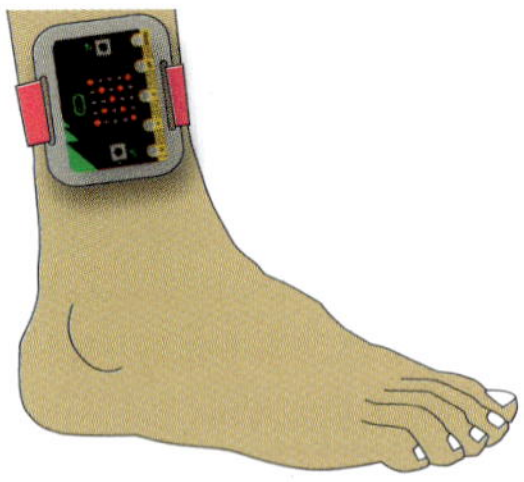

En esta práctica vamos a construir un contador de pasos o podómetro. Cada evento de sacudida incrementa un paso. La cuenta de pasos se muestra en los leds.

Para poder almacenar el valor de los pasos que llevamos dados necesitamos crear una variable; en esa variable, que llamaremos **pasos**, se irá recogiendo dicho valor.

1. Inicia un nuevo proyecto haciendo clic en **Nuevo proyecto**. Llámalo **UD06_P3_nombreapellido**.
2. Haz clic en la categoría **Variables** y luego en **Crear una variable**. Dale a la variable el nombre **pasos** y pulsa **Aceptar**. Verás que aparecen nuevas instrucciones para dicha categoría (figura 10).
3. Necesitaremos poner el contador a cero cada vez que se inicie. Para ello, usaremos la instrucción **al iniciar**, de la categoría **Básico**, y en ella incluiremos la instrucción **establecer** pasos **para** 0, de la categoría **Variables** (figura 11).
4. Si llevamos la tarjeta micro:bit unida al tobillo, cuando demos un paso se agitará. Así, pues, podemos usar la instrucción **si** agitado para detectar un paso. En este caso, incrementaremos el valor del paso en 1 cada vez que se agite. Para ello, ve a la categoría **Entrada** y arrastra al área de programas la instrucción **si** agitado, y de la categoría **Variables** arrastra la instrucción **cambiar** pasos **por** 1 (figura 12).
5. Por último, sólo nos queda hacer que se muestre en pantalla el valor de los pasos que llevamos dados (figura 13). Para ello, de la categoría **Básico**, arrastra la instrucción **para siempre**, e incluye dentro de ella la de **mostrar número** ..., de la misma categoría. En el hueco de esta última instrucción debes colocar la variable **pasos** que hemos creado antes; ese será el valor que se muestre de forma permanente. Con sólo estos tres bloques de instrucciones será suficiente para que funcione nuestro podómetro.
6. Haz clic en **Descargar**. Ve a la carpeta de descargas y transfiere el archivo **UD06_P3_nombreapellido.hex** a tu tarjeta micro:bit igual que lo hiciste en la práctica anterior.
7. Conecta el portapilas a tu tarjeta micro:bit (para que el programa siga ejecutándose sin necesidad de estar conectado al ordenador) y comprueba que el podómetro funciona correctamente.
8. Para poder llevar el podómetro en el tobillo, puedes hacerte tu propia tobillera cortando un trozo de tela que te guste y pegar tu tarjeta micro:bit y el portapilas a ella con tiras de velcro.

Fig. 10

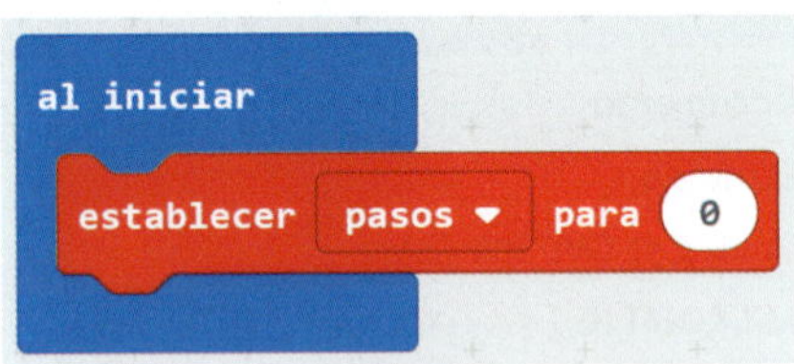

Fig. 11

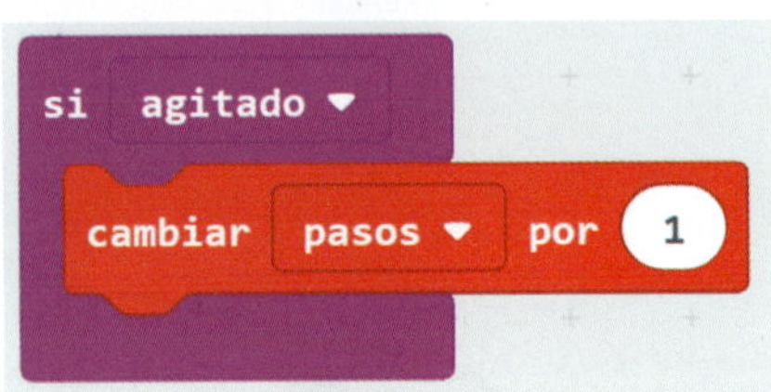

Fig. 12

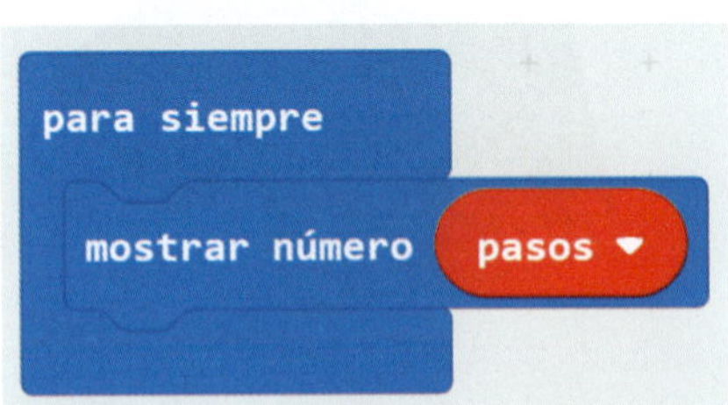

Fig. 13

DESAFÍOS

1. Añade otro bloque de instrucciones para que, cuando se pulse el botón **A**, el contador de pasos se ponga a cero. Utiliza las instrucciones **al presionarse el botón** A (de la categoría **Entrada**) y **establecer** pasos **para** 0 (de la categoría **Variables**). Guarda el archivo como **UD06_P3_nombreapellido_desafio1.hex**.
2. Decora el podómetro con tela o accesorios para darle un aspecto mucho más atractivo.

Práctica 4. Termómetro (con micro:bit y MakeCode)

Ahora vamos a construir un termómetro que nos muestre la temperatura en tiempo real. Para ello utilizaremos el sensor de temperatura que lleva incorporado nuestro micro:bit.

Una vez que sepamos la temperatura, almacenaremos dicho valor en una variable. Esto nos puede servir en infinidad de proyectos: para hacer que si sube mucho la temperatura se ponga en marcha un ventilador o que si baja mucho se encienda la calefacción, etc.

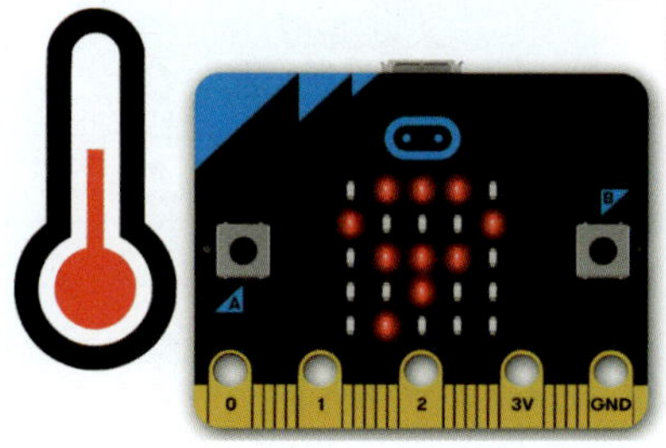

1. Inicia un nuevo proyecto haciendo clic en **Nuevo proyecto**. Llámalo **UD06_P4_nombreapellido**.
2. Ve a la categoría **Entrada** y arrastra al área de programas la instrucción **al presionarse el botón** A (figura 14).
3. De la categoría **Básico**, arrastra la instrucción **mostrar número** 0 (figura 15) y anídala dentro de la anterior.
4. Por último, sólo necesitamos cambiar el valor **0** por la temperatura que leerá el sensor. Para ello, ve a la categoría **Entrada** y arrastra al hueco la instrucción **temperatura (°C)**. Te quedará un programa como el de la figura 16.
5. Haz clic en **Descargar**. Ve a la carpeta de descargas y transfiere el archivo **UD06_P4_nombreapellido.hex** a tu tarjeta micro:bit.
6. Conecta el portapilas a tu tarjeta micro:bit y comprueba que el termómetro funciona correctamente (es decir, que pulsando el botón **A** se muestra la temperatura).

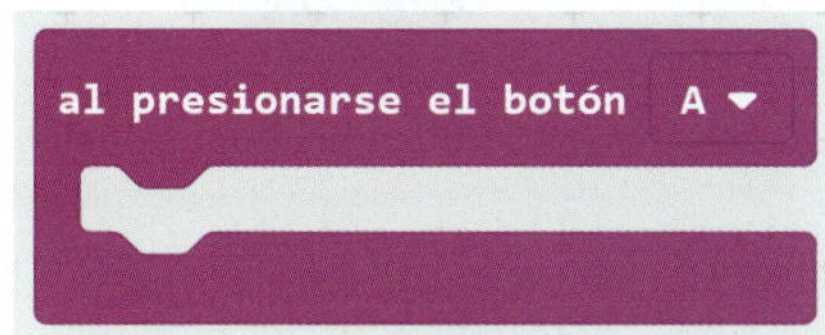

Fig. 14

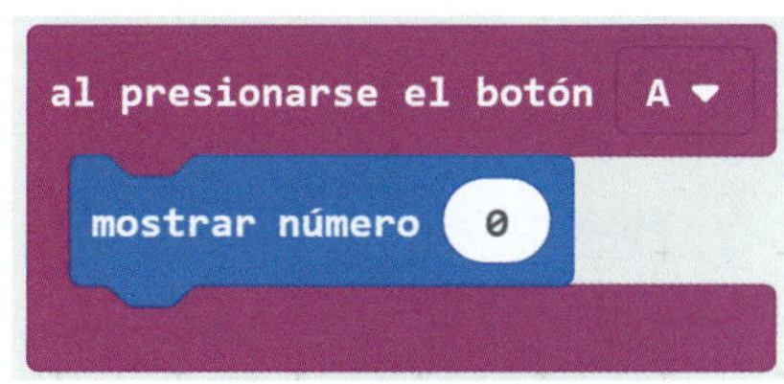

Fig. 15

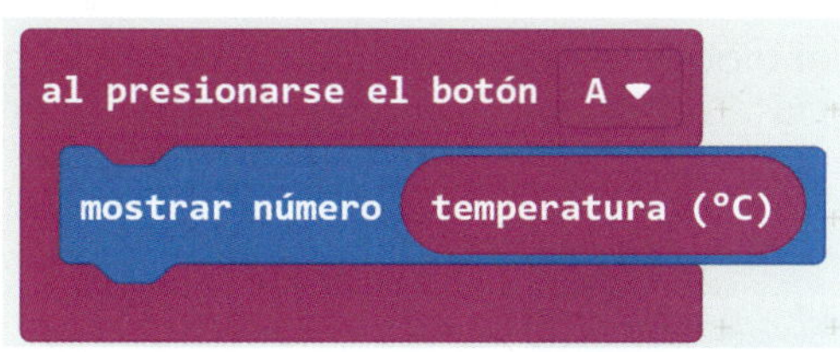

Fig. 16

DESAFÍOS

1. Modifica el programa para que, antes del valor de la temperatura, se muestre la palabra "Temperatura". Guarda el archivo como **UD06_P4_nombreapellido_desafio1.hex**.
2. Modifica el programa para que, cuando pulsemos el botón **A**, se muestre la temperatura durante 500 ms y luego se borre. Deberás utilizar las instrucciones **pausa (ms)** ... y **borrar pantalla** (que se encuentran en la categoría **Básico**) después de **mostrar número** pasos. Guarda el archivo como **UD06_P4_nombreapellido_desafio2.hex**.

Práctica 5. Linterna detectora de luz (con micro:bit y MakeCode)

En esta práctica vamos a hacer que, cuando nuestra tarjeta micro:bit detecte que se hace de noche o que nos quedamos sin luz, encienda sus leds de forma automática a modo de linterna. También podemos usarla como una luz que parpadee, para llevarla cuando montemos en bicicleta y anochezca.

Además de funcionar como dispositivos de salida, los leds de la placa también pueden hacerlo como sensores de luz (dispositivos de entrada), midiendo la cantidad de luz que cae sobre ellos.

1. Inicia un nuevo proyecto haciendo clic en **Nuevo proyecto**. Llámalo **UD06_P5_nombreapellido**.
2. Ve a la categoría **Básico** y arrastra al área de programas la instrucción **para siempre**.
3. De la categoría **Lógica**, arrastra el bloque **si** verdadero **entonces** ... / **si no** ... y anídalo dentro de la instrucción anterior (figura 17).
4. Para poder determinar si es de noche (o hay poca luz), micro:bit utiliza la variable **nivel de luz**, que es donde se almacena dicho valor. En nuestro caso, compararemos si el valor de **nivel de luz** está por debajo de un determinado valor (por ejemplo, 100) para determinar si estamos a oscuras o no.
5. Para ello, de la categoría **Lógica**, arrastra el bloque de comparación ... < ... (figura 18). El primer término de la comparación será la variable **nivel de luz**, que arrastraremos desde la categoría **Entrada**, mientras que para el segundo término escribiremos el valor **100** (figura 19).
6. Inserta el bloque de comparación completo en el hueco de la instrucción **si** ... **entonces**, como se muestra en la figura 20.

Escanea este código para ver un vídeo sobre cómo micro:bit utiliza los diodos para detectar la luz que le llega.

Fig. 17

Fig. 18

Fig. 19

Fig. 20

7. Ahora tendremos que completar las opciones de los condicionales. Debajo de **si** nivel de luz < 100 **entonces**, inserta el bloque **mostrar LEDs** (de la categoría **Básico**) y pulsa todas las celdas para que se ilumine la pantalla entera.

8. Debajo del condicional **si no ...**, inserta la instrucción **borrar la pantalla** (de la categoría **Básico** / **más**). Te quedará un programa como el de la figura 21.

Fig. 21

9. Haz clic en **Descargar**. Ve a la carpeta de descargas y transfiere el archivo **UD06_P5_nombreapellido.hex** a tu tarjeta micro:bit.

10. Conecta el portapilas a tu tarjeta micro:bit y comprueba que el detector de luz funciona correctamente tapándolo con las manos.

DESAFÍOS

1. Modifica el programa para que, cuando el valor de la luz sea menor de 100, los diodos LED parpadeen. Para ello deberás modificar los bloques del primer condicional como se muestra en la figura 22. Guarda el archivo como **UD06_P5_nombreapellido_desafio1.hex**.

2. Modifica el programa para que, si hay luz, se muestre en pantalla un sol durante 3 segundos, y, si es de noche, se muestre una luna durante 3 segundos. Guarda el archivo como **UD06_P5_nombreapellido_desafio2.hex**.

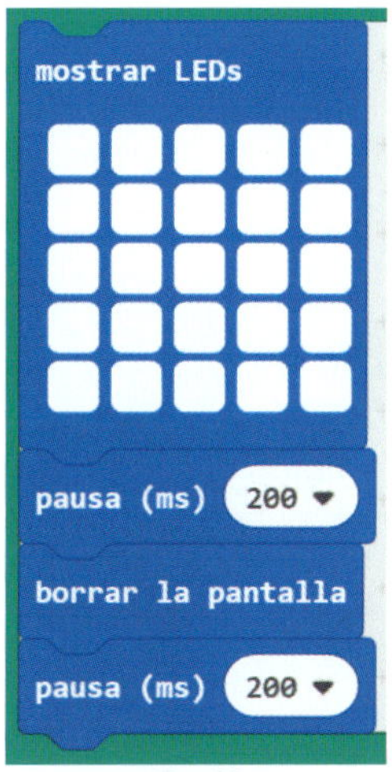

Fig. 22

Práctica 6. Caja de música (con micro:bit y MakeCode)

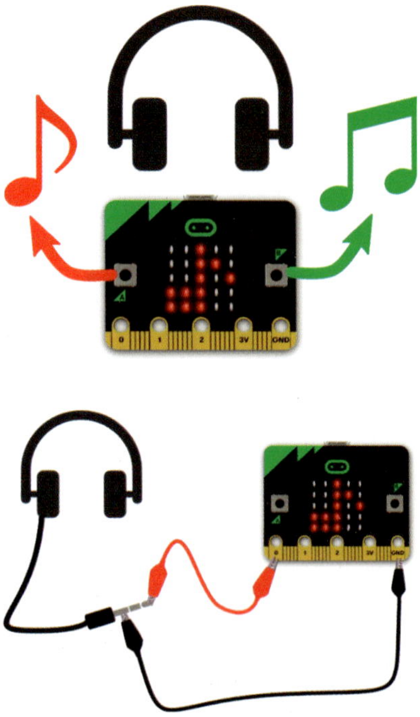

Fig. 23. Si usas la nueva tarjeta micro:bit (versión del 2021), los sonidos se reproducirán en ella, ya que incorpora un altavoz, pero si usas la primera versión de micro:bit, necesitarás conectar unos auriculares o un altavoz a la tarjeta, como se muestra en la figura.

¿Sabías que podemos producir música con nuestra tarjeta micro:bit? ¡Vamos a ponerlo en práctica!

Ejercicio 1. Hacer las conexiones

Sólo necesitas hacer este ejercicio si tu tarjeta micro:bit es de la primera versión. Si es la nueva del 2021, pasa al ejercicio 2.

Los pines dorados de la parte inferior del micro:bit se pueden usar como **entradas** o como **salidas**. Aquí usaremos el pin 0 como salida. La tarjeta enviará pulsos de señales eléctricas desde el pin 0 cuando se reproduzca la melodía.

1. Conecta el terminal del pin 0 al extremo del conector de los auriculares.
2. Conecta la base del conector del auricular al pin GND para cerrar el circuito eléctrico. Te deberán quedar las conexiones como se muestra en la figura 23.

Ejercicio 2. Programar los botones

Vamos a programar los botones **A** y **B** para que se reproduzcan melodías ya programadas.

1. Inicia un nuevo proyecto haciendo clic en **Nuevo proyecto**. Llámalo **UD06_P6_nombreapellido**.
2. De la categoría **Entrada**, arrastra al área de programas la instrucción **al presionarse el botón** A.
3. De la categoría **Música**, arrastra la instrucción **comenzar melodía ... repitiendo** una vez. En el desplegable de la melodía selecciona **dadadum** (figura 24).

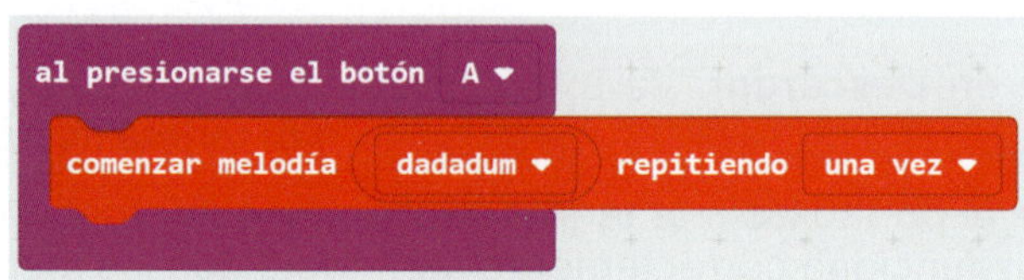

Fig. 24

4. Haz clic con el botón derecho del ratón sobre el bloque de instrucciones anterior y seleccionar **Duplicar** para crear un programa idéntico. Pero ahora escoge en los desplegables el botón **B** y la melodía **animador** (figura 25).

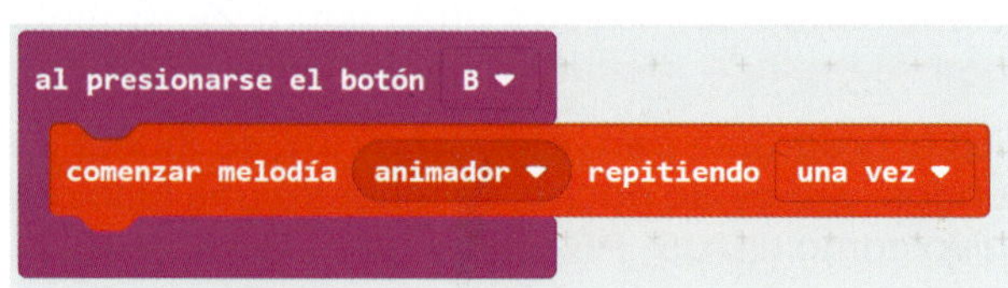

Fig. 25

5. Haz clic en **Descargar**. Ve a la carpeta de descargas y transfiere el archivo **UD06_P6_nombreapellido.hex** a tu tarjeta micro:bit.
6. Comprueba que la caja de música funciona correctamente (es decir, que se reproducen las dos melodías, una con el botón **A** y la otra con el botón **B**).

Ejercicio 3. Componer melodías

1. También podemos componer nuestras propias melodías. Para ello, debemos utilizar las instrucciones **ajustar tempo** y **reproducir tono**. Además, para evitar tener que repetir bloques de instrucciones, podemos utilizar la instrucción **repetir**, de la categoría **Bucles**.
2. Vamos a modificar el botón **B** del programa anterior creando el que tienes en la figura 26.
3. Guarda el archivo como **UD06_P6_2_nombreapellido.hex**.
4. Haz clic en **Descargar**. Ve a la carpeta de descargas y transfiere el archivo a tu tarjeta micro:bit.
5. Comprueba que funciona correctamente (es decir, que con el botón **B** ahora se reproduce la melodía que hemos compuesto).

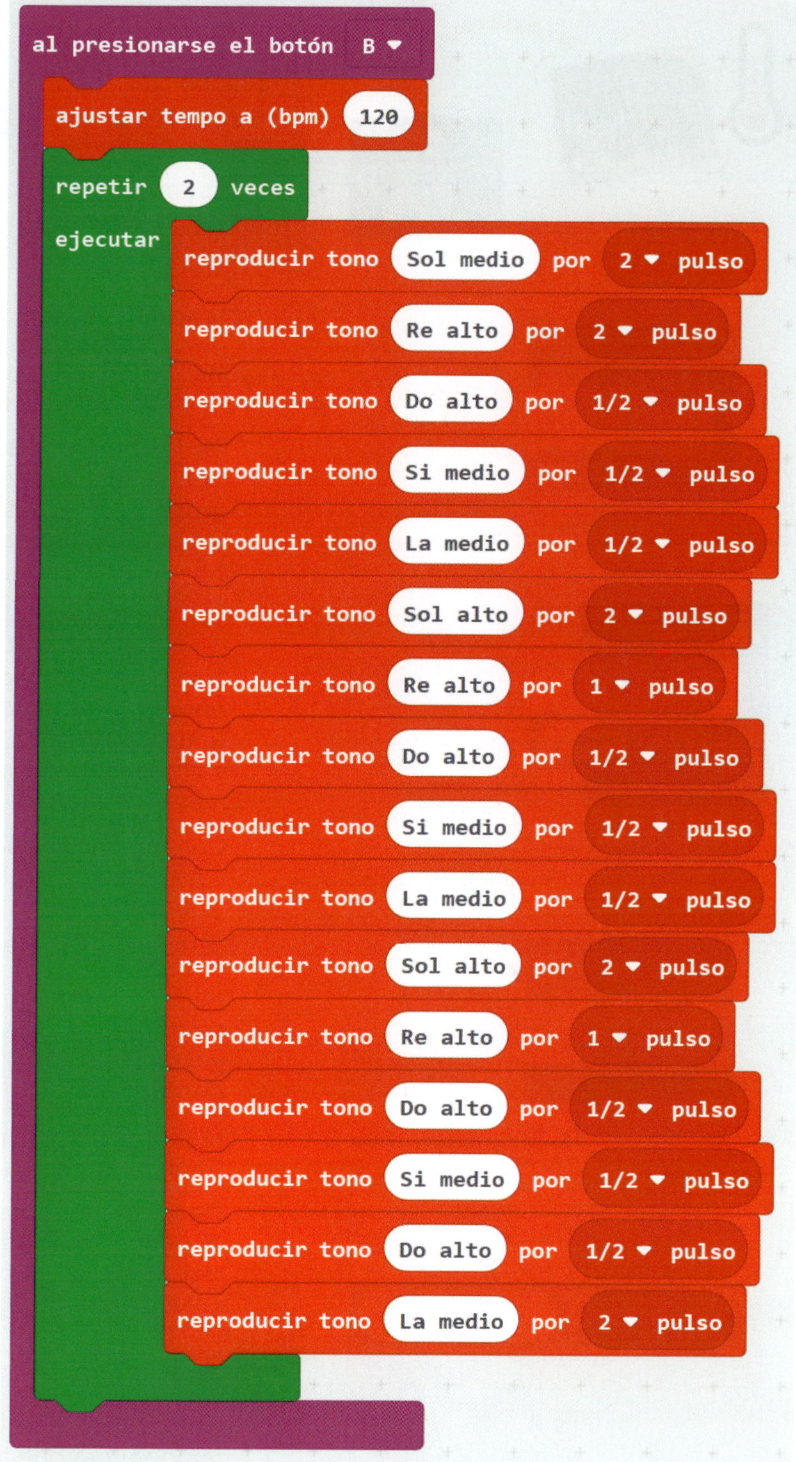

Fig. 26

DESAFÍOS

1. Modifica el programa para que se reproduzca una melodía que hayas creado tú mismo. Guarda el archivo como **UD06_P6_nombreapellido_desafio1.hex**.
2. Modifica el programa para que, si se hace de noche, suene una melodía de entre las que tiene micro:bit (tendrás que repasar la práctica de la linterna detectora de luz). Guarda el archivo como **UD06_P6_nombreapellido_desafio2.hex**.

Práctica 7. Enviar mensajes entre tarjetas micro:bit

Para esta práctica necesitaremos disponer de dos tarjetas micro:bit. Vamos a construir un termómetro (en una de las tarjetas) y haremos que, ubicado en el exterior de nuestra vivienda, periódicamente nos envíe la temperatura por señales de radio a la otra tarjeta, que tendremos en el interior de la casa.

Deberemos hacer dos programas: uno para la tarjeta exterior (que detectará la temperatura y la transmitirá vía radio) y otro para la tarjeta interior (que recibirá la lectura y la mostrará).

Ejercicio 1. Tarjeta emisora

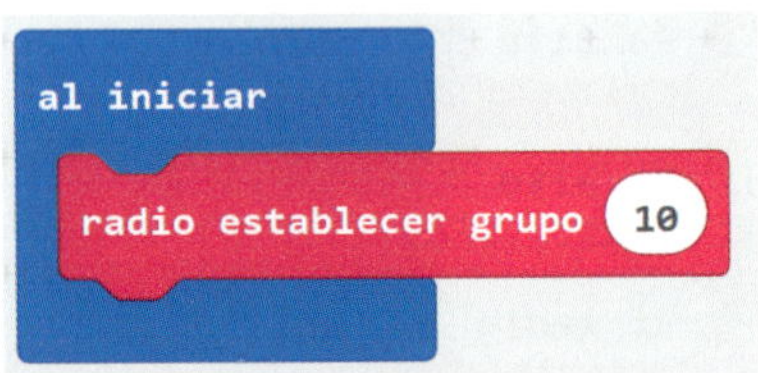

Fig. 27

1. Inicia un nuevo proyecto haciendo clic en **Nuevo proyecto**. Llámalo **UD06_P7_emisor_nombreapellido.hex**.
2. De la categoría **Básico**, arrastra al área de programas la instrucción **al iniciar**. Anida en su interior la instrucción **radio establecer grupo ...**, de la categoría **Radio**, y escribe el número **10** (figura 27). El 10 es el número del canal por el que las tarjetas enviarán y recibirán los mensajes. ¡Ojo! Si en clase tenéis más de dos tarjetas, debéis utilizar canales distintos o los mensajes se mezclarán.
3. De la categoría **Básico**, arrastra al área de programas la instrucción **para siempre**. Anida en su interior la instrucción **radio enviar número ...**, de la categoría **Radio**, y en el hueco coloca el bloque **temperatura (°C)**, de la categoría **Entrada**. Añade luego la instrucción **pausa (ms) ...** y ponle **5000 ms** para que no esté continuamente emitiendo (figura 28).
4. Conecta la tarjeta emisora. Descarga el archivo y transfiérelo a esta tarjeta.

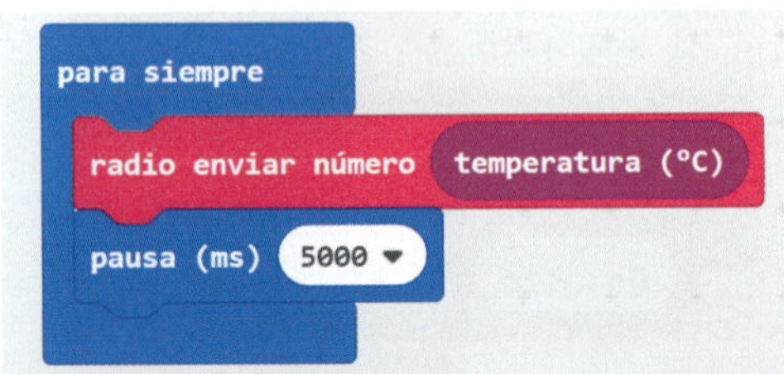

Fig. 28

Ejercicio 2. Tarjeta receptora

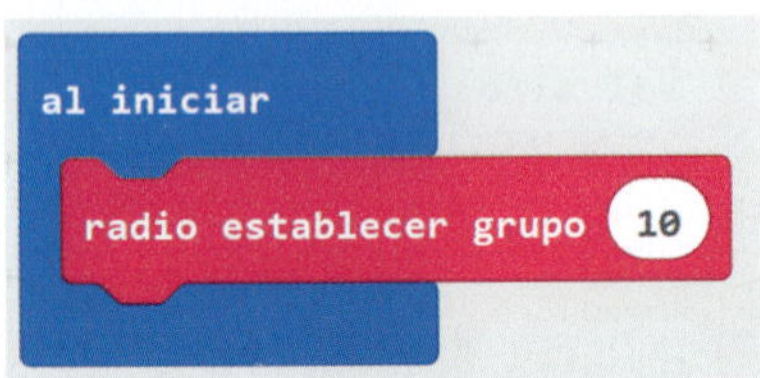

Fig. 29

1. Para crear el segundo programa puedes hacer clic en el icono **micro:bit** (en la esquina superior izquierda) y luego en **Nuevo proyecto**; o bien abrir un nuevo proyecto en otra pestaña del navegador. Llámalo **UD06_P7_receptor_nombreapellido.hex**.
2. Repite el primer bloque de instrucciones, que establece el grupo 10 de radio (figura 29).
3. De la categoría **Radio**, arrastra al área de programas la instrucción **al recibir radio** receivedNumber, y anida en ella el bloque **mostrar número ...**. En el hueco de este bloque, coloca la variable **receivedNumber** (figura 30).
4. Conecta la tarjeta receptora. Descarga el archivo y transfiérelo a esta tarjeta.
5. Comprueba que cada 5 segundos la tarjeta receptora recibe la temperatura que le indica la tarjeta emisora.

Fig. 30

DESAFÍOS

1. Modifica el programa para que, en la tarjeta receptora, cuando pulsemos **A** se muestre la temperatura exterior y cuando pulsemos **B** se muestre la temperatura interior (te recomendamos que consultes la página https://microbit.org/projects/make-it-code-it/indoor-outdoor-thermometer). Guarda el archivo como **UD06_P7_nombreapellido_desafio1.hex**.
2. Modifica el programa para que, cuando pulsemos **A** en la tarjeta emisora, se envíe el mensaje "Sí" a la receptora, y cuando pulsemos **B** se envíe el mensaje "No". Guarda el archivo como **UD06_P7_nombreapellido_desafio2.hex**.

Práctica 8. Comunicar Scratch con micro:bit y probar el juego Flying Bicycle

Podemos crear programas en Scratch y después interactuar con nuestra tarjeta micro:bit, pero para ello hay una serie de requisitos.

Todos los enlaces a las descargas los puedes encontrar en https://scratch.mit.edu/microbit.

Ejercicio 1. Comunicar Scratch con micro:bit

Los requisitos para poder comunicar Scratch con tu tarjeta micro:bit son los siguientes:

SISTEMA OPERATIVO	CONECTIVIDAD	SOFTWARE EXTRA
Windows 10 version 1709+ macOS 10.13+ ChromeOS Android 6.0+	Bluetooth	Scratch Link

Es decir, necesitas: que el **sistema operativo** de tu ordenador tenga al menos la versión indicada en la tabla anterior; que el ordenador disponga de **Bluetooth**, para poder comunicarse con la tarjeta; y haber instalado el software **Scratch Link**.

Además, para que Scratch y micro:bit puedan interactuar, primero tienes que seguir estos pasos:

1. Instala en la tarjeta micro:bit el archivo **Scratch micro:bit HEX**.
2. Añade a Scratch la extensión de la tarjeta micro:bit.

Estos son los pasos necesarios para poder trabajar con Scratch y micro:bit con **Windows 10**. Si usas otro sistema operativo, tendrás que descargarte el programa Scratch Link que corresponda. Como ya hemos comentado, todos los programas están disponibles en https://scratch.mit.edu/microbit.

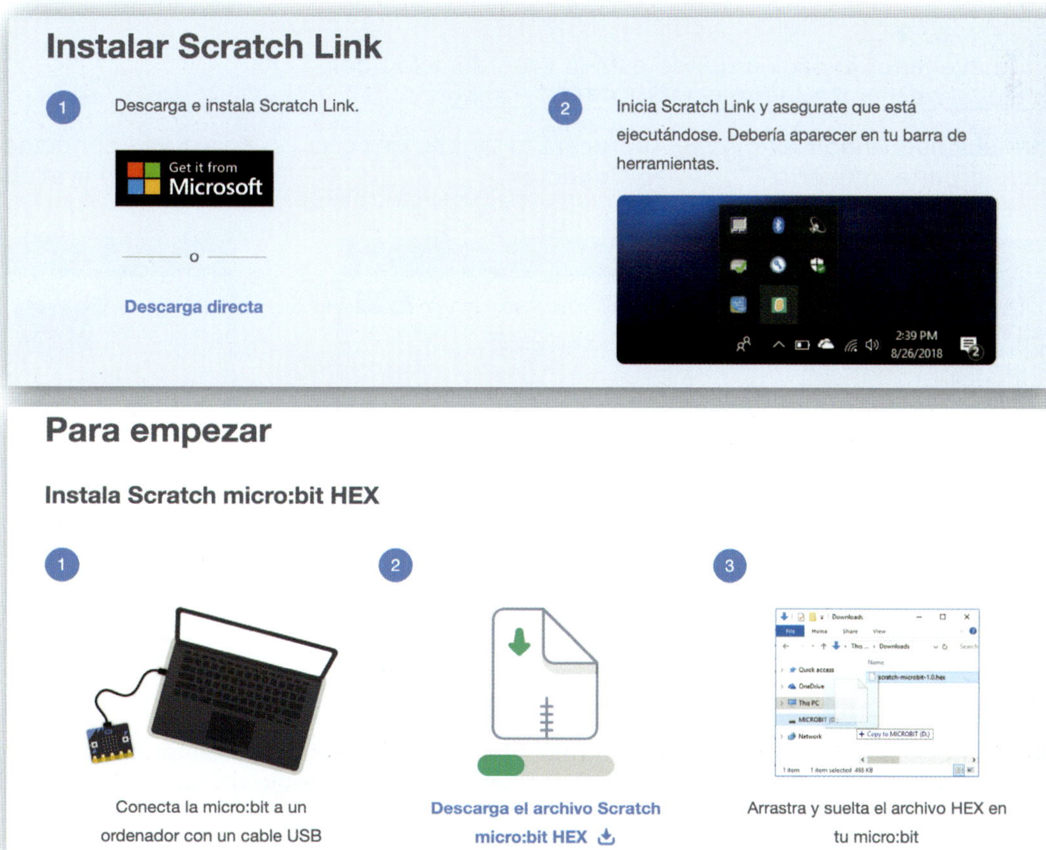

Conectando la micro:bit a Scratch

1 

Alimenta tu micro:bit con USB o con unas pilas.

2 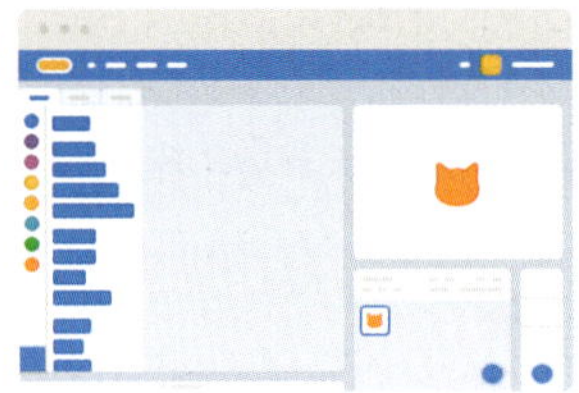

Utiliza el editor Scratch.

3 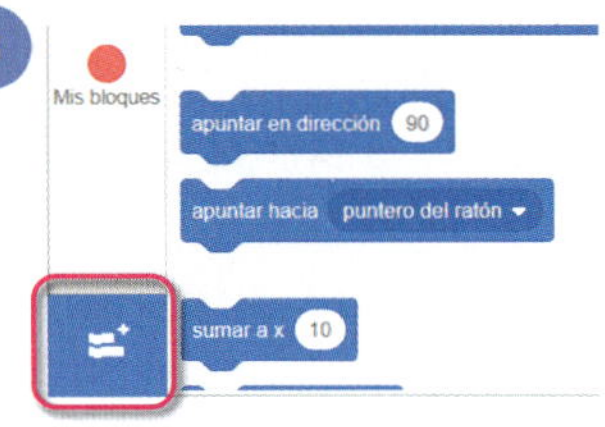

Añade la extensión micro:bit.

Cosas para probar: muestra "¡Hola!"

1 Busca el bloque **mostrar texto** ¡Hola! y haz clic en él.

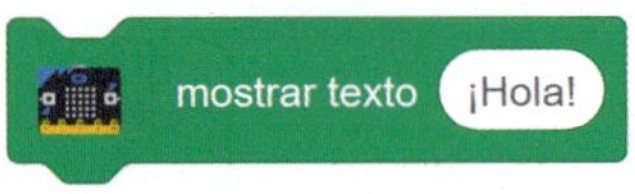

2 Deberías ver "¡Hola!" en movimiento en la pantalla de tu micro:bit.

Ejercicio 2. Probar el juego Flying Bicycle

Ahora vamos a probar la conexión entre micro:bit y Scratch con un juego que utiliza el sensor acelerómetro: cuando inclinemos nuestra tarjeta, el sensor lo detectará y hará que se incline la bicicleta en nuestro programa de Scratch.

1. Instala Scratch Link y abre la aplicación.
2. Conecta el cable del ordenador a la tarjeta micro:bit.
3. Descarga el archivo **Scratch micro:bit HEX** y vuélcalo en la tarjeta micro:bit.
4. Abre en tu navegador la página donde está la programación del juego: https://scratch.mit.edu/projects/300146577/editor.
5. Haz clic en el icono **Añadir extensión** (en la parte inferior izquierda) y elige **micro:bit**.

6. Aparecerá tu tarjeta. Haz clic en **Conectar**.

7. Una vez conectada la tarjeta, haz clic en **Ir al editor**.

8. Pulsa la bandera verde para comenzar el juego y comprueba que con tu tarjeta puedes controlar la bicicleta.

DESAFÍO

- Modifica el programa de Scratch para que aparezca un nuevo elemento (por ejemplo, una manzana) y que, cuando lo toques con la bicicleta, en lugar de sumar, reste un punto. Guarda el proyecto como **UD06_P8_nombreapellido_desafio1.sb3**.

Práctica 9. Theremín (con micro:bit y Scratch)

El theremín es un instrumento musical electrónico muy especial: detecta la posición relativa de las manos de la persona que toca el instrumento, de modo que se controla sin necesidad de contacto físico.

En esta práctica vamos a construir nuestro particular theremín utilizando Scratch y nuestra tarjeta micro:bit. Para ello crearemos un bucle que lea de forma continua el valor del acelerómetro, de forma que mida el ángulo de inclinación; cuanto mayor sea el ángulo de inclinación, más agudo será el sonido.

1. Lo primero que has de hacer es repetir los pasos 1 a 7 de la práctica anterior, pero ahora creando un proyecto nuevo en Scratch (paso 4) desde la página https://scratch.mit.edu.
2. Inicia un nuevo proyecto yendo a **Archivo** / **Nuevo**. Llámalo **UD06_P9_nombreapellido**. Elimina el personaje **Objeto1** que viene por defecto.
3. Haz clic en **Elige un objeto** y escoge al murciélago **Bat**. Haz clic en **Elige un fondo** y escoge **Woods** (figura 31).
4. Arrastra al área de programa las instrucciones **al hacer clic en bandera verde**, de la categoría **Eventos**, y **por siempre**, de la categoría **Control**.

Fig. 31

5. Vamos a hacer que el murciélago se desplace a lo largo del eje *y* en función de la inclinación que le demos a la tarjeta micro:bit. Para ello, anida dentro del bucle (**por siempre**) la instrucción **dar a y el valor** ..., de la categoría **Movimiento**, y llena el hueco con la instrucción **ángulo de inclinación hacia** delante, de la categoría **micro:bit** (figura 32).

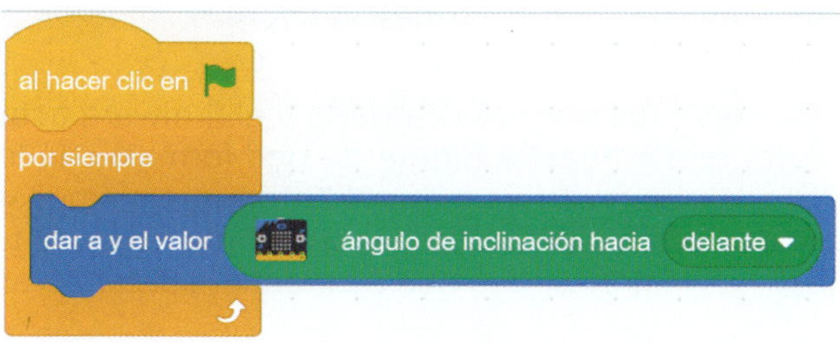

Fig. 32

6. Por último, haremos que se inicie un sonido de trombón; pero antes de la instrucción **iniciar sonido** A Trombone, de la categoría **Sonido**, como queremos que el sonido sea más o menos agudo en función del ángulo de inclinación de nuestra tarjeta deberemos incluir la instrucción **dar al efecto** altura **el valor** ... y poner en el hueco el mismo bloque verde de **micro:bit** que en el paso anterior (figura 33).
7. Comprueba que el programa funciona correctamente y luego descarga el proyecto **UD06_P9_nombreapellido.sb3** en tu ordenador yendo a **Archivo** / **Guardar en tu ordenador**.

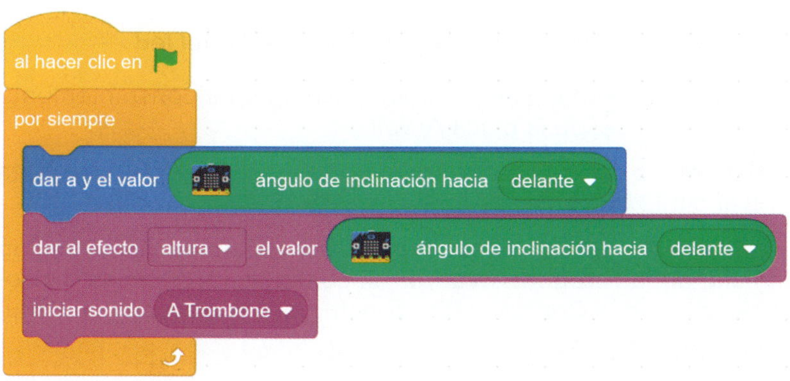

Fig. 33

DESAFÍO

- Haz que el murciélago se mueva en más ejes, en función del movimiento de la tarjeta micro:bit. Guarda el archivo como **UD06_P9_nombreapellido_desafio1.sb3**.

Práctica 10. Encender y apagar un led (con Arduino Uno y mBlock)

mBlock es una modificación de Scratch que permite programar la plataforma de hardware libre Arduino de una forma sencilla, así como algunos dispositivos (como el robot mBot, el kit Lego EV3, etc.).

Fig. 34

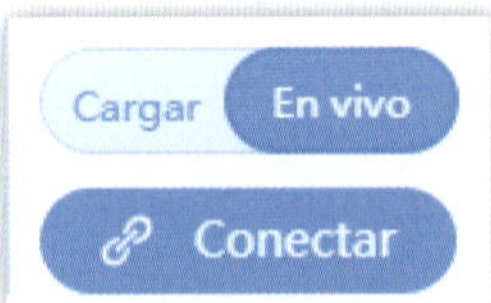

Fig. 35

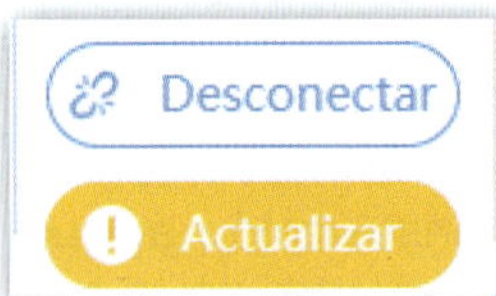

Fig. 36

Ejercicio 1. Instalar mBlock y conectar la tarjeta

1. Entra en https://mblock.makeblock.com, ve a la sección **Download** y sigue las instrucciones para descargar el programa (**Download for Windows**) e instalarlo en el ordenador. También puedes utilizar una versión web en el navegador, pero tendrás que instalar el programa **mLink** para que el programa se comunique con la tarjeta; sólo en ese caso, haz clic en **Code with blocks**.
2. Abre el programa. Lo primero que vamos a hacer es añadir nuestro dispositivo. Para ello, ve al menú de la izquierda y, en la pestaña **Dispositivos**, pulsa **Añadir** (figura 34). En la ventana emergente escoge la tarjeta **Arduino Uno** y pulsa **Aceptar**. Comprobarás que se han creado unas categorías de instrucciones nuevas, con bloques específicos para Arduino.
3. Conecta ahora la tarjeta al puerto USB del ordenador. En la ventana inferior izquierda, pulsa el botón **Conectar** (figura 35) y aparecerá una ventana emergente. Marca en ella la casilla **Mostrar todos los dispositivos conectables**; en el desplegable, selecciona el puerto en el que está conectada la tarjeta y pulsa **Conectar**.
4. Solamente en algunos casos encontrarás un botón amarillo nuevo que indica **Actualizar**. Esto quiere decir que debemos pulsarlo para que se actualice el firmware de la tarjeta y así poder utilizarla con mBlock (figura 36).
5. Una vez que tenemos la tarjeta cargada y el firmware actualizado, podemos programar nuestra tarjeta de dos formas: con la opción **Cargar** o con la opción **En vivo** (en el botón que se muestra en la figura 35 podemos seleccionar una u otra). En función de la opción que elijamos, las instrucciones que podremos utilizar serán unas u otras.
6. En esta primera práctica, vamos a utilizar la opción **Cargar** para realizar un programa que haga parpadear un led.

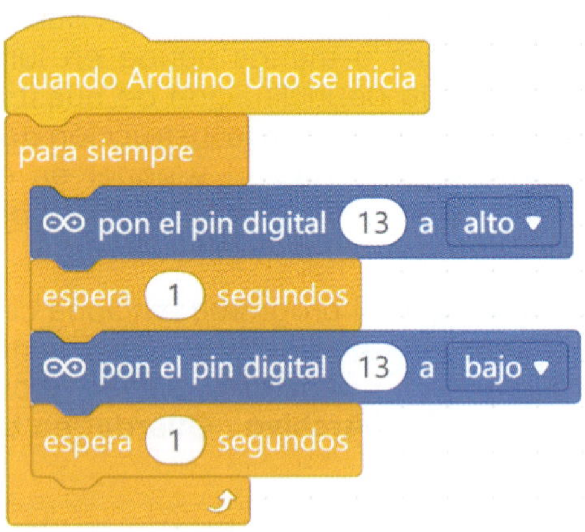

Fig. 37

Ejercicio 2. Programar el encendido y apagado del led

Vamos a hacer que un led se encienda y se apague constantemente (a cada segundo) desde la placa Arduino.

1. Conecta el led con el cátodo (pata corta) a GND y el ánodo (pata larga) al pin 13 de la placa Arduino (figura 39).
2. Arrastra al área de programas la instrucción <u>**cuando Arduino Uno se inicia**</u>, de la categoría **Eventos**. A continuación, con instrucciones de los menús **Control** y **Pin**, construye el programa de la figura 37.
3. En el menú del dispositivo, pulsa el botón **Subir** (figura 38). Tras unos segundos, comprobarás que el diodo comienza a parpadear.
4. En el menú superior, ve a **Archivo / Guardar en tu ordenador** y guarda el archivo como **UD06_P10_nombreapellido.mblock**.

Fig. 38

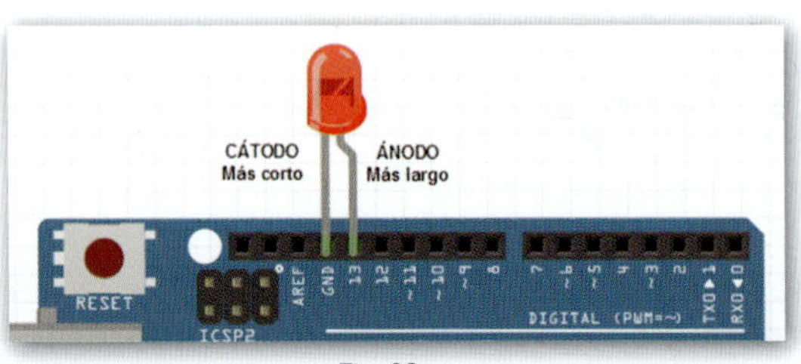

Fig. 39

Práctica 11. Barrera de garaje controlada con un servomotor (con Arduino Uno y mBlock)

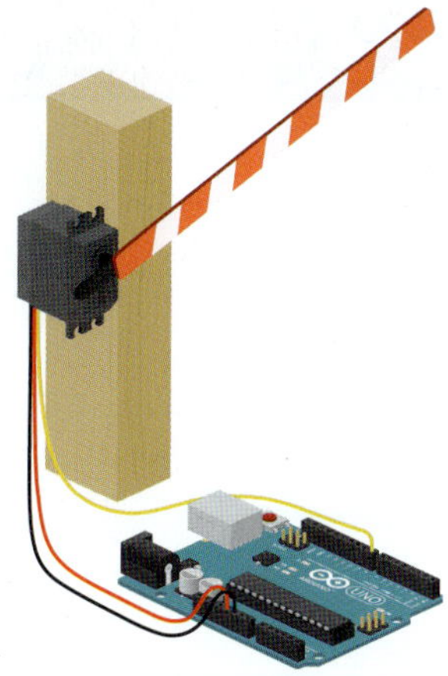

Ahora vamos a utilizar un servomotor para subir y bajar la barrera de un garaje (construye una tú mismo con madera y cartón). Recuerda que un servomotor es un motor de corriente continua que permite controlar el ángulo de giro de su eje entre 0 y 180°. El servomotor controlará el ángulo de inclinación de la barrera.

Ejercicio 1. Conectar el servomotor

Para conectar el servomotor encontrarás tres cables: el rojo, que se conecta siempre a +5 V; el negro, que se conecta a GND; y un tercer cable que puede ser blanco, amarillo, etc., y que se conecta al pin 8 de Arduino en nuestro caso. Conecta el servomotor a la placa tal como se muestra en la figura 45.

Ejercicio 2. Programar el servomotor que acciona la barrera

1. En mBlock, sigue los pasos 2 y 3 de la práctica anterior para añadir la tarjeta Arduino Uno y conectarla seleccionando el puerto adecuado. Una vez cargada la tarjeta, selecciona la modalidad de programación **En vivo**. Si no haces esto, no tendrás acceso a todas las instrucciones necesarias en esta práctica.
2. Vamos a crear un primer bloque de instrucciones para que, cada vez que pulsemos la tecla **flecha arriba**, el ángulo de la barrera aumente 5 grados. Del menú **Eventos**, arrastra el bloque **cuando tecla ... pulsada** y selecciona **flecha arriba** (figura 40).
3. Ahora crearemos una variable llamada **ángulo** donde almacenaremos el número de grados que debe subir o bajar la barrera. Ve al menú **Variables**, haz clic en **Crear una variable** y escribe el nombre **ángulo** (figura 41).
4. Comprobarás que han aparecido instrucciones nuevas en ese mismo menú. Arrastra el bloque **cambia ángulo por ...** y ponle como valor **5** (figura 42). Con esto, lo que haremos será sumar 5 grados cada vez que pulsemos la tecla **flecha arriba**.
5. Del menú **Pin**, arrastra la instrucción **mueve el servo en pin ... al ángulo ...**, y para completar los huecos escribe en el primer cuadro el valor **8** y arrastra sobre el segundo cuadro la variable **ángulo** (figura 43).
6. Ahora repetiremos el proceso pero con la tecla **flecha abajo** y cambiando el ángulo por **–5** (figura 44).
7. Al tener activada la opción **En vivo**, podemos comprobar directamente el correcto funcionamiento del servomotor. Guarda el archivo como **UD06_P11_nombreapellido.mblock**.

Fig. 40

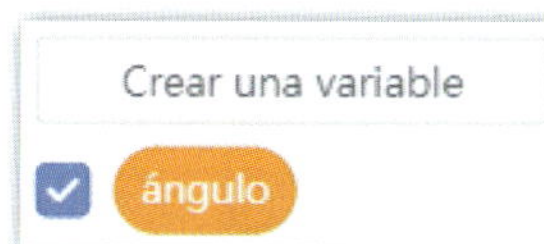

Fig. 41

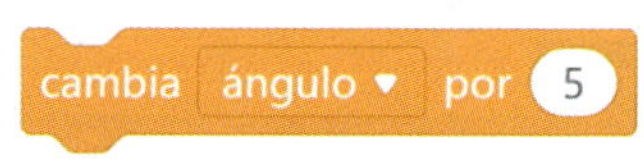

Fig. 42

Fig. 43

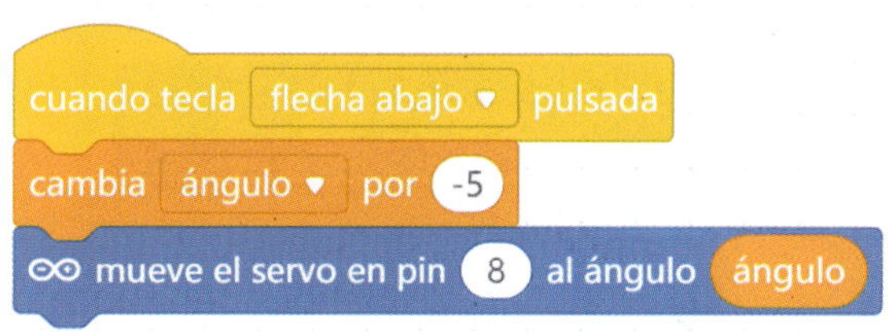

Fig. 44

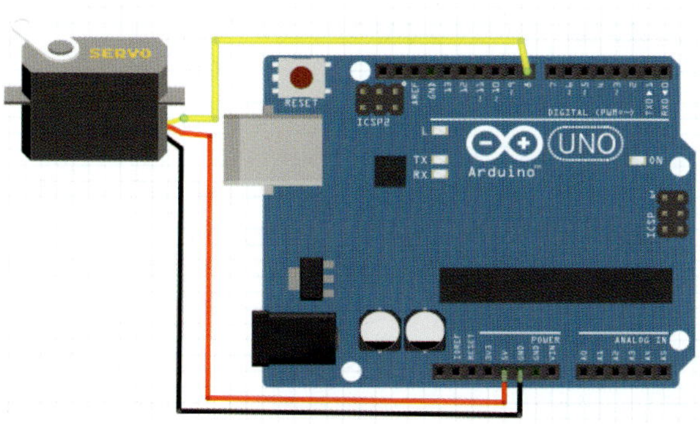

Fig. 45

Práctica 12. Encender y apagar un led (con Arduino Uno y ArduinoBlocks)

La programación en **ArduinoBlocks** es similar a la de Scratch o mBlock. Para poder trabajar necesitarás conexión a Internet, ya que es una plataforma online.

Vamos a crear un primer programa que haga parpadear un led cada segundo.

Ejercicio 1. Registrarse en ArduinoBlocks y descargar ArduinoBlocks-Connector

1. Entra en www.arduinoblocks.com. Aunque no es necesario registrarse (puedes pulsar el botón **¡Probar ahora!** y empezar a programar), te recomendamos que lo hagas, para poder tener ordenados tus proyectos y guardar los que te gusten.
2. Una vez que hayas iniciado sesión, haz clic en **Empezar un nuevo proyecto** y luego en **Iniciar un proyecto personal**. En el formulario que aparece, pon al proyecto el nombre **UD06_P12_nombreapellido** y pulsa **Nuevo proyecto**. Se te abrirá una pantalla como la de la figura 46.
3. ArduinoBlocks genera el código de Arduino a partir de los bloques. El programa se puede compilar y subir directamente a la placa Arduino gracias a la aplicación **ArduinoBlocks-Connector**, que vamos a descargar desde la web www.arduinoblocks.com yendo a **Recursos** / **ArduinoBlocks-Connector**. Esta aplicación se encarga de recibir el código generado por ArduinoBlocks, traducirlo y subirlo a la placa Arduino. Descarga dicho programa, ejecútalo y minimiza la ventana que aparecerá (figura 47), sin cerrarla.

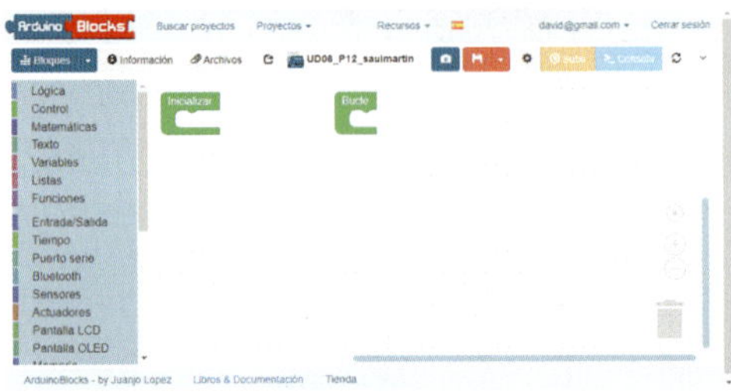

Fig. 46

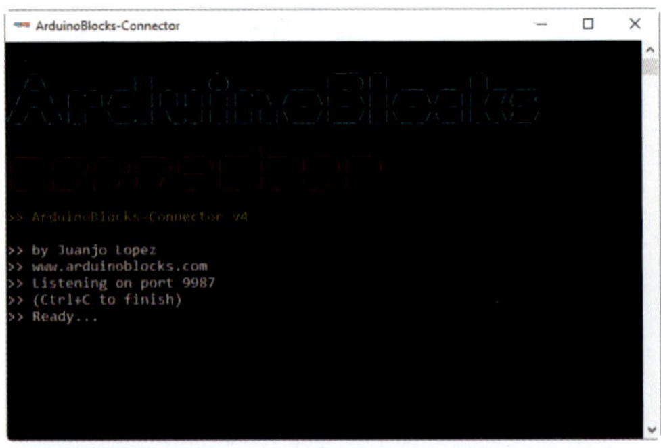

Fig. 47

Ejercicio 2. Programar el encendido y apagado del led

1. El contenido del bloque **Bucle** se repite indefinidamente. En él pondremos los bloques de nuestro programa. De la categoría **Entrada/salida**, arrastra el bloque **Escribir digital Pin ... ON** y ponle al pin el valor **13** (figura 48). Con esto encenderemos el led conectado a la tarjeta Arduino.
2. De la categoría **Tiempo**, arrastra el bloque **Esperar 1000 milisegundos**. De nuevo, de la categoría **Entrada/salida** arrastra el bloque **Escribir digital Pin ... ON** y ponle al pin el valor **13**. Y añade debajo otro bloque **Esperar 1000 milisegundos** (figura 49).
3. Conecta el led con el cátodo (pata corta) a GND y el ánodo (pata larga) al pin 13 de la placa Arduino (figura 50).
4. Conecta la tarjeta Arduino y luego pulsa el botón **Actualizar** (situado arriba a la derecha) (figura 51); debería aparecer al lado el puerto al que está conectada la tarjeta (en nuestro caso, COM3). Si no se conecta, puede ser porque no has ejecutado la aplicación ArduinoBlocks-Connector.
5. Pulsa **Subir** (figura 52). Comprobarás que, en la pantalla en negro de ArduinoBlocks-Connector, se empieza a compilar y subir el programa. Una vez que termine, el led de la tarjeta Arduino debería parpadear cada segundo.
6. Si estás registrado, tu proyecto habrá quedado guardado. Si no estás registrado, pulsa **Bloques**, elige **Descargar código (.ino)** (figura 53) y guarda el archivo en tu carpeta.

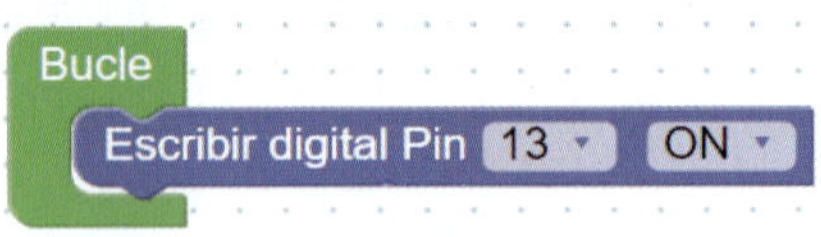

Fig. 48

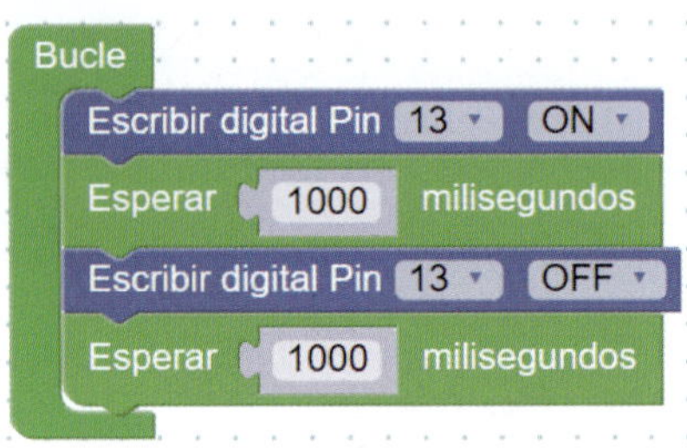

Fig. 49

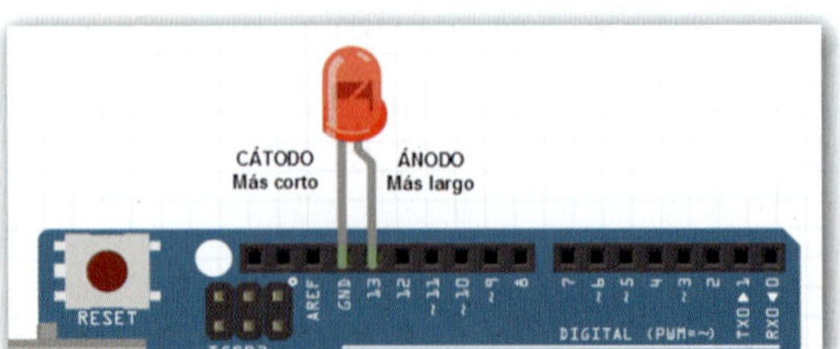

Fig. 50

Fig. 51

Fig. 52

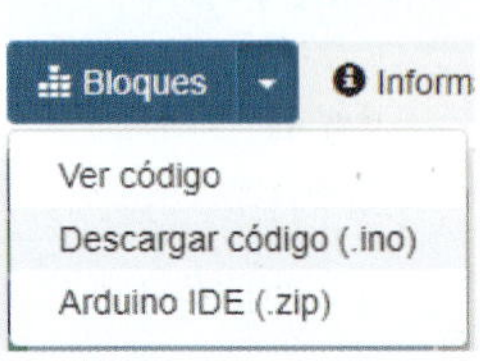

Fig. 53

Práctica 13. Juego pilladedos (con Arduino Uno y ArduinoBlocks)

Vamos a utilizar un servomotor para accionar un brazo de madera que subirá y bajará de forma alternativa (constrúyelo tú mismo con madera y cartón). Con ello podremos crear un juego en el que tengas que retirar un papel sin que el brazo te atrape (juego pilladedos), accionar alguna figura a la que quieras dar movimiento, etc. El servomotor controlará el ángulo de inclinación del brazo.

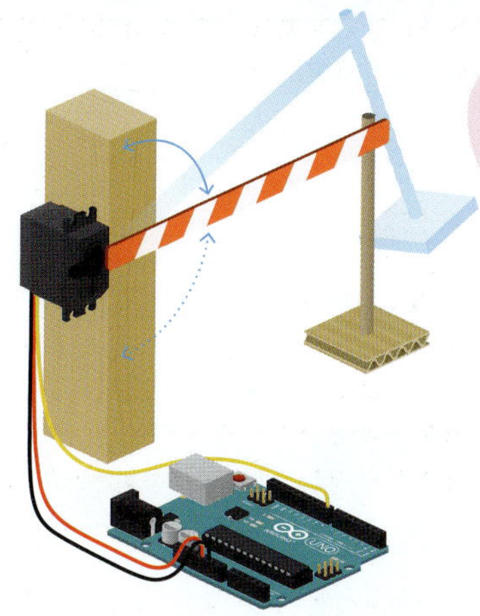

Ejercicio 1. Conectar el servomotor

Para conectar el servomotor encontrarás tres cables: el rojo, que se conecta siempre a +5 V; el negro, que se conecta a GND; y un tercer cable que puede ser blanco, amarillo, etc., y que se conectará al pin 8 de Arduino en nuestro caso. Conecta el servomotor a la placa tal como se muestra en la figura 54.

Ejercicio 2. Programar el servomotor que acciona el brazo

1. En ArduinoBlocks, empieza un nuevo proyecto y llámalo **UD06_P13_nombreapellido**. Recuerda tener activo ArduinoBlocks-Connector para poder subir directamente el programa a la placa.
2. Como en la práctica anterior, pondremos los bloques de nuestro programa en el bloque **Bucle**. En este caso, de la categoría **Motor**, arrastra dos veces el bloque **Servo Pin ... Grados** Ángulo ... **Retardo (ms)** ... y escribe los valores que aparecen en la figura 55. Con esto conseguiremos que el servomotor esté girando cada medio segundo entre los 0 y los 180 grados.

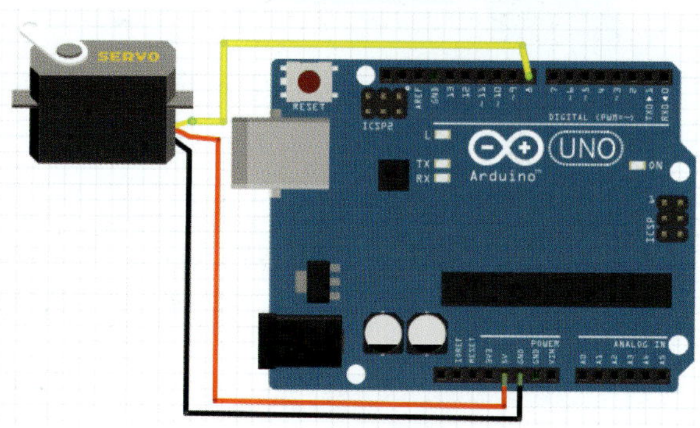

Fig. 54

Fig. 55

3. Conecta la tarjeta Arduino y luego pulsa el botón **Actualizar** (situado arriba a la derecha) (figura 56); debería aparecer al lado el puerto al que está conectada la tarjeta (en nuestro caso, COM3). Si no se conecta, puede ser porque no has ejecutado la aplicación ArduinoBlocks-Connector.
4. Pulsa **Subir** (figura 57). Comprobarás que, en la pantalla en negro de ArduinoBlocks-Connector, se empieza a compilar y subir el programa.
5. Si estás registrado, tu proyecto habrá quedado guardado. Si no estás registrado, pulsa **Bloques**, elige **Descargar código (.ino)** (figura 58) y guarda el archivo en tu carpeta.

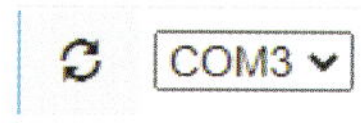

Fig. 56

Fig. 57

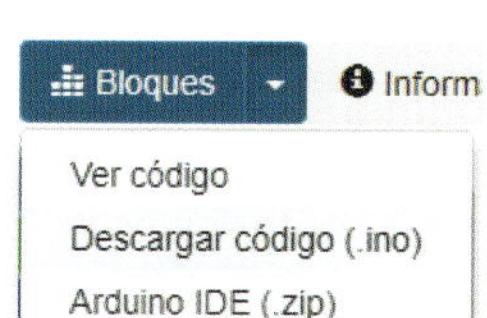

Fig. 58

Práctica 14. Programar el kit Zum con Bitbloq

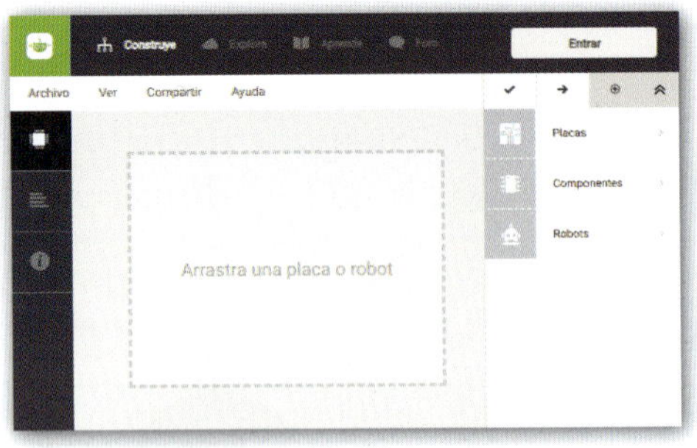

Fig. 59

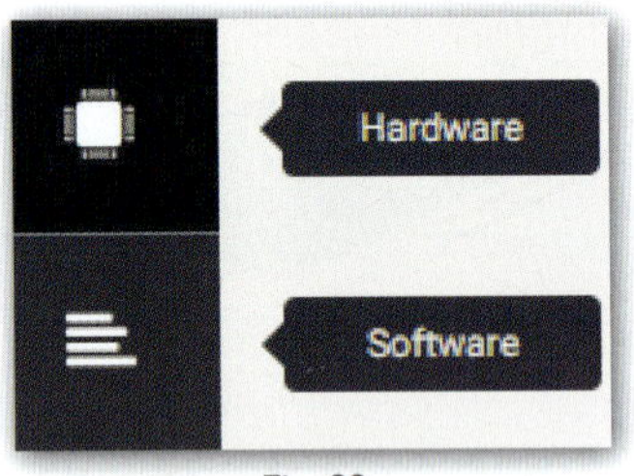

Fig. 60

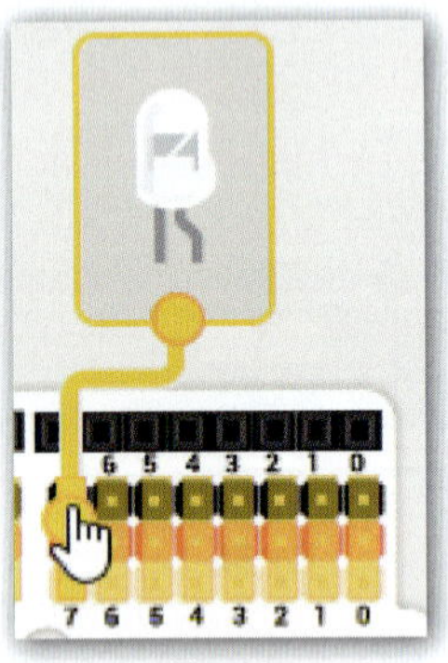

Fig. 61

Fig. 62

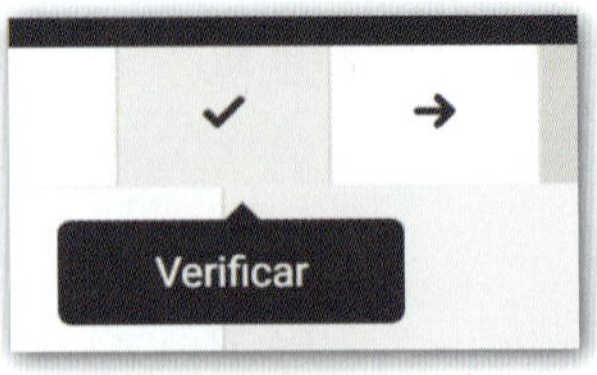

Fig. 63

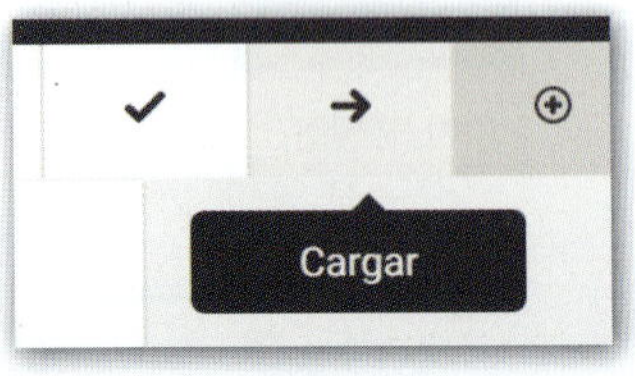

Fig. 64

Vamos a aprender los fundamentos de la programación usando **Bitbloq**, que es un lenguaje de programación por bloques, y el kit de electrónica Zum de BQ. En cualquier caso, ten presente que Bitbloq es compatible con cualquier placa de la familia Uno de Arduino.

Ejercicio 1. Conectar la tarjeta y los componentes

1. Para abrir Bitbloq, entra en https://bitbloq.bq.com con el navegador Chrome y haz clic en **Pruébalo ahora**. No es necesario que te registres, puedes probar como invitado, pero en ese caso tu proyecto no se guardará ni podrás recuperarlo. Si te registras, los proyectos que hagas se guardarán en la nube y los podrás descargar e importar cuando quieras (pero posteriormente tendremos que descargar y ejecutar el programa Web2board para que Bitbloq pueda transferir el programa a la tarjeta). También puedes descargar una versión offline e instalarla en tu ordenador; de esta forma podrás cargar los programas a la placa directamente sin usar Web2board.
2. Una vez que has hecho clic en **Pruébalo ahora**, se abrirá una ventana como la de la figura 59.
3. En el lateral izquierdo tienes los botones **Hardware** y **Software** (figura 60). Haz clic en **Hardware**. A continuación, en el lateral derecho, haz clic en **Placas**, selecciona la que vayas a utilizar (por ejemplo, la **Zum Core**) y arrástrala a la ventana principal.
4. Justo debajo, haz clic en **Componentes**, selecciona el diodo **LED** y arrástralo a la ventana central. Conéctalo arrastrando el punto amarillo al pin 7 (figura 61). Hasta que no hagas esto, no aparecerán los bloques de programación correspondientes en el apartado **Software**.

Ejercicio 2. Programar el encendido y apagado del led

1. Ahora haz clic en **Software** para comenzar a programar la tarjeta arrastrando los bloques de instrucciones.
2. ¡Importante! Debes llevar los bloques al recuadro indicado como **Bucle principal (Loop)**, para que el programa se ejecute continuamente.
3. Realiza el programa de la figura 62. Los bloques rojos, que permiten encender y apagar el led, están en la categoría **Componentes**; el bloque **Esperar** está en la categoría **Control**.
4. Conecta la tarjeta Zum al puerto USB.
5. En la parte superior de la pantalla, haz clic en **Verificar** (figura 63). Bitbloq te pedirá que abras el programa Web2board, para poder comunicarse con la tarjeta. Si no lo tienes instalado, tendrás que descargarlo y ejecutarlo. Cuando lo ejecutes, comprobarás que se abre una ventana emergente negra en la que se irán ejecutando una serie de comandos.
6. Pulsa **Cargar** (figura 64) para volcar el programa a la tarjeta; tras unos segundos se mostrará el mensaje "Proyecto subido con éxito". Comprueba que el led parpadea cada segundo.
7. Cada vez que modifiques tu programa, deberás subirlo de nuevo a la placa para ver su efecto.
8. Recuerda que, si tienes Bitbloq instalado, no necesitarás ejecutar el programa Web2board para que se comunique con la tarjeta.

Práctica 15. Otros actuadores del kit Zum de BQ

Ejercicio 1. Control de un servo de rotación continua

Un servomotor de rotación continua no se detiene en una posición, sino que puede girar en un sentido continuamente. Se pueden usar dos servos para mover las ruedas de un robot. En esta práctica vamos a programar el motor para que el robot avance, se pare unos segundos y luego retroceda.

1. Conecta físicamente el servo al pin digital 4, tal como indica la figura 65.
2. Entra en Bitbloq, pulsa **Hardware** y realiza el mismo circuito de la figura 65, esta vez de forma virtual.
3. Pulsa **Software** y realiza el programa de bloques de la figura 66. El bloque **Girar servo** está en **Componentes**; el bloque **Esperar** está en **Control**.

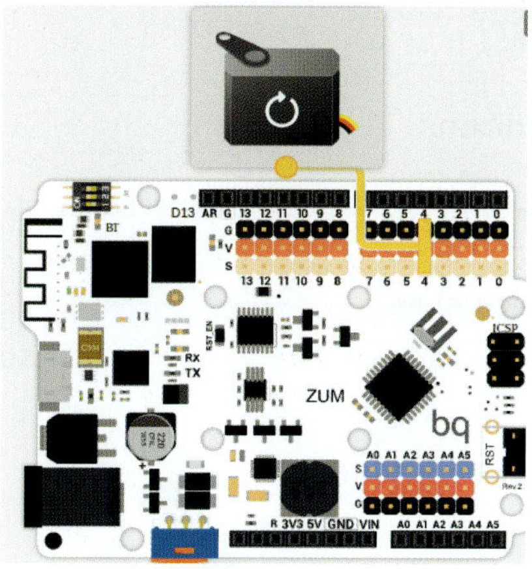

Fig. 65

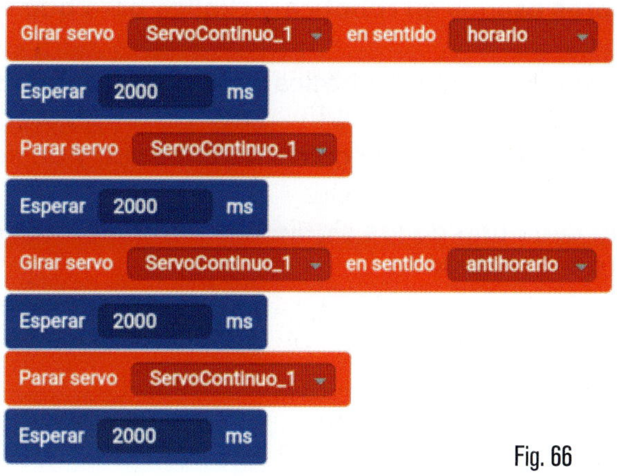

Fig. 66

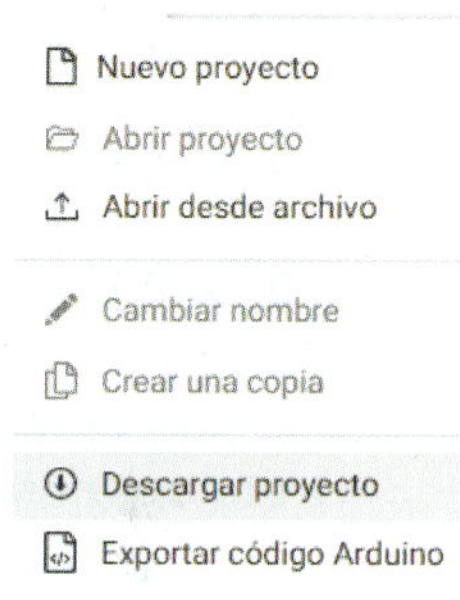

Fig. 67

4. Ahora sólo queda compilar el programa y cargarlo en la placa. Para compilarlo, pulsa **Verificar**. Si no hay errores, pulsa **Cargar** para llevarlo a la placa.
5. Ve a **Archivo** / **Descargar proyecto** (figura 67) y guárdalo como **UD06_P15_nombreapellido.ino**.

Ejercicio 2. Zumbadores y melodías

Un zumbador (figura 68) es un componente de salida que emite zumbidos con diferentes frecuencias.

Fig. 68

1. Conecta un zumbador y realiza el programa de la figura 69 con las funciones avanzadas.
2. Carga el programa en la placa y comprueba su funcionamiento.

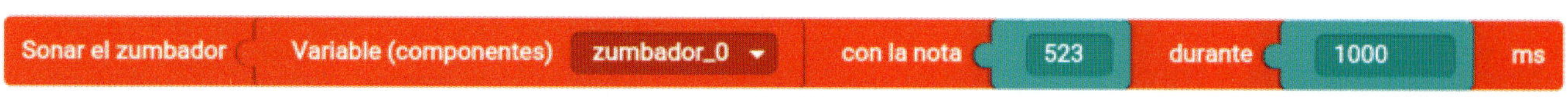

Fig. 69

DESAFÍOS

1. En la página http://diwo.bq.com/melodias-bitbloq-2-zumbador tienes un traductor de frecuencias para crear tu propia melodía. Traduce las siguientes notas a frecuencias: do, re, mi, fa, sol.
2. En la misma página tienes distintos programas para crear melodías con Bitbloq. Crea una y cárgala en la placa. Si lo tuyo es la música, trata de programar la siguiente melodía:

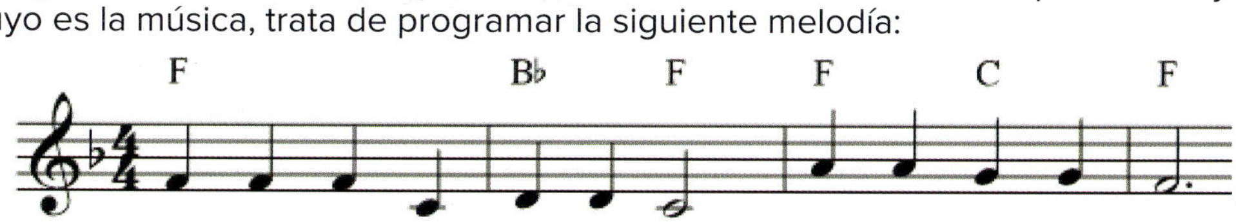

Teoría de la unidad

5. **¿Qué diferencia hay entre un automatismo y un robot?**

6. **Escribe un ejemplo de uso de robots en cada uno de los siguientes ámbitos de la robótica: médica, de seguridad, de servicio, industrial, aérea.**

7. **Explica qué es un robot zoomórfico.**

8. **Explica qué es un robot poliarticulado y pon dos ejemplos.**

9. **Enumera las tres partes principales de un robot.**

10. **Enumera cinco sensores usados en robótica y explica para qué sirven.**

11. **Enumera tres actuadores usados en robótica y explica para qué se utilizan.**

12. **¿Qué diferencia hay entre un motor de corriente continua y un servomotor?**

13. **Escribe el nombre de cada uno de los siguientes componentes e indica si se trata de un sensor o de un actuador:**

a)

b)
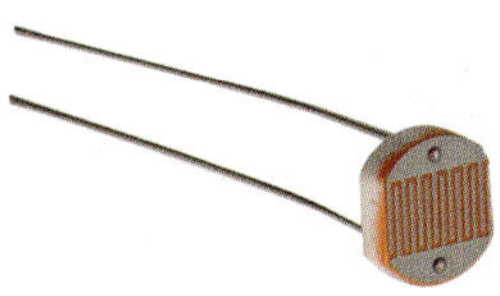

c)

d)

14. **Explica para qué sirve una tarjeta controladora en un robot.**

15. **Una cinta transportadora traslada piezas hasta una máquina de soldar. Cuando los sensores de ultrasonidos detectan la pieza, se envía una señal al ordenador, el cual emite la orden de giro a un motor que accionará una soldadura eléctrica. Indica cuál es el sensor, cuál es el actuador y cuál es el controlador. Razona tu respuesta.**

16. **Explica qué es el software de un robot.**

Tarjetas controladoras micro:bit y Arduino

17. **Enumera tres sensores y un actuador de la tarjeta micro:bit.**

18. **En las prácticas de esta unidad has podido utilizar los siguientes softwares: MakeCode, IDE, mBlock, ArduinoBlocks y Bitbloq. Indica:**
   a) Cuáles de los que has utilizado funcionan con bloques de instrucciones.
   b) Cuáles de los que has utilizado permiten programar en línea.
   c) Cuáles de los que has utilizado se pueden descargar e instalar.

19. **Queremos conectar un led en el pin 13 de nuestra tarjeta Arduino. Indica cuál de las dos patillas conectaremos en el pin 13 y cuál en el terminal GND.**

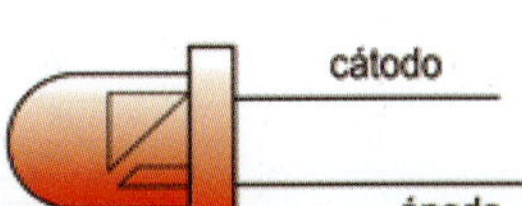

20. **Queremos conectar un servomotor en una tarjeta Arduino para que, a través del pin 8, le podamos mandar las órdenes. Indica a qué patilla de la tarjeta Arduino (+5 V, GND y pin 8) conectaremos cada una de las patillas del servomotor (A, B y C).**

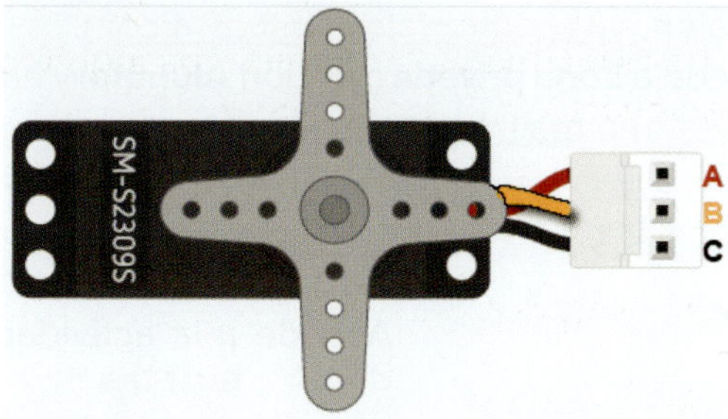

Aprende con el ordenador

21. MakeCode. **Indica en cuál de los dos programas se muestra el número 0 durante 100 ms.**

A

B

22. MakeCode. **Fíjate bien en este programa y contesta las siguientes preguntas:**

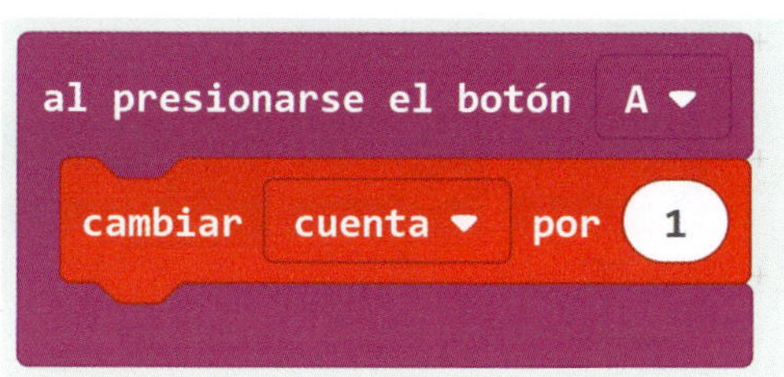

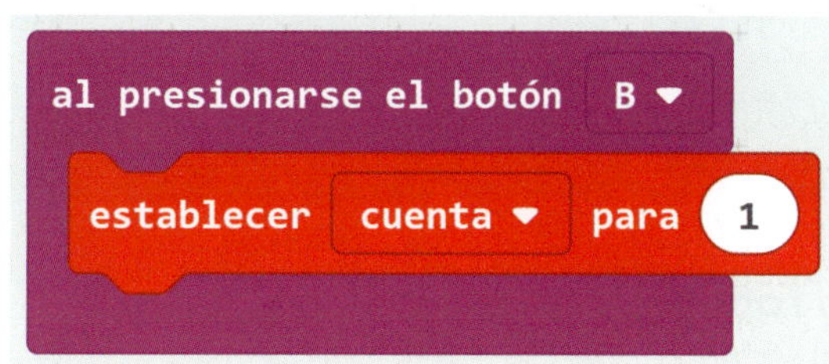

a) ¿Qué ocurre cuando presionamos el botón **A**?

b) ¿Qué ocurre cuando presionamos el botón **B**?

c) ¿Qué diferencia hay entre presionar el botón **A** y presionar el botón **B**?

d) ¿Qué valor obtendremos si pulsamos cinco veces el botón **A** y una vez el botón **B**? ¿Por qué?

e) ¿Qué valor obtendremos si pulsamos cinco veces el botón **B** y una vez el botón **A**? ¿Por qué?

23. ArduinoBlocks. **Queremos que el led conectado al pin 13 esté encendido durante 500 ms y apagado durante 1.000 ms. ¿Cuál es el programa correcto? Razona tu respuesta.**

A

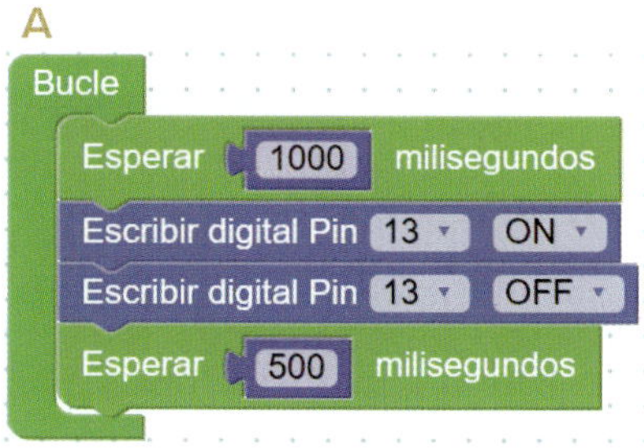

B

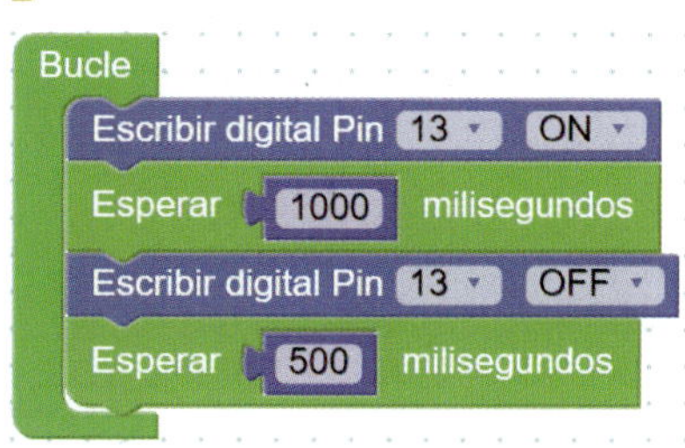

C

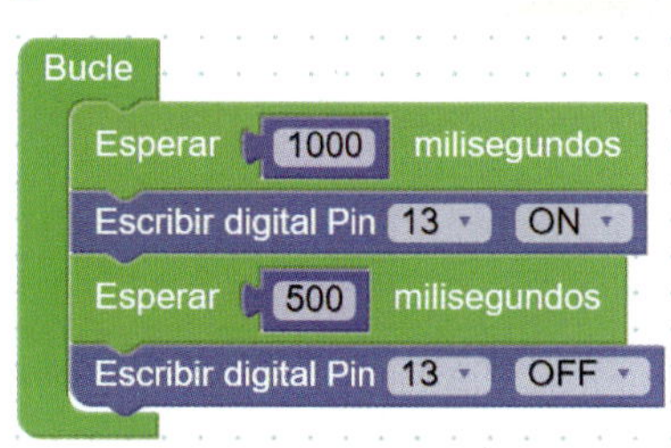

ZONA web

Realiza las siguientes actividades accediendo a tu zona web.

tu nota en un clic

Las actividades señaladas con el sello **"tu nota en un clic"** dan la opción de, una vez realizadas, imprimirlas en un **archivo PDF** con el **nombre y apellido del alumno** y la **puntuación obtenida sobre 10**.

Para acceder a tu zona web una vez registrado el libro:

1. Entra en www.editorialdonostiarra.com.
2. Accede a **Zona privada** (sección **Alumno**) y haz clic en **Acceso a la zona web**.
3. Teclea tu e-mail y contraseña.

1 Test de robótica

tu nota en un clic

Accede a la actividad **UD06 01 Test de la unidad** y comprueba tus conocimientos.

2 Vocabulario de la unidad

tu nota en un clic

Accede a la actividad **UD06 02 Vocabulario** y selecciona para cada una de las definiciones que se presentan la palabra clave que le corresponde.

3 Esquema de contenidos

tu nota en un clic

Accede a la actividad **UD06 03 Esquema de contenidos** y completa el esquema de contenidos de la unidad con las palabras propuestas.

4 Partes de un robot

Accede a la actividad **UD06 04 Partes de un robot** y elige el nombre que corresponde a cada parte del robot.

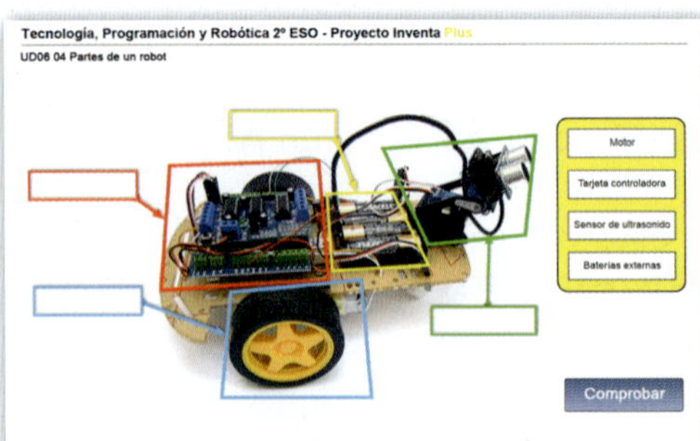

5 Sensores, actuadores y tarjetas de control

Accede a la actividad **UD06 05 Sensores, actuadores y tarjetas de control** y selecciona para cada uno de los componentes (sensores, actuadores y tarjetas de control) que aparecen en las fotografías el nombre que le corresponde.

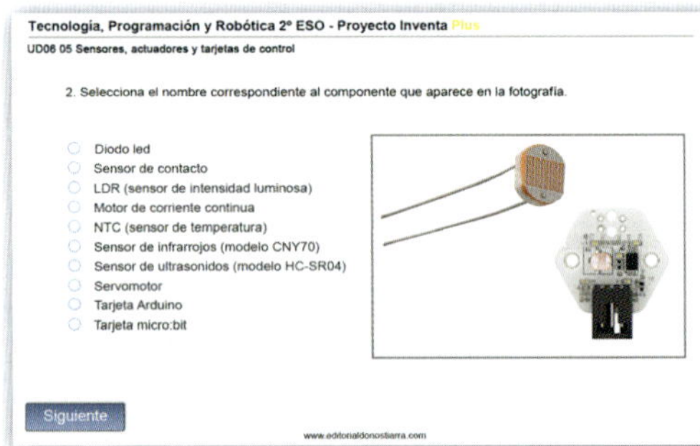

6 Programas en MakeCode para micro:bit

Accede a la actividad **UD06 06 Programas en MakeCode para micro:bit** y selecciona en cada pregunta la respuesta correcta.

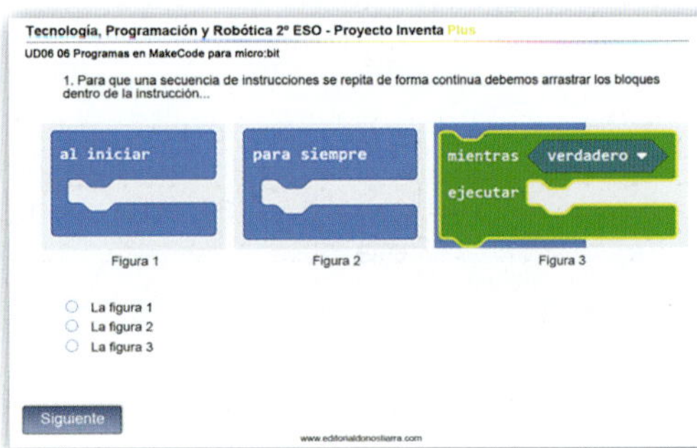

7 Programas en ArduinoBlocks para Arduino

Accede a la actividad **UD06 07 Programas en ArduinoBlocks para Arduino** y selecciona en cada pregunta la respuesta correcta.

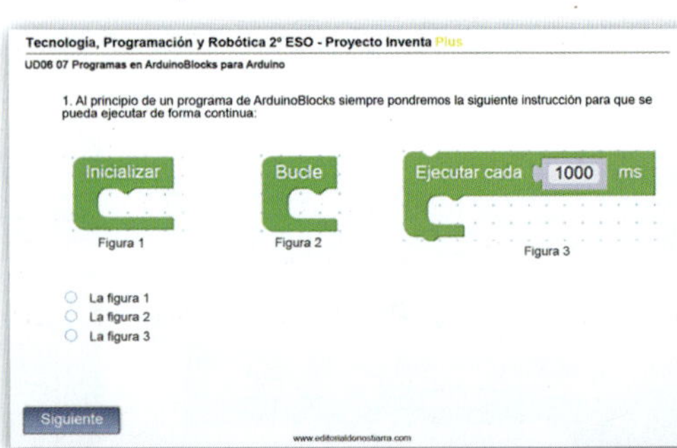

Publicar sobre nuestros robots

Vamos a publicar en tu blog y así divulgaremos lo que hemos aprendido y trabajado en esta unidad sobre robótica y programación de pequeños robots. Para hacer esta práctica deberás tener el consentimiento de tus padres o tutores legales.

Ejercicio 1. Grabar el funcionamiento de un proyecto y subirlo a YouTube

1. Selecciona una de las prácticas que hayas hecho en esta unidad (por ejemplo, la 3, de construir un podómetro con micro:bit).
2. Antes de grabar el vídeo, piensa qué es lo que vas a contar en él: en qué consiste la práctica, qué tarjeta has utilizado, cómo has programado y, por último, cómo mostrarás su funcionamiento.
3. Graba toda la explicación con un dispositivo que tengas a tu alcance y descárgalo en el ordenador. Recuerda que debes grabar sólo el montaje, nunca a personas.
4. Entra en YouTube desde tu correo de Gmail pulsando la opción **Aplicaciones de Google** y luego **YouTube**.
5. Haz clic en **Crear**, en la barra de herramientas superior (figura 70), y escoge **Subir vídeo**. Entrarás en **YouTube Studio**. Si aún no tienes un canal, YouTube te pedirá que crees uno. Hazlo completando los campos de datos según tus intereses. Una vez creado el canal, ya puedes subir el vídeo que has grabado. Escribe los datos referentes al vídeo (título, descripción, audiencia, etc.). En **Visibilidad** elige la opción **Público** (esto te permitirá ver el vídeo en el blog).
6. El proceso puede tardar unos minutos. Cuando esté completado, pulsa **Publicar** y copia la URL.
7. También tienes la opción de subir el vídeo a la **Mediateca**, el repositorio de documentos de EducaMadrid.

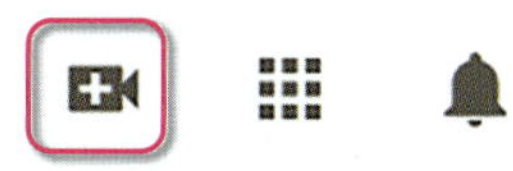

Fig. 70

Ejercicio 2. Hacer capturas de pantalla del programa

Además del vídeo, en nuestra entrada vamos a poner unas capturas de pantalla para que se vea el código. En MakeCode, abre el archivo que hayas guardado al hacer la práctica seleccionada, o bien crea de nuevo los bloques de dicho programa y haz las capturas de pantalla pulsando la tecla **Impr pant**. Puedes recortar las imágenes (con Paint, por ejemplo) y te recomendamos que las guardes en formato JPG para que no ocupen mucho espacio.

Ejercicio 3. Publicar una entrada con el vídeo e imágenes en el blog

1. Entra en tu blog. Haz clic en **Nueva entrada**. Dale a esa nueva entrada el título de "Proyecto con micro:bit".
2. En la caja central escribe el cuerpo de tu entrada. La propuesta en este caso es que hagas un pequeño resumen del funcionamiento de la tarjeta y del programa. Utiliza las opciones de la barra de herramientas para dar formato al texto (cambia el color, el tamaño y el tipo de letra).
3. Pulsa el botón **Vista previa** para comprobar cómo va quedando el texto según lo vas escribiendo.
4. En la ventana de edición, busca el icono que te permite insertar vídeos. En la ventana que aparece, elige **YouTube** y sigue los pasos.
5. Inserta las capturas de pantalla que has hecho.
6. Inserta uno o varios enlaces a sitios web relacionados con la tarjeta micro:bit o con el programa MakeCode (de los que hayas visitado).
7. Por último, pulsa **Publicar** y observa cómo ha quedado tu blog.

RESUMEN de la unidad

1. Automatismos y robots

- Un **automatismo** es un mecanismo o máquina que realiza una tarea concreta, pero cuyo funcionamiento no se puede modificar.
- Un **robot** es una máquina automática programable capaz de captar información de su entorno, procesarla y actuar en consecuencia.

2. Usos y clasificación de los robots

- Podemos clasificar los robots en función de su **ámbito de uso**: robótica industrial; de servicio; médica; terrestre, marítima y aérea; y de seguridad y defensa. También podemos clasificarlos según su morfología o **forma física**: androides, poliarticulados, zoomórficos y móviles.

3. Funcionamiento de un robot

- El robot **percibe** las señales de una serie de **sensores** (de luz, temperatura, distancia, etc.) y la **tarjeta controladora** (o controlador) **procesa** esas señales de entrada y calcula las órdenes que debe darles a los diferentes **actuadores** (partes del robot como motores, luces, etc.) para que **actúen**.
- Las tres **partes de un sistema de control** son: sensores, actuadores y controlador.

4. Cómo percibe un robot

- Los **sensores** se encargan de percibir las señales del entorno. Son dispositivos capaces de detectar magnitudes físicas o químicas y transformarlas en variables eléctricas. Los más utilizados en robótica son: sensor de contacto, sensor de luz y sensor de temperatura.

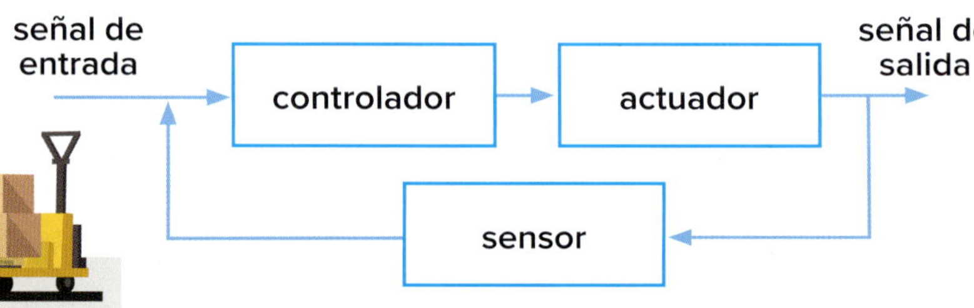

5. Cómo actúa un robot

- Los **actuadores** ejecutan las órdenes que reciben desde el controlador. Son dispositivos que convierten la energía eléctrica en otro tipo de energía, con lo cual accionan motores, encienden luces, emiten sonidos, etc. Los principales tipos de actuadores son las luces, los motores y los zumbadores.

6. Cómo controla un robot

- El **controlador** (o **tarjeta controladora**) procesa las señales que le llegan de los sensores y calcula las órdenes que debe darles a las diferentes partes del robot (actuadores).
- En nuestros proyectos utilizaremos dos tarjetas controladoras: **micro:bit** y **Arduino**.

7. La tarjeta controladora micro:bit

- La tarjeta micro:bit lleva sensores y actuadores que nos permiten captar señales y producir efectos.

8. Software de programación de la tarjeta micro:bit

- Un robot necesita un programa que le indique las órdenes que debe ir siguiendo. Los dos principales para programar la tarjeta micro:bit son **MakeCode** y **Scratch**.

9. La tarjeta controladora Arduino Uno

- Arduino se compone básicamente de un microcontrolador, 6 entradas analógicas, 14 entradas y salidas digitales y una alimentación de +5 V y +3,3 V.

10. Cómo conectar la tarjeta Arduino al ordenador

- El IDE de Arduino funciona como un editor de texto que nos permite escribir, compilar y cargar el código Arduino en la placa.

11. Software de programación para Arduino

- Dependiendo del software de programación que vayamos a utilizar necesitaremos usar el **IDE de Arduino** u otro software específico, como **mBlock**, **ArduinoBlocks** o **Bitbloq**.

1. Haz los siguientes ejercicios en tu cuaderno.
2. Consulta las respuestas al final del libro, para evaluar tu aprendizaje.

2 ptos. 1. **Completa las definiciones con la palabra adecuada.**

a) Un (...) es un mecanismo o máquina que realiza una tarea concreta.

b) Un (...) es una máquina automática programable capaz de captar información de su entorno, procesarla y actuar en consecuencia.

c) Mientras que un (...) es un mecanismo que repite constantemente la acción para la que ha sido diseñado y que no se puede modificar, el (...) es una máquina automática reprogramable y que reacciona de forma distinta en función de la información que recibe del entorno.

2 ptos. 2. **Indica qué tipo de robot es cada uno de ellos:**

1) Androide	a) Brazo robot que mueve cajas
2) Zoomórfico	b) Dron
3) Poliarticulado	c) Robot que conversa con las personas
4) Móvil	d) Robot araña que puede escalar piedras

1 pto. 3. **Indica cuáles de los siguientes elementos son sensores:**

• Led	• Detector de infrarrojos	• Zumbador	• Detector de luz
• Servomotor	• Motor de continua	• Fotorresistencia	• Detector de temperatura

1 pto. 4. **Indica cuáles de los siguientes elementos son actuadores:**

• Led	• Detector de infrarrojos	• Zumbador	• Detector de luz
• Servomotor	• Motor de continua	• Fotorresistencia	• Detector de temperatura

2 ptos. 5. **Completa las siguientes afirmaciones:**

a) Los (...) son motores de precisión que tienen en su interior una (...) de velocidad para permitir giros muy precisos desde los 0 hasta los (...) grados.

b) Tienen tres cables que debemos conectar así: uno a (...), otro a GND (masa) y otro a un pin que le dará la orden de colocarse en un ángulo determinado.

2 ptos. 6. **Di si son verdaderas o falsas las siguientes afirmaciones:**

a) La tarjeta micro:bit dispone de sensores y actuadores incorporados.

b) La tarjeta Arduino dispone de sensores y actuadores incorporados.

c) El programa MakeCode permite programar la tarjeta micro:bit y simular su funcionamiento sin tenerla conectada.

d) La tarjeta micro:bit no puede comunicarse y enviar mensajes a otras tarjetas si no están conectadas a la misma red Wi-Fi.

e) Los programas que vuelco a las tarjetas Arduino y micro:bit, si desconecto la alimentación y las apago, no se borran y al volver a conectarlas siguen funcionando.

7 Internet, páginas web y gestores de contenidos. Seguridad

¿Sabes cómo funciona esa herramienta que usas todos los días y que llamamos Internet? ¿Te has preguntado en qué lenguaje se escriben las páginas web?

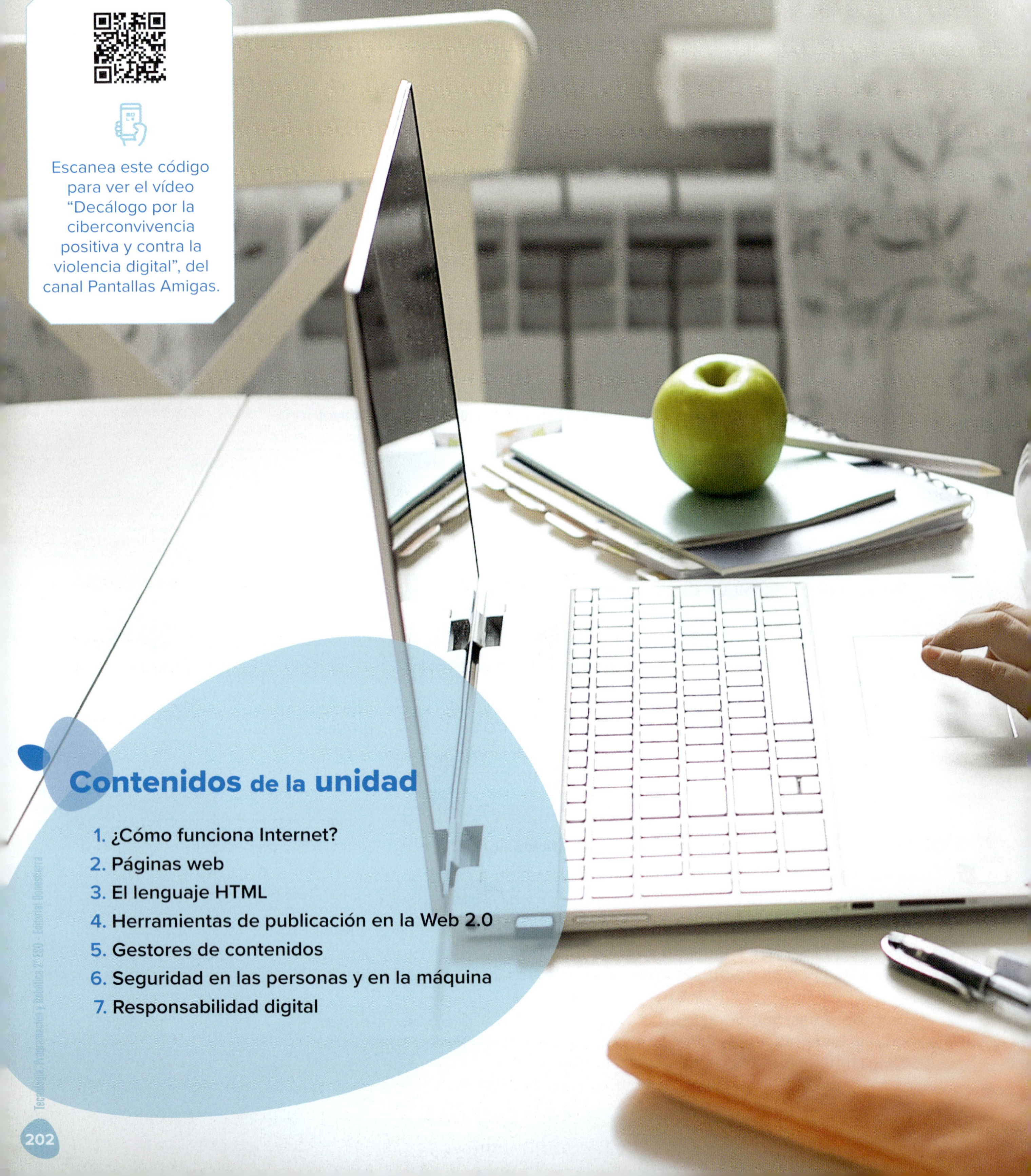

Escanea este código para ver el vídeo "Decálogo por la ciberconvivencia positiva y contra la violencia digital", del canal Pantallas Amigas.

Contenidos de la unidad

1. ¿Cómo funciona Internet?
2. Páginas web
3. El lenguaje HTML
4. Herramientas de publicación en la Web 2.0
5. Gestores de contenidos
6. Seguridad en las personas y en la máquina
7. Responsabilidad digital

Internet surgió entre 1965 y 1969, como proyecto del Departamento de Defensa de Estados Unidos. Pocos imaginaban la evolución extraordinaria que tendría lugar: Internet se ha convertido en un escaparate en el que los usuarios han dejado de ser receptores de información para convertirse en creadores; los usuarios crean sus propias comunidades, en las que comparten gustos y aficiones, manifiestan quejas colectivas, reivindican derechos... Y aquí no se detiene el avance; el futuro inmediato es el Internet de las cosas, es decir, la conexión de muchos de los objetos de uso cotidiano con Internet.

En esta unidad estudiarás el funcionamiento básico de la Red, aprenderás a crear y publicar tus propios contenidos y conocerás la importancia de salvaguardar nuestra privacidad y de proteger los dispositivos (es decir, aprenderás a ser responsable desde el punto de vista digital).

Descubre

ACTIVIDADES DE INICIACIÓN

Descubre tus conocimientos previos contestando en tu cuaderno las siguientes preguntas:

1. Crea una tabla en la que recojas algunos de los sitios web de uso educativo que hayas utilizado en algún momento (por ejemplo, Scratch, para aprender a programar).
2. ¿Usas alguna red social? ¿Con qué finalidad? ¿Conoces la edad mínima para registrarte en esa red?
3. Explica con una frase qué derechos y qué deberes tenemos cuando utilizamos Internet.
4. El nombre Wikipedia procede de la unión de las palabras *wiki* y *enciclopedia*. Busca en Internet información sobre los autores que escriben en la Wikipedia. ¿Qué conocimientos se exigen a quienes publican en ella? ¿Cómo se controla la veracidad de las publicaciones?

1. ¿Cómo funciona Internet?

El nacimiento de Internet puede considerarse el comienzo de uno de los avances más importantes del siglo XX. Surgió entre 1965 y 1969, con el proyecto ARPA del Departamento de Defensa de Estados Unidos. Y su evolución constante nos ha traído hasta el gran uso que tiene en la actualidad, en la que podemos disponer de este servicio en cualquier lugar, a través de nuestro teléfono móvil, tableta u ordenador personal.

Internet es una red mundial formada por miles de ordenadores y dispositivos distribuidos por todo el mundo y conectados mediante cables de cobre, fibra óptica, conexiones inalámbricas y otros medios.

En el futuro próximo tendrá lugar la conexión de objetos de uso cotidiano con Internet para dotarlos de interactividad: es el llamado *Internet de las cosas*. Este avance facilitará la interconexión entre personas y objetos, y reducirá o eliminará las barreras de distancia y tiempo. Se conectarán a Internet muchas más cosas que personas: la revolución de Internet y su evolución continua representarán un cambio radical en la forma de entender el mundo.

Internet de las cosas es un concepto que se refiere a la conexión de objetos de uso cotidiano con Internet para dotarlos de interactividad y que supondrá una revolución.

Conceptos básicos sobre Internet

Para entender el funcionamiento de Internet es necesario que tengas presentes una serie de conceptos básicos:

Navegador y buscador

El acceso a la información proporcionada por la red Internet es posible gracias a la ayuda de dos elementos básicos: el navegador y el buscador.

Un **navegador** es un programa que nos permite visualizar los contenidos de las páginas web.

Ejemplos: Microsoft Edge, Google Chrome, Mozilla Firefox, Safari, Opera, Internet Explorer...

Un **buscador** es un sistema informático que indexa archivos almacenados en páginas web. Los buscadores mantienen actualizados sus resultados mediante motores de búsqueda que rastrean continuamente la Red.

Ejemplos: Google, Bing, Yahoo!...

URL

La dirección que identifica a una página web en Internet se llama **URL** (del inglés *uniform resource locator*, "localizador uniforme de recursos").

La **URL** es la dirección que aparece en la barra de direcciones del navegador y es única para cada página web.

Ejemplos: www.google.es, www.rae.es...

Servidor

Un **servidor** es un ordenador con características especiales, preparado para dar servicios sin interrupción a muchos usuarios de forma simultánea.

Funcionamiento de Internet

El funcionamiento de Internet puede concebirse como una serie de etapas que van desde que escribimos una dirección en un navegador hasta que aparece la página web correspondiente. Fíjate en que todo este proceso puede durar menos de un segundo.

1 Conexión

Los usuarios pueden conectarse a Internet a través de un contrato con un **proveedor de servicios de Internet (ISP)** y una cuota. Cuando encendemos el ordenador y nos conectamos a Internet, nuestro ISP (por ejemplo: Movistar, Jazztel, Orange...) asigna una dirección a nuestro ordenador, llamada **dirección IP**. La dirección que cada ordenador tiene asignada en la Red es única.

2 Petición de información

El **router** es el dispositivo que nos permite la conexión a Internet. Una vez conectados, abrimos el navegador y escribimos en él la dirección de una página (URL). En ese momento empieza a viajar la información en forma de **paquetes**. La información que viaja de ida es la petición o dirección de la página a la que queremos acceder; y la información que viajará de vuelta son los contenidos de la página.

Cada página web tiene también asignada una IP. De esta forma tenemos identificados el origen y el destino del flujo de información.

3 Servidores DNS

El siguiente paso del recorrido de la información son los **DNS**. Tratar de recordar la dirección IP de todas las páginas web con las que nos podemos poner en contacto sería una tarea demasiado complicada. Para simplificar esta labor, actúan los **servidores DNS** (DNS es la sigla de *domain name system*, "sistema de nombre de dominios"), que asignan un nombre a cada dirección IP, de igual forma que un listín telefónico asigna nombres a los números de teléfono para que no tengas que recordarlos todos.

Por ejemplo, si pones en tu navegador la IP 64.233.189.104 te conectará con la página de inicio de Google, de la misma forma que si tecleas "https://www.google.es".

4 Protocolos

La forma en que nuestro ordenador se comunica con otros ordenadores sigue una serie de reglas comunes que constituyen un **protocolo**.

- Los **paquetes** de información siguen el protocolo **TCP/IP** (*transfer control protocol / Internet protocol*).
- Los **servidores** emplean el **protocolo HTTP** (*hypertext transfer protocol*, "protocolo de transferencia de hipertexto") para enviar y recibir documentos a través de Internet.

5 Retorno de información

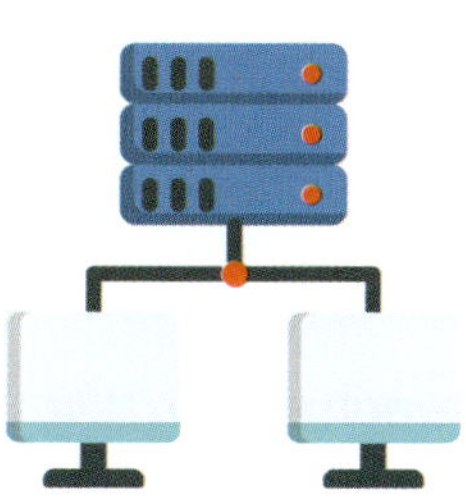

Una vez que el servidor DNS nos devuelve la IP requerida, nuestro ordenador establece conexión con el servidor que aloja la página web. El servidor nos envía los paquetes de información que constituyen la web, que viajarán por la red por el camino más rápido que encuentren.

6 Recepción

Por último, llegan los paquetes a nuestro ordenador, se recomponen y se nos muestra la página en nuestro navegador.

2. Páginas web

Seguro que has navegado por Internet en multitud de ocasiones y conoces muchas webs, pero ¿has pensado alguna vez qué es una página web? Curiosamente, lo que habitualmente llamamos **web** o **página web** es en realidad un conjunto de páginas web, es decir, un conjunto de documentos, que constituyen un **sitio web**.

Así, un sitio web está formado por un conjunto de páginas web enlazadas entre sí, a las cuales se accede a través de una dirección común.

Por ejemplo, www.rae.es es el sitio web de la Real Academia Española.

Los **documentos** que constituyen un sitio web son archivos y carpetas que contienen texto, fotografías, botones, iconos, animaciones, hipervínculos, multimedia, gráficos, tablas, etc., y que se han creado para ser vistos por usuarios con ordenadores y navegadores de distintas características.

Cada uno de los documentos o páginas que constituyen un sitio web es un archivo de extensión **.html** o bien **.htm**.

Una página web tipo tendrá, a grandes rasgos, los siguientes **elementos**: encabezamiento, marca o logotipo, menú de navegación, titular, contenidos y pie de página. Estos elementos se disponen como en la figura 1.

Fig. 1. Página web tipo

Clasificación y lenguajes de las páginas web

Las páginas web se clasifican en estáticas y dinámicas:

- **Estáticas.** Son aquellas que no cambian, que muestran siempre el mismo contenido cada vez que las cargamos. Se realizan en lenguaje HTML (*hypertext markup language*, lenguaje de marcas hipertextuales).
- **Dinámicas.** Son páginas que muestran diferentes resultados en función de la actuación del usuario. Por ejemplo, un buscador es una página dinámica que devuelve un resultado u otro según cuál sea la petición del usuario. En la actualidad, son las más habituales. Se realizan combinando HTML con lenguajes dinámicos como ASP (Active Server Pages), ASP.NET, Java, PHP o JavaScript.

Alojamiento de las páginas web

Los sitios web son creados por **programadores** y **diseñadores**. Una vez creados, las personas encargadas de mantenerlos se llaman **administradores** (o **webmasters**, en inglés).

El proceso de trabajo habitual de un administrador es crear en su ordenador el conjunto de archivos que conforman la web (llamado **sitio local**). El administrador manipula estos archivos y también dispone de un espacio donde guardar la página en un sitio accesible a todos los usuarios de Internet (llamado **sitio remoto**). Ese sitio está en un ordenador especial que se llama **servidor**, y el espacio se denomina **alojamiento**.

Los **servidores** son ordenadores que alojan las páginas web y las ponen a disposición de toda la red.

Administrador en el sitio local

1. Es la persona responsable de mantener el sitio web y actualizar los contenidos, así como de transferirlos al servidor.

Programas de transferencia de ficheros (FTP)

2. Son los programas encargados de comunicar el ordenador local con el servidor que brinda alojamiento, de forma que ese conjunto de archivos que componen el sitio web y que manipula el administrador en su ordenador local puedan sustituir, cuando sea necesario, a los que aloja el servidor.

Sitio remoto alojado en el servidor

3. Para que la página web que tiene el administrador pueda ser vista por otros usuarios, debe estar situada en un servidor de Internet, ofrecido normalmente por empresas privadas.

Usuarios

4. Para acceder a las páginas web, los usuarios utilizan un navegador (Google Chrome, Mozilla Firefox, Microsoft Edge, etc.), que se encarga de comunicar cada ordenador con los servidores que albergan las páginas web, descargar las páginas y mostrarlas.

ACTIVIDADES

1. **Copia en tu cuaderno las siguientes oraciones y complétalas:**
   a) (...) es un concepto que se refiere a la conexión de objetos de uso cotidiano con Internet para dotarlos de interactividad y que supondrá una revolución.
   b) La (...) (localizador uniforme de recursos) es la dirección que identifica a una página web en Internet.
   c) TCP/IP es un (...) especial de comunicación de Internet que permite que los ordenadores se comuniquen entre sí.
   d) Cada ordenador tiene una dirección única en la Red, llamada (...).
   e) Los servidores emplean el (...) (*hypertext transfer protocol*, "protocolo de transferencia de hipertexto") para (...) y (...) documentos a través de Internet.
2. **Define *página web*, *servidor*, *sitio local* y *sitio remoto*.**
3. **Explica qué es el alojamiento. ¿Cuándo crees que es necesario que el administrador de una web sustituya los archivos alojados en el servidor? Pon un ejemplo.**

3. El lenguaje HTML

Los diseñadores de páginas web se centran en la creación de páginas a partir del lenguaje en que están escritas: el **lenguaje HTML**.

La función de los navegadores que utilizamos habitualmente (Chrome, Firefox, Edge, etc.) es interpretar ese lenguaje y transformarlo en la página web que se nos muestra.

El **HTML** (*hypertext markup language*, "lenguaje de marcas hipertextuales") es el lenguaje usado para la construcción de páginas web. Por convención, los archivos de formato HTML usan la extensión **.htm** o **.html**.

Una página web se puede crear directamente escribiendo en este código en cualquier editor de textos y guardándolo con la extensión adecuada (**.html** o **.htm**), pero no se suele hacer así más que con fines educativos. En la práctica, se utilizan **editores de páginas web**, que permiten diseñar webs de una forma más sencilla e intuitiva.

Escanea este código para ver el vídeo "Tutorial básico de HTML desde cero", del canal UpEmpresa Tutoriales.

¿Cómo son las páginas web por dentro?

Podemos conocer fácilmente cómo es el lenguaje en que está escrita una página web. Para ello basta con seguir estas sencillas instrucciones:

1. Abre cualquier navegador (por ejemplo, Internet Explorer).
2. Accede a cualquier web (por ejemplo, la de la Agencia Espacial Europea: www.esa.int).

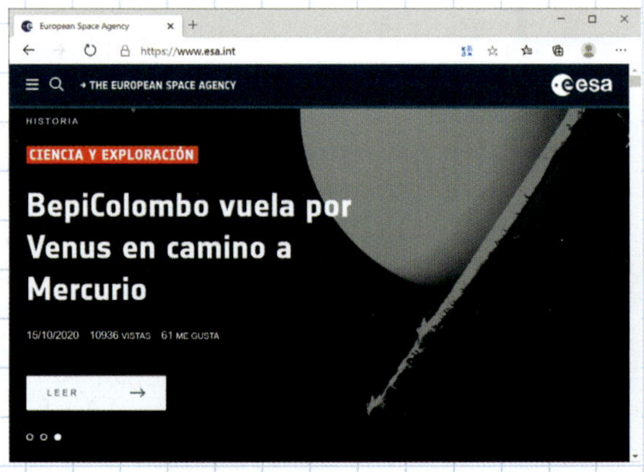

3. Sitúa el ratón en cualquier parte de la web (que no sea una imagen o un enlace) y pulsa el botón derecho. Aparecerá un menú emergente con varias opciones. Selecciona **Ver código fuente**.

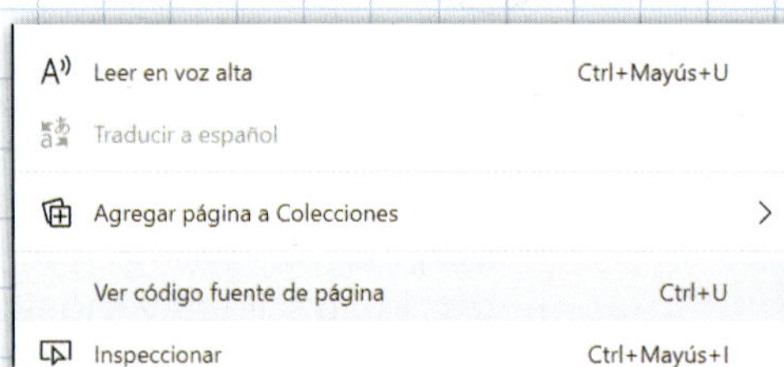

4. A continuación se abrirá una pantalla en la que podrás ver el aspecto del código HTML con que está escrita esta página.

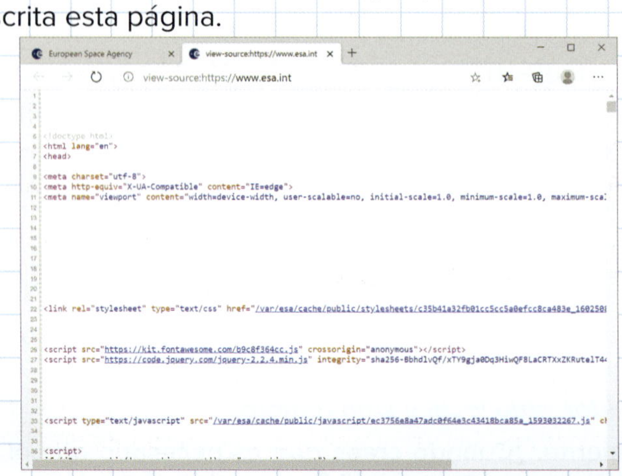

Etiquetas y atributos

¿Te gustaría ser capaz de entender y crear código HTML como el que hemos encontrado en el interior de esa página web? A continuación vamos a explicarte unos conceptos básicos que te ayudarán a identificar el código más sencillo e interpretarlo, así como a confeccionar tu primera página.

Las **características básicas** del lenguaje HTML son las siguientes:

1. El lenguaje HTML se escribe en forma de **etiquetas** entre corchetes angulares (<>). Pueden ser de **apertura** (por ejemplo: **<body>**) o de **cierre** (por ejemplo: **</body>**); ésta se distingue de la primera por la barra (/).
2. El código HTML siempre empieza con la etiqueta de apertura **<html>** y siempre acaba con la etiqueta de cierre **</html>**.
3. Un sencillo documento creado en HTML tiene el aspecto de la figura 2. En un documento HTML se distinguen dos partes principales:
   - El **encabezado**, comprendido entre las etiquetas **<head>** y **</head>**, que constituye una instrucción de cabecera del documento, como el título.
   - El **cuerpo**, comprendido entre las etiquetas **<body>** y **</body>**, que constituye el contenido de la página.
4. Las etiquetas se completan con **atributos**, que son parámetros que definen las propiedades o el comportamiento de la etiqueta; están siempre en la etiqueta de apertura y su valor va siempre entre comillas. En el siguiente ejemplo, **color** es un atributo de la etiqueta **<font>**:

   <font color="red"> <etiqueta atributo="valor">

```
<html>
<head>
<title>
  Mi primera página web
</title>
</head>
<body>
  Estoy escribiendo código
</body>
</html>
```

Fig. 2. Estructura básica de una página web en HTML

5. Un **elemento** de HTML está compuesto de dos etiquetas (la de apertura y la de cierre). A la derecha se recogen dos ejemplos de elementos y se muestra cómo será su visualización una vez interpretados por un navegador:

ELEMENTO	EN EL NAVEGADOR SE VERÁ ASÍ:
<b>Texto en negrita</b>	**Texto en negrita**
<i>Texto en cursiva</i>	*Texto en cursiva*

EJEMPLO DE PÁGINA WEB EN H.T.M.L.

<html> → **apertura del código**

<head> → **apertura de la cabecera**

<title> → **apertura del nombre del documento**
Mi primera página web
</title> → **cierre del nombre del documento**

</head> → **cierre de la cabecera**

<body> → **apertura del cuerpo del documento**
Estoy escribiendo código
</body> → **cierre del cuerpo del documento**

</html> → **cierre del código**

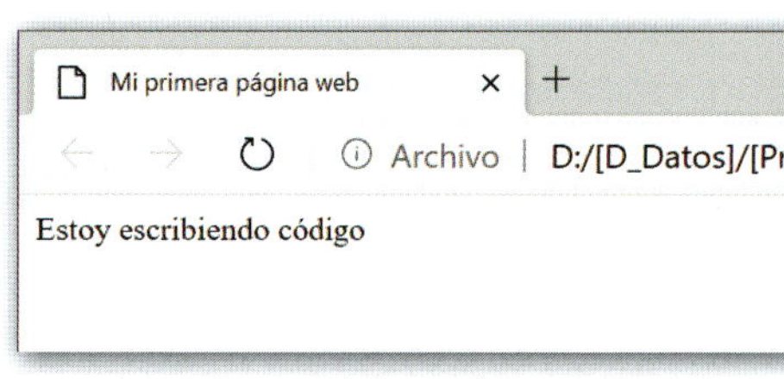

Así se verá en el navegador

ACTIVIDADES

- 4. **¿Cuál es la función de un navegador en relación con el lenguaje HTML?**
- 5. **¿Cuáles son las partes principales de un documento HTML?**

4. Herramientas de publicación en la Web 2.0

Aunque no seas un programador o un diseñador de páginas web, seguro que te apetece participar en Internet aportando ideas o mostrando tus imágenes, tus comentarios, etc. Para ello, la Red te ofrece una serie de herramientas que puedes utilizar para crear tus propios contenidos y publicarlos.

De acuerdo con las características de los contenidos que vayas a tratar, puedes utilizar unas u otras de las siguientes herramientas de publicación:

Gestores de contenidos

Permiten la creación de páginas web completas, fácilmente editables y configurables. Posibilitan el trabajo colaborativo y la comunicación. Suelen ser gratuitos o de bajo coste y son de código abierto. Los trataremos con más detalle en el apartado siguiente.

Algunos de los más conocidos son **WordPress**, **Joomla**, **Drupal** y herramientas de Google como **Google Sites** o **Blogger**.

Ofimática online y ofimática colaborativa

En la Red puedes encontrar herramientas de ofimática online que incluyen, entre otras cosas, procesadores de texto que pueden usarse sin necesidad de ser instalados.

Entre estas herramientas se encuentra **Drive**, de Google, que además del procesador de texto incluye una hoja de cálculo y un software de creación de presentaciones, entre otras cosas. Drive permite el trabajo colaborativo y la participación de varios usuarios en la edición de documentos.

Wikis

Son plataformas que permiten una gran interacción entre los usuarios. Una wiki es un sitio web que puede ser editado por cualquier usuario desde la Web y facilita la discusión sobre temas diversos. La más conocida mundialmente es **Wikipedia**.

Redes sociales

Las redes sociales permiten a cada uno de sus usuarios tener una página personal en la que incluir contenido propio y comunicarse con otros usuarios de la misma red.

Algunas de las más conocidas son **Facebook**, **Twitter**, **Pinterest**, **Instagram**, etc.

Portales de alojamiento de fotos, audios y vídeos

Son sitios web que permiten a los usuarios subir imágenes, vídeos y archivos de sonido. Los archivos, una vez subidos, pueden ser catalogados y organizados para hacer más fácil su búsqueda.

Entre los portales de alojamiento de imágenes podemos destacar **Google Fotos**, **Flickr**, **DeviantArt**, etc. Entre los de alojamiento y distribución de vídeos, **YouTube**, **Twitch** y **Vimeo**.

Para el alojamiento de audios, contamos con portales como **Spotify**, **SoundCloud** y **iVoox**. Algunos de estos portales ofrecen además la posibilidad de descargar los archivos (podcasts) en tu equipo para que puedas escucharlos en otro momento sin necesidad de conexión a Internet.

5. Gestores de contenidos

Un **gestor de contenidos** es una herramienta de publicación que permite generar contenidos web y editarlos y actualizarlos online sin necesidad de contar con conocimientos técnicos de diseño o programación. En inglés se conoce como **CMS** (*content management system*).

Los gestores de contenidos funcionan como un repositorio en el que se incluyen todos los contenidos de una web. El usuario puede acceder a ellos mediante un navegador, que le permite crear páginas nuevas para un sitio web o editar las existentes, crear un blog, incluir vídeos o fotografías, etc.

Se basan en plantillas ya definidas que el usuario puede adaptar y personalizar según sus gustos, lo cual abarata los costes de creación de las páginas web y ahorra tiempo en su elaboración. Además, el uso de plantillas proporciona un diseño común y una apariencia homogénea a todos los contenidos publicados, con lo cual el resultado es una web coherente.

Algunos de los gestores de contenidos más populares son:

- **WordPress.** Aunque permite elaborar cualquier tipo de sitios web, se utiliza principalmente para la creación de blogs. Está desarrollado en lenguaje PHP, pero es software libre y gratuito. Es precisamente esta característica, junto con su facilidad de uso, lo que hace de WordPress el CMS más utilizado actualmente.
- **Joomla.** Al igual que WordPress, es un gestor de contenidos desarrollado en lenguaje PHP de software libre y gratuito. Es menos eficiente que WordPress para la creación de blogs pero resulta muy atractivo para el diseño de revistas digitales.
- **Drupal.** Está desarrollado en lenguaje PHP por una comunidad de desarrolladores. Es también software libre y gratuito. Es una opción muy recomendable si nuestra página web va a recibir muchas visitas, porque admite más que WordPress. Está orientado a comunidades y permite definir varios perfiles de usuarios con permisos y accesos diferentes. Es muy seguro.
- **Herramientas de Google** como **Google Sites** y **Blogger**, que permiten, respectivamente, elaborar blogs y páginas web.

ACTIVIDADES

6. **Copia en tu cuaderno las siguientes oraciones y complétalas:**
   a) Las herramientas de (...) más utilizadas son los gestores de contenidos, la ofimática (...) y colaborativa, las wikis, las redes sociales y los (...) de alojamiento de (...), audio y vídeos.
   b) Un (...) es una herramienta de publicación relativamente fácil de usar que permite al usuario (...) sus propios contenidos web y editarlos y actualizarlos online sin necesidad de contar con conocimientos técnicos de (...) o (...).
7. **Explica qué significan las siglas CMS. Pon tres ejemplos de CMS.**

6. Seguridad en las personas y en la máquina

Internet es una forma de comunicación con muchas ventajas pero también con riesgos: es un mundo de información en el que tenemos que manejarnos con seguridad. Un ordenador no es una herramienta inofensiva.

Podemos clasificar los riesgos de Internet de la siguiente forma:

- **Amenazas a la máquina**, es decir, a nuestro ordenador.
- **Amenazas a la persona**, que es lo más importante. Los daños a la máquina no dejan de ser daños materiales, pero los causados a las personas permanecen en el tiempo y trascienden a otros aspectos de la vida.

AMENAZAS / SOLUCIONES

A LA PERSONA

- La **suplantación de la identidad**.
- El **phishing**. Es un delito informático de estafa que consiste en adquirir información de un usuario (datos bancarios, claves, etc.) a través de técnicas de engaño para usarla de forma fraudulenta.
- La **pérdida de nuestra intimidad**.
- El **perjuicio a nuestra identidad o imagen**.
- El **ciberbullying** o **ciberacoso**. Es un tipo de acoso que consiste en amenazas, chantajes, etc., entre iguales a través de Internet, el teléfono móvil o los videojuegos.

Nuestra actitud, la mejor protección.

AL ORDENADOR

Virus y troyanos
Son programas que se instalan en el ordenador sin el permiso del usuario con el objetivo de causar daños. Pueden autorreplicarse e infectar a otros ordenadores. En el caso de los troyanos, su nombre hace referencia al caballo de Troya porque estos virus suelen estar alojados en elementos aparentemente inofensivos, como una imagen o un archivo de música, y se instalan en el sistema al abrir el archivo que los contiene.

Antivirus. Un antivirus es un programa que protege del ataque de virus y troyanos, entre otras cosas, siempre que esté actualizado. El antivirus busca fragmentos de caracteres que son característicos de los distintos virus y los compara con su base de datos.

AL ORDENADOR

Spyware o software espía
Es el software que trata de obtener datos de los usuarios. No todos los programas espía son malintencionados, a veces sólo pretender facilitar la labor de búsqueda.

Cortafuegos o firewall. Se trata de un sistema de defensa que controla y filtra el tráfico de entrada y salida a una red, a través de los puertos de nuestro ordenador. Nos muestra alertas para pedir confirmación de cualquier programa que utilice la conexión a Internet.

AL ORDENADOR

Piratas informáticos (*black hackers*)
Son delincuentes informáticos expertos que intentan atentar contra la seguridad de sistemas en la Red y lucrarse con ello.

Hacking ético (*white hacking*). Es la actividad de quienes ayudan a personas y empresas a saber cuál es su nivel de seguridad frente a los hackers maliciosos.

Criptografía. Es el cifrado de información para proteger archivos, comunicaciones y claves.

Contraseñas. Pueden ayudar a proteger la seguridad en un archivo, una carpeta o un ordenador dentro de una red local o en Internet. El nivel de seguridad será distinto en nuestra clave de usuario del ordenador que en un router Wi-Fi, por ejemplo.

7. Responsabilidad digital

Además del software que tengamos a nuestra disposición, debemos tener claro que la mayor protección está en nosotros mismos y en los adultos de confianza: padres, profesores y especialistas. Como hemos visto en el apartado anterior, nuestra actitud es la mejor protección. Debemos actuar con **responsabilidad digital**.

Cuando usamos Internet, debemos tener presentes nuestra **seguridad** y el **respeto** a los demás.

Además, las leyes nos protegen. Por ejemplo:

- La ley sobre protección civil del derecho al honor, a la intimidad personal y familiar y a la propia imagen
- La ley de protección de datos de carácter personal

Escanea este código para ver el vídeo "Identidad digital. ¿Quiénes somos en la Red?", del canal OSIseguridad (Oficina de Seguridad del Internauta).

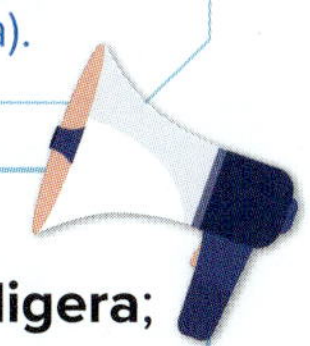

RECOMENDACIONES BÁSICAS DE PROTECCIÓN

1. **Habla con tus padres** respecto a la navegación por Internet, ellos siempre van a ayudarte. Si recibes algo **raro o desagradable**, habla de ello con un adulto o **denúncialo**.

2. **No solicites ni entregues** por Internet **datos** como direcciones, contraseñas, números de teléfono, lugar de estudios, sitios donde habitualmente te reúnes o cualquier otra información que pueda identificarte. Utiliza **alias** o nicks que no contengan tu fecha de nacimiento o datos sobre ti.

3. **No te relaciones con desconocidos** y ten presente que no siempre las personas son lo que dicen que son. Desconfía de la persona que quiere saber demasiado sobre ti. Recuerda que existen otras formas más seguras de hacer nuevos amigos.

4. **Gira la cámara** hacia un ángulo muerto **o tápala** con una pegatina cuando no la estés usando, para impedir que capture imágenes. Recuerda que **la cámara web puede ser manipulada de forma remota usando software malicioso.** Desde hace años, la Policía alerta de que a menudo las imágenes que creemos que vienen de la webcam de otra persona son en realidad imágenes trucadas por ella.

5. **No publiques** fotos o vídeos tuyos **a la ligera**; si decides publicar algo, que sea en sitios con acceso restringido y siempre que no dañen tu imagen actual o futura y con el permiso de tus padres. Recuerda que no puedes publicar imágenes de nadie sin su consentimiento. Sé **respetuoso** con los demás.

6. **Mantente al día** con la tecnología y **limita el tiempo de navegación** por Internet.

7. **Respeta la edad mínima** para poder acceder a los sitios. Esta edad se encuentra en las **condiciones de uso** de la página, que debemos de leer antes de pulsar el botón "Acepto". Si lo pulsamos sin leer, podemos estar autorizando a los propietarios del sitio a usar nuestros datos, nuestras imágenes, etc.

8. **Infórmate sobre los sitios.** En algunos sitios no es posible "darse de baja", así que hay que tener cuidado con los contenidos que introducimos en ellos, pues a veces cedemos nuestros datos para siempre.

En definitiva: **usa el sentido común y no hagas en el ordenador cosas que no harías en tu vida cotidiana**.

ACTIVIDADES

8. **Haz un esquema de las principales herramientas de protección de personas y ordenadores. A continuación, explica de qué protege cada una de ellas.**
9. **Explica con un ejemplo por qué tu actitud en Internet es tu mayor protección.**

Tecnología, Programación y Robótica 2º ESO - Editorial Donostiarra

¿Cómo funciona Internet?

10. **¿Qué es un navegador? ¿Es lo mismo que un buscador? Escribe el nombre de al menos tres navegadores y un buscador.**

11. **Indica qué es una URL y pon un ejemplo.**

12. **Explica qué es un protocolo de comunicación y nombra los dos que hemos visto en la unidad.**

13. **¿Qué es un servidor?**

14. **Elabora un diagrama que explique el funcionamiento de Internet en los seis pasos vistos en la unidad.**

15. **¿Para qué sirven los servidores DNS?**

16. **¿Qué es el Internet de las cosas? Explica qué crees que supondrá en los siguientes casos (debes usar al máximo tu imaginación):**

   a) Objetos de un domicilio conectados a Internet (nevera, persianas, calefacción...)

   b) Elementos de un vehículo conectados a Internet (ventanillas, volante, depósito de gasolina...)

   c) Suelo de espacios públicos conectado a Internet (en aeropuertos, centros comerciales...)

Páginas web

17. **Copia las frases siguientes en tu cuaderno y complétalas:**

   a) Un (...) está formado por un conjunto de (...) enlazadas entre sí, a las cuales se accede a través de una dirección común.

   b) Los (...) que constituyen un sitio web son archivos y carpetas que contienen texto, fotografías, botones, iconos, animaciones, hipervínculos, multimedia, gráficos, tablas, etc.

   c) Cada uno de los documentos o páginas que constituyen un sitio web es un archivo de extensión (...) o bien (...).

18. **Entra en una web que visites habitualmente y responde estas preguntas:**

   a) A partir de la página principal, ¿a cuántas páginas secundarias se puede llegar?

   b) ¿Cuántas imágenes tiene esa web? Da un número aproximado.

   c) ¿Puedes distinguir una estructura común para la página principal y las secundarias? ¿Y otros elementos comunes? Para responder, fíjate en los encabezados, los menús, los logotipos, los colores, los tipos de letra...

El lenguaje HTML

19. **Copia las frases siguientes en tu cuaderno y complétalas:**

   a) Podemos conocer el (...) en que está escrita una página web con la opción (...) presente en los (...).

   b) El lenguaje (...) se escribe en forma de etiquetas entre (...) angulares (<>). Pueden ser de (...) (por ejemplo: <body>) o de (...) (por ejemplo: (...)).

20. Copia en tu cuaderno la siguiente tabla y complétala con las etiquetas básicas de los documentos HTML según su función, siguiendo el ejemplo de la primera fila.

ETIQUETA	FUNCIÓN
<html>	Apertura de código
...	

21. Dado el siguiente código HTML, dibuja la página tal como se vería, aproximadamente, en un navegador.

```
<html>
<head>
<title> Mi primera página web </title>
</head>
<body>
<h1><font color="blue"> Me presento </font></h1>
<p align="right"> Aprendiendo HTML </p>
Me llamo Saúl y me gusta la informática
<img src="Foto_chico.jpg"/>
</body>
</html>
```

22. Crea en tu ordenador, con el bloc de notas, una página web para una ONG inventada por ti. Debe tener los siguientes elementos:

- Título con el nombre de la ONG
- Breve explicación del objetivo que pretende
- Un eslogan inventado por ti, que represente a la organización
- Dos imágenes relacionadas

Guarda el documento como UD07_A22_nombreapellido.html. A continuación, abre el archivo con un navegador y comprueba el resultado.

23. Entra en una página web relacionada con los deportes acuáticos. Accede a su código fuente. Encuentra e identifica en él las etiquetas HTML principales de una página web. Haz capturas de pantalla de dichas etiquetas (usando para ello la tecla Impr pant de tu teclado), pégalas en un documento de texto y señálalas con círculos rojos. Guarda el documento como UD07_A23_nombreapellido.

Herramientas de publicación en la Web 2.0

24. Di si las siguientes afirmaciones sobre Internet son verdaderas o falsas. En el caso de que sean falsas, corrige el error:

a) Un ejemplo de ofimática colaborativa es Drive, de Google, donde puedo crear documentos y presentaciones, aunque no puedo compartirlos con otras personas.

b) Una wiki es un sitio web que puede ser editado por cualquier usuario desde la Web. Wikipedia no es una wiki porque sólo la pueden editar los administradores.

c) Los portales de alojamiento de fotos, audios y vídeos no son herramientas de publicación en la Web 2.0 porque casi no se usan.

25. **¿Qué redes sociales están de moda en la actualidad? ¿Conoces alguna que haya dejado de estarlo?**

26. **Haz una relación de las herramientas de publicación en la Web 2.0 que se han mencionado en la unidad, clasificándolas en los tres grupos siguientes, según el uso que tú les des: habitualmente, esporádicamente, prácticamente nunca.**

Gestores de contenidos

27. **Copia las frases siguientes en tu cuaderno y complétalas:**

a) Los gestores de (...) funcionan como un repositorio en el que se incluyen todos los contenidos de una web. El usuario puede acceder a ellos mediante un (...), que le permite crear páginas nuevas para un sitio web o editar las existentes, crear un blog, incluir (...) o fotografías, etc.

b) Los gestores de (...) se basan en plantillas ya definidas que el usuario puede adaptar y personalizar según sus gustos, lo cual abarata los (...) de creación de las (...) web y ahorra (...) en su elaboración. Además, el uso de plantillas proporciona un (...) común y una apariencia (...) a todos los contenidos publicados, con lo cual el resultado es una web coherente.

28. **Con WordPress, Google Sites u otro gestor de contenidos, crea un sitio web de una sola página con información sobre la profesión que te gustaría ejercer en el futuro. Añade al menos tres imágenes relacionadas con dicha profesión y dos enlaces a páginas interesantes. Pega la URL de tu sitio web en un documento de texto y guarda el documento como UD07_A28_nombreapellido.**

Seguridad en las personas y en la máquina

29. **Explica por qué se dice que Internet no es una herramienta inofensiva.**

30. **¿En qué dos categorías clasificamos los riesgos de Internet?**

31. **Copia las frases siguientes en tu cuaderno y complétalas:**

a) Los virus y los (...) son programas que se instalan en el ordenador sin el permiso del usuario con el objetivo de causar daños.

b) El spyware o (...) es el software que trata de obtener datos de los usuarios.

c) Un (...) o firewall es un sistema de defensa que controla y filtra el (...) de entrada y salida a una red, a través de los puertos de nuestro ordenador.

d) Los (...) (*black hackers*) son delincuentes informáticos expertos que intentan atentar contra la seguridad de sistemas en la Red y lucrarse con ello.

e) El ciberbullying o (...) es un tipo de acoso que consiste en amenazas, chantajes, etc., entre iguales a través de Internet, el teléfono móvil o los videojuegos.

32. **Copia en tu cuaderno la siguiente tabla y relaciona los elementos de las dos columnas, teniendo en cuenta que para una amenaza puede haber varias soluciones:**

AMENAZA	SOLUCIÓN
Virus	Contraseñas
Troyanos	Cortafuegos
Piratas informáticos	Criptografía
Ciberbullying	Antivirus
Software espía	Hacking ético
Pérdida de intimidad	Denunciar
Suplantación de identidad	Cuidar la privacidad

33. **Explica las principales amenazas a las que nos enfrentamos las personas por el simple hecho de usar Internet.**

34. **Entra en la página web de Unicef que tienes en el QR y ve a la sección "Las 10 preguntas principales sobre el ciberacoso". Lee las tres preguntas que más te llamen la intención sobre el ciberacoso y haz un resumen de lo que hayas leído.**

unicef

www.unicef.org/es/end-violence/ciberacoso-que-es-y-como-detenerlo

Responsabilidad digital

35. **Copia las frases siguientes en tu cuaderno y complétalas:**

a) Cuando usamos Internet, debemos tener (...) nuestra seguridad y el (...) a los demás.

b) Las (...) nos protegen. Ejemplos: la ley sobre protección civil del (...) al honor, a la intimidad personal y familiar y a la propia (...); o la ley de protección de (...) de carácter personal.

c) Para (...) con seguridad, tu (...) en Internet es tu mayor (...).

36. **Di si las siguientes afirmaciones sobre seguridad en Internet son verdaderas o falsas y razona tu respuesta:**

a) Conocer las herramientas de Internet ayuda a estar protegidos.

b) Se puede publicar una foto de otra persona en Internet sin su consentimiento, siempre que la persona no esté realizando una actividad que pueda perjudicar su imagen.

c) Si tenemos la webcam apagada, no tenemos que preocuparnos por que nos graben.

d) Observando una fotografía o un vídeo, a veces es posible extraer más información personal de lo que en un principio parece.

37. **Redacta una breve reflexión sobre la cantidad de datos que un seguidor puede extraer de una imagen subida a Instagram.**

38. **Busca qué es un phonbie y explícalo con tus palabras. Te será útil ver el vídeo "The phonbies", del canal Protégeles. ¿Crees que eres un phonbie?**

Práctica 1. Tu huella en Internet

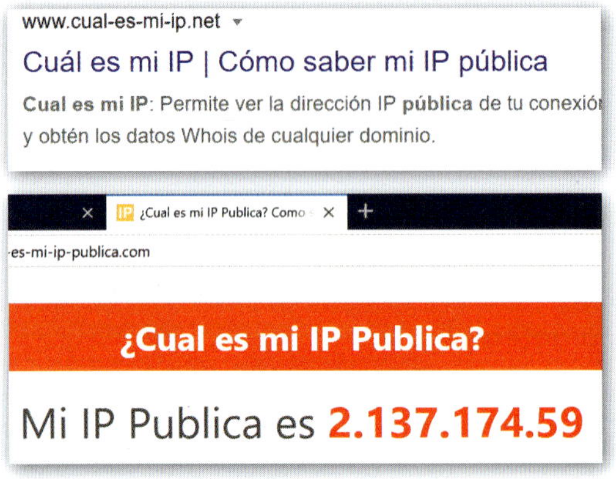

Fig. 3

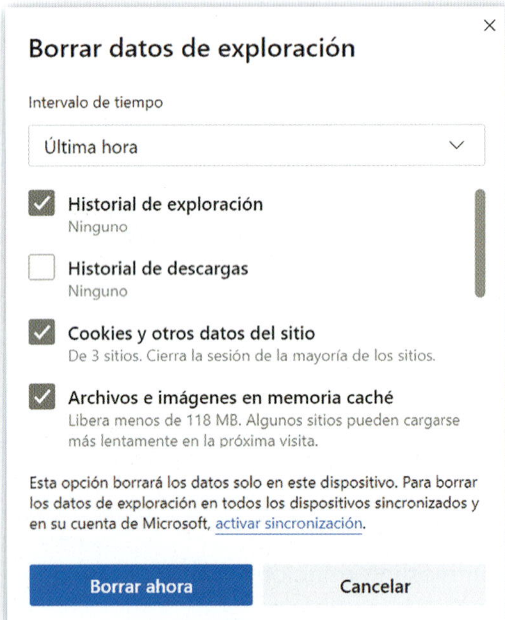

Fig. 4. Ajustes de privacidad en Microsoft Edge

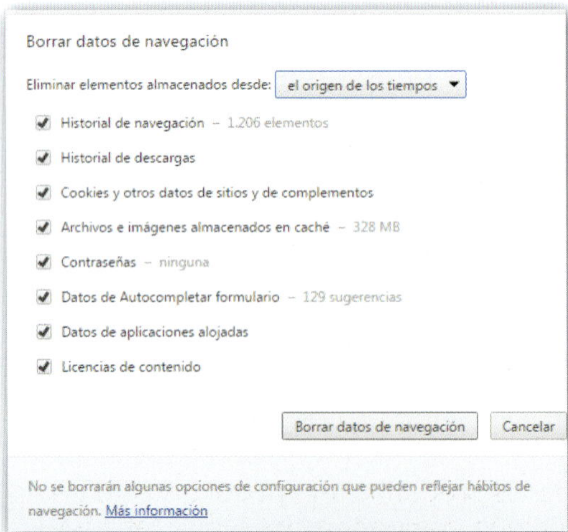

Fig. 5. Ajustes de privacidad en Google Chrome

Todo lo que hacemos en Internet deja rastro, una **huella digital** que habla de ti. Esa información es tu **identidad digital**; es tu deber cuidarla y las leyes te protegen para ese fin.

Ejercicio 1. Conocer tu IP en Internet

Hemos visto que cada vez que nos conectamos a Internet nos identificamos a través de una dirección única asignada a nuestro ordenador, llamada *dirección IP*. Vamos a ver qué fácil es conocer la IP que tenemos asignada.

1. Abre un navegador y entra en www.google.es. Escribe la búsqueda "conocer nuestra IP pública".
2. Entra en cualquier enlace, busca la dirección IP con la que estás navegando y apúntala (será algo similar a la figura 3).
3. Repite la operación entrando en otro enlace y comprueba que detecta la misma IP.

Algunos sitios, además de la IP, detectan otras informaciones, como puedes comprobar en la figura 3.

Ejercicio 2. Conocer el navegador para protegerte

1. Abre cualquier navegador. Pulsa la combinación de teclas **Shift** + **Ctrl** + **Supr**. Se abrirá una ventana en la que podrás borrar tus datos de navegación (figuras 4 y 5).
2. Pulsando el botón **Eliminar** podrás borrar todo lo que hayas seleccionado. Sin embargo, habrá términos que no entiendas.
3. Busca información sobre lo que significan los siguientes términos que suelen aparecer en el historial de navegación: **Cookies**, **Datos de formularios**, **Historial** e **Historial de descargas**.
4. En un documento de texto, haz una tabla como la siguiente y complétala con el significado de los términos que encuentres.

HISTORIAL DE NAVEGACIÓN	EXPLICACIÓN
Cookies	Información que los sitios almacenan en el ordenador para recordar tus preferencias, como qué páginas has visitado, qué te gusta, qué sueles hacer o tu ubicación.
Datos de formularios	
Historial	
Historial de descargas	

NO ESCRIBIR AQUÍ

5. A continuación busca información en Internet y contesta a la siguiente pregunta en el documento: ¿qué es la navegación privada?
6. No olvides que los móviles también tienen un navegador: cuando navegues con el móvil, revisa los ajustes de privacidad.

Ejercicio 3. Cuidar tu información personal

1. La mayor huella que puedes dejar es la que tú subes a Internet. Desarrolla esta afirmación en el documento con tu opinión.
2. Guarda el archivo como **UD07_P1_nombreapellido**.

Práctica 2. Juego de búsqueda: ¿es fácil conseguir información en Internet?

Vamos a jugar a un juego de búsqueda de información para comprobar la dificultad de encontrar respuestas veraces a preguntas concretas en Internet y demostrar tu habilidad como investigador.

Reglas del juego

- Debes leer cada pregunta por orden, buscar información en Internet para responderla y, por último, apuntar la respuesta en cualquier procesador de texto, en un archivo llamado **UD07_P2_nombreapellido**.
- Cada respuesta lleva a la pregunta siguiente.
- Es necesario que respondas todas las preguntas.
- Cada respuesta correcta suma un punto. Cada pregunta no acertada completamente resta un punto.
- Puedes utilizar cualquier navegador y cualquier buscador.
- Debes buscar fuentes de información fiables.

Fig. 6

Comenzamos:

1. La imagen de la figura 6 representa un concepto relacionado con Internet. ¿Cuál es ese concepto? Empieza por la letra D. Lo llamaremos PALABRA 1 en la siguiente pregunta.
2. ¿Qué significa el PALABRA 1 *jp* representado por el cubo más alto de la figura 6? Lo llamaremos PALABRA 2.
3. La última letra de la PALABRA 2 es la primera letra de la PALABRA 3, el apellido de una persona relacionada con un invento muy importante y destructivo. ¿Qué apellido es PALABRA 3?
4. PALABRA 3 obtuvo una inmensa fortuna gracias a sus inventos y la dejó para crear unos premios que llevan su nombre. ¿Qué escritor español recibió ese premio en 1989? Lo llamaremos PALABRA 4 (aunque consta de tres palabras: dos nombres y un apellido).
5. Pon en "masculino" la última palabra de PALABRA 4 y te saldrá un invento. ¿En qué año se inventó? El año es la PALABRA 5 y es la última del juego.

Tienes todas las respuestas camufladas en el siguiente código QR. Con el permiso de tu profesor, escanea el código y podrás ver las respuestas.

Recuenta tus puntos y mira quién ha ganado.

DESAFÍO

- ¿Eres capaz de continuar el juego con tres preguntas más? Guarda las preguntas en un documento de texto llamado **UD07_P2_nombreapellido_desafio1** y pásaselo a algún compañero para que las conteste.

Práctica 3. “Stop ciberbullying”. Usamos Prezi

Prezi

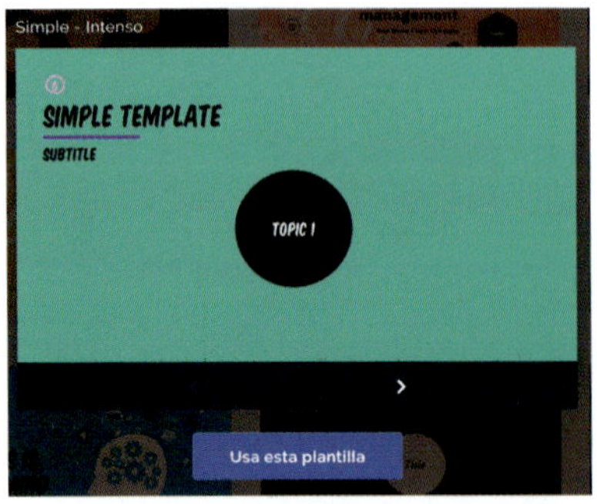

Fig. 7

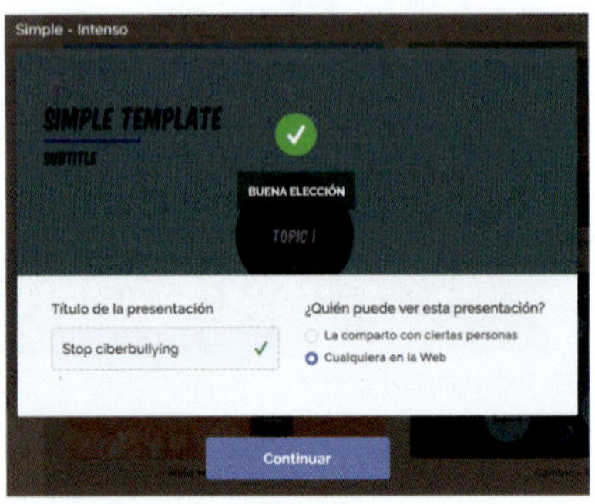

Fig. 8

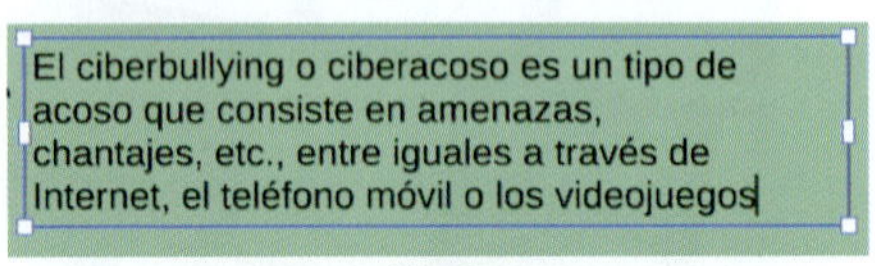

Fig. 9

Fig. 10

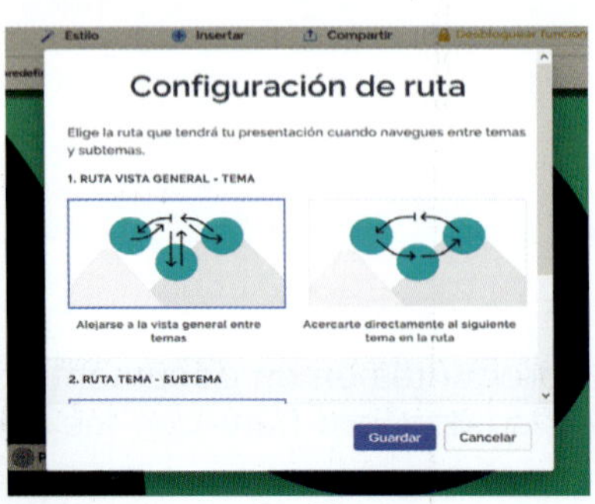

Fig. 11

Para hacer esta práctica deberás tener el consentimiento de tus padres o tutores legales.

Vamos a elaborar con **Prezi** una presentación que llevará por título “Stop ciberbullying”. Prezi es una herramienta online para crear presentaciones. El único requisito es que te registres.

1. Entra en https://prezi.com y pulsa el botón **Comienza**. Date de alta en la versión de Prezi para estudiantes y educadores (opción Basic, que es gratuita) y, una vez que te encuentres en la pantalla principal, selecciona **Crear a partir de plantilla**.
2. Elige una plantilla similar a la de la figura 7 y pulsa **Usa esta plantilla**.
3. En la pantalla siguiente, como título de la presentación escribe “Stop ciberbullying” (figura 8). Marca la opción **Cualquiera en la Web** (que es la opción de nuevo gratuita) y pulsa **Continuar**.
4. Cada diapositiva se corresponde con uno de los puntos del escritorio de trabajo. Haz clic en la primera diapositiva después del título, marcada con un 1, y escribe: “El ciberbullying o ciberacoso es un tipo de acoso que consiste en amenazas, chantajes, etc., entre iguales a través de Internet, el teléfono móvil o los videojuegos” (figura 9).
5. Pon la palabra *ciberbullying* en negrita pulsando el botón marcado con una B en la barra de formato.
6. Vamos a insertar una imagen. Para ello, despliega **Insertar** y elige **Imagen**. Selecciona una imagen que encuentres en Internet y que se parezca a la de la figura 10.
7. Ve insertando imágenes o texto en cada uno de los círculos editables. Tu presentación debe contener información sobre los siguientes puntos, que debes desarrollar:
   - Caso Jokin (2004)
   - Gravedad de las consecuencias del ciberacoso, su alta prevalencia
   - Dificultad para detectarlo
8. Inserta donde mejor consideres el vídeo sobre ciberbullying que tienes en http://pantallasamigas.net, copiando su enlace.
9. La última diapositiva debe contener el siguiente texto: “Acabemos con el ciberbullying. Si lo sufres, denúncialo. Si ves que alguien lo sufre, denúncialo. Tu solidaridad es imprescindible”.
10. Por último, vamos a definir la ruta u orden en que se van a mostrar los objetos o diapositivas del escritorio de trabajo. Pulsa **Configuración de ruta**, que está abajo a la izquierda (figura 11), y ve probando las distintas opciones para escoger la que más te guste. Pulsa **Guardar**.
11. Comprueba cómo queda tu presentación pulsando **Presentar**.
12. Para finalizar, pulsa **Ver enlace** y luego **Crear un nuevo enlace**. Pon tu nombre en la caja correspondiente y pulsa **Copiar**. Pega el enlace (con **Ctrl + V**) en un documento de texto que llames **UD07_P3_nombreapellido**. También puedes enviárselo a tu profesor si lo cree conveniente.

Práctica 4. "Nos protegemos en Internet". Usamos Padlet

Para hacer esta práctica deberás tener el consentimiento de tus padres o tutores legales.

En esta práctica vas a utilizar **Padlet** para explicar a tus compañeros qué amenazas de Internet pueden atacar tu ordenador.

padlet

1. Abre el navegador y entra en https://es.padlet.com. Haz clic en **Registrarse** y regístrate con tu cuenta de Gmail. Si no tienes cuenta de Gmail, puedes crearte una cuenta de Padlet.
2. Una vez registrado, en la pantalla que aparece, pulsa **Hacer un padlet** (figura 12).
3. En la pantalla siguiente, pulsa **Seleccionar** en la opción **Muro**.
4. Haz doble clic sobre el título que te ha asignado Padlet y te aparecerá la pantalla de la figura 13, donde puedes cambiar el título y la descripción. Pon "Nos protegemos en Internet" como título y "Recomendaciones básicas de protección" como descripción.
5. Pulsa **Guardar** y luego **Cerrar**.
6. Ahora haz doble clic en el papel tapiz de la pantalla, para empezar a publicar entradas. Como título de la primera entrada escribe "1. HABLA CON TUS PADRES" y copia la primera recomendación que hemos visto en la parte de teoría (figura 14). Haz clic en el icono de la **cámara de fotos** y sube una imagen relacionada que encuentres en Internet. Puedes buscar en bancos de imágenes como www.freepik.es, no importa que tengan marca de agua cuando las descargues.
7. Repite el proceso con la información y las imágenes relativas al resto de las normas.
8. Crea ahora otra entrada para incluir un vídeo de seguridad en Internet. Teclea como título de esta entrada "Vídeos de seguridad". Busca en www.pantallasamigas.net uno de los vídeos sobre seguridad que tienen publicados y copia el enlace a dicho vídeo. Haz clic en el icono de la **cámara de vídeo** y pega la dirección del vídeo.
9. Haz la misma operación para incluir un vídeo de ciberdelitos.
10. Vuelve a la pantalla de la figura 13, donde has cambiado el título.
11. En esa pantalla, más abajo, puedes modificar el fondo de pantalla, el esquema de colores y la fuente (figura 15). Prueba y modifica lo que necesites hasta que todo quede a tu gusto.
12. Por último, pulsa **Copiar en el portapapeles** (en el apartado **Dirección**). Pega el enlace en un documento de texto y guárdalo como **UD07_P4_nombreapellido**.

Fig. 12

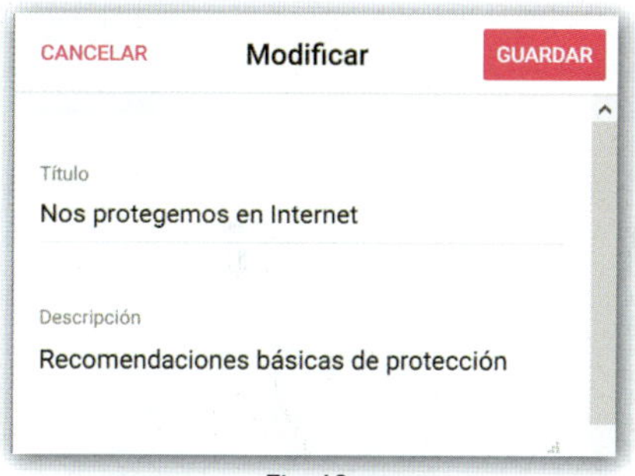

Fig. 13

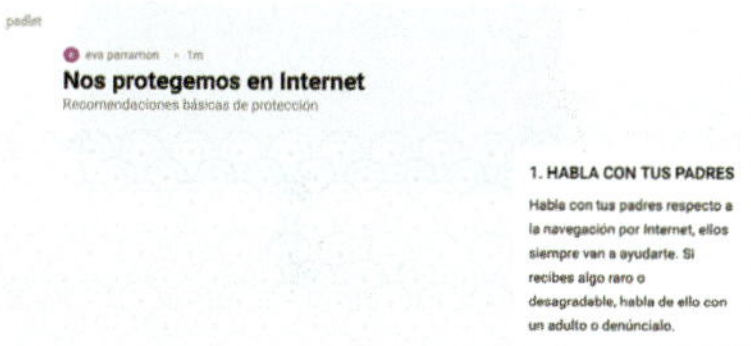

Fig. 14

Fig. 15

DESAFÍO

- Elabora otro muro de Padlet sobre virus, troyanos, software espía y piratas informáticos, con la información que tienes en el libro. Copia la dirección en un documento de texto y guárdalo como **UD07_P4_nombreapellido_desafio1**.

Práctica 5. WhatsApp y Snapchat: cara y cruz

	WHATSAPP	SNAPCHAT
Servicios ofrecidos		
Edad mínima de uso		
Datos personales que recoge		
Permisos destacables		

Fig. 16

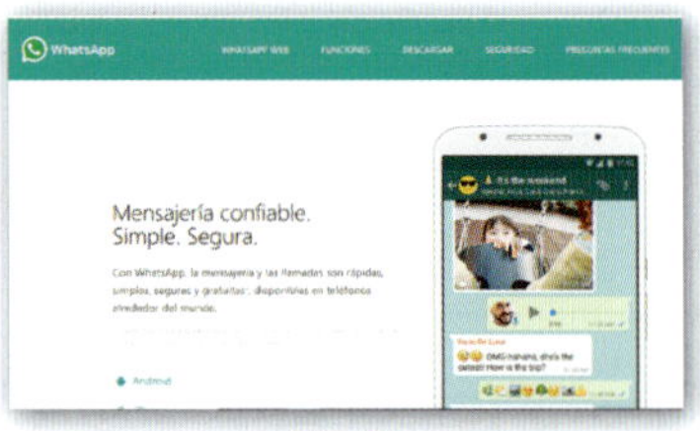

Fig. 17

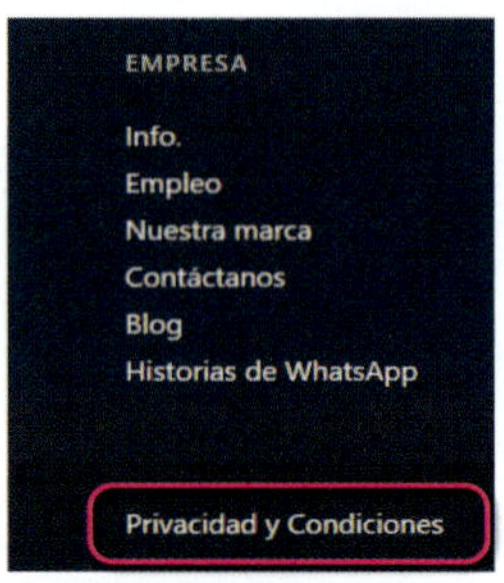

Fig. 18

Fig. 19

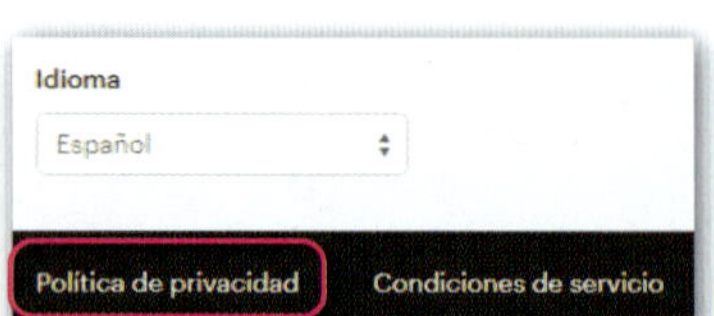

Fig. 20

Fig. 21

Para hacer esta práctica deberás tener el consentimiento de tus padres o tutores legales.

En esta práctica vas a analizar dos aplicaciones de chat muy conocidas: WhatsApp y Snapchat.

Ejercicio 1. Crear un documento de información

Abre un documento nuevo en un procesador de texto y crea una tabla como la de la figura 16 para recoger toda la información de esta práctica. Rellena cada una de las celdas de la tabla con la información de los ejercicios siguientes.

Ejercicio 2. WhatsApp

1. Entra en www.whatsapp.com y lee los contenidos del apartado **Funciones** (figura 17). En la tabla de tu documento, copia los servicios que ofrece WhatsApp.
2. A continuación, busca al final de la página el apartado **Privacidad y condiciones** (figura 18). Localiza la edad mínima de uso y rellena con ese dato la celda correspondiente en la tabla de información.
3. En la misma página de **Privacidad y condiciones**, haz clic en **Política de privacidad** y accede al subapartado **Información que tú y nosotros compartimos**. Ahí puedes conocer los datos que WhatsApp recoge de tu teléfono. Incluye dos de estos datos en la celda correspondiente de tu tabla.
4. Para finalizar, completa en tu tabla la parte de permisos destacables con la información que encuentres en el apartado **Cómo trabajamos en conjunto con otras empresas de Facebook**, que habla de los permisos que das en relación con el intercambio de información entre las diversas empresas pertenecientes a Facebook.

Ejercicio 3. Snapchat

1. Entra en https://es.wikipedia.org/wiki/Snapchat y lee en esa página cómo funciona Snapchat. Copia los servicios que ofrece la aplicación y rellena la celda correspondiente en tu tabla.
2. Accede ahora a la página de Snapchat (www.snapchat.com) (figura 19). Ve al final de la página y haz clic en **Política de privacidad** (figura 20). En la página que se abre, ve al apartado **Niños**: ahí se indica la edad mínima de uso de la aplicación. Copia y pega ese dato en la celda correspondiente de tu tabla.
3. En esa misma página de política de privacidad (figura 21), busca la información sobre los permisos que otorgas a Snapchat sobre cualquiera de los contenidos que tú intercambias con esta aplicación. Intenta entender claramente cada uno de los permisos. Rellena la celda de permisos destacables con esta información.
4. Por último, selecciona cinco datos tuyos que recopila la aplicación e inclúyelos en la celda correspondiente de tu tabla de información.

Ejercicio 4. Análisis

A continuación de la tabla, redacta un pequeño análisis para indicar aquellos aspectos que te hayan parecido más relevantes respecto a los servicios recibidos y los datos entregados por el usuario. Guarda el documento como **UD07_P5_nombreapellido**.

Práctica 6. Evitar el fraude. Usamos PowToon

Para hacer esta práctica deberás tener el consentimiento de tus padres o tutores legales.

Vas a crear una presentación animada de **PowToon** para explicar a todos tus compañeros cómo evitar el fraude al usar Internet.

1. Entra en www.powtoon.com. Para acceder, es necesario que te registres y crees una cuenta, o puedes acceder con tu cuenta de Gmail.
2. Una vez en la aplicación, elige **Explainer video**. Verás que te aparecen varios temas o plantillas; escoge uno de ellos y pulsa **Preview** para ver cómo puede quedar. Asegúrate de que no ponga **Pro**, ya que entonces tendrá elementos que te desaparecerán en la opción gratuita.
3. A continuación, pulsa **Use**. Se te abrirá una pantalla con diapositivas (figura 22).
4. Haz clic sobre el texto de la primera diapositiva y teclea “Evitar el fraude”. Aparecerá una ventana emergente donde podrás cambiar el tamaño de letra para ajustarlo.
5. En la opción **Swap** de la imagen de base, puedes cambiar la imagen de fondo por otra de las que te ofrece (figura 23). Elige la que más te guste.
6. De la misma forma, puedes ir pulsando en la diapositiva cada uno de los elementos e irá apareciendo la opción **Swap** o **Settings**, donde puedes cambiar el color, el tipo de letra, etc. (figura 24). Cambia el color del texto y el color del fondo del texto por otro que te guste más, siempre respetando el diseño.
7. Pulsando la opción **Play**, debajo de la diapositiva, puedes ver el efecto que hace (figura 24).
8. Busca entre el resto de las diapositivas la que te parezca que sea más adecuada para poner título y texto. Borra todas las demás, excepto las últimas, que te servirán de despedida. Para ello, haz clic en la papelera que aparece cuando te sitúas sobre ellas.
9. Una vez seleccionada la diapositiva, ve a ella y pon como título “Protocolo seguro HTTPS”. Completa la diapositiva con información sobre este protocolo.
10. Pulsa en los puntos suspensivos que aparecen sobre la miniatura de la diapositiva y selecciona **Duplicate** (figura 25). Sobre la diapositiva duplicada, que será la tercera, pon como título “El fraude en Internet”. Ve a www.osi.es/es/fraude-online y elige uno de los fraudes que ahí se explican; lee la información y completa la diapositiva con un resumen de lo que consideres más relevante.
11. Completa una diapositiva final de despedida con el texto que consideres mejor.
12. Pulsa **Preview** en el menú superior y observa la presentación.
13. Pulsa **Export** y te aparecerán las opciones de exportación; elige **PPT**. Después pulsa la opción **Education** y sigue las indicaciones hasta que se descargue. Cuando haya finalizado el proceso, copia el enlace con la opción **Copy the URL to the clipboard** y pégalo en un documento de texto. Guarda dicho documento como **UD07_P6_nombreapellido**.

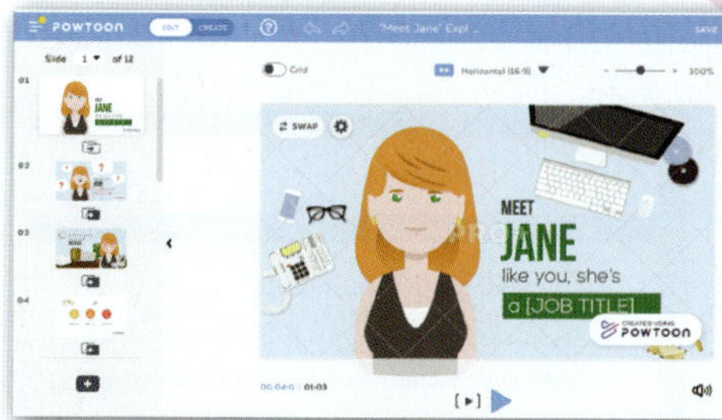

Fig. 22

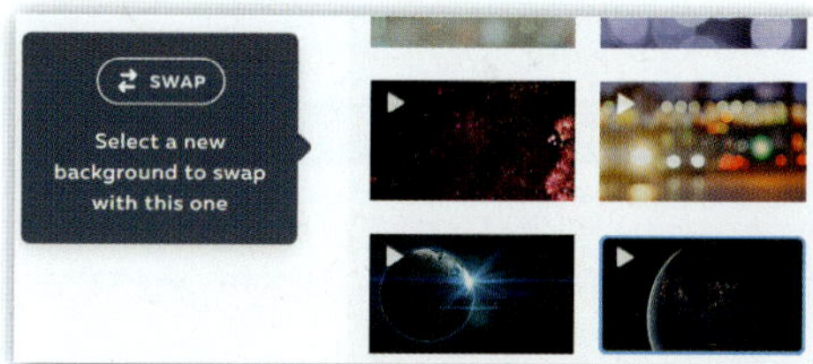

Fig. 23

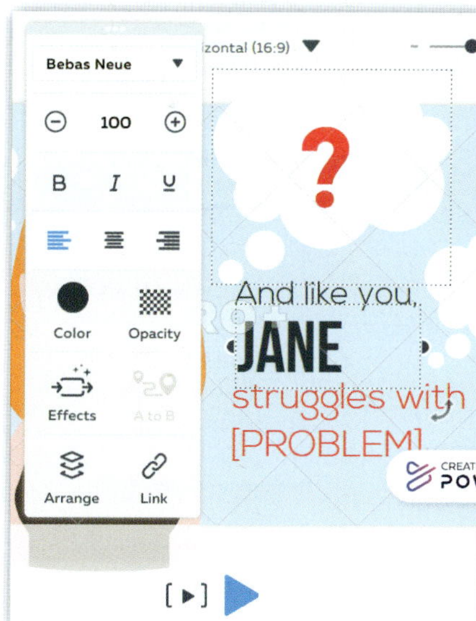

Fig. 24

Fig. 25

Práctica 7. Creo mi página web personal usando WordPress

Para hacer esta práctica deberás tener el consentimiento de tus padres o tutores legales. Asimismo, recuerda leer detenidamente todas las condiciones de prestación de servicios.

A la hora de crear una página web, y antes de empezar a diseñarla, es conveniente definir para qué la queremos. No es lo mismo utilizarla para una actividad comercial que para exponer o dar información sobre tus trabajos escolares, por ejemplo. En esta actividad vas a hacer una página web para darte a conocer. Necesitarás contar con cuatro imágenes que te gusten.

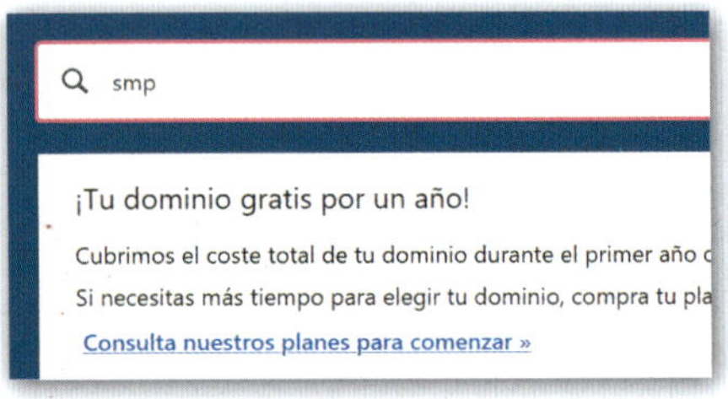

Fig. 26

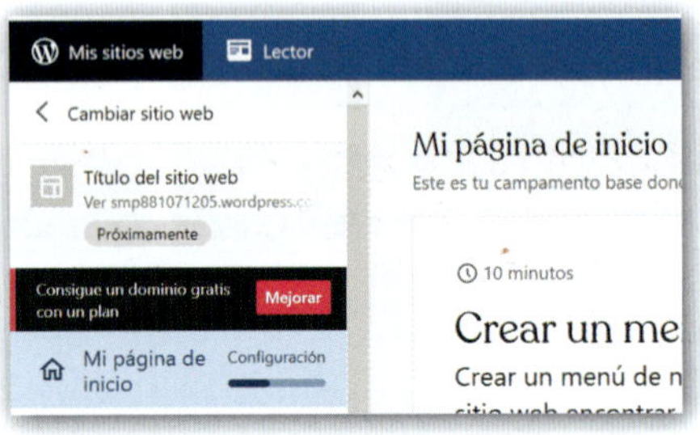

Fig. 27

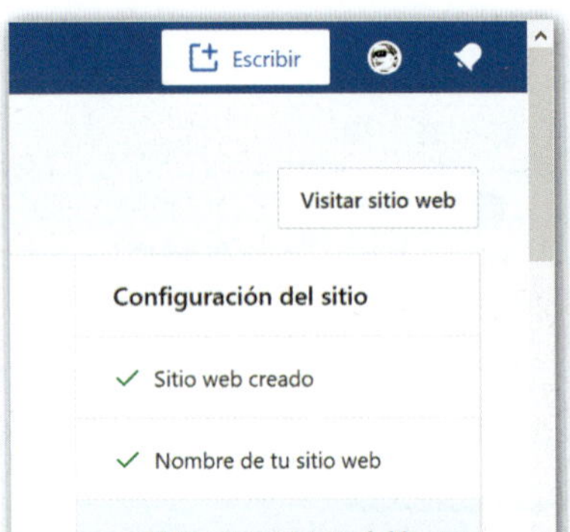

Fig. 28

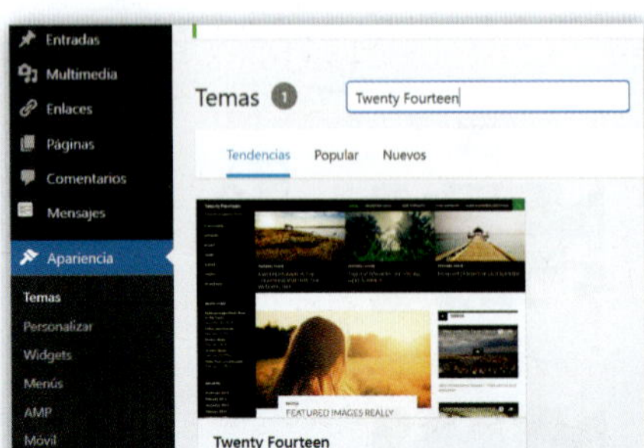

Fig. 29

Ejercicio 1. Cuenta de correo electrónico

En primer lugar, necesitarás una cuenta de correo electrónico para poder usar **WordPress** y recibir todas las aportaciones y sugerencias que te proporcionen quienes visiten tu página. Lo mejor es utilizar una cuenta de Gmail, para poder usar las herramientas de Google en tu web. Si todavía no la tienes, accede a www.gmail.com y sigue las instrucciones que se indican. Crea una cuenta del tipo **nombreapellido@gmail.com**.

Ejercicio 2. Crear una página web

1. Accede a WordPress tecleando http://es.wordpress.com en tu navegador y haz clic en **Empieza a crear tu página web**.
2. Sigue los pasos para registrarte con tu cuenta de Gmail.
3. Elige como nombre de dominio las iniciales de tu nombre y apellidos (en el ejemplo, **smp**, figura 26). WordPress te propondrá un dominio añadiendo un número, dentro de los dominios gratuitos propuestos (en el ejemplo, smp881071205.wordpress.com, figura 27).
4. Selecciona el plan gratuito y ya tendrás creada la página web.
5. En **Visitar sitio web** (figura 28), haz clic en el icono de la parte superior para ver la apariencia de tu página.

Ejercicio 3. Mejorar la página web

1. Abre otra pestaña en el navegador y escribe tu dominio seguido de "/wp-admin" (smp881071205.wordpress.com/wp-admin, en nuestro ejemplo). De esta manera, tendrás dos pestañas: una con la página web y otra con el escritorio del gestor de contenidos (para poder ver al instante los cambios que hagas en la página web).
2. Todas las modificaciones que se indican en los pasos sucesivos se harán en la pestaña del escritorio del gestor de contenidos. La pestaña de tu sitio de WordPress sólo la utilizarás para ver el resultado de las modificaciones que realices, haciendo clic en el icono de actualización de la página.
3. En la pestaña del escritorio, ve a **Apariencia** / **Temas**. En el buscador de temas escribe "Twenty Fourteen" (figura 29) y haz clic en **Activar** para seleccionar ese tema. Observa la apariencia de tu página ahora en la otra pestaña del navegador. Si no encuentras ese tema, busca uno que te guste.
4. Por defecto, WordPress crea una página llamada **Acerca de**. Vamos a cambiarle el nombre. Para ello, ve a **Páginas** / **Todas las**

páginas y, en la página **Acerca de**, haz clic en **Editar** (figura 30). Cambia el nombre **Acerca de** por **Me presento** y pulsa **Actualizar** (figura 31).

5. Crea ahora tres páginas nuevas. Se llamarán **Mis estudios**, **Mis aficiones** y **Mi blog**. Para ello, en el escritorio de WordPress, accede a **Páginas / Todas las páginas / Añadir nueva**. Escribe el nombre "Mis estudios" para esta primera página y haz clic en **Publicar**. Repite estos mismos pasos para crear las páginas **Mis aficiones** y **Mi blog**.
6. Ve ahora a **Apariencia / Menús**. Teclea como nombre del menú "Cómo soy" (figura 32) y haz clic en **Guardar menú**. En la parte izquierda, selecciona todas las páginas creadas y haz clic en **Añadir al menú**.
7. Coloca las páginas en este orden, arrastrando unas sobre otras: **Me presento**, **Mis estudios**, **Mis aficiones** y **Mi blog**.
8. Dentro de **Opciones del menú**, en el apartado **Mostrar ubicación**, marca la opción **Menú primario de cabecera**. Finalmente, haz clic en **Guardar menú**.
9. En el escritorio del gestor, ve a **Configuración / Lectura** (figura 33). En **Tu portada muestra**, elige **Una página estática**. Como portada, selecciona la página **Me presento**; como página de entradas, la página **Mi blog**. De esta forma, la página **Me presento** será la página de partida y en la página **Mi blog** podrás escribir noticias sobre ti que consideres de interés. Haz clic en **Guardar cambios**.
10. Edita ahora cada una de las páginas. Accede a **Páginas / Todas las páginas**, selecciona la página **Me presento** y haz clic en **Editar**. Escribe este texto: "En mi sitio web os hablaré sobre mí". Modifica a tu gusto el texto con los atributos de texto que aparecen: negrita, color, tipo de letra, etc. Pulsa **Añadir bloque** (figura 34), busca el bloque **Imagen** y elige una imagen que te represente por tus gustos y aficiones. Haz clic en **Actualizar**. Observa el resultado en la página **Me presento**.
11. Actualiza las otras páginas incluyendo una frase y una imagen en cada una. No te olvides de hacer clic en **Actualizar** en cada página.
12. Modifica la cabecera de tu página. Añade para ello una imagen que te guste. El tamaño recomendado de la imagen que pongas es de 1.260 × 240 píxeles, pero puedes elegir cualquier otro tamaño y recortar la imagen después. Ve a **Apariencia / Cabecera**. En la opción de subir archivos, selecciona la imagen que quieres poner de cabecera y haz clic en **Selecciona y recorta**. Selecciona la parte de foto que aparecerá en la cabecera desplazando el cuadro de selección sobre la imagen. Haz clic en **Recortar imagen**. Si te gusta cómo ha quedado, haz clic en **Guardar cambios**.
13. En la pestaña de tu página web, observa cómo ha quedado la página. Accede a la página **Mi blog** y escribe tu primera entrada. Como título, escribe "Mi blog"; como entrada, "Bienvenidos al blog de" y tu nombre. Haz clic en **Publicar**.
14. Haz una captura de pantalla de una de las páginas de tu sitio web y pégala en un procesador de texto junto con la dirección de tu página. Guarda el documento como **UD07_P7_nombreapellido**.

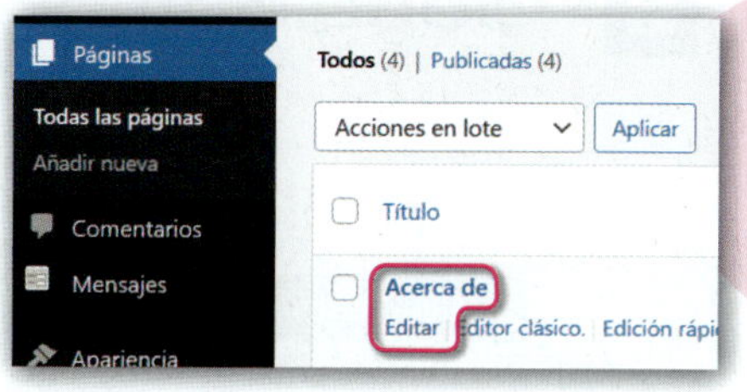

Fig. 30

Fig. 31

Fig. 32

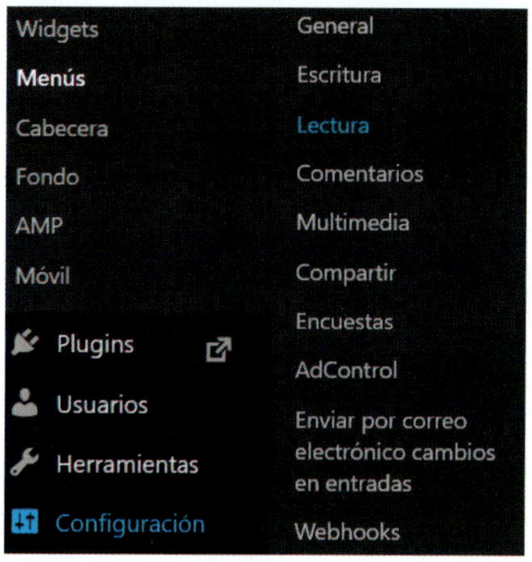

Fig. 33

Fig. 34

Práctica 8. Creo mi sitio web de tecnología usando Google Sites

Google Sites

Para hacer esta práctica deberás tener el consentimiento de tus padres o tutores legales.

Ejercicio 1. Crear el sitio web

1. En tu cuenta de Gmail, ve a **Aplicaciones de Google** (figura 35). Haz clic en **Más de Google** y, en la pantalla siguiente, localiza **Google Sites** (figura 36) (te será útil saber que las aplicaciones ahí están en orden alfabético). Haz doble clic sobre su icono para abrir la aplicación.
2. Google Sites te ofrece una plantilla para tu sitio web. Escoge **En blanco**.
3. En la siguiente página ya puedes editar. Pon como título "Lo que me gusta de la tecnología" y añade un logo pulsando **Añadir logotipo** (figura 37). En la ventana que se abre, si pulsas **Seleccionar**, Sites te propone imágenes que has usado antes. Escoge una o busca en Internet otra que te guste más.
4. En **Tipo de encabezado** (figura 38), prueba las cuatro opciones que salen y finalmente deja la opción **Encabezado**. En el cuadro de texto central, escribe "Bienvenidos a mi web". Pulsa **Vista previa** (en el menú de arriba) para ver el resultado de la primera página.

Fig. 35

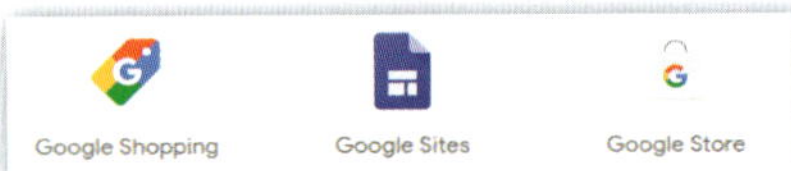

Fig. 36

Fig. 37

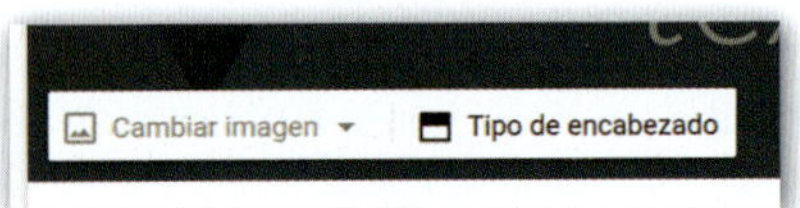

Fig. 38

Ejercicio 2. Crear la estructura del sitio y completar contenidos

1. Para crear la estructura del sitio web, ve al menú de la derecha (figura 39) y, en la opción **Páginas**, ve a **Página principal**, despliega su menú pulsando los tres puntos que tienes a la derecha y elige **Añadir una subpágina**. Crea la subpágina "Mis proyectos".
2. Repite la acción para crear las otras subpáginas de la figura 40: "Noticias tecnológicas", "Robots" e "Impresión 3D". Así, tu sitio web estará compuesto por una página principal y cuatro subpáginas.
3. Pulsa **Vista previa**. En esta vista, en la parte inferior tienes un menú en el que puedes elegir en qué tipo de dispositivo se va a ver tu web: **Teléfono**, **Tablet** o **Pantalla grande**.
4. Vuelve a la pantalla de edición y selecciona la subpágina "Robots". En el menú de la figura 39, ve a **Insertar**, elige **Cuadro de texto** y copia la definición de *robot* que te da el diccionario de la RAE.
5. Yendo a **Insertar** / **Imágenes**, inserta la imagen de un robot que encuentres en Internet. Y yendo a **Insertar** / **Insertar**, pega el enlace a un vídeo de YouTube que encuentres sobre robots.
6. Haz clic en **Publicar** (arriba a la derecha). En la ventana emergente, elige una URL para tu web. Pon las iniciales de tu nombre y apellidos, seguidas de un número (si no te lo acepta a la primera, hazlo hasta que te deje de decir que esa dirección ya existe).
7. Marca la opción **Solicitar a los buscadores públicos que no muestren mi sitio web**. Copia la URL de tu página (la tienes en esa misma ventana) en un documento de texto que se llame **UD07_P8_nombreapellido**. Para finalizar, pulsa **Publicar**.

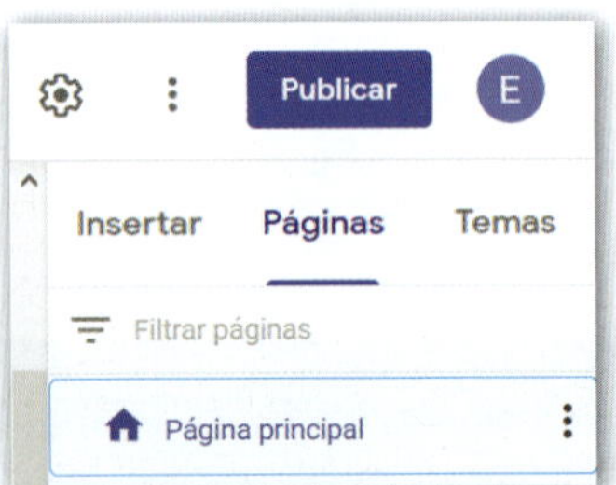

Fig. 39

Fig. 40

DESAFÍO

- Completa la información de las páginas que faltan: "Mis proyectos", "Impresión 3D" y "Noticias tecnológicas". Usa cuadros de texto, imágenes y enlaces a páginas web y vídeos relacionados.

Práctica 9. Edificios singulares y más. Mi tablero de Pinterest

Para hacer esta práctica deberás tener el consentimiento de tus padres o tutores legales. Asimismo, recuerda leer detenidamente todas las condiciones de prestación de servicios.

Pinterest es una red social en la que se comparten, se crean y se administran imágenes. Cada usuario crea tableros en los que puede situar las imágenes que mejor se adaptan a sus intereses.

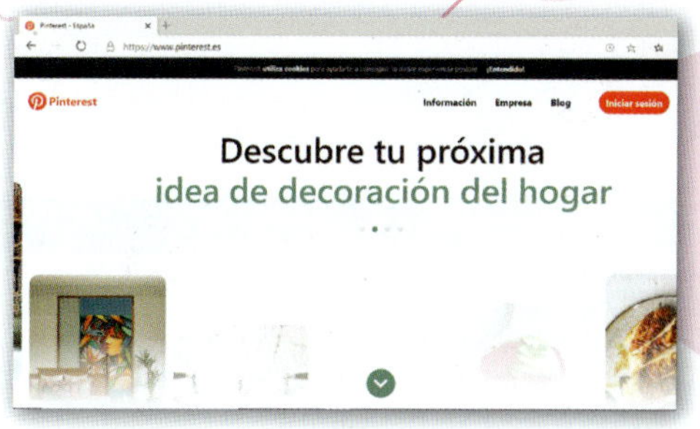

Fig. 41

Ejercicio 1. Crear una cuenta

1. Entra en https://es.pinterest.com. Puedes acceder directamente con una cuenta de Gmail o crear una cuenta de Pinterest.
2. Elige cinco de los temas que se muestran en el panel inicial. Serán tus primeros temas, más adelante podrás modificar tu selección.
3. Observa el feed de inicio; incluye una selección de imágenes relacionadas con los cinco temas que has elegido.

Fig. 42

Ejercicio 2. Pinear y crear tableros

1. Pinear es señalar con un pin alguna imagen que te guste y quieras guardar. Las imágenes de Pinterest se guardan en tableros que crean los usuarios (figura 41). Selecciona una de las imágenes del feed de inicio y haz clic en **Guardar** (figura 42).
2. Aparecerá un formulario para crear el primer tablero. En **Nombre** teclea “Edificios singulares” y haz clic en **Crear** (figura 43).
3. En el buscador de la aplicación, teclea de nuevo “edificios singulares” y observa las imágenes que aparecen. Haz clic en **Guardar** en cualquiera de las imágenes. Comprueba que ahora puedes guardar la imagen en el tablero anterior o crear uno nuevo. Crea uno nuevo y llámalo **Creatividad**. En **Secreto** selecciona **Sí**, para que sólo tú puedas verlo, y luego haz clic en **Crear** (figura 44).

Fig. 43

Ejercicio 3. Seguir otros tableros

1. Teclea “mascotas” en el buscador de la aplicación. Selecciona la opción **Tableros** (figura 45). Elige el primer tablero que se muestre y haz clic en **Seguir**.
2. Haz clic en el pin situado junto a tu nombre para acceder a tu perfil. Comprueba cuántos tableros tienes, cuántas personas te siguen y a cuántas sigues tú.
3. Haz una captura de pantalla de esta imagen y pégala en un documento de texto. Guarda el documento como **UD07_P9_nombre-apellido**.

Fig. 44

Fig. 45

Práctica 10. Mi primera página en lenguaje HTML

Empezar a trabajar con HTML no es complicado, pero hay que ser muy cuidadoso a la hora de introducir etiquetas y atributos. Cualquier error hará que la página que estamos construyendo no se visualice correctamente en el navegador. Cuando esto te ocurra, analiza el código e intenta localizar el error. Equivocarse al principio es la mejor forma de aprender.

1. Abre el bloc de notas yendo a **Inicio** / **Todos los programas** / **Accesorios** / **Bloc de notas** (figura 46).
2. Copia en el bloc de notas las etiquetas básicas que siempre debe tener una página (figura 47). Respeta el orden y los huecos.
3. Añade el título ("Mi primera página", sin comillas) entre las etiquetas **<title>** y **</title>**. Luego añade el contenido de la página ("Aprendiendo HTML", sin comillas) entre las etiquetas **<body>** y **</body>**. El resultado lo tienes en la figura 48.
4. En el menú **Archivo** elige **Guardar como**. En la opción **Tipo** selecciona **Todos los archivos** y en **Nombre** escribe "**UD07_P10_nombreapellido.html**". Es tu primer archivo de código fuente.
5. Accede a la carpeta donde está guardado.
6. Haz doble clic sobre el archivo que acabas de crear. Se abrirá el navegador que tengas establecido como predeterminado y te deberá aparecer el resultado de la figura 49.
7. Observa que el texto que está entre las etiquetas **<head>** y **</head>** aparece en la barra de títulos del navegador. Observa dónde aparece el contenido.
8. No cierres ni el bloc de notas ni el navegador para continuar con la práctica siguiente.

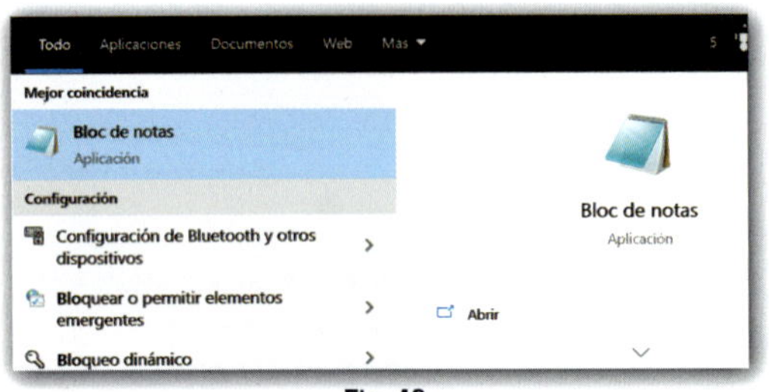

Fig. 46

Fig. 47

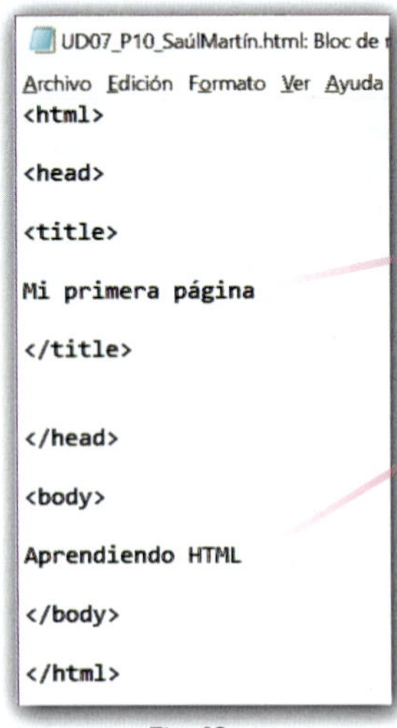

Fig. 48

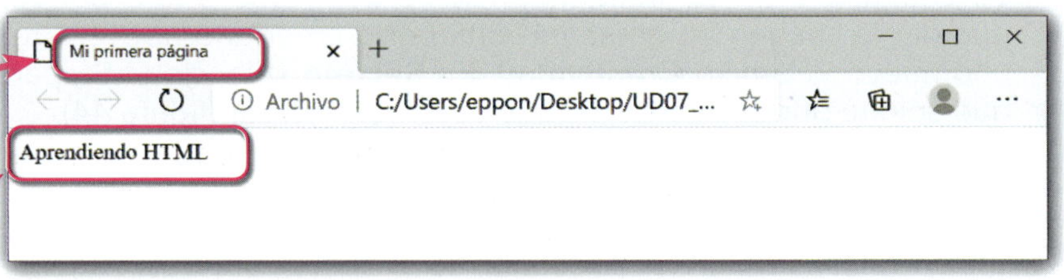

Fig. 49

DESAFÍOS

1. Pon la frase "Aprendiendo HTML" en negrita. Guarda la página como **UD07_P10_nombreapellido_desafio1.html**.

   <b>Texto en negrita</b> ⟶ **Texto en negrita**

2. Pon la frase "Aprendiendo HTML" en cursiva. Guarda la página como **UD07_P10_nombreapellido_desafio2.html**.

   <b>Texto en cursiva</b> ⟶ *Texto en cursiva*

Práctica 11. Añadir código fuente en la página HTML

Ejercicio 1. Encabezados y color de fuente

1. Vamos a añadir un encabezado al texto, es decir, vamos a hacer que se vea un título en la página web. Para ello introduce el siguiente elemento justo después de la etiqueta **<body>**, tal como se ve en la figura 50:

   <h1> Tecnología, programación y robótica </h1>

2. Guarda el archivo. Actualiza la página web en el navegador pulsando **F5** y observa el resultado.
3. Sin cerrar ni el bloc de notas ni el navegador, vamos a modificar la etiqueta anterior haciendo que el encabezado aparezca en rojo. Para ello introduce la etiqueta **<font>** con su atributo **color** con la sintaxis adecuada, como se indica a continuación:

   <h1><font color="red">Tecnología, programación y robótica</font></h1>

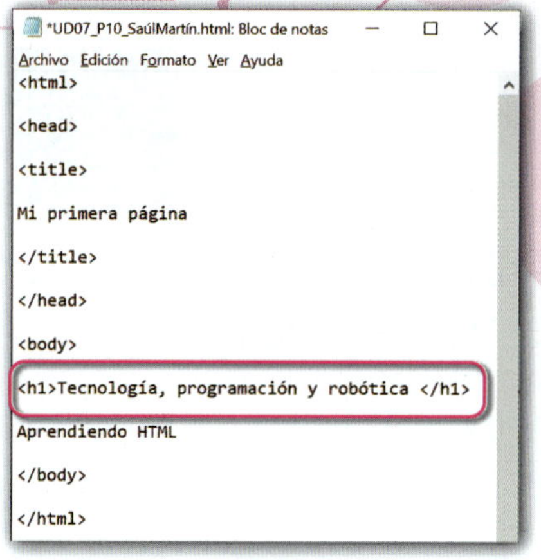

Fig. 50

4. Observa que los valores de los atributos se escriben entre comillas y después del signo igual (=). Y fíjate en que para cada etiqueta de apertura hay una de cierre.
5. Guarda el archivo. Actualiza la página web y observa el resultado.
6. Sin cerrar ni el bloc de notas ni el navegador, vamos a introducir un párrafo y alinearlo a la derecha. Para ello introduce las etiquetas **<p align="right">** y **</p>** antes y después del texto "Aprendiendo HTML", es decir:

   <p align="right"> Aprendiendo HTML </p>

   El código debe quedarte así:

```
<body>
<h1><font color="red"> Tecnología, programación y robótica </font></h1>
<p align="right"> Aprendiendo HTML </p>
</body>
</html>
```

7. Guarda el archivo. Actualiza la página web y observa el resultado.

Ejercicio 2. Imágenes

1. Vamos a colocar en la página una imagen de un robot que tienes en la unidad 7 de tu espacio web y que se llama **robot.png**. Para ello guarda la imagen en la misma carpeta donde está el documento **UD07_P10_nombreapellido.html** y con el mismo nombre que ya tiene. Este paso es *imprescindible* para que funcione.
2. Escribe lo siguiente justo después de la etiqueta **</p>**:

   <img src="robot.png"/>

3. Guarda el archivo como **UD07_P11_nombreapellido.html**. Actualiza la página web y observa el resultado, que debe ser similar al de la figura 51.

Fig. 51

DESAFÍOS

1. Pon otros colores a la frase "Tecnología, programación y robótica" de la web, utilizando las etiquetas correspondientes. Guarda la página como **UD07_P11_nombreapellido_desafio1.html**.
2. Inserta otra imagen que te guste, de forma que se vea antes del encabezado. Guarda la página como **UD07_P11_nombreapellido_desafio2.html**.

ZONA web

Realiza las siguientes actividades accediendo a tu zona web.

tu nota en un clic

Las actividades señaladas con el sello **"tu nota en un clic"** dan la opción de, una vez realizadas, imprimirlas en un **archivo PDF** con el **nombre y apellido del alumno** y la **puntuación obtenida sobre 10**.

Para acceder a tu zona web una vez registrado el libro:

1. Entra en www.editorialdonostiarra.com.
2. Accede a **Zona privada** (sección **Alumno**) y haz clic en **Acceso a la zona web**.
3. Teclea tu e-mail y contraseña.

1 Test de Internet

tu nota en un clic

Accede a la actividad **UD07 01 Test de la unidad** y comprueba tus conocimientos.

2 Vocabulario de la unidad

tu nota en un clic

Accede a la actividad **UD07 02 Vocabulario** y selecciona para cada una de las definiciones que se presentan la palabra clave que le corresponde.

3 Esquema de contenidos

tu nota en un clic

Accede a la actividad **UD07 03 Esquema de contenidos** y completa el esquema de contenidos de la unidad con las palabras propuestas.

4 Soluciones a los riesgos de Internet

Accede a la actividad **UD07 04 Soluciones a los riesgos de Internet** y coloca cada una de las palabras en la columna adecuada: amenaza o solución.

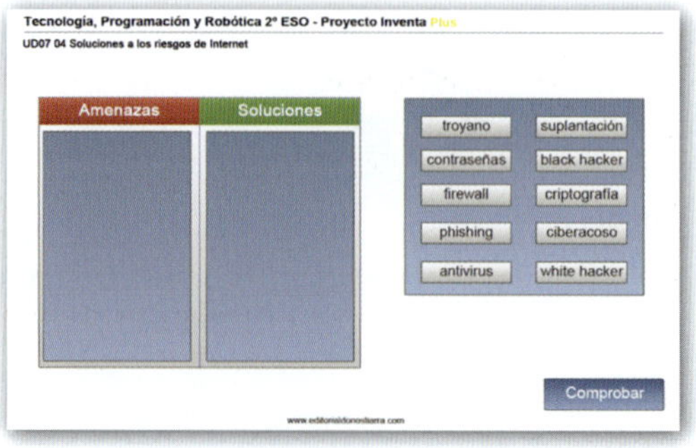

5 Seguridad en Internet

Accede a la actividad **UD07 05 Seguridad en Internet** e indica para cada acción si se trata de un procedimiento seguro o peligroso.

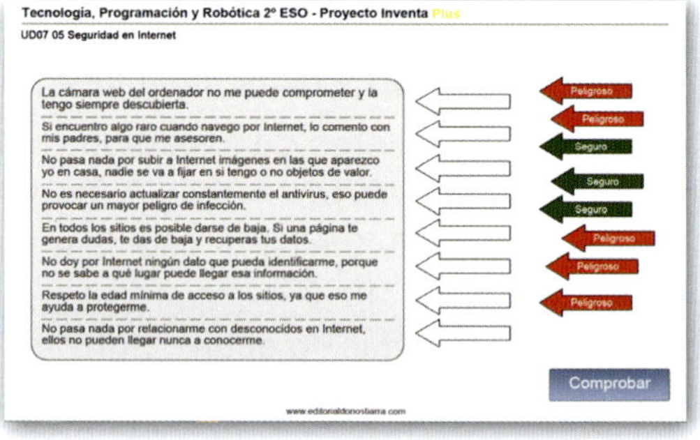

6 Etiquetas HTML

Accede a la actividad **UD07 06 Etiquetas HTML** y selecciona para cada etiqueta básica del lenguaje HTML la función que le corresponde.

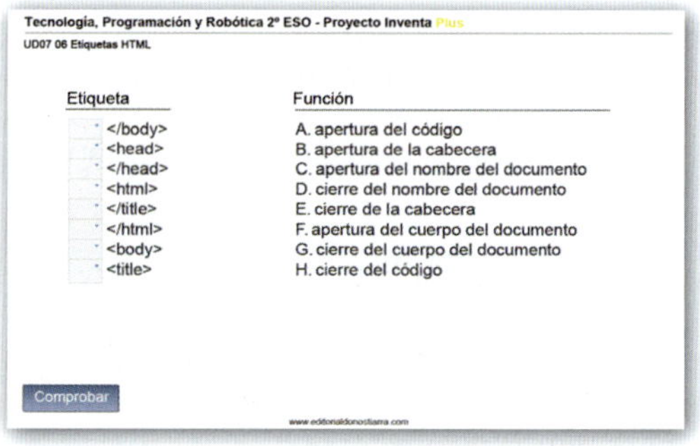

7 Páginas web

Accede a la actividad **UD07 07 Páginas web** y di si son verdaderas o falsas las afirmaciones que se presentan sobre las páginas web.

Hojas de estilo (CSS)

Las hojas de estilo o CSS (*cascading style sheets*) son ficheros donde se almacenan el conjunto de estilos que posteriormente se usarán en el documento: tipos de letra de cada categoría (texto, encabezados, menús, etc.), estilo de las tablas, estilo de los párrafos, tamaño por defecto de la página... Con ello se consigue que el formato de todo el sitio web sea homogéneo y se facilitan las modificaciones posteriores.

Trabajar con CSS puede parecer farragoso si nuestra web sólo tiene una página, pero es la mejor forma de trabajar cuando los sitios son complejos o si queremos reutilizar un estilo o usar los estilos creados por otras personas. Los archivos CSS también se pueden descargar de Internet.

Para entender las hojas de estilo vamos a hacer un par de ejercicios.

Ejercicio 1. Entender las hojas de estilo

1. Accede al blog que creaste con Blogger en la unidad 1. Pulsa el botón derecho sobre la página y selecciona la opción **Guardar como**. Guarda el blog en tu carpeta como **UD07_nombreapellido_rincon.html**. Lo que estás guardando es el código fuente.
2. Observa que se ha guardado un archivo de extensión **.html** junto con una carpeta del mismo nombre. Abre la carpeta y observa que hay algunos archivos de extensión **.css**.
3. Haz doble clic sobre el archivo HTML descargado y observa cómo se abre el navegador con la página descargada.
4. A continuación borra de la carpeta los archivos CSS que encuentres. Luego haz doble clic sobre el archivo HTML descargado y observa el resultado. La página no se visualiza correctamente porque sólo interpreta el código fuente, pero no tenemos el archivo de estilos CSS. Le hemos quitado todo el diseño, al eliminar el archivo CSS.

Fig. 52

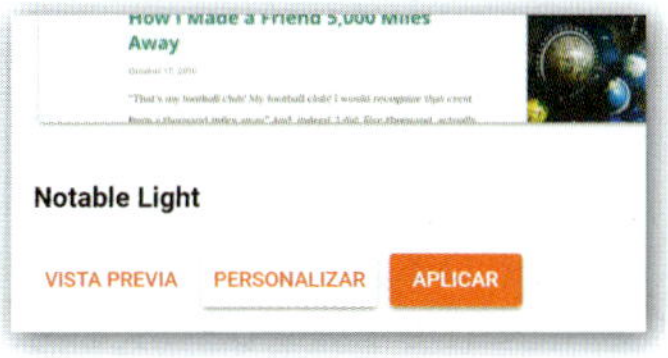

Fig. 53

Ejercicio 2. Aplicar un estilo a nuestro blog

1. Entra en tu blog en modo diseño. En el menú de Blogger, haz clic en **Tema** (figura 52). Verás varios grupos de plantillas. Elige la que más te guste y haz clic en **Aplicar** (figura 53).
2. Vuelve a la parte superior de esa página y pulsa el botón **Personalizar**, que está al lado de la imagen (figura 54).
3. En la nueva pantalla que se abre, a la izquierda, en **Gama de colores principales**, cambia la gama de colores de la plantilla por una que te guste y luego pulsa el botón **Guardar**, que tienes abajo a la derecha (figura 55).
4. Comprueba el resultado haciendo clic en **Ver blog**.

Fig. 54

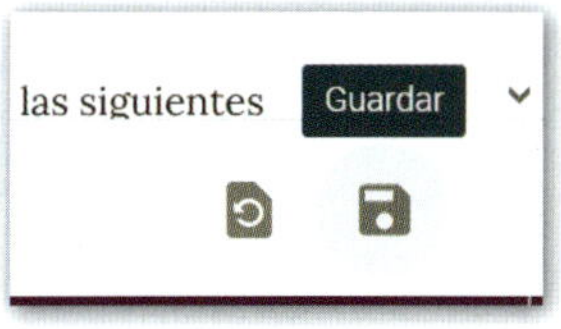

Fig. 55

DESAFÍO

- Edita una de las entradas que tengas escritas y modifícala. Cambia el tipo y el tamaño de letra. Resalta la palabra *algoritmo* con un subrayador amarillo. Haz una captura de pantalla de la página principal del blog y pégala en un documento de texto que lleve por nombre **UD07_nombreapellido_desafio1**.

RESUMEN de la unidad

1. ¿Cómo funciona Internet?

- Un **navegador** (Edge, Chrome, Firefox, Opera, Safari, Explorer...) es un programa que nos permite visualizar los contenidos de las páginas web.
- La **URL** (*uniform resource locator*, "localizador uniforme de recursos") es la dirección que identifica a una página web en Internet.
- Cada ordenador tiene una dirección única en la Red, llamada **dirección IP**.
- **TCP/IP** es el protocolo de comunicación de Internet que permite que los ordenadores se comuniquen entre sí.
- Los **servidores DNS** asignan nombres a las direcciones IP. Los **servidores** emplean el **protocolo HTTP** (*hypertext transfer protocol*, "protocolo de transferencia de hipertexto") para enviar y recibir documentos a través de Internet.

2. Páginas web

- Un **sitio web** está formado por un conjunto de **páginas web** enlazadas entre sí, a las cuales se accede a través de una dirección común.
- Cada uno de los documentos o páginas que constituyen un sitio web es un archivo de extensión **.html** o bien **.htm**.

3. El lenguaje HTML

- Las páginas web se crean en **HTML** (*hypertext markup language*, "lenguaje de marcas hipertextuales") o combinando HTML con lenguajes dinámicos como ASP (Active Server Pages), ASP.NET, Java, PHP o JavaScript.
- El lenguaje HTML se escribe en forma de **etiquetas** entre corchetes angulares (<>). Pueden ser de apertura (por ejemplo: **<body>**) o de cierre (por ejemplo: **</body>**).
- Para acceder a las páginas web, usamos un **navegador**, que se encarga de comunicar cada ordenador con los servidores que albergan las páginas web, descargar las páginas y mostrarlas.

4. Herramientas de publicación en la Web 2.0

- Las **herramientas de publicación** más utilizadas son: los gestores de contenidos; la ofimática online y la ofimática colaborativa; las wikis; las redes sociales; y los portales de alojamiento de fotos, audios y vídeos.

5. Gestores de contenidos

- Un **gestor de contenidos** es una herramienta de publicación que permite generar contenidos web y editarlos y actualizarlos online sin necesidad de contar con conocimientos técnicos de diseño o programación. En inglés se conoce como **CMS** (*content management system*).

6. Seguridad en las personas y en la máquina

- Las principales **amenazas a la persona** son: la suplantación de la identidad; el phishing; la pérdida de nuestra intimidad; el perjuicio a nuestra identidad o imagen; y el ciberbullying o ciberacoso. Nuestra **actitud** es la mejor **protección** ante estas amenazas.
- Las principales **amenazas a la máquina** son: los virus y troyanos; el spyware o software espía; y los piratas informáticos. Las principales soluciones a estas amenazas son los antivirus, los cortafuegos o firewalls, el hacking ético, la criptografía y las contraseñas.

7. Responsabilidad digital

- Cuando usamos Internet, debemos tener presentes nuestra **seguridad** y el **respeto** a los demás.
- Además, las **leyes nos protegen**.
- Usa el **sentido común** y no hagas en el ordenador cosas que no harías en tu vida cotidiana.

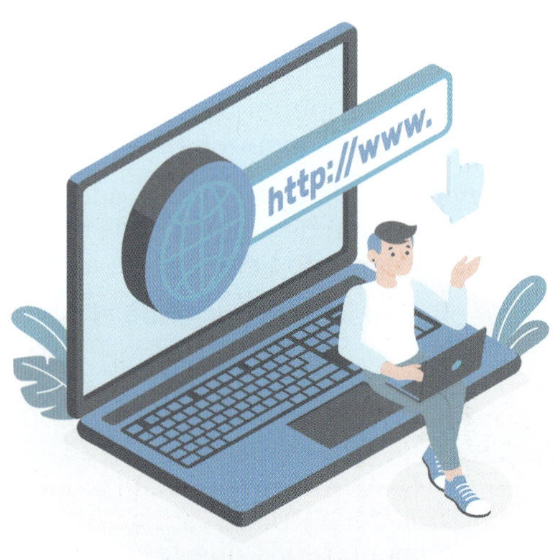

AUTOEVALUACIÓN

1. Haz los siguientes ejercicios en tu cuaderno.
2. Consulta las respuestas al final del libro, para evaluar tu aprendizaje.

2 ptos. 1. **Une cada concepto con su definición:**

1) URL	a) Sistema informático que indexa archivos almacenados en páginas web.
2) Servidor	b) Dirección que aparece en la barra de direcciones del navegador y es única para cada página web.
3) Router	c) Ordenador con características especiales, preparado para dar servicios sin interrupción a muchos usuarios de forma simultánea.
4) Buscador	d) Dispositivo que nos permite la conexión a Internet.

2 ptos. 2. **Contesta si son verdaderas o falsas las afirmaciones siguientes referidas a las páginas web:**

a) Un archivo de extensión HTML se puede visualizar con un navegador.

b) Las páginas web dinámicas son aquellas que muestran siempre el mismo contenido cada vez que las cargamos.

c) Las páginas web se alojan en servidores.

d) Las personas responsables del mantenimiento de una web se llaman *servidores*.

2 ptos. 3. **Elige entre las siguientes aplicaciones las que no son herramientas de publicación ni gestores de contenidos:**

- Google Sites
- Microsoft Word
- Scratch
- Blogger
- LibreOffice Writer
- WordPress
- Minecraft
- Microsoft PowerPoint

2 ptos. 4. **Une cada una de las amenazas (al ordenador y a la persona) de la primera columna con una o más de las soluciones de la segunda columna:**

AMENAZAS	SOLUCIONES
1) Troyanos	a) Tener un antivirus instalado
2) Phishing	b) Proteger con contraseñas fiables
3) Virus	c) Denunciar ante la autoridad competente
4) Ciberbullying	d) Conocer los riesgos de Internet y estar atento a ellos
5) Suplantación de identidad	
6) Piratas informáticos	

2 ptos. 5. **Completa las siguientes afirmaciones relacionadas con la responsabilidad digital:**

a) Además del (...) que tengamos a nuestra disposición, debemos tener claro que la mayor protección está en nosotros mismos y en los (...) de confianza: padres, profesores y especialistas.

b) Cuando usamos Internet, debemos tener presentes nuestra (...) y el respeto a los demás. Nuestra actitud es la mejor (...).

c) Debes tener (...) con la cámara web. Gírala hacia un ángulo muerto o tápala con una pegatina cuando no la estés usando, para impedir que capture (...), ya que puede ser manipulada de forma remota usando software malicioso.

d) A menudo las (...) que creemos que vienen de la webcam de otra persona son en realidad imágenes (...) por ella.

Anexos

En tu espacio web tienes un **modelo de memoria de proyecto tecnológico** que puedes descargar.

Proyecto 1

Puente de espaguetis

Propuesta

Tenemos que construir un puente hecho de espaguetis que salve una distancia de 20 cm y que soporte el máximo de peso posible.

Condiciones

Sólo se puede usar medio kilo de espaguetis. El puente debe tener una longitud de 25 cm y una anchura de 10 cm.

Ejemplos: www.youtube.com/watch?v=SlqtGDYTJSA
www.youtube.com/watch?v=vztttgj4VWA
www.youtube.com/watch?v=rTdQL2KeTn0

Materiales y herramientas

- Espaguetis, gomas elásticas, tijeras, pistola de pegamento termofusible o pegamento

Duración: 4 a 6 sesiones de taller

Objetivos

- Poner en práctica el concepto de triangulación
- Comprender la importancia que tiene la forma de los materiales en una estructura

1. Dibujad en un papel, a modo de plantilla, todas las partes del puente (fijaos en la figura final de este proyecto), para haceros una idea de la cantidad de espaguetis que podéis agrupar para cada tramo. Dado que los espaguetis miden 25 cm, no es necesario hacer empalmes para conseguir la longitud total del puente.

2. Lo primero que vamos a hacer son las barras de los laterales del puente. Para confeccionar cada barra, sujetad varios espaguetis con una goma en cada extremo, para que no se suelten, y poned un poco de pegamento en las puntas.

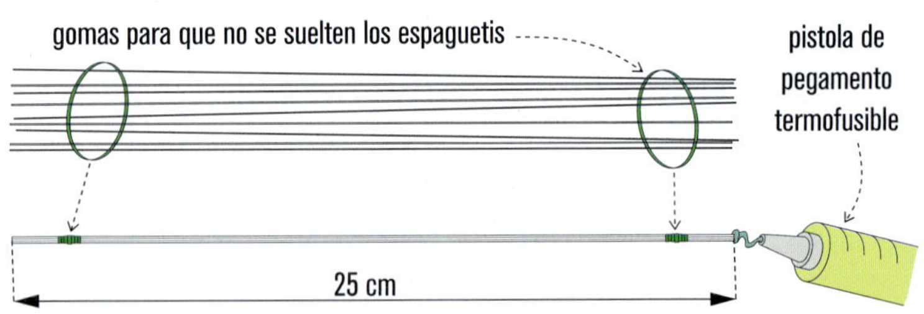

3. Construid la siguiente cercha para cada uno de los dos laterales del puente. Para ello, haced seis barras de espaguetis de 8 cm y unidlas con pegamento como se muestra en la figura (fijaos en los círculos).

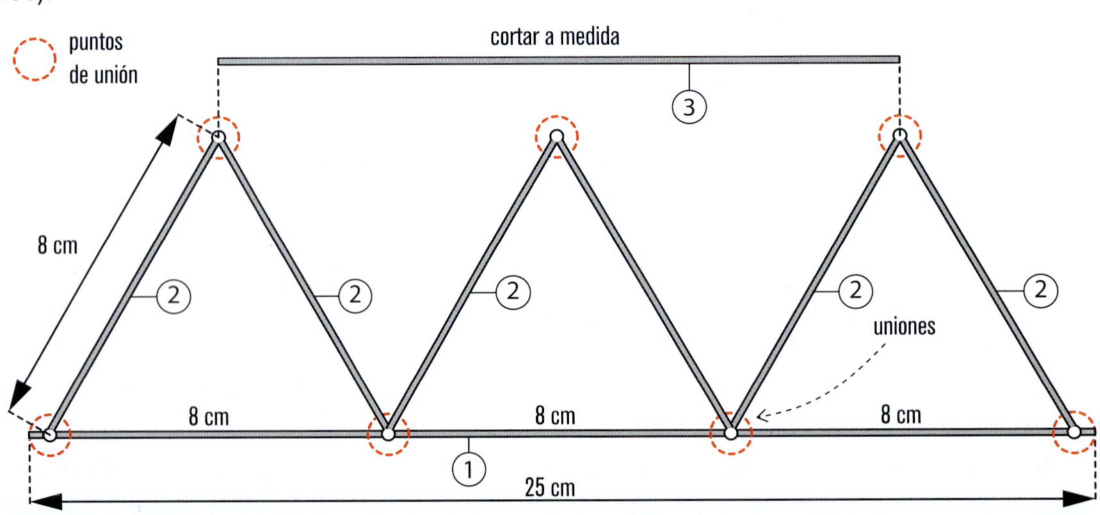

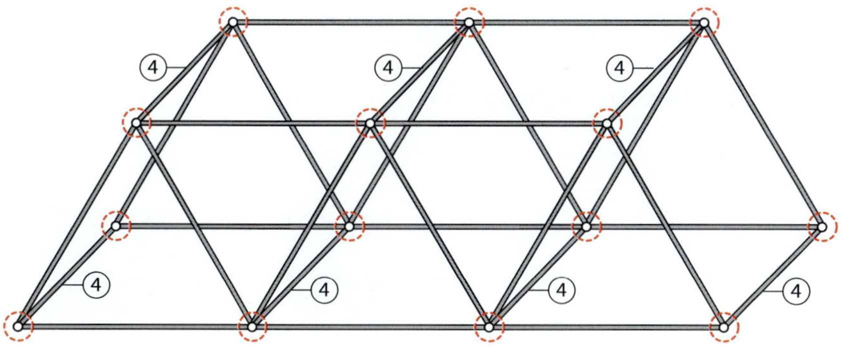

4. Colocad los dos laterales a una distancia de 10 cm y unidlos con barras de espaguetis (en la figura, estas barras llevan el número 4).

5. Por último, unid con barras diagonales (triangulación) tanto la parte superior del puente (techo) como su base.

6. En resumen, las barras que tendréis que haber construido son:

N.º	Longitud	Cantidad
1	25 cm	2
2	8 cm	12
3	16,5 cm, aprox.	2
4	10 cm	7
5	A medida	5

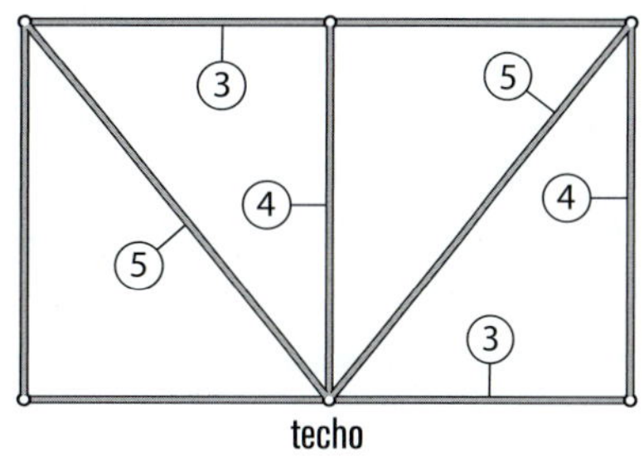

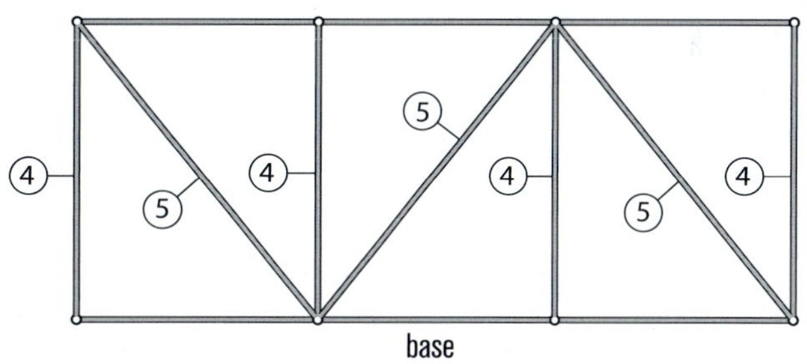

7. Debería quedaros un puente como este. Como base, podéis poner un trozo de cartulina.

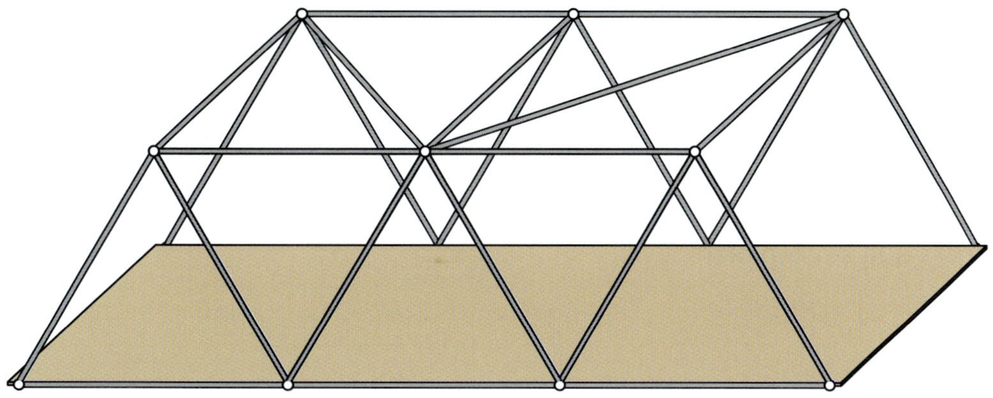

DESAFÍOS

1. Situad el puente entre dos mesas a una distancia de 20 cm y comprobad cuánto peso puede soportar. Comprobad cuál de todos los puentes que habéis construido en vuestra clase es capaz de soportar más peso.

2. Si lo queréis poner más difícil, haced que la distancia entre los extremos sea de 60 cm. Para alcanzar la longitud total hará falta unir varios tramos.

3. Construid un puente con un nuevo diseño, después de investigar viendo en Internet vídeos de los concursos de puentes de espaguetis que se celebran en las escuelas de arquitectura.

Proyecto 2

Escenario

Propuesta

Vamos a construir un escenario con cerchas hechas de papel.

Condiciones

Tamaño máximo de la base: un DIN A4.

Ejemplos: https://ar.pinterest.com/pin/19562579617510596
http://bit.ly/ies-emilio-prados-escenario

Materiales y herramientas

- Hojas de papel, pegamento de barra, pistola de pegamento termofusible, tijeras, cartulina, dos bombillas, dos portalámparas, cable, una pila, un interruptor

Duración: 4 a 6 sesiones de taller

Objetivos

- Poner en práctica el concepto de triangulación
- Comprender la importancia que tiene la forma de los materiales en una estructura
- Diseñar y dimensionar los elementos de soporte y las estructuras de apoyo

1. Para hacer las barras de las cerchas, usaremos hojas de papel. Como ya hemos visto en la práctica 2 de taller de la unidad 3 ("Estructura triangulada resistente de papel"), debéis enrollar cada folio empezando por una de sus esquinas. Cuanto más fino lo enrolléis desde la esquina, mayor resistencia tendrá. Cuando estéis a un poco más de la mitad del papel, poned pegamento de barra en el resto del folio y luego acabad de enrollarlo.

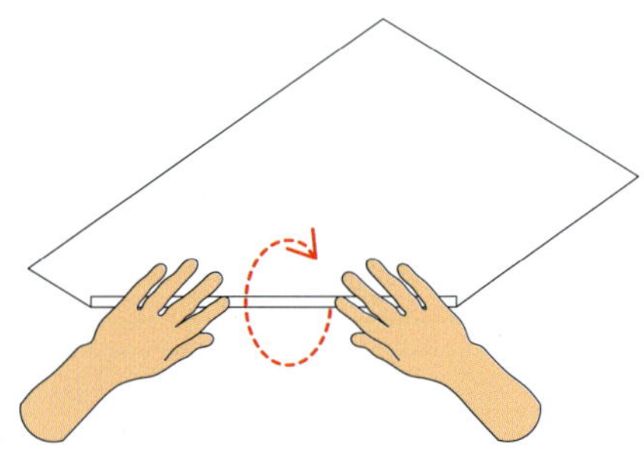

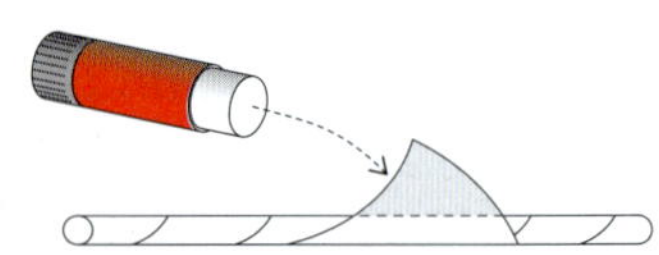

2. Cortad 9 barras principales de 24 cm. A continuación, cortad 39 barras de 5 cm, que servirán para agrupar las principales de tres en tres.
3. Para crear la primera celosía (una de las tres caras de la cercha), situad dos barras de 24 cm en paralelo y unid los extremos pegando con la pistola cuatro barras perpendiculares de 5 cm (cortad los extremos de estas últimas con la forma redondeada, para que ajusten bien).

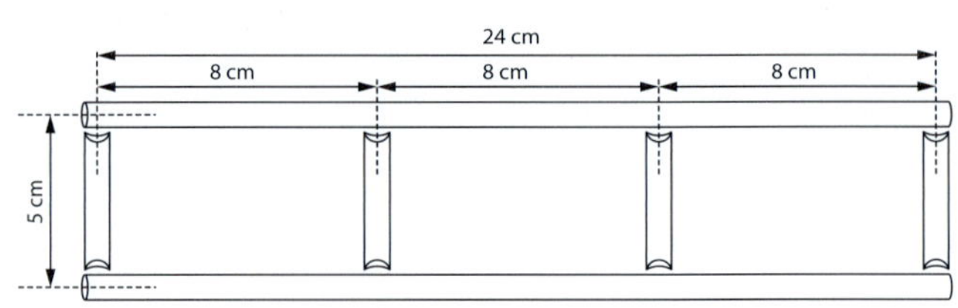

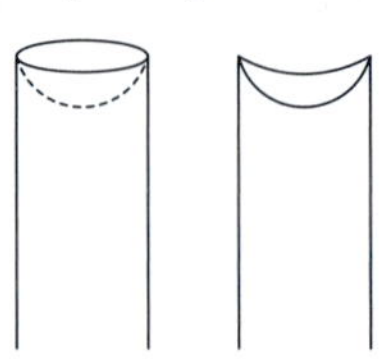

4. Añadid barras en diagonal de la medida exacta para que encajen perfectamente en cada hueco (cortad los extremos en punta, en este caso).

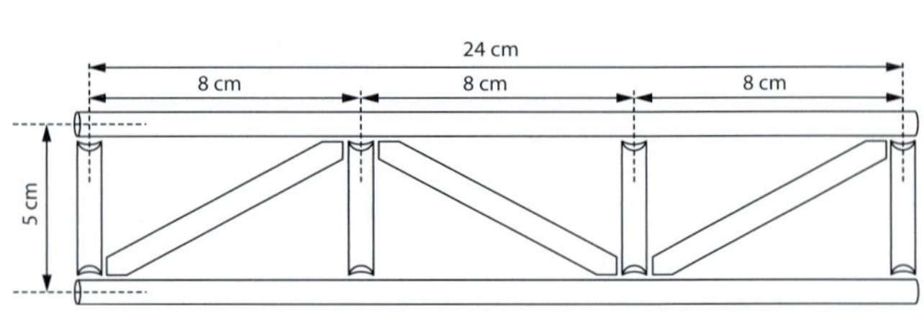

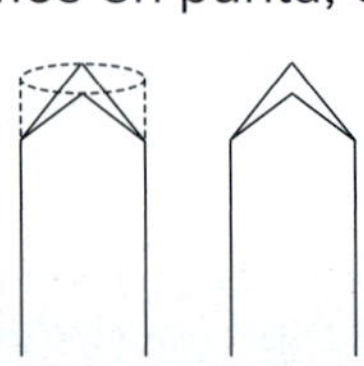

Una vez hecha una cara, construid el resto de la cercha con otra barra de 24 cm y todas las barras de 5 cm necesarias (en la figura, hemos ocultado las diagonales para que se vea cómo quedan los triángulos). Después, añadid barras diagonales en las dos nuevas caras de la cercha.

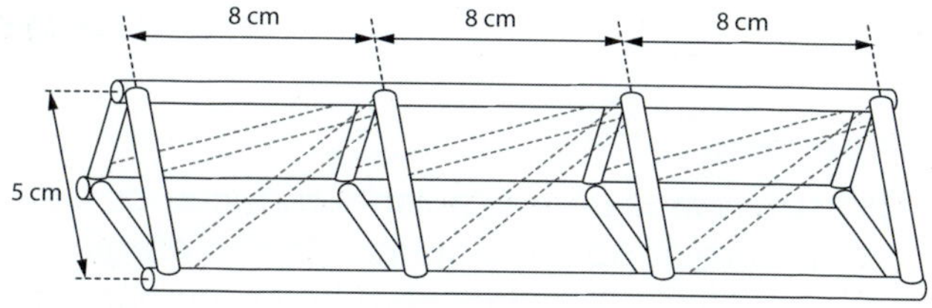

6. Cuando hayáis acabado la primera cercha, repetid el proceso, para crear el otro soporte vertical.

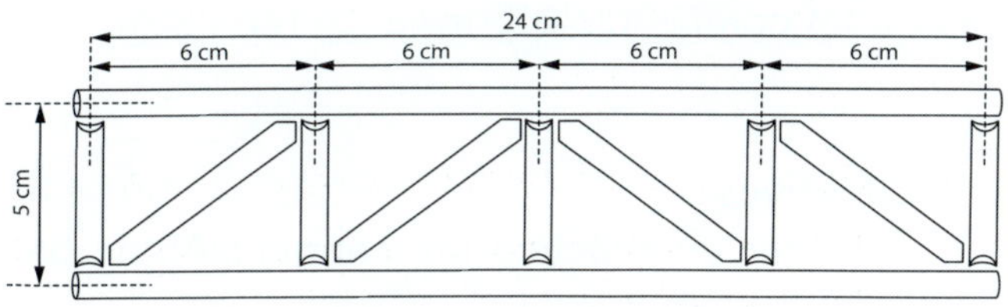

7. Para la cercha superior, en lugar de 8 cm de separación dejad sólo 6 cm, de modo que queden cuatro huecos (fabricaremos una cercha del tipo Pratt).

8. Una vez terminadas todas las cerchas, pegadlas con la pistola.

9. Construid la base del escenario, por ejemplo, con la tapa de una caja de zapatos.

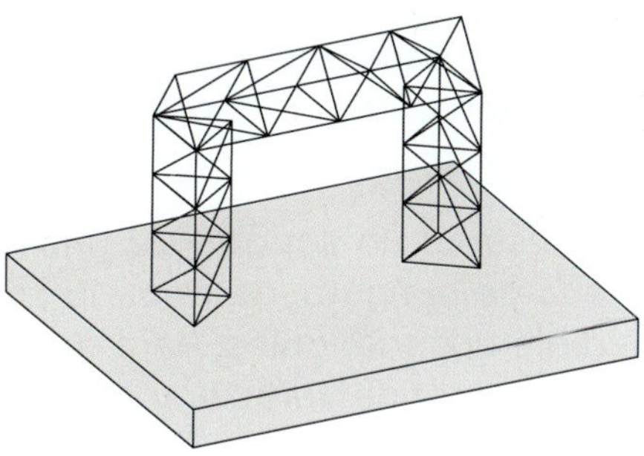

10. Construid algunos focos. Enrollad un trozo de cartulina y pegad en él piezas laterales a modo de difusores de luz.

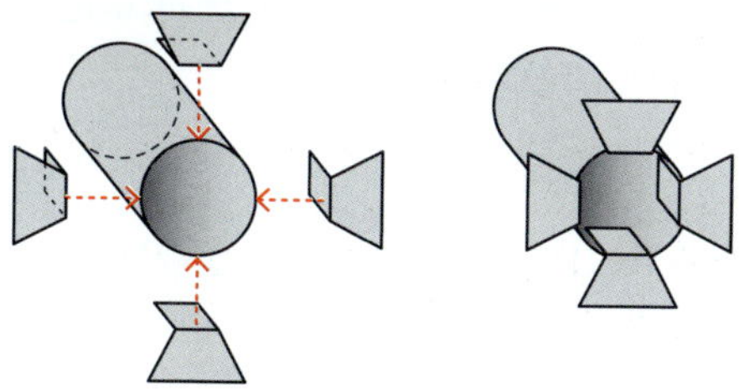

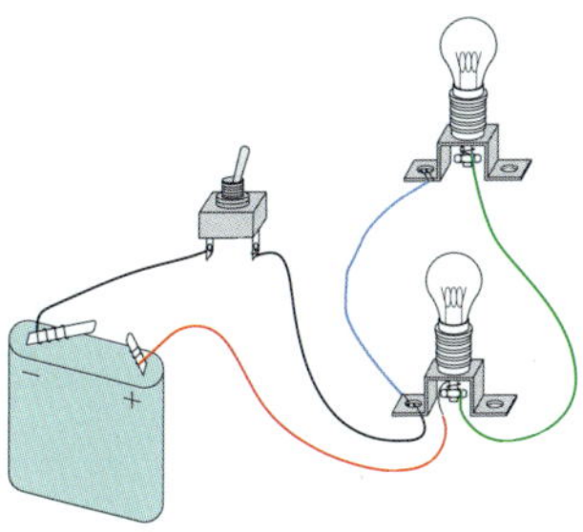

11. Conectad los dos portalámparas en paralelo, como se muestra en la figura. Después, unid uno de los extremos de un portalámparas con la pila y el otro con el interruptor; el otro terminal del interruptor deberá ir al terminal libre de la pila. Montad las bombillas dentro de los focos.

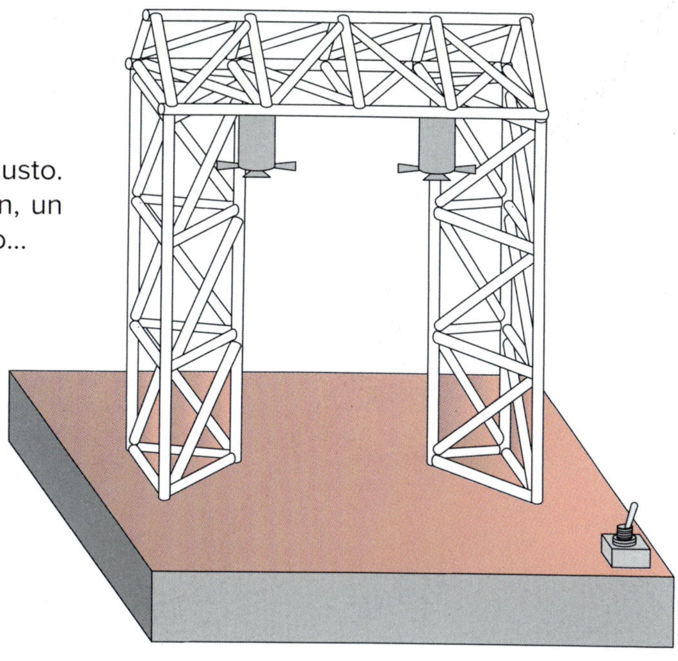

12. Decorad el resto del escenario a vuestro gusto. Podéis añadir muñecos, altavoces, un telón, un cartel de vuestro grupo de música preferido...

Proyecto 3

Molino de viento o noria

Propuesta

Construiremos un mecanismo reductor de velocidad para crear un molino de viento o bien una noria de un parque de atracciones. Podéis elegir entre estas dos propuestas; la parte principal, que es la reductora de velocidad, será la misma para ambas.

Condiciones

Tamaño máximo de la base: un DIN A4.

Ejemplos: http://www.aulataller.es/proyectos-tecnologia-ESO/norias-de-feria-tecnologia-eso.html
https://elblogdelprofesordetecnologia.blogspot.com/2009/05/noria-de-feria.html

Materiales y herramientas

- Cartón o contrachapado, motor CC, ejes de hierro o plástico, gomas elásticas, un clip, cable, dos clavos, cartulina, tijeras, pistola de pegamento termofusible

Duración: 4 a 6 sesiones de taller

Objetivos

- Poner en práctica los conocimientos básicos sobre mecanismos
- Aprender a construir una reductora de velocidad
- Realizar cálculos en poleas y engranajes

1. Ya hemos visto en la práctica 2 de taller de la unidad 4 cómo construir una reductora de velocidad. En este caso podéis construir vuestro proyecto con contrachapado de 2 o 3 mm de grosor o bien con cartón grueso.

2. Dibujad dos circunferencias de 10 cm de diámetro y una de 9 cm. Cortadlas y luego pegadlas como se muestra en la figura.

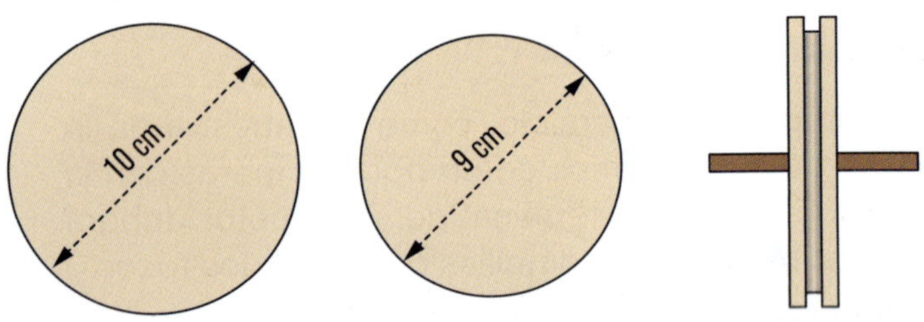

3. Construid un soporte de una forma parecida a la de la figura, de unos 15 cm de alto. Añadidle dos triángulos, para darle firmeza y que se mantenga vertical, y los ejes para colocar la polea.

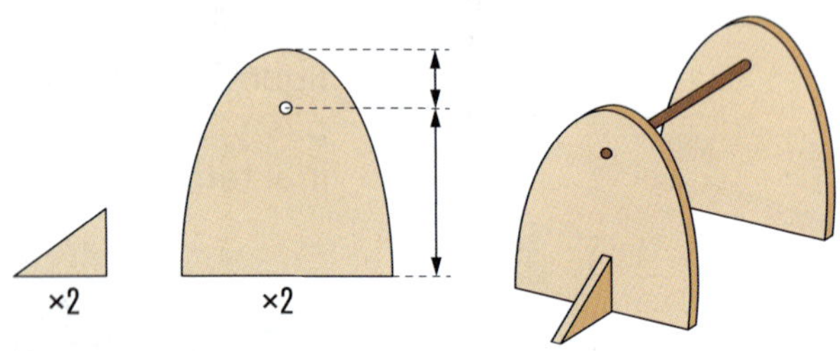

4. Fijad el motor con su soporte y unidlo a la polea con una goma elástica, de forma que no quede muy tensa ni muy floja. Podéis poner una pequeña polea al eje del motor. Recolocad los elementos las veces que sea necesario hasta que os aseguréis de que la goma da varias vueltas sin salirse.

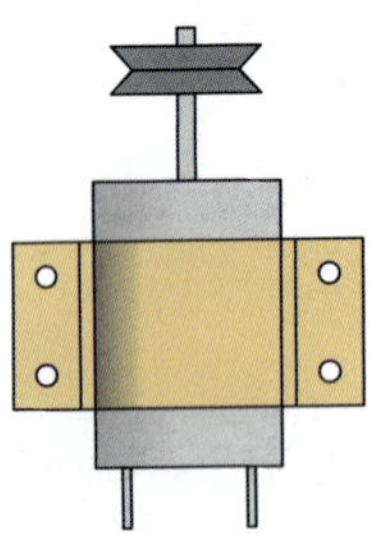

5. Normalmente, con una sola polea no es suficiente para reducir la velocidad, por lo que podéis fabricar una segunda polea y su respectivo soporte.

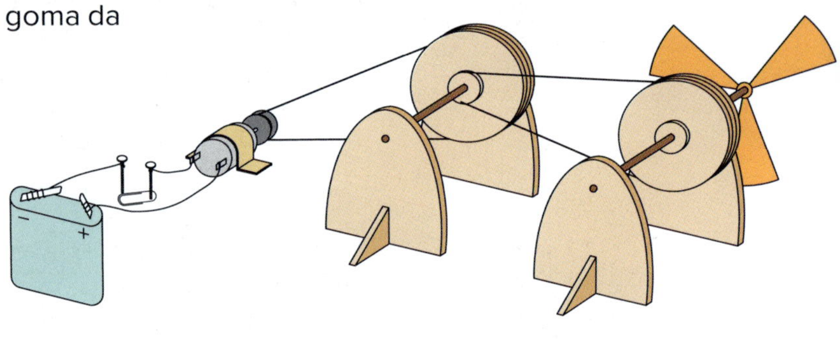

6. Para crear el circuito eléctrico vamos a fabricar un interruptor con un clip, cable y un par de clavos. Conectad el terminal positivo de la pila a uno de los clavos; el otro clavo (donde está enganchado el clip), conectadlo al motor; y el cable de vuelta irá del motor al polo negativo de la pila.

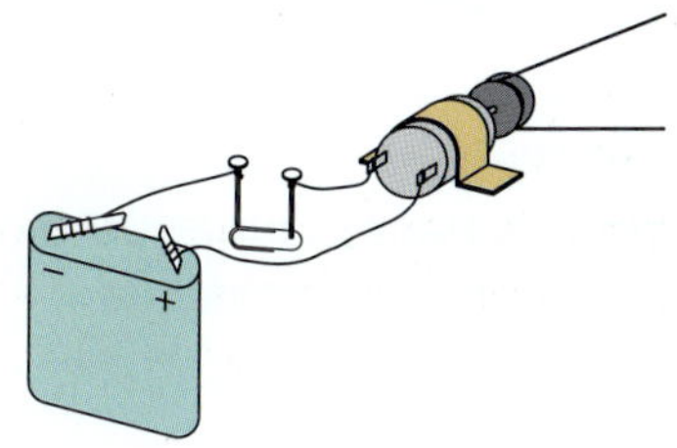

7. Otra forma de construir un interruptor es mediante un taco de madera y una chapita. De uno de los terminales de la chapa saldrá un cable que irá a la pila y del clavo saldrá otro que irá a un terminal del motor.

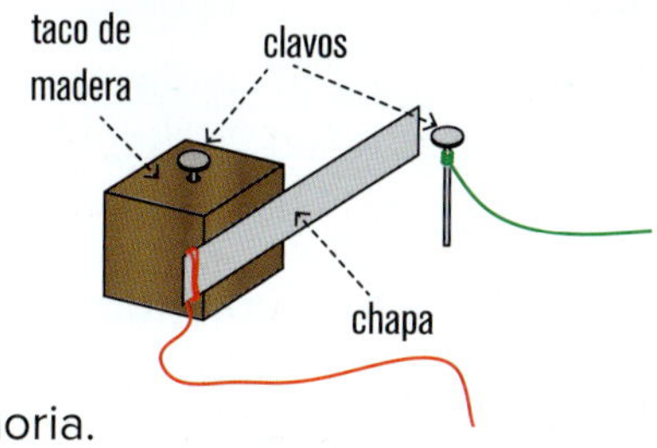

8. Ahora vamos a construir el resto del molino de viento o de la noria.

Opción A: molino de viento

Construid con cartulina la estructura de un molino y sus aspas. Unid las aspas al eje para que se muevan solidarias.

Opción B: noria

Construid con cartulina dos circunferencias como las de la figura y dos soportes como los de antes. Fabricad cuatro sillas y unidlas a las circunferencias con un clavo cada una (tened presente que las sillas deben quedar siempre en vertical, girando sobre el eje que es el clavo, para que no se caigan las personas).

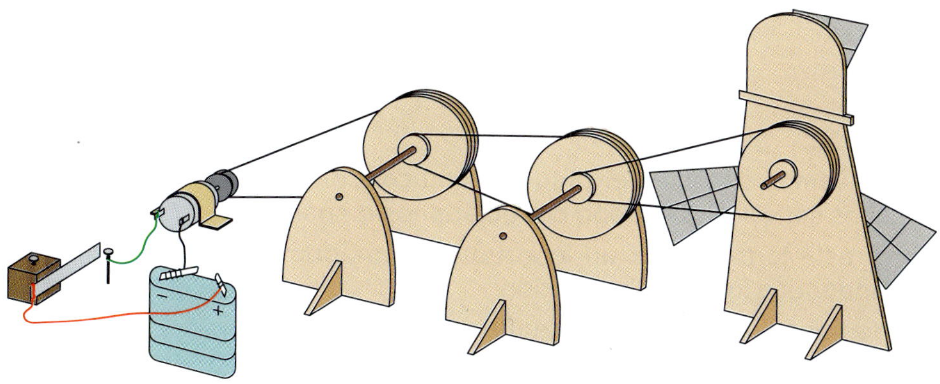

FÍJATE Y RESUELVE

1. Teniendo en cuenta los diámetros de la polea conducida (o eje del motor) y la polea conductora, calculad la relación de transmisión.
2. Contad las vueltas que da el molino o la noria en un minuto y, aplicando la relación de transmisión anterior, calculad la velocidad a la que gira el motor.

Proyecto 4

Maqueta de una habitación

Propuesta

Vamos a hacer la maqueta de una habitación. Le añadiremos luces, un timbre y un ventilador para que se pueda interactuar.

Condiciones

Tamaño máximo de la base: un DIN A4.

Ejemplo: https://aliciadiazcobo.wordpress.com/2014/03/25/ideas-proyecto-maqueta-de-casa-con-iluminacion

Materiales y herramientas

- Papel, cartón, celo, tijeras, pistola de pegamento termofusible o pegamento en barra, material reciclado, dos interruptores, una bombilla, un portalámparas, un pulsador, un zumbador, un motor CC, una pila, cable

Objetivos

- Aprender a conectar los componentes básicos de un circuito eléctrico
- Comprender el funcionamiento de circuitos eléctricos sencillos y aprender a construirlos

Duración: 4 a 6 sesiones de taller

1. Para construir la maqueta, podéis utilizar una caja (de zapatos, de paquetes de folios, etc.).
2. En primer lugar, dibujad en una hoja el diseño de la habitación que vais a construir. Recordad que pondremos un timbre junto a la puerta (por la parte de fuera) y, por dentro, luces y un ventilador, además de los muebles y elementos que vosotros queráis.

3. A continuación, vamos a fabricar el circuito eléctrico. Construiremos tres circuitos sencillos que luego conectaremos en paralelo:
   - El primero está formado por un interruptor y una bombilla, para encender una luz en la habitación.
   - El segundo tiene un pulsador y un zumbador, para simular el timbre de la habitación cuando se pulse.
   - El tercero consta de un interruptor y un motor a modo de ventilador.
4. Conectad todos los elementos en paralelo con la pila, como se muestra en la figura.

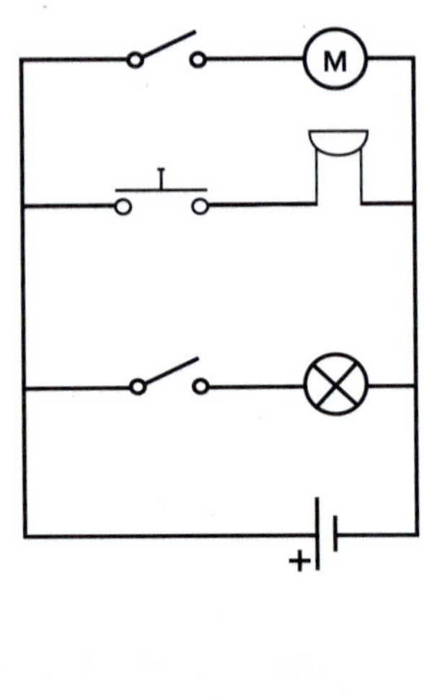

5. A continuación, os mostramos cómo conectar todo el circuito eléctrico:

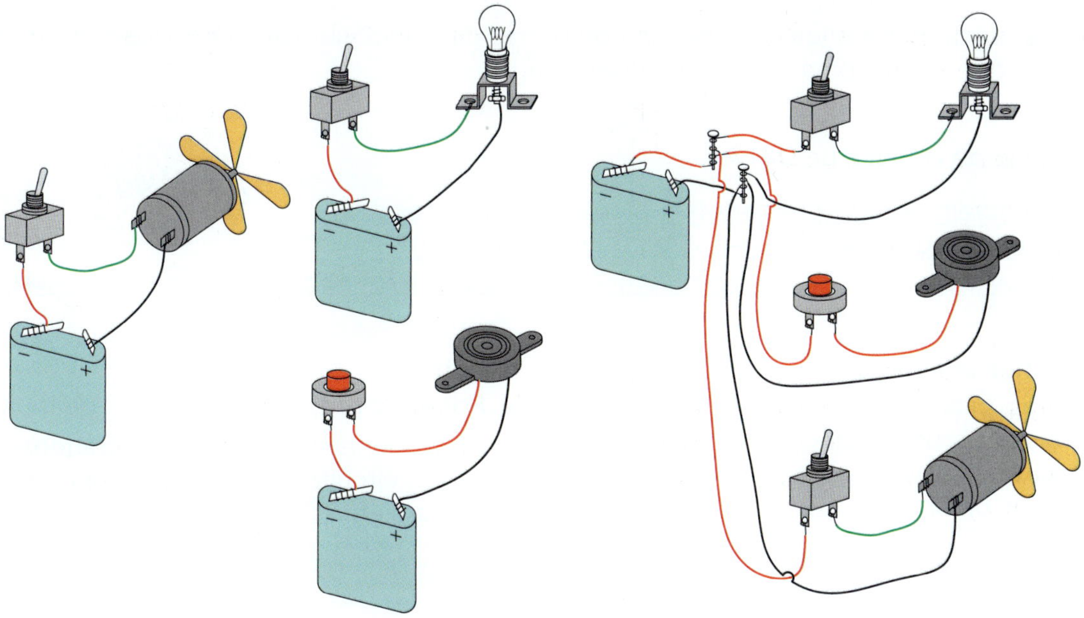

Son tres circuitos independientes, como se puede observar, pero nosotros los conectamos a una única pila.

6. Decorad el resto de la habitación a vuestro gusto.

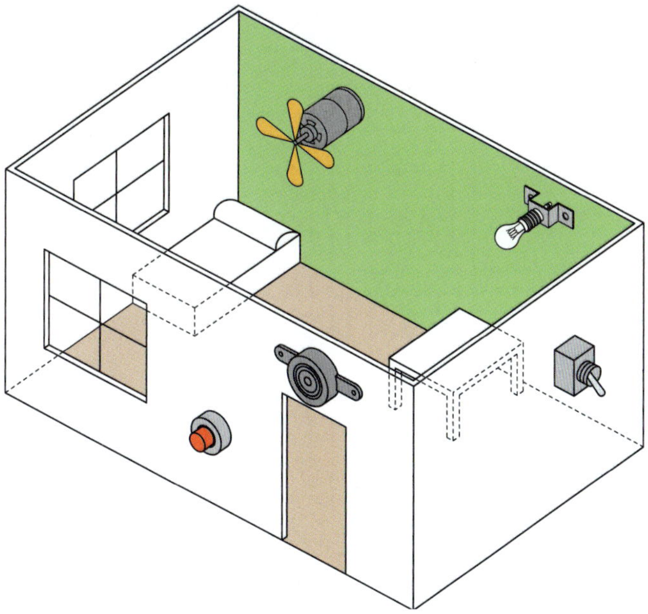

DESAFÍOS

1. Con la tapa de una caja de folios puesta en vertical, construid una casa de varias plantas (cada planta puede tener una o varias habitaciones). Ponedle luces o alguno de los circuitos que hemos visto.

2. Utilizad piezas de Lego para construir de nuevo la casa o la habitación.

Proyecto 5

Puente levadizo

Propuesta

Vamos a construir un puente levadizo hecho con barras de papel y lo conectaremos con un motor con reductora para que suba y baje de forma automática.

Condiciones

Tamaño máximo de la base: un DIN A4.

Ejemplos: https://elblogdelprofesordetecnologia.blogspot.com/2016/02/construccion-de-una-estructura-con.html
http://tecnologiaclm.blogspot.com/2015/12/puente-levadizo-electrificado-de-carton.html

Materiales y herramientas

- Papel, tijeras, pistola de pegamento termofusible, dos bisagras, un motor con reductora, una pila, cable, un taco de madera, clavos, dos tiras de chapa, una polea, cuerda

Duración: 4 a 6 sesiones de taller

Objetivos

- Poner en práctica el concepto de triangulación
- Aprender a conectar los componentes básicos de un circuito eléctrico y comprender su funcionamiento

1. En primer lugar, construid la estructura del puente con barras de papel, como hemos hecho en el proyecto 2. Fijaos en la figura: el puente tendrá unos 10 cm de ancho por unos 24 cm de alto. Construid la parte levadiza del puente pegando varias barras y luego, con la pistola de pegamento termofusible, unidla a la estructura principal usando dos bisagras.

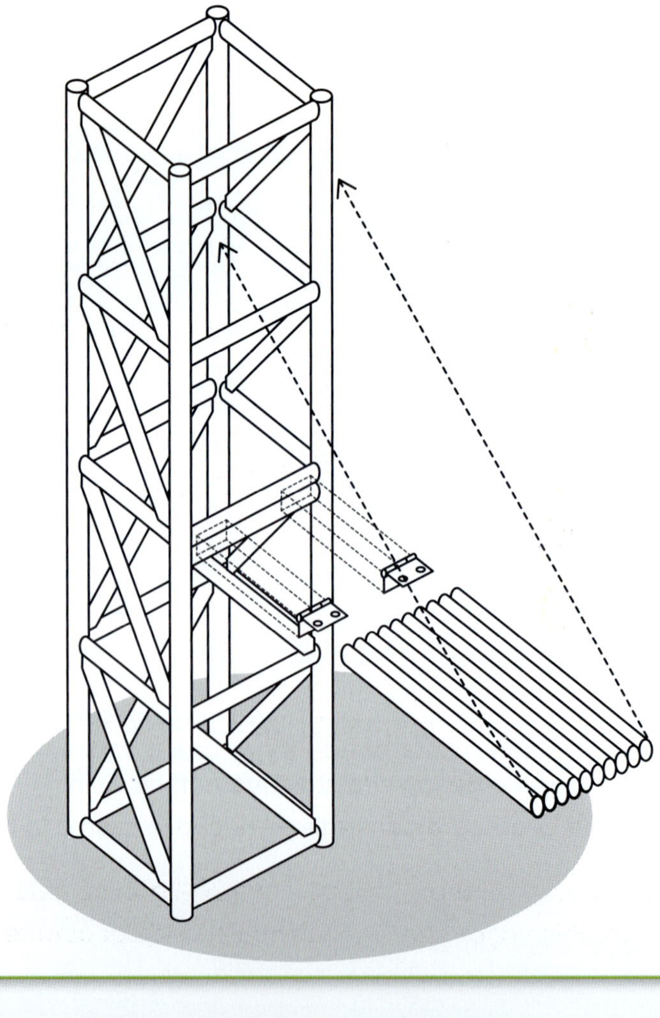

2. Vamos a fabricar un conmutador para que el motor gire cada vez en un sentido distinto, para poder subir y bajar el puente.
3. Pegad una tira de chapa a cada lado de un taco de madera. Clavad un clavo en el centro del taco, sobre una pequeña base de madera, para que se pueda girar.
4. Como contactos, vamos a utilizar cuatro clavos. Conectad los dos clavos intermedios entre sí y a un terminal del motor; y conectad los dos clavos de los extremos entre sí y al otro terminal del motor. El motor debe ser con reductora, para que gire despacio.

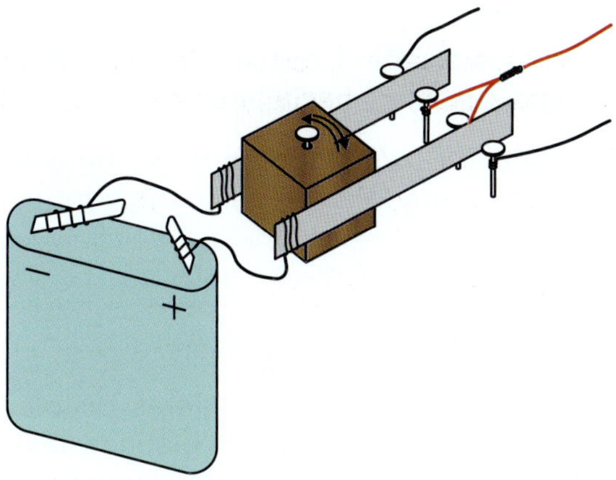

5. A continuación, conectad los cables que salen de los clavos como se muestra en la figura final.
6. Con un clavo o tornillo, fijad una polea a la parte superior de la estructura. Enrollad un extremo de la cuerda al eje del motor, y pegad el otro al extremo correspondiente del puente.

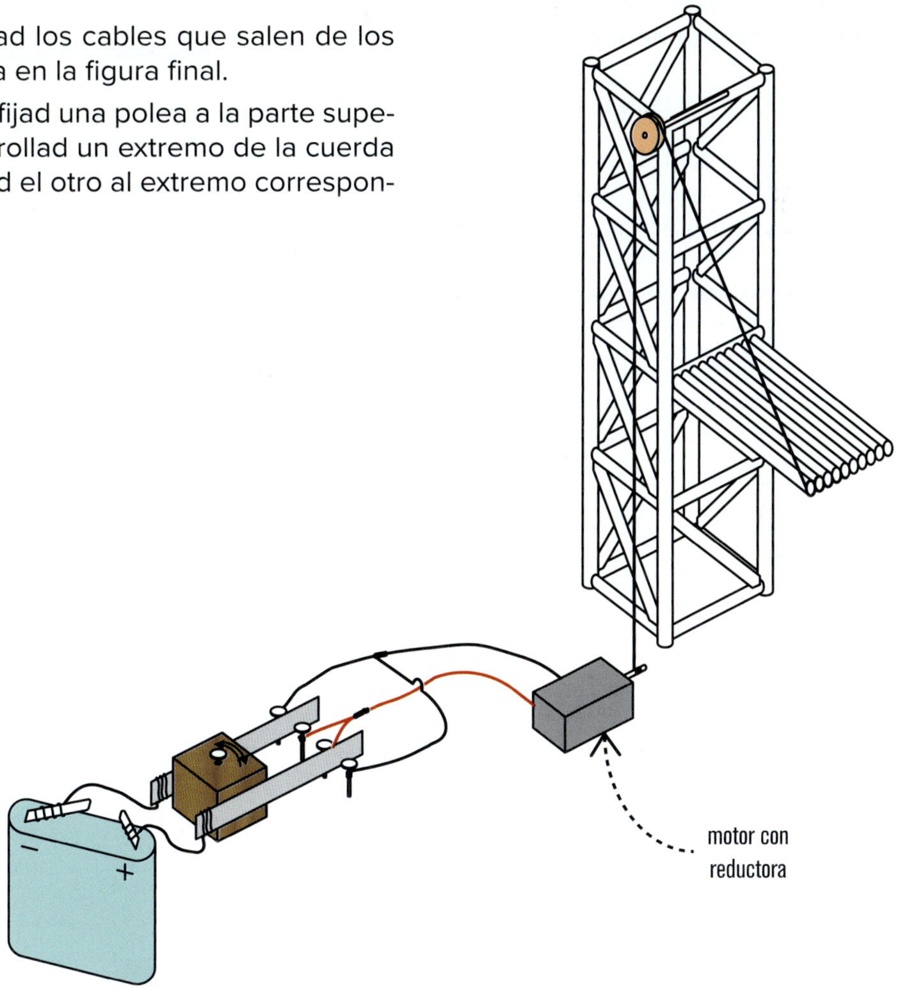

7. Por último, decorad el puente a vuestro gusto.

DESAFÍOS

1. Añadid un zumbador para que suene cuando el puente esté subiendo.
2. Añadid una bombilla para que se encienda cuando el puente esté bajando.

Proyecto 6

Coche con marcha adelante y atrás

Propuesta

Queremos diseñar y construir un coche que se pueda manejar con un mando y que pueda desplazarse hacia delante y hacia atrás.

Ejemplo: https://elblogdelprofesordetecnologia.blogspot.com/2014/05/como-fabricar-un-coche.html

Materiales y herramientas

- Cartón o contrachapado, tijeras, pistola de pegamento termofusible, 4 pletinas taladradas con forma de escuadra o tacos de madera, un motor CC, cable, un taco de madera, dos poleas, goma elástica, una pila, clavos, dos tiras de chapa, ejes de metal o plástico, tapones o ruedas

Objetivos

- Aprender a conectar los componentes básicos de un circuito eléctrico
- Aprender a fabricar operadores mecánicos y conectarlos a un circuito de control

Duración: 4 a 6 sesiones de taller

1. Vamos a construir tanto el coche como el mando desde el que lo manejaremos. El coche solamente tendrá marcha adelante y atrás, ya que para poder hacer que gire tendríamos que poner dos motores (uno en cada lado del coche).

2. Sobre una pieza de cartón grueso o de contrachapado, dibujad el diseño de la base del coche y recortadlo.

3. Para colocar los ejes de las ruedas, podéis usar pletinas taladradas con forma de escuadra o tacos de madera con un agujero en el centro.

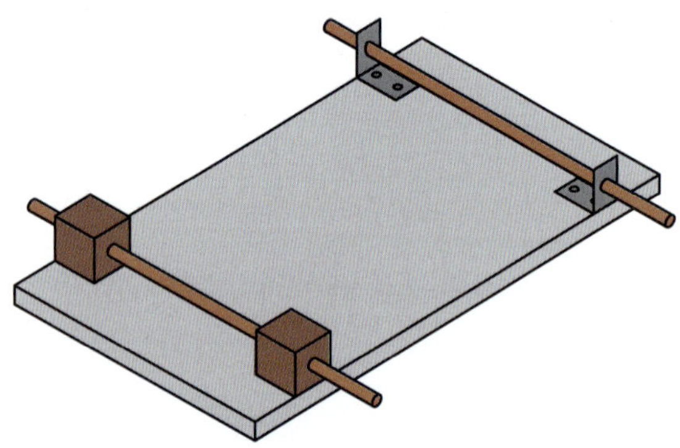

4. Hay muchas formas de trasladar el movimiento de giro del motor a las ruedas. Las dos más sencillas son las que se muestran a continuación. Además, podemos utilizar un motor con reductora, para que las ruedas giren más despacio.

   - Una forma consiste en fijar el motor en un lateral del coche mediante un soporte y, con un par de poleas y una goma, unir el eje del motor con el de las ruedas.

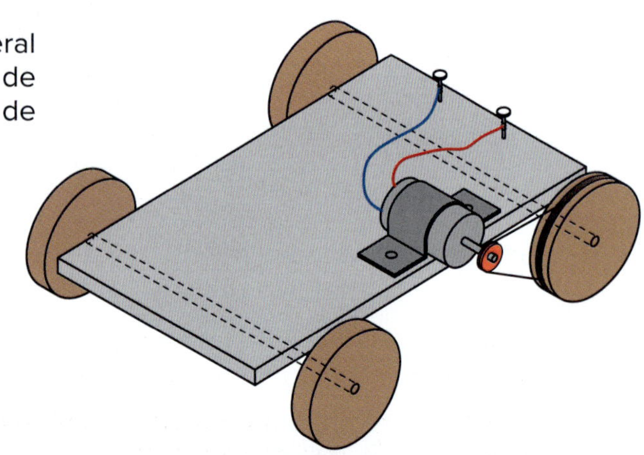

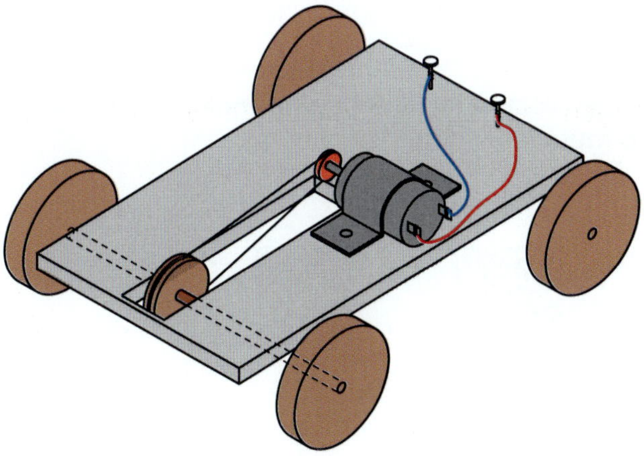

- Otra forma consiste en hacer un agujero alargado en el centro del coche y, con un par de poleas y una goma, unir el eje del motor con el de las ruedas.

5. Para controlar el coche vamos a construir un mando con un conmutador. Para ello, pegad una tira de chapa a cada lado de un taco de madera. Clavad un clavo en el centro del taco para que se pueda girar.
6. Como contactos, vamos a utilizar cuatro clavos. Conectad los dos clavos intermedios entre sí y a un terminal del motor; y conectad los dos clavos de los extremos entre sí y al otro terminal del motor.

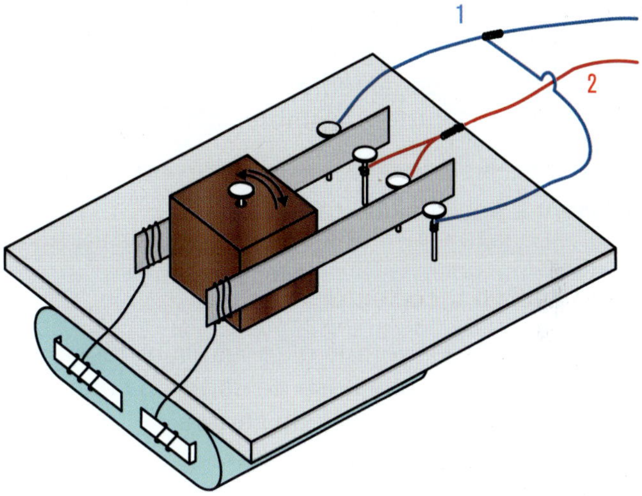

7. Conectad los terminales 1 y 2 a los dos clavos del coche para hacer girar el motor del coche y comprobad su funcionamiento.

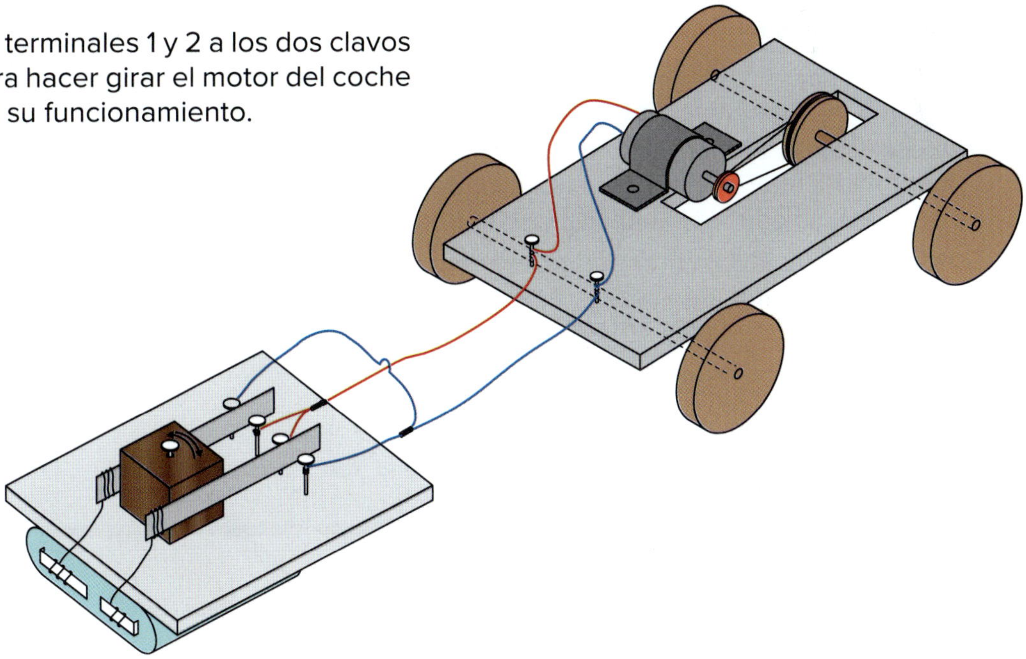

DESAFÍOS

1. Diseñad y construid la carcasa del coche de modo que tenga una forma original. Decoradla a vuestro gusto con espráis de pintura u otros materiales.
2. Conectad al coche unas luces delanteras y traseras que se enciendan al ir marcha adelante y marcha atrás, respectivamente.

Proyecto 7

Pulsómetro

Propuesta

Vamos a construir y programar el juego del pulsómetro, en el que tendréis que poner a prueba vuestro pulso recorriendo una curva de alambre con un aro metálico sin que se toquen.

Condiciones

Tamaño máximo de la base: un DIN A4.

Ejemplos: http://youtu.be/WZGemKrRj-4
http://youtu.be/xSFe7u3etvw

Materiales y herramientas

- Tarjeta micro:bit, cartón o contrachapado, tijeras, pistola de pegamento termofusible, tacos de madera o cartón, alambre, cinta aislante, cable, dos pilas

Duración: 2 sesiones de taller

Objetivos

- Aprender a conectar los componentes básicos de un circuito eléctrico
- Aprender los conceptos básicos de programación

Construcción y conexiones

1. En primer lugar vamos a construir un pulsómetro como el de la figura 1. Para ello, sobre una base de cartón o contrachapado, pegad dos tacos de madera o cubos hechos de cartón.
2. Doblad un alambre para el gancho y otro para crear el circuito que deberá recorrer dicho gancho.
3. Aseguraos de que el gancho queda dentro del circuito de alambre antes de fijar éste a los tacos.
4. Poned un poco de cinta aislante en el inicio y el fin del recorrido; y también en la base del gancho, para poder sujetarlo sin que haga falso contacto.
5. Para conectar la tarjeta micro:bit, utilizaremos el pin 1 como una entrada que detectará si el circuito está abierto, de forma que, cuando se toquen los dos aros, se cerrará el circuito y se incrementará en 1 el contador.
6. Conectad el pin GND a uno de los extremos del circuito de alambre y conectad el pin 1 al aro metálico.

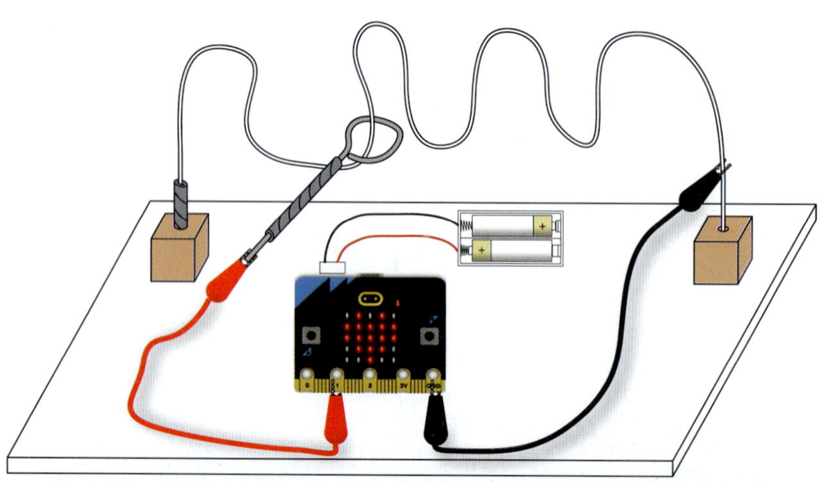

Fig. 1

Programación

1. Iniciad un nuevo proyecto de MakeCode haciendo clic en **Nuevo proyecto**. Llamadlo Proyecto7_nombreapellido.hex.
2. De la categoría **Básico**, arrastrad al área de programas las instrucciones **al iniciar** y **mostrar número** 0 (figura 2).
3. Para crear una variable donde se almacenen las veces que el aro toca el alambre, id a la categoría **Variables**, pulsad **Crear una variable** y escribid el nombre **contador** (figura 3).
4. Cada vez que se cierre el circuito será como si se pulsara el pin 1 y se incrementará el valor de **contador** en 1. Para ello, de la categoría **Entrada**, arrastrad la instrucción **al presionarse pin** ... y seleccionad **P1** en el desplegable.
5. Anidad dentro la instrucción **cambiar** contador **por** 1, de la categoría **Variables**. Así, cada vez que se presione el pin 1 (es decir, que se cierre el circuito), se incrementará en 1 el valor de la variable **contador**.
6. A continuación, incluid debajo de la anterior la instrucción **mostrar número** ..., de la categoría **Básico**, y sustituid el número por **contador**, de la categoría **Variables**. Os quedará un programa como el de la figura 4.
7. Cada vez que queramos volver a jugar deberemos poner el contador a cero y borrar la pantalla. Para ello, arrastrad la instrucción **al presionarse el botón** A y añadid dentro las tres instrucciones de la figura 5: primero, la de **establecer** contador **para** 0, de la categoría **Variables**, para resetear el valor; y, por último, las de **borrar la pantalla** y **mostrar número** 0, de la categoría **Básico**.
8. Descargad el archivo y transferidlo a la tarjeta.
9. Comprobad el funcionamiento del pulsómetro. Lo podéis hacer simplemente tocando los terminales de los pines 1 y GND.

Fig. 2

Fig. 3

Fig. 4

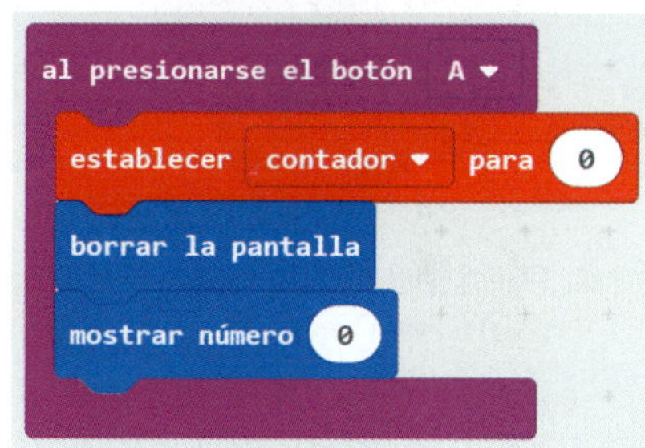

Fig. 5

DESAFÍO

- Modificad el programa para que suene una música al inicio del juego y para que se produzca un sonido cada vez que tengamos un fallo (aumente el contador). Si usáis la primera versión de micro:bit en vez de la nueva, tendréis que conectar un auricular o altavoz a los pines 0 y GND. Guardad el archivo como Proyecto7_nombreapellido_desafio1.hex.

Proyecto 8

Robot gusano

Propuesta

En esta ocasión vamos a construir y programar un robot que se mueva como un gusano.

Nota: Los servomotores típicos funcionan a 4,5 o 5 V, pero si tenemos un servomotor que se accione a 3 V podemos conectarlo directamente al pin 3V de micro:bit y nos ahorramos tener que conectar el portapilas de 4,5 V.

Ejemplo: https://makecode.microbit.org/projects/inchworm

Materiales y herramientas

- Tarjeta micro:bit, portapilas de 3 V para micro:bit, servomotor, portapilas de 4,5 V para el servomotor, cartón, un clip, velcro o cinta aislante o celo

Duración: 1 o 2 sesiones de taller

Objetivos

- Aprender a conectar componentes eléctricos (como servomotores) y sus mecanismos correspondientes
- Aprender a programar circuitos sencillos

1. Cortad una tira de cartón con forma rectangular de aproximadamente 10 × 40 cm.

2. Dobladla por la mitad. Luego haced dos pliegues en los extremos de unos 8 cm. Serán las patas del robot.

3. Doblad las dos puntas de un extremo (el de las patas delanteras) y, con las tijeras, haced cortes con forma de V (fijaos en la dirección de los cortes). Así, el robot podrá agarrarse para no resbalar.

4. Para las patas traseras (el otro extremo), haced unas ranuras para crear unas formas similares a los dedos. Doblad los "dedos" alternativamente hacia arriba y hacia abajo.

5. Pegad la tarjeta micro:bit y su portapilas a una cara del robot usando velcro, cinta aislante o celo.

6. Desplegad un clip y enganchadlo al servomotor.

7. Montad el servo y su portapilas en la parte trasera, de forma que sobresalga a media altura el eje del servo.

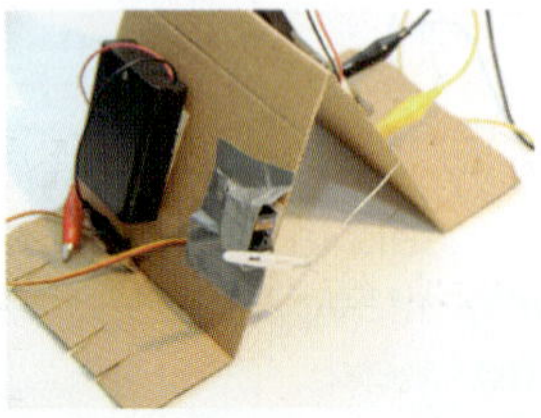

8. Enganchad el otro extremo del clip al cartón y pegadlo con cinta aislante.

9. Conectad los cables y ajustad la posición de inicio del servo.

10. Conectadlo todo como se muestra en la figura 6. Recordad que el servo lleva 3 cables: rojo (alimentación), negro (GND o masa) y amarillo (datos al pin 1 de micro:bit). Si vuestro servo puede funcionar a 3 V, no os hará falta conectar el portapilas de 4,5 V.

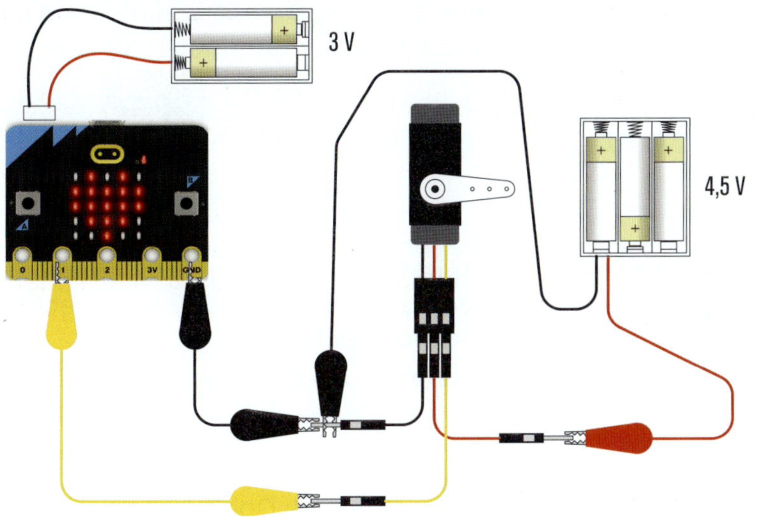

Fig. 6

Escanea este código para ver un vídeo sobre el funcionamiento del robot.

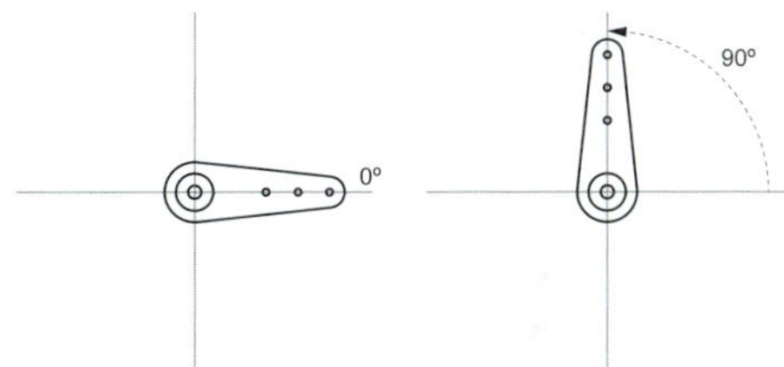

Fig. 7

Programación

En este caso vamos a usar el pin 0 como salida para dar las órdenes al servo de giro. Como ya sabréis, un servo es un motor especial, al que podemos decirle exactamente cuántos grados tiene que girar; en nuestro caso, vamos a decirle que haga un giro desde los 0 hasta los 90 grados (figura 7).

1. Iniciad un nuevo proyecto de MakeCode haciendo clic en **Nuevo proyecto**. Llamadlo **Proyecto8_nombreapellido.hex**.
2. De la categoría **Entrada**, arrastrad la instrucción **al presionarse el botón** A. Dentro de él crearemos un bucle para que cada vez que presionemos el botón **A** se produzca 10 veces el avance del robot gusano. Para ello, anidad la instrucción **repetir ... veces / ejecutar**, de la categoría **Bucles**, y cambiad el valor que aparezca por **10** (figura 8).
3. Para el giro del servomotor, utilizad las instrucciones **escribir servo pin** P0 **a** ..., de la categoría **Pines**, y **pausa (ms)** ... (haremos pausas de 500 ms), como se muestra en la figura 9.
4. Descargad el archivo y transferidlo a la tarjeta.
5. Comprobad el funcionamiento del robot gusano. Tendréis que ajustar la posición del servomotor para que se mueva adecuadamente.

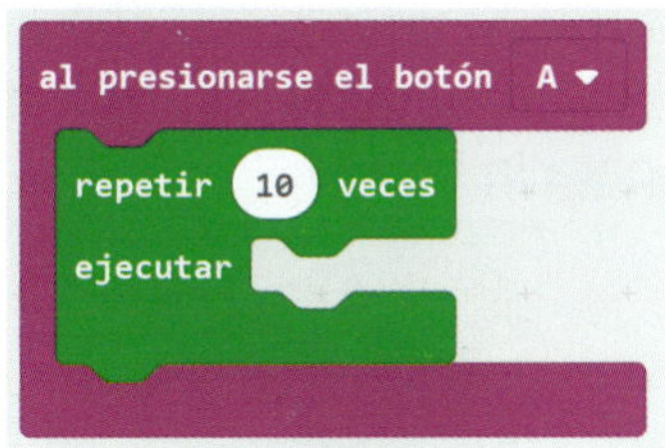

Fig. 8

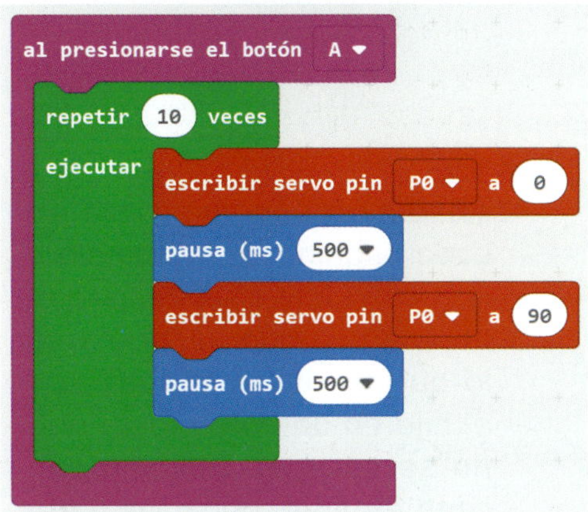

Fig. 9

DESAFÍOS

1. Cambiad el número de grados de giro del robot para ir comprobando qué sucede. Guardad el archivo como **Proyecto8_nombreapellido_desafio1.hex**.
2. Modificad el programa para que aparezca un corazón en la pantalla cada 500 ms. Guardad el archivo como **Proyecto8_nombreapellido_desafio2.hex**.

Proyecto 9

Un monstruo “de la leche”

Propuesta

Vamos a construir y programar un monstruo con un brik de leche que cerrará sus fauces cuando reciba luz (en función de la luz que le llegue al sensor de micro:bit, cerrará la boca más o menos).

Nota: Los servomotores típicos funcionan a 4,5 o 5 V, pero si tenemos un servomotor que se accione a 3 V podemos conectarlo directamente al pin 3V de micro:bit y nos ahorramos tener que conectar el portapilas de 4,5 V.

Ejemplo: https://makecode.microbit.org/projects/milk-carton-robot

Materiales y herramientas

- Tarjeta micro:bit, portapilas de 3 V para micro:bit, servomotor, portapilas de 4,5 V para el servomotor, un brik de leche, cinta aislante o celo, velcro

Duración: 2 sesiones de taller

Objetivos

- Aprender a conectar componentes eléctricos (como servomotores) y sus mecanismos correspondientes
- Aprender a programar circuitos sencillos

1. Dibujad sobre el brik de leche las líneas que tenéis en la figura, para recortar después la boca del monstruo. Fijaos en que debéis dejar espacio en la parte frontal inferior para la tarjeta.

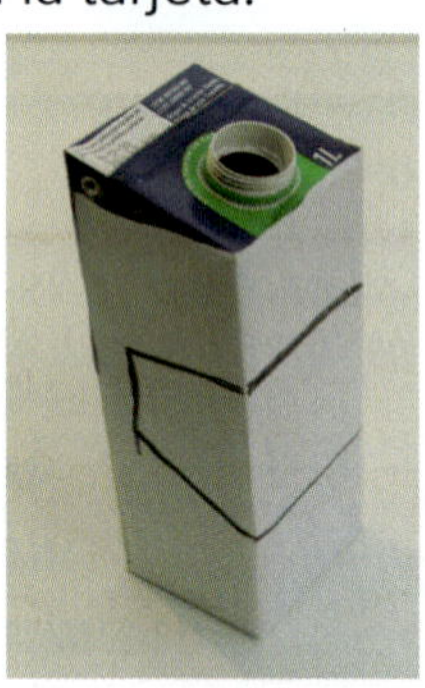

2. Recortad la pieza y luego haced los dientes, tanto los de arriba (en el brik) como los de abajo (en la pieza recortada, que será la mandíbula).

3. Doblad hacia dentro los laterales de la pieza recortada y pegadlos con cinta aislante o celo.

4. Añadid un pequeño peso en cada esquina de la mandíbula y, con cinta aislante, pegad en ella una cuerda, que será lo que la mueva (podéis atar el hilo en un botón, para que no se escape). También con cinta aislante, pegad la parte de atrás de la mandíbula al interior del brik.

5. Sujetad el servomotor al brik pegándolo con cinta aislante al tapón o a un trozo de cartón o madera. Colocadlo de forma que la cuerda de la mandíbula se una a él pasando por el agujero del brik de leche.

6. Utilizando velcro, pegad en la parte frontal la tarjeta micro:bit; y, en la parte trasera, los portapilas. Luego conectad los cables como lo hicisteis en el proyecto anterior.

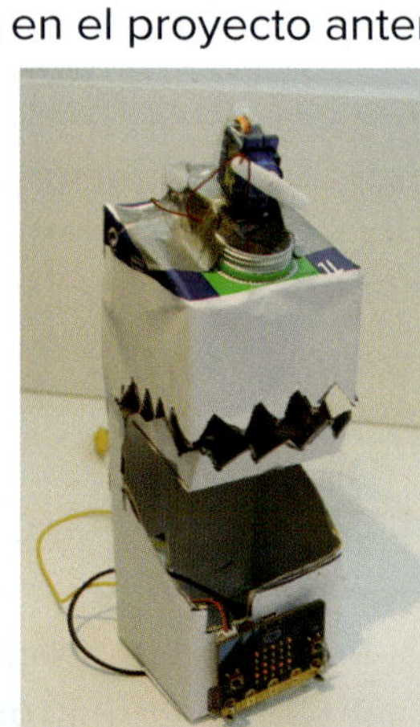

7. Conectadlo todo como se muestra en la figura 10. Recordad que, si tenéis un servo de 3 V, no necesitáis el portapilas de 4,5 V.
8. Por último, decorad el monstruo con vuestro toque personal.

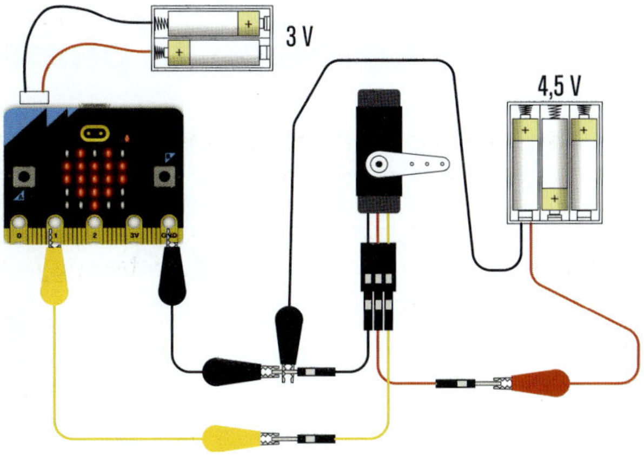

Fig. 10

Programación

1. Iniciad un nuevo proyecto de MakeCode haciendo clic en **Nuevo proyecto**. Llamadlo **Proyecto9_nombreapellido.hex**.
2. Nuestro programa esta vez será muy sencillo. Lo único que tenemos que hacer es que el sensor de luz mida el nivel de luz (el bloque **nivel de luz** está en la categoría **Entrada**) y asignar dicho valor a la instrucción **escribir servo pin P0 a ...**, de la categoría **Pines** (figura 11).

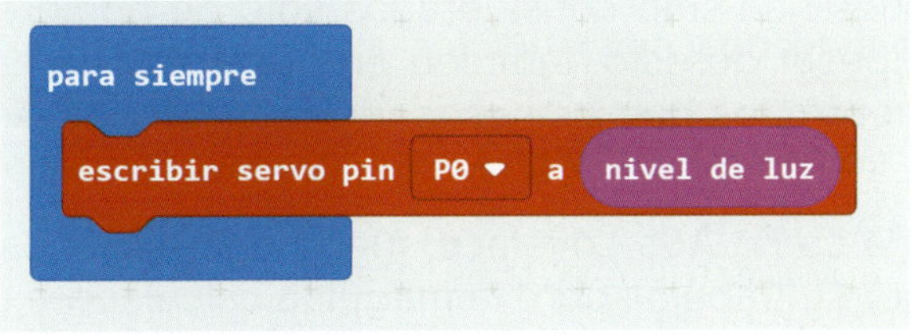

Fig. 11

3. Para hacer más completo nuestro monstruo, vamos a añadir una nueva funcionalidad, de forma que en la pantalla del micro:bit se enciendan los leds en función de la cantidad de luz que le llegue. Utilizaremos para ello la función **plot bar graph of ...**, de la categoría **LED** (figura 12).

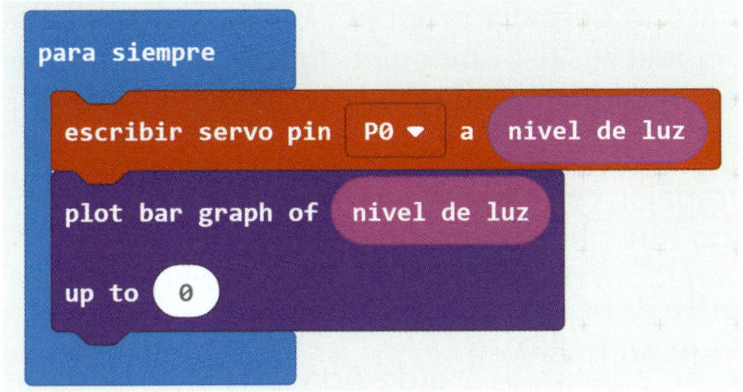

Fig. 12

4. Descargad el archivo y transferidlo a la tarjeta.
5. Comprobad el funcionamiento del monstruo.

Escanea este código para ver un vídeo sobre el funcionamiento del monstruo.

DESAFÍOS

1. Añadid un altavoz al monstruo y modificad el programa para que emita un sonido cuando cierre la mandíbula. Guardad el archivo como **Proyecto9_nombreapellido_desafio1.hex**.
2. Modificad el robot y el programa incluyendo dos servos más para que mueva los brazos. Guardad el archivo como **Proyecto9_nombreapellido_desafio2.hex**.

Lectura 1

Ada Lovelace, la primera programadora de la historia

A lo largo de la historia, muchas ocupaciones han sido consideradas sólo de hombres. Entre ellas, la programación informática. A pesar de esto, también en dicho ámbito han destacado algunos personajes femeninos, entre los que es necesario mencionar a Ada Lovelace.

Augusta Ada Byron, conocida habitualmente como Ada Lovelace, fue una matemática y escritora británica famosa principalmente por su trabajo sobre la máquina calculadora de Charles Babbage. Ada nació en el año 1815 y era hija del célebre poeta romántico Lord Byron y su esposa, Anne Isabella. Sin embargo, las desavenencias matrimoniales hicieron que la pareja se separara al poco del nacimiento de Ada. Por impulso materno, Ada fue encaminada hacia el estudio de las ciencias y las matemáticas.

Durante la adolescencia y la edad adulta, sus conocimientos matemáticos le permitieron establecer una relación de amistad con el también matemático Charles Babbage. Éste diseñó una máquina de cálculo analítica que permitía programar cálculos de cualquier tipo, además de los logarítmicos y polinómicos. Esta máquina funcionaba con tarjetas perforadas para introducir los datos y contaba con un procesador aritmético y una unidad de control.

Ada redactó una serie de notas para trabajar con la máquina analítica de Charles que constituyen el primer algoritmo de código que permitía escribir programas. Por ese motivo es recordada como la primera programadora de código de la historia. Ada murió a los 37 años, víctima de una enfermedad.

Todos los años, a mediados de octubre, se celebra el Día de Ada Lovelace, dedicado a elevar el perfil de las mujeres en la ciencia, la tecnología, la ingeniería y las matemáticas.

Después de leer el texto, contesta estas preguntas en tu cuaderno:

1. ¿Quién fue Ada Lovelace?
2. ¿Cómo contribuyó Ada Lovelace al desarrollo de la programación?
3. ¿Cuál es el objetivo de la celebración del Día de Ada Lovelace?
4. ¿Quién fue Lord Byron?

Lectura 2

Bioimpresión 3D

Hoy en día es ya posible imprimir partes del cuerpo humano del tamaño preciso que necesita el paciente, hechas de un material compatible con el tejido orgánico en caso de necesitarse el reemplazo de ciertos órganos dañados.

A Kaiba Gionfriddo, un bebé de seis semanas que nació con un defecto en la tráquea que le impedía respirar correctamente, se le imprimió una tráquea artificial que despejase sus vías respiratorias. Esto le salvó la vida.

Más común es ver la fabricación de prótesis para discapacitados, fáciles de implantar, como piernas plásticas, orejas postizas, cubiertas para la cara en caso de heridas profundas e incluso trozos de huesos que se insertan bajo la piel y tienen un tamaño personalizado según cada necesidad.

Organovo es la primera compañía que ha creado una bioimpresora, una herramienta que sustituye las gotas de tinta de una impresora por células humanas. Con ellas se construyen artificialmente capas de tejido vivo.

Aunque esta tecnología todavía está en fase de ensayo, los investigadores creen que algún día será posible usar células madre de un adulto para imprimir y hacer crecer, por ejemplo, un riñón, válvulas de corazón o un par de pulmones. La impresión en 3D con células también tiene potencial para construir tubos de vasos sanguíneos, cartílago de las articulaciones y parches de piel y músculo.

La mayoría de las bioimpresoras también utilizan un gel capaz de disolverse para dar apoyo y protección a las células durante la impresión.

Adaptado de www.fayerwayer.com/2013/07/los-7-usos-mas-innovadores-de-las-impresoras-3d/#!

Después de leer el texto, contesta estas preguntas en tu cuaderno:

1. ¿Qué problema tenía Kaiba Gionfriddo? ¿Cómo se solucionó?
2. ¿Qué material base o materia prima utiliza para imprimir la bioimpresora?
3. ¿Qué misión tiene el gel durante la impresión?

Lectura 3

Mary Anderson: tecnología para el automóvil

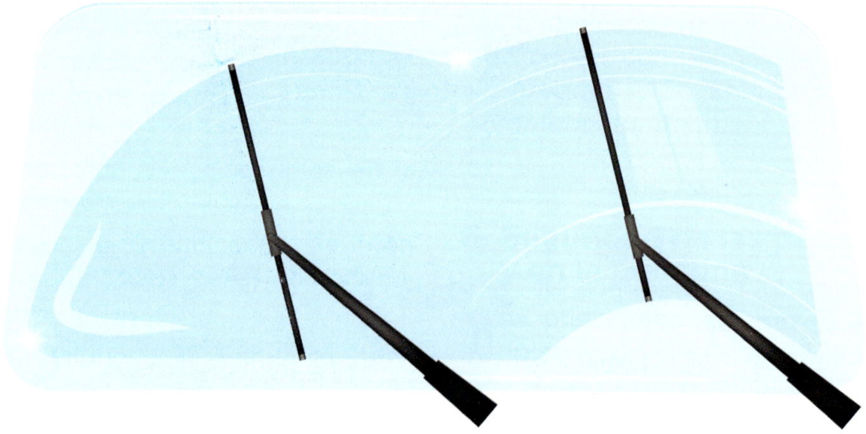

El limpiaparabrisas, de vital importancia para la seguridad de los automóviles, no nació a la par que éstos sino que fue desarrollado a posteriori.

Lo inventó Mary Anderson en el año 1903, cuando andaba de viaje por Nueva York. Al parecer, estando ella en un tranvía, un frío día de invierno, comprobó cómo el conductor del tranvía tenía que parar y salir constantemente del vehículo para limpiar de agua, hielo y suciedad el cristal delantero, lo cual hacía el viaje interminable. Después de pensar en ello, cuando regresó a su casa, en Alabama, inició el desarrollo de un sistema elemental de limpieza. Consiguió una goma resistente y la unió a un único brazo metálico mediante muelles. El sistema se accionaba con una palanca desde el interior del vehículo y las gomas unidas al brazo metálico limpiaban la superficie del cristal.

Comprobada la utilidad de su invento, en una sociedad en la que apenas había vehículos y en la que las mujeres dependían de sus maridos o hermanos para poder patentar sus ideas, Mary Anderson se enfrentó al desánimo y, tras dos años de lucha, consiguió patentar su diseño en 1905.

El funcionamiento de los limpiaparabrisas actuales se basa en aquella invención. Un pequeño motor acciona una rueda dentada que hacer girar un sistema de biela-manivela. La biela se une por medio de un eslabón a la barra que limpia el cristal y acciona el movimiento de ésta en un sentido y en el otro.

En algunos casos, el motor del limpiaparabrisas acciona un mecanismo de tornillo sin fin y corona que actúa de manivela de una biela unida a una barra a la que se anclan las dos superficies limpiadoras del cristal.

El resultado en ambos casos es un movimiento circular intermitente de las barras del limpiaparabrisas en un sentido y otro.

Después de leer el texto, contesta estas preguntas en tu cuaderno:

1. **¿Quién inventó el limpiaparabrisas? ¿En qué año?**
2. **¿Qué hecho ocasionó la invención del limpiaparabrisas?**
3. **¿Cómo funcionaba el invento patentado por Mary Anderson?**
4. **¿Qué mecanismos transmiten el movimiento del motor en los limpiaparabrisas actuales?**

Lectura 4

La electrificación continua del aire y otros fenómenos eléctricos atmosféricos

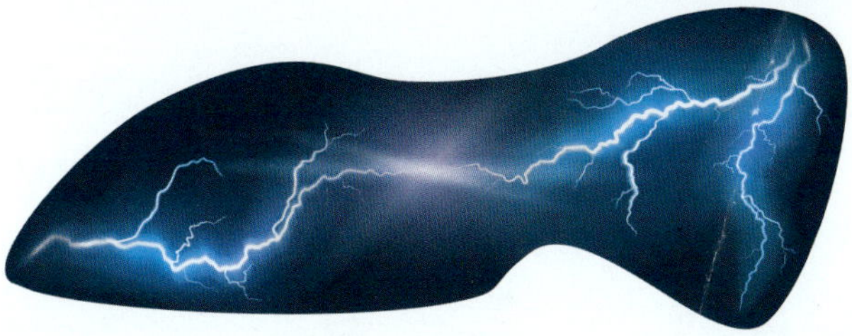

Las magnitudes eléctricas de los circuitos no sólo se usan en circuitos o sistemas construidos por el ser humano; también están presentes en la naturaleza y, en particular, en la atmósfera.

Un hecho común que habrás observado alguna vez es que cuanto más húmedo es el ambiente menos se nota la electrificación del cabello. Si te peinas en un lugar con baja humedad relativa, el pelo se eriza fácilmente, lo que no ocurre cuando la humedad es elevada.

Entre la superficie terrestre y la atmósfera hay un constante intercambio de cargas eléctricas producidas por diversas causas, lo que constituye un movimiento de cargas y, por tanto, corrientes eléctricas. La diferencia de potencial entre la superficie terrestre y la atmósfera es considerada de 100 V por metro, es decir, cada metro de elevación con respecto a la superficie terrestre, la diferencia de potencial varía cien voltios.

La electricidad de la atmósfera se debe a la radiación solar y al movimiento de nubes de iones. Un ión es un átomo que ha ganado o perdido algún electrón, por lo que se comporta como una carga positiva o negativa. En la atmósfera, los iones son positivos en su mayoría y forman una capa esférica conductora alrededor de la Tierra, llamada *ionosfera*, que está aproximadamente entre los 80 y los 500 km de altitud; esto es, entre la mesosfera y la exosfera. Esta capa contribuye a que las ondas de radio puedan transmitirse a grandes distancias, ya que las ondas se reflejan en ella. También ahí se desintegran la mayoría de los meteoroides, que, debido al rozamiento, se calientan, vaporizan y ionizan y dejan un rastro brillante que da lugar a lo que conocemos con el nombre de *estrellas fugaces*.

Por otro lado, la superficie terrestre tiene carga eléctrica negativa y atrae los iones positivos de la atmósfera. Este fenómeno se llama *electrificación continua del aire*. Existen otros dos fenómenos eléctricos atmosféricos: las tormentas y las auroras boreales.

Los relámpagos van de las nubes a la Tierra en el circuito global de la atmósfera. Pueden llegar a suponer descargas de 30.000 A. Los primeros investigadores de máquinas eléctricas observaron que las descargas en forma de chispas se parecían a los rayos y, además, producían ruidos, lo que les hizo pensar que los rayos y truenos eran debidos a descargas eléctricas. Benjamin Franklin fue el primero en estudiar estos fenómenos, con sus famosas cometas, hacia 1750.

Por último, las auroras polares (boreales en el hemisferio norte, australes en el sur), consideradas uno de los mayores espectáculos de la naturaleza, consisten en un amanecer a destiempo sobre el cielo lleno de estrellas, que se cubre de colores impactantes. La luminiscencia del cielo nocturno se produce a causa del choque de partículas solares cargadas contra los átomos y moléculas de la atmósfera.

Después de leer el texto, contesta estas preguntas en tu cuaderno:

1. **¿De cuántos voltios es la diferencia de potencial que existe en la atmósfera a una distancia como la que hay entre tu cabeza y tus pies?**
2. **¿Qué son las estrellas fugaces? ¿En qué capa de la atmósfera aparecen?**
3. **¿Qué tipos de auroras polares hay?**

Lectura 5

Drones con sentido de la orientación

Cada vez hay más drones comerciales que se dedican a tareas como la inspección de plataformas petrolíferas o de cosechas. Pero aún requieren un piloto humano altamente cualificado o mapas previamente elaborados.

Unos investigadores de la Escuela Politécnica Federal de Zúrich (Suiza) están haciendo que los drones sean más independientes. Han presentado un pequeño dron que es capaz de elaborar su propio mapa en 3D de un entorno desconocido, con la ayuda mínima de un operador humano, y luego planificar sus propias rutas por el espacio de forma autónoma, evitando los obstáculos.

"Es la primera vez que podemos demostrar un mapeo completo, la relocalización (que el dron encuentre su posición en el mapa) y la planificación a bordo", dice el investigador Michael Burri, que trabajó en el proyecto. La combinación de software y sensores puede facilitar el despliegue de drones para una tarea como la de inspeccionar una plataforma petrolífera. Sólo es necesario un primer vuelo manual para que el dron elabore su mapa, y para las inspecciones posteriores el dron ya puede cumplir con su tarea de forma autónoma.

El equipo de Zúrich utilizó un pequeño cuadricóptero de un kilo, el AscTec Firefly, y lo equipó con una cámara estereoscópica y sensores que informan de la velocidad, la orientación y las fuerzas gravitacionales. El dron elabora un mapa en 3D al comparar los datos procedentes de sus sensores de movimiento y de orientación con imágenes de su cámara.

El reto se encuentra ahora en dotar al dron de la capacidad para evitar choques con objetos móviles que no aparezcan en su mapa (por ejemplo, humanos o equipos móviles).

Adaptado de www.technologyreview.es/robotica/48523/llegan-los-drones-con-sentido-de-la-orientacion

Después de leer el texto, contesta estas preguntas en tu cuaderno:

1. ¿Cuál es la principal diferencia de este dron frente al resto?
2. ¿Qué sensores incorpora el cuadricóptero? ¿Para qué crees que puede usar esos sensores?
3. ¿Cuál es el principal reto ante el que se encuentran los investigadores? ¿Qué usos se le pueden dar a este dron?

Lectura 6

Ciberdelitos y ciberseguridad

El número de usuarios de Internet se incrementa diariamente, no sólo en España sino en todo el mundo. Sin embargo, no todos los usuarios de la red persiguen objetivos lícitos; en algunas ocasiones, la Red permite enmascarar a delincuentes y posibilita un entorno cómodo para delinquir.

Conocer los posibles problemas a los que te puedes enfrentar en Internet te permitirá protegerte de la mejor manera posible. Con ese fin, describimos a continuación los ciberdelitos más comunes que pueden afectar a un adolescente:

- Ciberbullying. Es un caso de acoso entre menores. Uno de ellos molesta, hostiga, humilla o atormenta a otro utilizando para ello medios telemáticos como el correo electrónico, las aplicaciones de mensajería en los móviles, las redes sociales o los videojuegos online, principalmente.
- Grooming. Es un acoso de índole sexual de un adulto a un menor a través de la Red. El adulto, mediante engaños, consigue ganarse la confianza del menor. Una vez establecida la relación, el adulto chantajea al menor para conseguir imágenes comprometidas de él o incluso citarse con él.
- Sexting. Consiste en el envío de imágenes o vídeos de índole sexual de una persona a otras a través del teléfono móvil. En la mayoría de las ocasiones, estas imágenes son grabadas por la propia persona que las envía. Sin embargo, las imágenes recibidas pueden ser reenviadas rápidamente a nuevos destinatarios y escapar así del control de su autor. La distribución de estas imágenes puede derivar en humillaciones y acosos.
- Robo de identidad. Es un delito muy común, que generalmente tiene una finalidad económica. La identidad puede ser duplicada en la Red y utilizada fraudulentamente para comprar bienes o servicios a cargo de la persona a la que se ha usurpado la identidad.

Y ante estas amenazas, ¿qué deberías hacer tú? Protegerte, proteger tus datos, tus imágenes y tus archivos. Para ello es importante que limites el tiempo de navegación en Internet, que no proporciones datos personales tuyos por la Red y que no publiques fotos tuyas o de tus amigos a la ligera. Sé respetuoso con tu intimidad y la de tu entorno.

En definitiva, usa el sentido común y no hagas en el ordenador cosas que no harías en tu vida cotidiana.

Después de leer el texto, contesta estas preguntas en tu cuaderno:

1. **¿De qué delitos se habla en el texto?**
2. **¿Cuál de los delitos comentados crees que puede acarrear peores consecuencias para la víctima? ¿Por qué?**
3. **¿Qué medidas se recomiendan en el texto para autoprotegerse en la Red?**

Lectura 7

Criterios de diseño web

Aunque no seas experto en páginas web, seguro que eres capaz de distinguir, a simple vista, si una web la ha hecho un profesional o bien un aficionado. Para diseñar una web profesional no basta con conocer lenguajes de programación; también hay que ser experto en diseño web. Lo habitual es que una web la elabore un grupo de profesionales y cada uno se encargue de unas funciones determinadas.

El diseño y construcción de una web puede asimilarse al método de proyectos. El primer paso para diseñar una web es la fase que podemos llamar *prediseño*. Se debe analizar qué objetivo se quiere conseguir con la web y posteriormente construirla según la planificación marcada para que se cumpla ese objetivo. A grandes rasgos, como en cualquier proyecto, se debe responder a las siguientes preguntas: ¿a quién se dirige?, ¿qué contenidos se quieren mostrar?, ¿qué especificaciones se usarán en cuanto a forma, organización y estructura?, ¿con qué medios técnicos se cuenta para realizarla?, ¿de cuánto tiempo y dinero se dispone?

A la hora de diseñar una web hay que atender a cuestiones tan elementales como el contraste del texto con el fondo, el tamaño de los caracteres o la elección de los colores. Todo esto, evidentemente, depende de los gustos del diseñador, pero en todo caso hay que tener en cuenta que en el diseño de páginas web, como en cualquier ámbito, hay modas y tendencias que siguen todos los sitios profesionales. Veamos cómo influye la moda en una web tan conocida como la de Google.

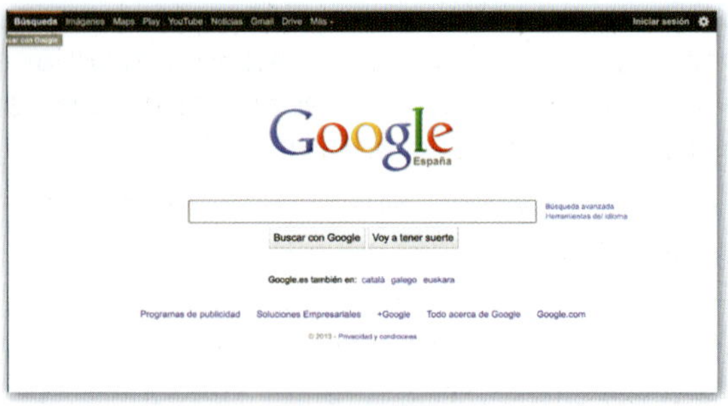

Google en 2013

Google en 2021

En la evolución de la página inicial de Google a la actual se observa una simplificación. En el logo se usan colores más planos y puros, una tipografía sencilla y más geométrica y que muestra una pérdida de volumen. El resultado es un logo más estilizado, limpio y moderno. Esta sencilla página se ha ido actualizando continuamente y sigue las tendencias de hoy en el diseño, como es esperable de cualquier web de referencia.

Después de leer el texto, contesta estas preguntas en tu cuaderno:

1. **¿Por qué la construcción de una web sigue el método de proyectos?**
2. **Viendo la evolución del logo de Google, ¿qué crees que está de moda actualmente en el diseño? ¿Crees que esa moda cambiará? ¿En cuánto tiempo?**

Lectura 8

La ética en los robots

Podemos decir que la inteligencia artificial se aplica cuando una máquina imita las funciones cognitivas de los humanos; por ejemplo: percibir, razonar, aprender o resolver problemas.

La combinación de la capacidad de aprendizaje de la inteligencia artificial con la capacidad que los robots tienen para interactuar con su entorno permite el desarrollo de sistemas con un gran número de aplicaciones. Algunas de estas aplicaciones pueden servir para realizar tareas que hasta ahora únicamente podían hacer las personas, pero ¿qué ocurre cuando empezamos a programar esa inteligencia artificial para que las máquinas tomen decisiones que pueden afectar a las personas?

Veamos el siguiente dilema. Un coche autónomo se encuentra con un obstáculo en la carretera y la única manera de evitarlo conlleva atropellar a un peatón. ¿Qué deberá hacer el coche autónomo? En este caso, el dilema tiene fácil solución: la vida humana siempre prevalece ante cualquier otro daño, está claro. Pero ¿y si no es tan fácil? ¿Y si tiene que decidir entre atropellar a una mujer embarazada o a dos personas?, ¿o entre atropellar a un niño o a dos personas ancianas?, ¿o entre atropellar a un grupo de personas o dejar que el coche tenga un accidente en que es seguro que morirá el conductor?

Además, ¿de quién es la responsabilidad si un coche autónomo atropella a una persona?, ¿de quien lo ha programado o de la persona titular del vehículo?

Queremos que las máquinas imiten el funcionamiento de la mente humana, pero esta tarea no es fácil. La inteligencia artificial tiene conflictos éticos, y los expertos ya han empezado a resolverlos. Actualmente hay proyectos que estudian por qué el usuario humano toma ciertas decisiones, o en qué se basa para tomarlas.

En definitiva, al desarrollo técnico que hacen los ingenieros y el análisis de los matemáticos hay que incorporar los planteamientos de personas expertas del ámbito legal, de la psicología o del ámbito socioeconómico, por ejemplo, por todo esto que hemos comentado.

Después de leer el texto, contesta estas preguntas en tu cuaderno:

1. **Explica brevemente en qué consiste la inteligencia artificial.**
2. **¿Podría un coche autónomo hacer que nos chocáramos por evitar un atropello de un grupo de personas?**
3. **¿Cómo se están tratando de solucionar estos dilemas éticos que surgen?**

Unidad 1

1. a) algoritmo. b) método de proyectos, diez. c) diagrama de flujo, organigrama. d) programa.
2. a) Falso, eso ocurre en los algoritmos de estructura secuencial. b) Verdadero. c) Falso, eso ocurre en los algoritmos de estructura iterativa.
3. a) Proceso. Permite representar cada una de las acciones que hay que realizar para desarrollar el algoritmo. b) Entrada o salida de información. Se utiliza cuando es necesaria información (datos adicionales para desarrollar el algoritmo) o se presentan datos o resultados. c) Decisión. Se utiliza cuando es necesario decidir entre dos o más opciones y señala el camino que habrá que seguir según cuál sea la opción elegida. d) Terminal. Representa el comienzo o el fin del desarrollo de un algoritmo.
4. a) Algoritmo para calcular el área de un triángulo de base *b* y altura *h*. b) Algoritmo para pasar un peso de kilos a gramos.
5. a) Secuencial. b) Selectiva. c) Iterativa. d) Secuencial. e) Selectiva. f) Iterativa.

Unidad 2

1. a) boceto. b) dibujo técnico. c) croquis.
2. a) 7.520. b) 12.500. c) 3.750. d) 1,2.
3. El alzado es una de las vistas principales de un objeto (junto con la planta y el perfil). Se toma siempre como alzado la cara más representativa de la pieza, y se puede indicar con una flecha. Si no está indicado, será aquella cara que más información nos aporte.
4.

	Planta inferior		
Perfil derecho	Alzado	Perfil izquierdo	Alzado posterior
	Planta superior		

5.

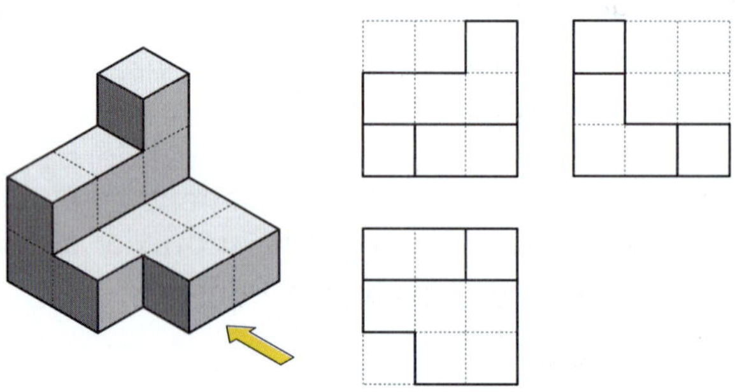

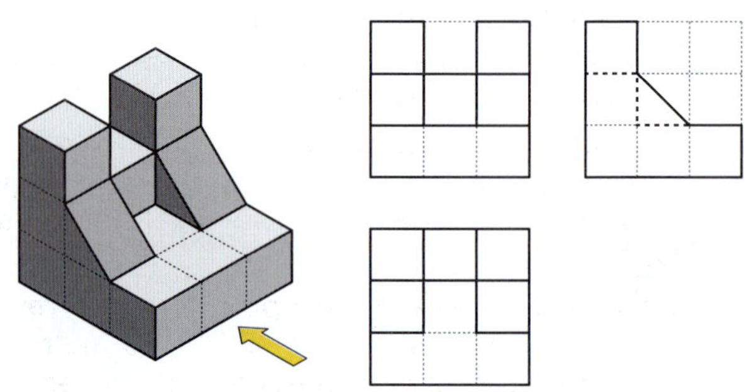

6.

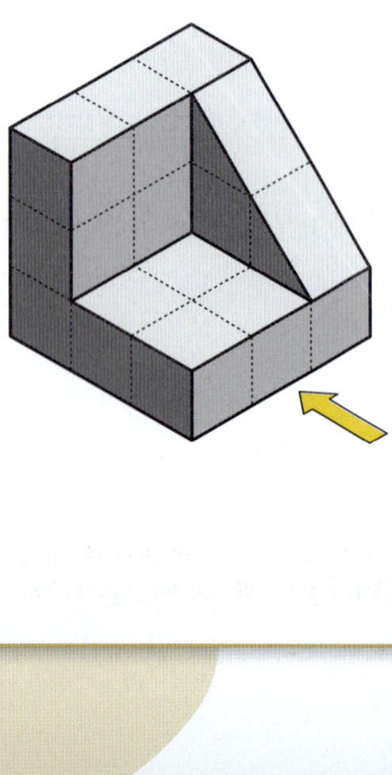

Unidad 3

1. a) Tracción, alargar. b) Flexión, doblar. c) Cortadura o cizalladura, cortar. d) Torsión, retorcer.
2. a) Falso, cuando se triangula una estructura se hace más rígida. b) Verdadero. c) Falso, está sometido a compresión. d) Falso, son verticales.
3. a) estructura. b) fuerza. c) esfuerzos. d) triangulación.
4. a) Masivas. b) Trianguladas. c) Entramadas. d) Con tirantes o colgada.
5. Resistencia, estabilidad y rigidez.

Unidad 4

1. $i = 1/2$; $\omega_1 = 200$ r. p. m.
2. $R = 200$ N
3. a) Una máquina es... b) Las palancas son... c) La relación de transmisión es la relación que se establece entre el tamaño de las ruedas y su velocidad de giro. d) Los engranajes son mecanismos ruidosos y costosos. e) Uno de los mayores reductores de velocidad es el sistema de tornillo sin fin y corona. f) La leva es...
4. a) Palanca. b) Ruedas de fricción. c) Sistema de piñones y cadena. d) Polea.
5. a) Piñón-cremallera. b) Leva. c) Biela-manivela. d) Tornillo-tuerca.

Unidad 5

1. La corriente eléctrica es el desplazamiento de electrones desde un átomo de un material conductor hacia otros átomos.

   Hay dos tipos de corriente eléctrica:

   - Corriente continua, una corriente constante en la que los electrones se mueven siempre en el mismo sentido (del polo negativo al polo positivo)
   - Corriente alterna, en la que los polos del generador cambian su polaridad varias veces por segundo, y, con ellos, cambia el sentido de movimiento de los electrones

   La corriente continua proporciona valores de tensión bajos. Los aparatos que funcionan con corriente continua suelen ser aparatos portátiles.

   La corriente alterna proporciona valores de tensión altos. Es más fácil de producir y de transportar y es la que llega a las viviendas y la que usan la mayoría de los aparatos eléctricos y electrodomésticos.
2. a) Falso, son los conductores. b) Verdadero. c) Falso, es por el que salen los electrones. d) Verdadero.
3. a) 2.000 Ω. b) 1.400 Ω. c) 0,027 Ω. d) 47.000 Ω.
4. a) Paralelo. b) Mixto. c) Serie.
5. a) No lucirá tampoco la 2 pero lucirán la 3 y la 4. b) No lucirá tampoco la 1 pero lucirán la 3 y la 4. c) Lucirán la 1, la 2 y la 4. d) No lucirá ninguna bombilla.
6. a) $R_t = 500\ \Omega$

   b) $I_t = 0{,}02$ A

   c) $I_1 = I_2 = I_3 = 0{,}02$ A

   d) $V_1 = 2$ V, $V_2 = 4$ V, $V_3 = 4$ V
7. a) $R = 6/11$ kΩ = 0,545 kΩ = 545,5 Ω

   b) $I_t = 0{,}036$ A

   c) $V_1 = V_2 = V_3 = 20$ V

   d) $I_1 = 0{,}02$ A, $I_2 = 0{,}01$ A, $I_3 = 0{,}007$ A

Unidad 6

1. a) automatismo. b) robot. c) automatismo, robot.
2. 1-c, 2-d, 3-a, 4-b
3. Detector de infrarrojos, detector de luz, fotorresistencia y detector de temperatura.
4. Led, zumbador, servomotor y motor de continua.
5. a) servomotores, reductora, 180. b) +5 V.
6. a) Verdadero. b) Falso. c) Verdadero. d) Falso. e) Verdadero.

Unidad 7

1. 1-b, 2-c, 3-d, 4-a
2. a) Verdadero. b) Falso. c) Verdadero. d) Falso.
3. Microsoft Word, Scratch, LibreOffice Writer, Microsoft Power Point, Minecraft.
4. 1) a y d. 2) c y d. 3) a y d. 4) c y d. 5) b, c y d. 6) b, c y d.
5. a) software, adultos. b) seguridad, protección. c) cuidado, imágenes. d) imágenes, trucadas.